▶ 新闻学国家特色专业系列教材

xin wen xie zuo xin shi jiao
新闻写作新视角

石 坚 著

南京师范大学出版社
NANJING NORMAL UNIVERSITY PRESS

图书在版编目(CIP)数据

新闻写作新视角/石坚著. —南京:南京师范大学出版社,2010.12
(新闻学国家特色专业系列教材)
ISBN 978-7-5651-0300-1/G·1545

Ⅰ.①新… Ⅱ.①石… Ⅲ.①新闻写作 Ⅳ.①G212.2

中国版本图书馆 CIP 数据核字(2010)第 263369 号

书　　名	新闻写作新视角	
作　　者	石　坚	
丛书策划	林荣芹　王　涛	
责任编辑	王　涛　徐　娟	
出版发行	南京师范大学出版社	
地　　址	江苏省南京市宁海路 122 号(邮编:210097)	
电　　话	(025)83598077(传真)　83598412(营销部)　83598297(邮购部)	
网　　址	http://press.njnu.edu.cn	
电子信箱	nspzbb@njnu.edu.cn	
印　　刷	江苏省高淳印刷股份有限公司	
开　　本	787×1092　1/16	
印　　张	21.5	
字　　数	480 千	
版　　次	2011 年 2 月第 1 版　2011 年 12 月第 2 次印刷	
书　　号	ISBN 978-7-5651-0300-1/G·1545	
定　　价	42.50 元	
出 版 人	闻玉银	

南京师大版图书若有印装问题请与销售商调换
版权所有　侵犯必究

总 序

教材是教师和学生据以进行教学活动的材料,是教学的主要媒体。教材又被称之为"课本",谓其乃课程之本,更突显了教材在教学活动中的重要地位。因此教材建设历来与基础设施、设备建设、师资队伍建设并称为学校的三项基本建设。

新中国的历史上曾出现过多次高等学校教材编写的高潮。1951年3月,经政务院文化教育委员会批准专门成立了高等学校教材编审委员会,负责调查并搜集国内外高等学校教科书、教学参考书及其他有关资料,制定高等学校教材的编辑与翻译计划,特约专家、教授审查及编译高校教材,形成了第一个编写高潮。到了1961年,经历了大跃进和苏联专家撤走的冲击与影响,高等学校贯彻执行"调整、巩固、充实、提高"的方针,中共中央书记处指示教育部与国务院有关部门一起着手解决高校与中专校教材问题,要求当时高校教材建设分两步走,"先解决有无,后逐步提高",对现有教材本着"未立不破"的原则,采取"选"、"编"、"借"的办法解决新教材问题,形成了第二个建设高潮。经过十年"文革"浩劫,到了1977年高校恢复高考招生时面临了又一次"教材荒",邓小平同志亲自过问教材问题和抓教材建设,指出"教书非教最先进的内容不可"。教育部组织重新编写和试行大、中、小学各科全国通用教材,从1978年9月开始投入使用,形成了第三次教材编写高潮。随着社会主义现代化建设的蓬勃发展和高校教材多样化需求的日益强烈,进入20世纪90年代以后高校教材的陈旧和过于统一的问题再次突显出来。1991年11月国家教委发布了《教师编写教材若干问题的暂行规定》,制定了一系列的政策、措施和制度,鼓励和支持教师编写高质量的教材。后来,教育部又提出并实施了"面向21世纪教学内容与课程体系改革计划",在这一轮以课程为核心的教育教学改革中,涌现出一大批面向21世纪的新教材,形成了第四次高校教材建设的高潮。

高校的教材建设、教材编写有着自身的客观规律和基本要求。那种脉冲式的、运动式的教材建设有其深刻的历史原因,并非常态。教材建设是一项经常性的、与教育相始终的任务,呼应着社会经济、科学技术和文化教育的改革发展,高校的教材必须不断更新、不断丰富、不断建设。《国家中长期教育改革和发展规划纲要(2010—2020年)》不仅要求加强课程教材等基本建设,还要求"加强优质教育资源开发与应用,加强网络教学资源体系建设,引进国际优质数字化教学资源,开发网络学习课程"。这为新形势下面向未来的教材建设指明了新的方向、提出了新的要求。在教学资源日益丰富以后,教材的优质和特色就显得尤为重要。

三江学院的新闻学学科是江苏省重点建设学科,新闻学专业是国家特色专业建设点,其主要成就与特色在于着力培养新闻实务人才。为适应培养新闻实务人才的需要,必须创新人才培养模式,制定相应的培养目标、培养规格,改革课程设置、教学内容和教学方法,而这一切都必将在教材中有所反映。或者说,必须通过特色教材建设去培育、支撑、彰显专业特色,去实现既定的人才培养目标。正因为如此,三江学院文学与新闻传播学院组织编写了这套系列教材。在这套教材中,其内容既遵循教材的一般要求,阐述构成知识体系的术语、事实、概念、法则和理论,传授与技能和能力有关的各种技术、作业方式及步骤,揭示作为世界观基础的态度、观念以及可以激发非认知因素的事实,更重视适应培养新媒体时代新闻实务人才的需要。所以,这套教材在编写中更加重视创新性,随着新媒体的产生和发展开设新课或更新既有课程的教学内容,编写新教材;更加重视应用性,紧密联系实际,突出实践教学,聘请新闻实际工作者参与教材建设;更加重视多样性,在编写文字教材的同时组织力量制作配套的视听教材,努力把相关课程建设成为多媒体网络课程。这些正是这套教材力图形成的特色。或许它们在问世之初离追求的目标尚有一定的差距,但是在各方面的帮助之下,经过编写者的不懈努力,这些目标是一定能够实现的。

笪佐领
2010 年 12 月

新的视角　新的探索
——序石坚教授的《新闻写作新视角》

一个多月前，石坚教授打来电话，嘱我为其新著《新闻写作新视角》作序。稍后，他就把该著的电子文本发到了我的电子邮箱。我有幸成为最早一睹其大作风采者中的一员。

我与石坚教授相识久矣。我们是同行，但并非冤家，而是挚友。我知道他在来南京师范大学之前，曾经在新疆日报社担任记者工作多年，在业务上有先进的理念和出色的表现。从业界"回游"到新闻院系以后，其从业经历和经验成为新闻院系所看重的宝贵资源和财富。对于这样的同仁，我一直怀有深深的敬意。

由于上述原因，石教授提出要我作序，我颇感为难：既不能欣然从命，又不可执意不从命。不从命，从朋友情谊上说不过去（回绝朋友的不算过分的请求，不合交友之道）；但从命，从道理上又说不过去（因为石教授身上有太多值得我认真学习的东西）。一番思想斗争的结果是：我最终依从了"却之不恭"的规则。

作为《新闻写作新视角》的最初的几位读者之一，我较为仔细地阅读了整个书稿，从中吸收了许多营养，受益匪浅。这是一部关于新闻写作的、充分体现了创新意识的著作。它具有自己鲜明的特色：一是体现了教材与论著的结合。它是既适合高校新闻院系本科生使用的教材，又不同于一般的教材。它是凝聚着著者学理思考成果的富于启发意义的论著，比较好地体现了应用性与学术性的统一。二是体现了中西视角的结合。为了凸现视角之新，书中一些章节引入了西方新闻写作的视角。此举收到了一石二鸟之效：既可以使读者拓展视野、得到借鉴，也可以让读者构成参照、便于比照。从该著作中，人们可以明显地感受到作者丰厚的积累、长期的思考和创新的努力。三是体现了理论教学与案例教学的结合。不仅新闻理论有学，而且新闻业务包括新闻写作也有学。因此，在新闻写作教学中，既应当重视理论教学，引导学生探寻新闻写作规律；又要重视能力训练，引导学生进行卓有成效的操练，以提高新闻写作的实际能力。在《新闻写作新视角》中，理论阐释与案例（兼顾经典案例和时新案例）分析互利、互补，案例分析借助于理论阐释而有深刻性，理论阐释得益于案例分析而有穿透力。

我对书稿的研读，引发了对新闻写作、新闻写作教学本身以及一系列相关问题的思考。

思考之一：对新闻写作的重要性应有新认识。

新闻写作是新闻生产中的一个重要环节。它是由主体在新闻采访的基础上进行并完成的，集中体现了主体的聪明睿智和综合能力。业界人士素来有"三分写七分采"之说。对于新闻而言，"采访"是"写作"之源（在这一点上显现出与其他写作的迥异之处），因此再怎样强调"采"也并不为过。然而，"写作"又何尝不重要呢？舍此，就不可能形成直接呈现于受众的新闻文本。退一步讲，"采"强"写"弱，主体的新闻生产也会功亏一篑。正是在"写"的过程之中，主体实现了对"采"的升华。在这个意义上可以说，新闻写作不可不受到应有的重视。

关于当今时代受众信息接受的状况,学界、业界都有"读图时代"之说。假若是对受众接受信息的一种新的态势的概括,那么"读图时代"命题的提出是颇有启发性的。但是,倘若以此概念涵括当今时代受众信息接受的总体情况,则显然有失偏颇。以文字为主打或以图文并茂的方式进行的新闻传播,于新闻传媒而言仍然有着毋庸置疑的重要性。正因为如此,以文字为媒介的新闻写作,在今天以及在今后相当长的时间内,依然有其不可忽视的重要性和必要性。

当然,我们必须清醒地看到,社会生活中的诸多因素,足以影响受众对媒体的接触和对新闻文本的接受,因而也从理念、内容、形式等诸多方面影响着新闻写作。这些足以直接或间接影响新闻写作的因素主要包括:改革开放以来,随着时代的发展,社会生活发生了巨大变迁,人们的观念相继发生了全方位的深刻变化;信息传播渠道的增加和生活节奏的加快,正在改变着受众接受新闻的习惯;传媒市场的形成和同行竞争的激烈,使受众的新闻消费观念得以确立并日渐强化,受众选择媒体的余地扩大,眼光变得更为挑剔;传播技术的日新月异特别是新媒体的崛起,使媒体之间的融合、传者与受者之间的互动成为必然趋势,使新闻的文体样式和报道方式不可避免地发生了相应的改变;由于传播手段高科技化的作用,"地球村"成为现实,加之经济全球化洪流带来或促成的各国之间经济、文化交流的更加频繁,受众由此而得以拓展和延伸视阈。总之,时移世异。在这种情势之下,直接地将文本形式示于人的新闻写作,无疑应当受到比以往更多的重视,其自身也当顺应时代的发展变化而催生新的相应的"变局"。

正如石坚教授在书中所说,"面对全球化的新格局,我们需要深刻地反思,需要批判式地借鉴、吸收国外新闻传播界的优秀文化成果,特别是西方新闻写作成熟和成功的经验,冲破新闻写作程式化、脸谱化、模式化的束缚","在新闻国际化的浪潮中,中国媒介需要改变自己的新闻写作理念,转变固有的新闻写作视角,采用全新的新闻写作方式。同时虚心地借鉴西方专业化的新闻写作手段,缩小差距,迎头赶上,增强中国媒体自身的竞争能力,更好地在国际舞台上展现中国的形象,增强中国媒体在国际上的话语权"。针对中国新闻写作存在的弊端,石坚教授试图既治标又治本,开出了涵盖理念、视角、方法等诸多层面的药方:新闻写作理念有所改变,新闻写作视角有所转变,新闻写作方式有所创新。对此高论,我深以为然。

思考之二:对新闻与宣传的关系应有新认知。

石坚教授在书中提出:"把宣传变成新闻,用新闻来宣传。一方面,我们要看到,我们国家宣传和新闻长期是混为一体的,现在不可能另起炉灶,将宣传弃之一旁,重新从新闻报道开始,这样的做法既不现实也不可能。正确的办法是,把宣传变为新闻。这个'变'字并非轻而易举摇身一变,这里姑且撇开新闻体制等深层次的原因,仅我们新闻报道的思维和写作方式就要彻底转变。"我理解,其间体现的是一种实事求是的态度:不另起炉灶,但须对以新闻形式出现的宣传加以改造,即"把宣传变为新闻"。

在中国的语境中,宣传被解读为特定主体有目的地影响他人意识和行为的社会传播活动。广义的宣传包括各类宣传当然也包括新闻宣传在内。但新闻又并不是一般的宣传,而是体现出其自身特质的宣传。所谓自身特质是指:以新近发生的具有新闻价值的事实说话,反

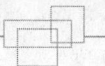

映社会生活。这种特质,应在新闻写作中得到凸现。如将新闻视作一般宣传,则报道必然难以深入受众的心田。正因为如此,石坚教授提出的"把宣传变为新闻"的见解颇具理论意义和实际价值。

思考之三:对新闻写作创新应有新思考。

如上所述,时代发展了,环境变化了,因此新闻写作也需要创新。关键的问题是:要有强烈的创新意识,有切实的实际努力,就像石坚教授所做的那样。他的新著所选取和所体现的是这样一个重要的关键词:新视角。用他的原话说,那就是"新闻写作:需要全方位重新审视",体现出突破"60年一贯制"的写作套路的努力。这是贯穿全书的新理念。在这一新理念的指引下,作者以新视角观照新闻写作的方方面面,例如角度、发现、标题、导语、引语、背景、话语、节奏等。他在观照中每每有自己的发现:把背景诠释为——"解释新事实的旧事实";对导语作出了如下界定——"打动读者的第一句话";将一般新闻写作教材较少涉及的"节奏"喻为"新闻写作'跳舞'的艺术";而引语则被称为"新闻人物与读者面对面说话的艺术"。

作为一部教材,《新闻写作新视角》有特色、有新意,其中包含了许多宝贵的研究心得和从业经验。

是为序。

丁柏铨

二○一○年十二月十五日

(作者系南京大学新闻研究所所长、教授、博导)

目　录

总序/1
序/1

上　编

第一章　新闻写作：需要全方位重新审视/3
　　第一节　我国新闻写作的"三化"现象严重/3
　　第二节　"新华体"与"市民体"/8
　　第三节　将宣传变为新闻　用新闻来宣传/11
　　第四节　新闻报道的新理念和新趋势/15

第二章　西方新闻写作：与众不同的全新视角/20
　　第一节　西方新闻写作理论概述/20
　　第二节　西方新闻写作的基本方法/27

第三章　个性化标题：提升媒介新闻品牌价值/37
　　第一节　标题个性化发展的时代背景/37
　　第二节　《羊城晚报》新闻标题个性化特色/39
　　第三节　个性化标题实现的必由之路/46
　　第四节　标题个性化带给我们的启示/54

第四章　导语：打动读者的第一句话/66
　　第一节　我国新闻导语写作的几个通病/66
　　第二节　我们需要什么样的导语/70
　　第三节　导语写作探讨/75

第五章　引语：新闻人物与读者面对面说话的艺术/82
　　第一节　新闻需要借助引语来说话/82
　　第二节　中西新闻引语运用比较/85
　　第三节　怎样选择直接引语/88
　　第四节　使用引语的方法和注意事项/92

第六章　背景：解释新事实的旧事实/94
　　第一节　新闻背景的重要性/94
　　第二节　我国记者：背景意识比较淡薄/96
　　第三节　西方记者：大量而巧妙的使用背景材料/101
　　第四节　交代背景的学问/105

中 编

第七章 角度：寻找新闻报道的最佳切入点/117
  第一节 角度之中见高下/117
  第二节 挖掘新闻报道中的最佳角度/122
  第三节 角度选择方法谈/127
  第四节 谈谈机关报的角度/131

第八章 发现：新闻报道的魅力之所在/136
  第一节 发现力和写作究竟哪个更重要/136
  第二节 真正的新闻发现从何而来/138
  第三节 发现需要新思维/143
  第四节 新闻发现力的几种角度/149

第九章 话语：在新闻中说话的艺术/155
  第一节 新闻话语之我见/155
  第二节 新闻话语的文本结构和逻辑性/157
  第三节 新闻话语的风格/174
  第四节 作为话语的新闻/184

第十章 节奏：新闻写作是"跳舞的艺术"/189
  第一节 很少被人注意的写作技巧/189
  第二节 需要减肥的中国"三段式"新闻/194
  第三节 善于跳跃的西方新闻/196
  第四节 如何使新闻节奏快起来/203

第十一章 过渡：整合新闻报道的"黏合剂"/209
  第一节 从两篇消息的写作中看"过渡"/209
  第二节 新闻作品为何讲究"过渡"/212
  第三节 新闻"过渡"的艺术/216

下 编

第十二章 典型报道：追求新闻专业主义的新生/223
  第一节 典型报道与新闻专业主义/223
  第二节 新闻专业主义对典型报道的影响/231
  第三节 新闻专业主义给典型报道带来新思路/242

第十三章 节庆报道：岁岁年年花不同/249
  第一节 传统节庆报道中僵化的写作思路和方式/249
  第二节 《中国经营报》"改革开放30年"报道创新表现/251
  第三节 对创新节庆报道的启示/254

第十四章 经济新闻：深度与通俗并存/258
  第一节 经济新闻的概述/258

第二节 《南方周末》经济新闻的气质——平衡的观察家/262

第三节 《南方周末》经济新闻的业务特色/267

第四节 《南方周末》经济新闻的启示和问题/284

第十五章 故事化新闻：像说故事一样说新闻/287

第一节 新闻中有故事吗/287

第二节 故事化新闻报道探讨/293

第三节 华尔街日报体：小故事，大主题/297

第四节 故事化新闻写作技巧/305

第十六章 数字：一把锋利的双刃剑/314

第一节 新闻离不开数字/314

第二节 数字的两面性/316

第三节 如何根治"数字堆砌病"/319

参考文献/327

后记/329

上 编

第一章 新闻写作:需要全方位重新审视

新时代的浪潮势不可挡,正在以雷霆万钧之势冲破旧有的时空藩篱,把全球一体化的历史大趋势演进成为人类文明发展的科学现实。作为这一划时代进程的显著标志之一,传播国际化不可忽略地起着推进作用。各个国家和民族的信息传播,突破了地域、时空的限制走向全球,在全球范围内接受检验和评价。在这种大背景下,作为新闻传播的主要手段,新闻写作视角的优与劣就显得非常重要了。

在改革开放的伟大进程中,我国的新闻传播事业也实现了质的飞跃。20世纪90年代以来,以都市类报纸写作模式为标志的"市民体"问世并快速发展,形成了独特的风格和特色,成为中国新闻传播业一道格外亮丽的风景线。但是,我们应该清醒地看到,我国新闻写作的改革仅仅是初步的,在新闻写作的理念、视角及形式等方面,依然与在全球通行的国际新闻写作有很大的差距。尤其是主流媒体机关报的新闻写作,六十年来的"一贯制",面目依旧,宣传味较浓,手段比较陈旧,没有太大的变化。

面对全球化的新格局,我们需要深刻地反思,需要批判式地借鉴、吸收国外新闻传播界的优秀文化成果,特别是西方新闻写作成熟和成功的经验,冲破新闻写作程式化、脸谱化、模板化的束缚,把宣传变为新闻,用新闻来宣传。在新闻国际化的浪潮中,中国媒介需要改变自己的新闻写作理念,转变固有的新闻写作视角,采用全新的新闻写作方式。同时虚心地借鉴西方专业化的新闻写作手段,缩小差距,迎头赶上,增强中国媒体自身的竞争能力,更好地在国际舞台上展现中国的形象,增强中国媒体在国际上的话语权。

第一节 我国新闻写作的"三化"现象严重

一、我国新闻写作中的"三化"特征明显

所谓新闻写作的"三化"现象,即:程式化、脸谱化、模板化。改革开放以来,我国新闻写作显现出长足的进步,出现的以都市类报纸为代表的市民风格的新闻文体就是明证。但我们依然要清醒地看到,以机关报为代表的主流媒体的新闻写作理念、视角及方式,依然打着很强的计划体制的烙印,写作模式基本是几十年"一贯制",呈现出程式化、脸谱化、模板化(以下简称"三化")的特征。其基本特征具体表现为如下几条:

- 新闻报道等同于政治宣传,各种报道中充斥着宣传的腔调;
- 报道形式单一,显得比较生硬,标题、导语、背景的运用等千篇一律,好像一个模子里出来的,面目令人可憎;
- 报道内容、写作角度不仅离群众远,离实际生活远,而且也离我们的时代远;
- 新闻报道文风极差,充满令人麻木与窒息的宣传语言。

正如清华大学李希光教授所说的那样,随便打开任何一家主流报纸,上面刊登的那篇可读性最差的新闻,一定是严格按宣传模式制造出来的。

二、我国新闻报道中"三化"现象举例

在我国新闻传播领域,"三化"现象十分严重,在时政报道方面尤显突出。时政报道以报道领导活动和会议为多,报道领导活动则以大段摘录领导人讲话为主,报道会议消息则以编发会议文件为主。这类报道往往不按新闻写作规律办事。每每照抄照转,官腔连篇,满纸套话、大话,形式千篇一律,面目可憎,不但引不起受众的兴趣,反而让受众非常反感。这类报道宣传味极浓,读者不爱看。下面举几例加以说明。

1. 关于时政新闻的报道

新华社和法新社关于报道《财富》全球论坛在北京召开的消息对比。

(引)胡锦涛出席《财富》全球论坛开幕式并发表重要演讲
(主)中国成为世界经济新推动动力

据新华社北京5月16日电　记者李诗佳　2005年北京《财富》全球论坛16日开幕,国家主席胡锦涛出席开幕式并发表重要演讲。他强调,在经济全球化趋势深入发展的条件下,中国及亚洲的发展正在成为世界经济发展新的推动力量,世界经济发展也将给中国及亚洲的发展带来新的重要机遇。世界各国经济互相合作、相互依存的加深,必将给全球经济增长创造更加美好的前景。

胡锦涛指出,为了实现全面建设小康社会的宏伟目标,我们将坚持以科学发展观引领经济社会发展全局。我们将坚持以经济建设为中心,坚持深化改革开放,坚持走新型工业化道路,不断满足人民群众日益增长的物质文化需求,推动经济建设、政治建设、文化建设与和谐社会建设的全面发展,走生产发展、生活富裕、生态良好的文明发展道路。

胡锦涛指出,中国的发展同亚洲及世界的发展紧密相关,中国的发展已经并将继续为亚洲及世界各国带来合作共赢的机遇。中国将继续稳步开放市场,创新引进外资形式,完善有关鼓励和保护外商投资的法律法规,改革涉外经济合理体制,加强知识产权的保护,努力为中国的对外经贸合作和外国对华投资提供一切便利,创造更好的环境。

胡锦涛强调,在座各位大企业的领导人,是国际经济活动的重要参与者和推动者。长期以来,你们中的许多人及你们企业积极推动和开展同中国的经济技术合作,为中国经济的可持续发展和中国有关产业技术水平的提高作出了重要贡献。我们欢迎各位继续扩大在中国

的技术和贸易,加强同中国企业的经济技术合作。

胡锦涛还会见了世界500强部分企业负责人。他强调,中国坚定不移地实行对外开放的基本国策,在更大范围内参与国际经济技术合作与竞争。①

《财富》全球论坛演绎"中国故事"

法新社北京5月16日电 中国国家主席胡锦涛今天就促进世界多家大型公司帮助中国克服巨大的人口压力以及环境恶化的困境,与中国一道为建立"小康社会"而努力。

胡锦涛在2005年北京《财富》全球论坛开幕式说,13亿中国人民正万众一心的在中国特色社会主义道路上开拓前进。

胡锦涛在人民大会堂对商界领袖说:"中国已经明确了本世纪头20年的奋斗目标。这就是紧紧抓住重要的战略机遇期,全面建设惠及十几亿人口的高水平的小康社会。"

今年的《财富》全球论坛聚集了全球约700名商务精英。本届《财富》全球论坛在北京召开,在很大程度上是对中国在全球经济中发挥重要作用的认可。自26年前实行改革开放以来,中国一直维持着经济的高增长,年经济增长率接近9.4%。

胡锦涛说:"中国的目标是为经济增长和贸易创造一个更好的环境,确保维持本国经济的可持续发展。"

胡锦涛说,中国将继续稳步开放市场,创新引进外资形式,完善有关鼓励和保护外商投资的法律法规,改革涉外经济合理体制,加强知识产权保护,努力为中国的对外经贸合作和外国来华投资提供一切便利,创造更好的环境。②

这两篇消息都是报道2005年《财富》全球论坛在北京召开的事实。

第一篇是中国典型的"新华体"写作方式,报道一次重大的国际会议活动,其形式采用了传统的报道会议消息的模式,以大段摘取领导人讲话为主。全篇没有重点,没有直接引语,也没有新闻背景交代,除了"强调",就是"指出",让人读起来很吃力。写作也没有什么特色,基本上是以编发领导人讲话材料为主,让人感到沉闷乏味,宣传味十足。

另一篇法新社的消息则不然,让人感到这是一条实实在在的新闻。通篇虽然只有400余字,却短小精悍,重点突出,写作上毫无花哨之感,既有引语,又有背景。引语中既有直接引语,又有间接引语,还有混合引语,极具特色,具有很强的概括性。和新华社的消息不同,这篇消息在导语中就突出了重点,即敦促世界各家大型公司帮助中国为建立"小康社会"而努力,同时也突出了中国在前进道路上所遇到的"巨大人口"和"环境恶化"两大难题。紧接着,又分别以间接引语和直接引语引用了胡锦涛两段讲话,使人感到了讲话的可信性和权威性。其后,这篇消息又交代了这次论坛的背景材料,短短百余字,便集中概括了这次会议的背景和召开目的。奇怪的是,我们的会议新闻,一般很少报道背景材料。美国新闻学者认为,记者在写

---

① 现代快报,2005-05-17
② 参考消息,2005-05-17

消息时,无论在什么时候都应该把读者当作一无所知的对象,都要交代新闻背景材料。

"两会"年年开,年年报"两会",这两句耳熟能详的话,在新闻圈工作的人都知道。全国人大代表会议和全国政治协商会议,简称"两会"。但长期以来,"两会"报道形成了一套机械的宣传模式,如:某日,某某会议在某某地开幕,某某领导讲话,(通常记者把口号式的豪言壮语写进导语),某人主持会议,会场气氛热烈庄严,出席会议的人数,出席会议的主要领导,出席会议的还有(次一级领导),出席会议的有关部门人士(还有等等)。

通篇信息含量小,至于老百姓最为关心的话题却没有突出。不仅"两会"报道如此,凡会议新闻报道都按照同一模式制造出来。无非是某某指出、某某强调、某某说,领导讲话很多,但没有或少有使用直接引语的。

外事新闻写作和会见新闻写作也形成一种僵化的写作模式。某某领导人,于某年某月某日,在某某地方,会见某某国家某某领导人。双方进行了亲切友好、富有建设性、富有成效、坦率的谈话等等,如此之类,不胜枚举。请看下面一则新闻报道:

王乐泉会见张延年、左学良一行

记者卉子 7月6日,中共中央政治局委员、自治区党委书记王乐泉会见了中国驻塔吉克斯坦大使张延年、中国驻阿塞拜疆大使左学良一行。

王乐泉对大使一行的到来表示欢迎,感谢他们对中国新疆外事工作多年来的帮助和服务。王乐泉还向大使一行通报了"7·5"乌鲁木齐打砸抢烧事件的过程,并且指出,自治区以及时作出部署并采取果断措施平息了事态。目前新疆社会稳定,生产生活秩序井然。

张延年和左学良表示,将一如既往地为新疆做好外事服务工作,为中国新疆与境外的交流、合作提供全方位服务,为中国新疆与塔吉克斯坦、阿塞拜疆之间的沟通交流提供全方位的支持、帮助与服务。

会见时,自治区领导宋爱荣、白志杰、胡伟等在座。①

上述消息是一则普通的会见新闻,套话连篇,语言刻板,信息含量很少,是一篇典型的程式化写作的消息。新疆维吾尔自治区党委书记王乐泉会见的对象,是我国驻外的两位大使。塔吉克斯坦、阿塞拜疆与中国新疆相邻,在政治、经济等方面来往较多,从新闻价值上来讲,具有接近性,有很多信息为新疆人民所关注,然而记者却没挖掘出这些"亮点",仅写出了一篇四平八稳、没有多少信息含量的消息。

其实,在外事新闻和会见新闻中,各国领导人与会见对象性格迥异,不少人幽默诙谐、妙语连珠,在外国记者的笔下,这些有个性的语言在稿件中频频出现。当年朱镕基总理访美时,掀起了一阵"朱旋风",为什么呢?就是朱总理富有哲理、幽默风趣的话语在媒介上频频传播,博得了美国人的好感。可是在我们中国记者的笔下,外事会见报道往往被一句外交辞令"双方进行了友好的、富有建设性的谈话"所抹杀。之所以出现这些问题,我看原因从两方面找:

---

① 新疆经济报,2009-07-07

一方面凡领导会见之类的外事稿一定要审,有关部门领导思想保守,凡有个性的引语一律删之;另一方面,我们的记者也乐于驾轻就熟,固守陈规,难以出新。

2. 关于科教文卫的新闻报道

不仅时政新闻写作如此,经济新闻、科技新闻、文体新闻等写作统统如此,千文一面,用一个模式制作出来。请看下面的一篇环保新闻:

500万尾水生动物放入三峡库区

本报重庆4月23日电 记者张毅 22日是世界地球日,农业部和重庆市在重庆万州举行了2009年三峡库区水生生物增殖放流活动,共投放长江主要经济鱼类和珍稀水生动物500万尾。

农业部部长孙政才在放流活动仪式上说,开展水生生物增殖放流是养护水生生物资源的有效举措,欢迎社会各界更加关心、重视和支持增殖放流等水生生物资源养护工作,希望渔业部门广泛发动各方面力量因地制宜、科学地向江河、湖海、水库等水域放流各种水生生物,与全社会一道共同构建鱼水相亲、人与自然和谐共处的美好家园。

据悉,今年中央财政将大幅度增加水生生物资源养护和增殖放流的资金投入,全国各地将举办一系列大规模增殖放流活动。[①]

水生生物增殖放流活动,是一件利国利民利环境的大好事,应该大力进行报道。但是,这样一则有较强新闻价值的环保新闻,在记者的笔下,却变成了一则语言僵化、写作死板的程式化消息。它既无水生生物放流的现场画面,也无放流仪式上生动形象的细节,更无现场人士妙趣横生、富有特色的直接引语。这样一则主题重大、现场感强的新闻,却让这位记者写成了毫无特色、干瘪乏味的模板化消息,不禁令人扼腕叹息。

三、去"三化"刻不容缓

总而言之,我们的新闻写作是到了该改一改的时候了。目前,我们的新闻写作的理念、方式相对来说是比较落后,全球一体化带来的新闻写作也应该是多元的,但我们目前的新闻写作方式比较单一,新闻写作的视野和角度都打不开。

也许有人会说,我们的新闻报道走的是"有中国新闻特色的道路"。对此,华中科技大学姚里军先生有着精辟的分析与见解,他说,国际新闻活动中实际上已存在一种带普遍性的模式,它并非出于人为的制定,而是在新闻实践的历史中逐步形成和发展起来的,形成了目前这样一种被各国媒介和读者普遍接受和认可的新闻报道模式。由于一些国家被报道的范围、次数、频率及强度远远胜于另一些国家,由于国与国之间的政治经济实力和资讯富裕程度的不同,国与国之间的相互报道常常是不均衡的。正是在这种长期的不均衡的国际新闻流通中,

---

[①] 人民日报,2009-04-24

一些实力强的国家在报道竞争中拥有压倒多数的优势,故而形成了一种约定俗成的普遍模式,这就是西方新闻模式。它已经或正在为许多国家采用,在总体上代表着国际通用的基本模式。这是一个无法否定的事实,也是国际新闻发展的一个趋势。作为一个东方大国,我国改革开放几十年来,经济上与全球融为一体,新闻也正在走向世界。国际竞争是无法回避的,这就需要我们争取更多的受众,发挥我们传播媒介应有的舆论影响。

据统计,我国现共有报纸2 202种,广播电台1 000家,电视台1 900家,上网人数达到数亿之多,仅广播与电视的覆盖率均已达88%。从以上数字来看,媒介数量与覆盖率已不低。我们目前最急需的是提高信息传播的质量。唯有提高传播信息的质量,才能在激烈的国际、国内传播竞争中站稳脚跟,才能充分发挥自己的影响。

参与竞争,首先要看看竞争关键在哪几个环节。通过分析,我们可以认定,竞争无非有三个要素:一是内容,即内容为王。二是速度,即时效性。三是形式。经过多年的改革开放,我国新闻媒体的时效性已基本解决,尤其是新华社,与美联社、路透社、法新社等国际著名的通讯社相比,其发稿速度已不逊于对手。在国内新闻媒介的新闻报道中,已鲜见"最近"、"日前"等词汇。但是我们的新闻报道在内容上有一定局限,信息量相对不足,写作质量也不高。在国际上新闻报道中很通用的直接引语、细节描写、背景运用、现场气氛等,在我们的消息中很少见到。在形式上,我们的新闻写作,几十年来固守一个模式,不敢越雷池一步,鲜有变化。消息中没有故事,语言苍白无力,可读性相对逊色,相对于我们日新月异的社会生活、快速发展的经济奇迹,我们的新闻报道显得落伍了,没有完全反映出我们这个蒸蒸日上、充满变化的国家和人民的形象。

我们应该站在这个高度,来看待新闻写作,来重新认识新闻写作,以逐步使用国际通用的新闻模式,与国际接轨,提高新闻的可读性,以适应全球媒体的共同要求,使中国媒体的新闻报道走向世界,为更多的国际媒体采用。

第二节 "新华体"与"市民体"

新闻写作离不开新闻文体。所谓文体,就是文章的体裁,它同样属于新闻表现的范畴。

一、关于"新华体"

讲到我国新闻写作的现状,就不能不对当代中国的新闻写作的文体做一个简要的分析。对于新中国建立六十多年来新闻写作的文体,仁者见仁,智者见智,但多数专家、学者认为,在我国当代的新闻写作中曾形成过"人民体"、"八一体"、"晚报体"、"都市报体"等各具特色的新闻文体形式。但没有一个能像"新华体"那样,对中国新闻界以至于中国记者的写作产生了如此深远的影响。六十多年来,许多从新闻院校毕业的人,在学校里学的新闻写作方法就是"新华体"。许多从事新闻媒介工作的人,从一踏上报坛,老前辈手把手教的新闻写作方法也是"新华体"。这是因为,"新华体"的写作风格是由新华社的地位和报道内容决定的。

1. "新华体"的概念及特点

究竟什么是"新华体"呢?它有何特点?它是如何形成的?它有什么正面和负面影响,我们又该如何评价和认识它呢?专家、学者认识各不相同,《宣传舆论学大词典》对此的解释是:"新华通讯社长期报道国内外新闻所形成的一种写作体式。新华体的公认特点是消息简洁,文字简练,篇幅短小;善于用事实解释事实,很少空发议论;层次清晰,尽量做到一个事实一段;消息中段落过渡自然;稳健中见权威,该快则快,该慢则慢,注重通稿的信誉;善于抓大问题、关键性问题,重大事件的报道多有令人耳目一新的角度,主题开掘深刻。"

原新华社社长穆青对新华体作过如下归纳:内容上是大家普遍关心的重要的最新新闻;事实上是大家信得过的,真实、准确、可靠;政治观点上是正确的,是和党中央保持一致的,提倡什么,反对什么,态度非常鲜明;文字上精炼生动;时效上是及时的、最快的,不落在报纸电台后面。①

"新华体"由于历史悠久,加之其独特的权威地位,逐渐形成了一种庄重严肃的风格。从总体上来讲,在内容特征上,"新华体"表现为真实可靠、准确可信、客观公正;在形式上则表现为短小精悍、稳健大气、严谨清晰。"新华体"既有简洁生动、短小精悍的新闻消息,又有气势恢宏、富有哲理的通讯,还有中规中矩、四平八稳的公报式新闻。"新华体"的写作理念、方式几十年来渗透到全国各大媒体,几代新闻人都受到其巨大影响,自觉或不自觉地按其模式编发、采写新闻报道。

2. "新华体"的弊端

无可置疑,"新华体"曾为中国新闻事业做出过巨大的贡献,但它毕竟诞生在战争年代,成长于计划经济时期。随着全球一体化和改革开放的不断深入,"新华体"的弱点越来越明显,"新华体"的改革也迫在眉睫。"新华体"的不足,我们归纳如下:

- 不少稿件角度离工作近、离群众远,离领导近、离实际远,显得过于生硬;
- 一些稿件主观性较强,掺杂着记者的个人议论和看法,客观公正形象不足;
- 标题普遍过于简单,缺乏文采,比较直白,抓不住读者的眼球;
- 不少导语缺乏个性,缺乏特色;
- 不少稿件形式千篇一律,缺乏变化,引文大多为"三段式",格式较雷同,文字死板,缺乏节奏感;
- 过于注重"说教",宣传味过重,有的稿件有居高临下、指手画脚之嫌,不能平等待人;
- 一些稿件内容空洞,结构零乱;
- 不少稿件写作质量不高,没有使用直接引语、背景材料、细节描写,缺乏现场感;
- 一些稿件中数字堆砌现象严重,读起来味同嚼蜡;

---

① 穆青.新闻工作散论.新闻出版社,1993:308-309

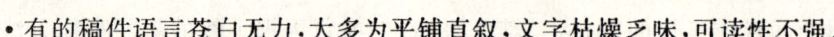

• 有的稿件语言苍白无力,大多为平铺直叙,文字枯燥乏味,可读性不强。

国内有专家曾这样评价"新华体":"新华社确实有大批稿件写得呆板、空泛、枯燥,反映上层活动多,贴近群众、贴近生活少。"①

3. 正确对待"新华体"

作为一种新闻写作的文体,"新华体"既有其成功的一面,也有其不足的一面,需要进行大力改进。那么,我们应该如何看待"新华体"呢?上海大学教授吴信训认为:"客观地说,'新华体'无论是优秀的一面,还是遭到非议的一面,都有它存在的理由和价值,作为一个国家通讯社,应该说很多时候是不得不如此的。鹤颈虽长,断之则悲;去阴留阳,阴阳皆失。这是我们对待'新华体'应该具有的一种辩证态度。"②

从1983年起,新华社就提出了"建成具有中国特色的社会主义现代化的世界通讯社"的宏大目标,对新闻写作和新闻文风进行了大刀阔斧的改革,提倡新闻写作"散文化"。应该说,今日"新华体"已非昔日"新华体",当今新闻文坛也非昔日"新华体"一统天下的局面了。

但是,我们应该看到,盛行中国新闻文坛几十年的"新华体",并非一朝一夕就能改头换面的。战争年代的烙印在"新华体"上依稀可见,计划经济年代的印记在"新华体"上刻得很深了。尤其与国外西方新闻报道差距较大,保留我们自己的精华的前提下,还需要我们借鉴西方新闻的长处。

二、"市民体"的兴起

1. "市民体"的出现

就在"新华体"弊端日显之时,中国报坛上吹来一股清新的风。20世纪90年代中期,都市类报纸异军突起。在短短几年中,它便以其独具一格的市场定位、咄咄逼人的发展势头和良好的经营业绩,在报业市场上脱颖而出,形成强劲的冲击波。尤其令人瞩目的是,都市类报纸在其持续发展过程中,创造出一种与都市新闻相适应的写作文体,即"市民体"。这种"市民体"是全新的,是以市民为本,从内容到形式都必须平民化,讲究平易近人,反对居高临下;讲究平等待人,反对盛气凌人;讲究对话谈心,反对高谈阔论。正如《华西都市报》前总编辑席文举所说:"语言要市民化,不要新华体,不要说套话和文件上的话,要变成老百姓的语言。"③

2. "市民体"的特征

"市民体"从内容到形式上具有如下特征:

"市民体"写作讲究从平民的视角观察新闻、采写新闻。经济新闻社会化,科技新闻生活化,社会新闻人情化,会议新闻信息化,文化新闻大众化,充满了人情味。

对重大事件、突发事件、新闻价值强的事件,"市民体"讲究深度挖掘,披露事件真相,解释

---

① 成一. 析"新华体"——谈新闻文风演变与改进. 新闻业务研究,1999(2)
② 吴信训. 都市新闻学. 上海交通大学出版社,2007:113
③ 席文举. 报纸策划艺术. 中国社会科学出版社,2000:26

事件缘由,揭示事件的本质意义。

"市民体"还讲究做深做透,注重策划,从不同角度、不同方面、不同时空进行立体化的报道,使受众全方位的了解事件的来龙去脉。

"市民体"写作讲究从不同角度下笔,善于化硬为软、化大为小、化远为近、化长为短。力求将时政新闻、会议新闻、工作报道与市民相关、相近的角度来表现。

"市民体"写作讲究通俗化、趣味化,在写作上注意运用口语化、地方化、大众化的语言,把生硬的、僵化的、枯燥的或文绉绉的书面语言,变成平和亲切、流畅自然、贴近群众的语言。对一些软新闻,力争写出它的趣味性来。

当然,"市民体"并不是无懈可击,如在一些写作中有庸俗化倾向,哗众取宠,报道格调不高;特别是一些新闻标题、新闻导语的写作,缺乏人文关怀,选择一些刺激性的、耸人听闻的词语,以此来抓读者的眼球;还有稿件写作中,存在着猎奇化的现象,过多的捕捉那些色情、凶杀、追星、灾祸新闻,以此迎合一部分受众的低级趣味。

3. 正确处理"市民体"与"新华体"的关系

不管我们喜欢与否,事实上,"市民体"作为一种写作文体,在新闻写作的百花园中已开始崭露头角。正如吴信训教授所言:"市民体是一种与新华体相并列的文体,它的出现,丰富了我国新闻表现形式。"[①]应该强调的是,不论"新华体"还是"市民体",不可能放之四海而皆准,对什么内容都适应。二者的关系应该是并列相存,而不是互相取代,在此前提下互相借鉴,互相学习,取长补短,共同发展。

第三节 将宣传变为新闻 用新闻来宣传

什么是新闻报道?什么是政治宣传?

现如今,新闻媒介是作为党和政府的"喉舌"而存在的,在政党治理国家和社会运作中发挥着极其重要的作用。宣传和报道是画等号的,宣传就是报道,报道也是宣传。对此,学者姚里军认为,这个性质规定了新闻媒介的职能主要是舆论工具,即在党性的原则指导下,以意识形态为主导,传达党和政府的声音,宣传党和政府的方针和政策,引导、鼓舞并组织人民群众去实现党和政府的工作目标,宣传是它的基本职能。虽然近年来中国大众媒体纷纷向资讯产业转化,形成大众媒体市场化的主流,但由于这一转化是在基本体制没有改变的情况下发生的,因此一些媒介虽然也出现了传播信息的趋势,但其职能并没有出现实质性的改变。

---

① 吴信训.都市新闻学.上海交通大学出版社,2007:117

一、宣传的定义

宣传,是用来阐述某种主张、主义、思想、观点以影响和争取特定对象,进而达到一定目的的行为。它是一党的党派、团体进行政治思想活动或经济行为的重要手段,由此可见,"造成影响"是宣传的特有属性。

二、宣传与新闻报道、传播等概念的差异

宣传究竟与新闻报道、传播有什么不同呢?

关于新闻报道的定义,中国与西方大同小异,新闻报道是指对新近发生事实的报道。尽管西方对新闻的界定有"人狗论"、"女人论",但总离不开"新近"、"发生"、"事实"等关键词。

"传播"是西方新闻学中的一个术语,有"交流"之意,是一种社会性传送信息的行为。事实是信息的内容,而传播只是一种过程,一种行为方式。故而,没有客观事实的发生。发展的变化,就不会有信息,既无信息来源,又何谈传播呢。由此可见,宣传与新闻报道、传播并不具有同一性,完全是两码事。

近几年,关于宣传与新闻报道各有不同的争论,新闻学界和业界也达成了共识,学者周胜林、尹德刚、梅懿把它归纳为:

- 新闻是叙述事实的;宣传是陈述观点的。
- 新闻的功能是传播信息,是一种信息输出活动;宣传的主要功能是传播观点,是一种观念输出活动。
- 新闻是最近发生事实的报道;宣传是一定政治观点主张的阐述。
- 新闻是群众欲知未知事实的报道;宣传是主观的思想、观念的传播与扩散。
- 新闻的价值观念着眼于"客"方,即努力满足受众的需要;宣传的价值观念着眼于"我方",即宣传者的论点意图、如何在宣传对象身上得到最满意的实现。

三、正确处理宣传与新闻报道的关系

1. 摒弃从宣传角度来报道新闻的错误做法

新闻讲时间,宣传讲时宜。新闻客观地叙述事实,反映的是新闻规律;宣传用事实说明观点,反映的是宣传纪律。

显然,新闻报道与政治宣传不是一码事,但在我国,长期以来二者是混为一谈的。新闻是作为一种宣传手段而存在的,新闻是党的喉舌,是党的舆论工具,写什么,什么时候写,怎样写,都必须根据宣传目的的需要,统一新闻报道的"口径"。在这个方面,我们走过一段痛苦而又朦胧的道路,有过极为深刻的教训。如唐山大地震、非典问题等,初始阶段,我们都是采取先"捂"的做法,直至中央有了定性后,才统一部署开始宣传。导致西方新闻媒体率先报道,搞得满城风雨,十分被动。这些例子都充分说明了宣传带来的负面效果。直至今天,不少省区也是报喜不报忧,按宣传口径统一宣传。如2005年新疆阜康发生的特大矿难,新疆新闻媒介只是按着有关部门的统一部署进行报道,报道消息无非是一方有难、八方支援等等,对矿难发

生的原因只字不提,三缄其口。对事件具体过程百般封锁消息,阻碍记者进行采访,以至于新华社专门就此发了一条"公众对矿难应有知情权"的评论。随着社会主义民主不断成熟,改革开放不断深入发展,从宣传角度来报道新闻的做法,由于其内容的狭窄,带有先验性的主观色彩,已越来越不适应形势的发展了,已到了非改不可的地步了。

2. 把宣传变成新闻,用新闻来宣传

随着我国社会经济的持续发展和在国际社会上的和平崛起,世界各国普遍产生了了解中国的强烈需求。如何为中国的持续发展创造良好的国际舆论环境?如何树立中国媒体的公信度和真实可靠的品牌形象?我们首要解决的问题就是把宣传变成新闻,用新闻来宣传。

一方面,要看到我们国家宣传和新闻长期是混为一体的,现在不可能另起炉灶,将宣传弃之一旁,重新从新闻报道开始,这样的做法既不现实也不可能,正确的办法是,把宣传变为新闻。这个"变"字并非轻而易举摇身一变,这里姑且撇开新闻体制等深层次的原因,仅我们新闻报道的思维和写作方式就要彻底转变。

另一方面,如何把宣传变成新闻,用新闻来宣传。西方新闻的写法比我们要高明得多、巧妙得多,他们宣传的目的在新闻报道中以隐性方式出现,打着"客观主义报道"的旗号,将他们的价值观、宣传倾向隐藏在事实中,使之在不知不觉中渗透到受众的脑海中,而不是强加给受众,这值得我们借鉴。请看一位外国记者笔下的正在消失殆尽的北京旧城四合院。

深冬的北京,一大片散满瓦砾的荒地,几辆推土车和运泥车正在开动,工人在寒风中忙碌。

地盘上,仍然顽固挺立着几株落尽了叶子的秃树,枝条高指天空,被北风吹的微微颤抖。古树旁,残存一间孤零零的房子,屋顶的木结构已经显露,与灰色的瓦片,微翘的飞檐一起透露出当初造工的复杂精细,几块巨型广告牌将荒地重重包围,广告说将建起的楼盘号称"中国的伦敦西区"。①

此文记者的倾向性是非常鲜明的,"深冬、荒地、寒风、秃树、孤零零的房子……"。在记者的笔下,你可以感到一种淡淡的哀愁,北京旧城一座座有着数百年历史的四合院轰然倒塌,毁坏的四合院,逐渐消失的北京旧城。再看一位德国记者笔下的山西省某村:

五年前,山西省下康村的1 000多名村民突然发现村里的水变成了。水壶在烧完水后变成了红色。"我开始拉肚子,病再没好过,"陈女士说,"我和邻居谈起这事,他们的抱怨和自己也一样。"几个月后,她双腿瘫痪,现在她整天躺在木板床上。和许多村民一样,这位农妇患脑血栓,半身不遂。27名村民已经因此死亡,其中有一名14岁的女孩。

这个村庄如一座疗养院,在村里的土路上,几乎所有的人都拄着拐杖一瘸一拐地走路,尽

---

① 参考消息,2006-01-05

管陈女士的丈夫也病了,他还是背着妻子去看病,他们买不起轮椅。①

是什么原因导致这些农民如此悲惨?是环境污染,附近的钢铁厂和造纸厂将未处理的废水排进了当地的河流中。通过记者客观地描写,使读者看到了高能耗、高污染正威胁着中国,正在威胁着中国人民的生命和健康。在这里,记者没有居高临下的说教,没有板起面孔来,没有生硬的词语,没有机械的语言,完全靠事实,最后让受众得出结论。

3. 警惕将新闻报道与政治宣传画等号

但是,我们要看到,这一切都还在初始阶段,仅仅在表面上、形式上做文章,要使宣传与报道真正分开,在中国绝不会在一个短时期内奏效的。

同时,我们还要清醒地看到,在我国新闻传播领域,把新闻报道与政治宣传画等号的现象还十分严重。我们许多媒介和记者已本能地习惯这种现象,明知这是一种不太正常的行为,却自觉或不自觉地沿袭着陈规旧习走下去。

在西方,新闻媒体早已经纳入市场化、产业化的轨道。它们既是传播媒介,又是商业性经济实体,受制于一定的经济财团。它们拥有自己的私人的经济自由,选择完善的市场体系,完备的生产和消费资讯。它们唯一面对的就是受众,媒介的生命就掌握在受众的手里,考虑受众的需要是传媒利益的最大化原则,是它们获取读者、市场和利润的根源和保证。这一媒体制度决定了西方的受众本位特点,受众的利益和传者是一致的、统一的。

在我国,新闻媒体在国家运作和社会稳定中扮演着关键的角色,意识形态起着主导作用,党的宣传教化,政策的讲解,成为它的主要功能。这一性质决定了它传者本位的特点,这和受众需要就不一定时时统一、完全统一,这是我们必须面对的实际国情。近年来,由于市场经济体制逐渐取代了计划经济体制,新闻单位由国家全额拨款的事业单位改制为差额拨款,甚至自负盈亏的企业集团。不少新闻媒介从维持自身生计出发,办子报、办子刊、从事商业性经济创收,以子报养大报。这在新闻题材的选择上打开了一个新的窗口,适应了群众的文化生活需求,但在政治上还是姓"党",没有改变其党性的本质。应该看到,这已是进步,但我们应继续努力,应强化受众意识,弱化传者意识,淡化灌输意识。

受众的需要就是新闻欲求的满足。西方新闻界认为,人们有了解社会或自然界新近发生、发展的事物变动情况的一种欲望。这是人类社会联系的必然产物,是求知欲的组成部分。而传者的要求,在我国就是以正确的舆论导向去有效的影响群众,实际上就是现实政治的标准,执政党的标准。

长期以来,我国媒体因为都是党和政府直接领导的舆论工具,往往以党和政府的声音为主导,很少照顾到广大人民群众,很少顾及受众意识。这也是我们需要转变的观念,由"媒体本位"改为"受众本位",牢固树立"受众意识"的主要原因。

---

① 参考消息,2005-12-28

第四节　新闻报道的新理念和新趋势

一、我国现有的三种新闻报道方式

新闻改革，不仅包括新闻体制、新闻机制的改革，也包括新闻业务上的改革，其中很重要的一环就是新闻写作的改革。改革开放几十年来，新闻写作的改革始终在波澜不惊地进行，出现了一些新的动向，归纳起来，我们现在有三种新闻写作报道方式。

（一）印证式报道

从20世纪三四十年代延安新华社报道延续至今，上面有了成绩，下面找数字，上面有了新改革，下面找例子。这种"观点＋例子"的报道，我们叫做印证式报道，它用实例来说明观点的重要性和必要性，至今许多机关报、企业报、行业报的记者依然沿袭这种老模式进行写作。曾经获过全国好新闻奖的《农民都夸三中全会改革好》、《光棍堂飞来四只金凤凰》等，都是采用印证式方法写作的。

说实话，这种曾经风光一时的新闻，只看标题不看文，如今读者是很少的。在计划经济时代，人们不需要多少信息，只要按照党的方针政策去干就是了。连农民种地，种什么都是由上面指导的，城里人商品计划供应，凭票证供应，大家工作不流动。农村人口进不了城，又没有电话，了解不到外面世界，要什么信息！所以媒体要用"例子＋观点"来印证党的方针政策的合理性。现在是市场经济年代，信息发达，人们信息来源非常多，再用这种方式就显得比较落伍了。

（二）信息式报道

这是从20世纪80年代开始的一种新闻信息报道方式，是以信息传递为新闻写作的指导理念。比起印证式报道，这种报道方式有了很大的进步，它再也不是图解、印证式的，而是传递式的，很适合市场经济年代。比如珠三角、长三角这些经济较为发达的地区，信息量大，信息密集程度高，非常适合这种信息式报道。再如上海，这是一个高度商业化的城市，它要的就是信息；上海电视台的财经频道办得很火，有证券分析、金融信息、股票行情、期货动态、经济走势等等。为什么呢？因为它传递着大量的财经方面的信息。

（三）解读式新闻

这是近年来在中国新出现的一种新闻报道写作方式，较前两种方式更乐为读者接受。

1. 解读式新闻的兴起

解读式新闻的兴起是有其深刻的新闻背景的。随着科学技术的进步，先进的通讯信息工具将全球连为一体，像在一个城市里生活一样。读者已不再满足了解新闻事件的轮廓就行了,而是想了解每个新闻事件的背景、解读其意义。比如巴解组织领导人阿拉法特2004年11月11日逝世举世瞩目,《南京日报》每天拿出四个版,连续几天进行深度解读式报道,从阿拉法特去世的死因到其配偶的态度,再到对巴以局势的影响,乃至到对整个中东局势的影响等,让人看得很过瘾。

解读式报道也称解释性报道,所谓解释性报道,即把现在发生的新闻放在昨天的背景下显示其意义所在,这就是我们通常所说的"新闻背后的新闻",要求记者要有敏感的新闻观察力和高度的新闻敏感,要有厚实的新闻积累。如何挖掘新闻背后的新闻?不仅是报道出新闻事件的起因、发生、发展过程及结果如何,还要报道出它的深层原因是什么,它的性质是什么,后果是什么,会波及哪一层面。读者现在胃口变了,要求也高了,不再仅仅满足于对新闻事件一般性的报道,还要求深层次的解读,渴求了解新闻幕后的故事。我们的新闻媒介要抓紧调整,顺应这个潮流,其媒介在市场上就能站得住脚,就能兴旺起来,相反,则只能在市场竞争中败下阵来。

我国媒体现进入解读时代,随着生活的复杂化,信息错综复杂,相互矛盾,需要解说,单一报道新闻事件而没有解说的时代已经一去不返了。只是简要的传递信息,但人们不明白信息的意义或信息背后的东西,信息将毫无用处,甚至会造成信息污染。故而,在当今时代,信息的解读比信息本身更为重要。《环球时报》发行量为什么那么大?为什么那么受到读者欢迎?因为它适应了这一潮流,刊登在这份报纸上的东西,基本上是解释性新闻;《参考消息》周二、三、四,三天扩了8版,扩的是什么内容?主要是解释性新闻,所以也很受欢迎。

2. 解释性报道的切入点

从解释性新闻的报道视角来看,一般切入点不外乎三个方面:一是政府视角(官方),二是平民视角(民间),三是学者、专家视角。所谓的政府视角,就是从官方的角度出发解释新闻,一件新闻事实发生了,官方应该如何处理,如何解释,如何看待;所谓平民角度,即从老百姓的角度出发去看这个发生的新闻,对自己的切身利益有何影响,及时从老百姓的眼光看问题;所谓学者、专家视角,就是一个新闻事件发生后,必然有其深刻的新闻背景和重大意义,一般人有时"雾里看花",这就需要专家来解释。

比如关于人民币汇率调整问题,对美国国内关于这个问题的报道,《21世纪经济报道》是这样从单个角度切入的:美国参议院通过一项修订条文,扬言69日内中国不调整人民币汇率,美国就要对所有的进口中国商品加征27.5%的惩罚性关税,这就是政府视角。也可以从平民视角切入:一个生活在纽约的美国家庭主妇,按平时计算,一个月日用的副食品消费至少达1 000美元,如果人民币升值,这位主妇就要从口袋里多掏钱,她对记者表示对美国压中国人民币升值感到不理解。《21世纪经济报道》还发表了美国斯坦福大学教授,当代金融发展理论奠基人罗纳德·麦金农的文章,他认为人民币汇率的变动救不了美国,美国国内存在的一系列经济问题有其深刻的历史原因。

二、新闻报道方式需丰富多彩

随着我国加入WTO(世贸组织),我国经济已与全球经济全面接轨。但令人遗憾的是,我们的新闻报道依然固守残缺,死抱着老一套报道模式不放手,显得非常单调。其实新闻报道的方法很多,但现在新闻界同仁一谈及新闻报道,便是用事实说话。用事实报道的确是正确的,但它只是若干报道方式中的一种。比如有故事化报道,即所谓的"华尔街日报体",从故事入手,着力于告诉受众某种具有强烈吸引力的事件,从现场写起,讲个故事给受众听。再举一种散文化写法,写动物园的白虎一胎生了四个,完全没必要写得硬邦邦,用报道工作的笔法去写,完全可以从母虎的母爱,小虎的可爱下笔,用散文化笔法写。还有客观性报道。即对一些一时说不清的话题完全可以用客观性报道,采用中性词汇来取得平衡的一种写作方法。2005年南京出了个新闻事件,南京市第34中学允许中学生带手机入校,对此,社会上颇有争议。有人叫好,认为中学生带了手机可以及时与家长联系,便于与同学联系,是好事;也有不少人反对,认为此举搞乱了学校秩序,助长了中学生奢侈攀比之风。据此媒体可以客观报道、分析陈述,不要带有倾向性的东西。另外还有解释性报道,对一些重大的国内外热点事件,如9·11恐怖袭击事件,美国出兵阿富汗、伊拉克,英国发生地铁大爆炸等事件,可以用解释性报道的笔法,剖析出新闻背后的新闻。

三、中国当代新闻写作形态发生的变化

改革开放以来,我国新闻写作理念和方式发生了巨大的变化,"新华体"一统天下的局面已被打破,出现了多种写作文体并存的局面。中国当代新闻写作形态发生的变化,各方专家、学者看法不一,争论不休,归纳起来有以下四点:

(一)新闻体裁特征的变化

新闻报道作为一种文体,其基本种类有消息、通讯、评论、专访、特写、深度报道等。这些体裁或种类各自特征比较明显,格式比较固定,操作起来往往出现程式化的现象。如消息,自然离不开标题、消息头,常常也是导语、主体、结尾三段式。改革开放后,新闻写作固有的模式被逐步打破,出现了多姿多彩、百花竞放的生动局面。

1. 新闻写作界限被打破

当前不断地涌现出新闻报道的新品种,像追踪新闻、解释性新闻、视角新闻大行其道,谈话新闻、体验新闻、调查新闻夺人眼球,实录新闻、深度新闻、连续新闻、系列报道等风靡一时,服务新闻、精确新闻崭露头角。这些新品种从新闻母体中脱胎而出,原有的特征已经淡化,如循规蹈矩的消息三段论已不见踪迹,取而代之的则是市场经济时代的鲜明特征。它们既非消息又非通讯,也非评论,是一种"四不像",按固有模式要求起来,它们不符合任何一类,但它们又"五要素"俱全,是实实在在的新闻报道。

2. 新闻报道结构发生变化

尤其是消息的写作,更不守规矩,更加随心所欲,挥洒自如。过去的消息,以倒金字塔结构最为常见,形成"最重要——次重要——不重要"的三段式,当今媒体上不少新闻报道,格式明显突破"三段论"。此如文内插题,俗称小标题,过去多见于长篇大通讯文内,而今在"市民体"新闻消息中也很常见。

3. 少说教，多事实

注重事实的本来面目，用"客观笔法"娓娓道来，并无人为的矫揉造作之嫌，让真实自然流露。"市民体"新闻写作忌讳讲道理或进行居高临下式的说教，以事感人，以情动人，让观点隐藏在事实之中，使读者在潜移默化中受到教育。

（二）新闻报道内容的变化

传统的新闻报道反映上层活动多，反映机关工作多，报道百姓活动少，报道实际生活少。改革开放后，新闻报道写作的内容发生了巨大的变化，尤为引人注目的是，发生在街头巷尾、被广大市民关心的日常事件成为报道的主要内容。如河南《大河报》提出："稿件内容，与群众近些、近些、再近些；稿件角度，新些、新些、再新些；稿件语言，活些、活些、再活些；稿件篇幅，短些、短些、再短些；稿件时效，快些、快些、再快些"。

1. 新闻写作视觉化

改革开放以来，新闻报道最为明显的变化是新闻稿件现场气氛浓，视觉效果佳。报纸上视觉新闻、现场新闻、图片新闻如雨后春笋般地涌现出来，广播上、电视上现场直播和现场报道大行其道。在现场新闻中，记者用眼睛捕捉新闻，真实地再现发生在现场的新闻事实，让受众如临其境、如闻其声、如见其人，大大增强了新闻的可视效果。

2. 经济新闻社会化

虽然写的是经济领域发生的新闻，但不从企业生产、企业管理和典型经验入手，而是从市场的角度、社会生活的角度落笔，大量报道实用化和生活化新闻，即报道对市民有用的实用性信息和市民日常生活中发生的事件。

3. 科技新闻生活化

一反科技新闻高深莫测、晦涩难懂的传统写法，注意和群众的日常生活相联系，报道和群众日常生活有关的科技领域。科技新闻写作力求通俗化，避免堆砌专业术语，让读者能看得明明白白。

4. 社会新闻人情化

"感人心者莫先乎情"，"人情化"是社会新闻制胜的秘诀之一，善于抓住社会新闻中的"情"字，在人的感情、亲情、友情上下工夫，将社会新闻写出人情味。

5. 会议新闻信息化

会议新闻写作善于"跳出会海捉活鱼"，而不是传统的就会议报道会议的写法。尽可能地少报道纯工作的信息，而是抓那些会议中老百姓关心的信息，那些和老百姓衣食住行、生老病死有关的信息。

6. 文化新闻大众化

文化新闻以大众兴趣为主要尺度，凡是老百姓感兴趣的影视歌剧和明星专访就多报道，反之，就少报道或不报道。对于人气指数很高的影视歌明星的动态信息，不惜版面、不惜笔墨，也要大做文章。

（三）新闻写作形式的变化

1．化少为多

以往报道大型事件时，往往以单篇报道为主，信息量少，信息面窄。如今的新闻写作讲究复合型报道，对于重大事件的报道往往不吝啬版面，进行多层面多角度的报道。体现在报道上，既有消息，又有深度报道，还有言论；既有文字消息，又有背景资料，还有照片、图表等，对重大事件从不同角度、不同方面、不同时空进行立体的报道，全方位的报道重大事件。

2．化软为硬

在 20 世纪 90 年代，全国新闻媒介掀起一股"扩版热"，纷纷兴办"周末版"，走"杂志化"路子。加之不少晚报、电台、电视台出现了"服务报道热"，纷纷开设各类服务性栏目。故而，"软新闻"大行其道，"硬新闻"始终没有占据新闻媒介的重点和核心位置。在这种情况下，都市类报纸提出"硬些、硬些、再硬些"的口号，调整新闻结构，强化"硬新闻"，把时政新闻作为媒介新闻结构的核心，加大整个媒介的信息量。

3．化大为小

对于重大题材的报道，"市民体"常常采用"以小见大"的方法，从大处着眼，从小处着手。从受众看问题的角度切入，一滴水见太阳，从小角度进行大主题的报道，让受众看得更亲切。

4．化远为近

新闻价值五要素中有"接近性"一说，越是和本地、本人以至于利害关系有关的新闻，读者就越关心。"市民体"善于化远为近，突出本地特色，力求将那些不在本地或老百姓中发生的新闻和本地拉近，和读者拉近。同时，在写作上注意各个阶层读者的职业特点、欣赏习惯、欣赏用语等，尽量贴近他们。不少新闻媒介在新闻写作中，注意做到口语化、群众化、地方化。

（四）新闻信息展示方式的变化

与过去的新闻报道相比，当今新闻报道发生了一个显著的变化，即其存放和展示方式由过去的平面式变为立体层次化。所谓立体化，就是将新闻事实的信息分为若干个层面，将其中最重要、最精彩的内容提出来，放在最上层面或封面上，将丰富详细的内容放在下一层次或内页。一版基本是清一色的重点新闻预告，开设了预告栏目，如"今日看点"、"新闻导读"、"今日关注"、"新闻索引"等等。

第二章 西方新闻写作：与众不同的全新视角

第一节 西方新闻写作理论概述

西方新闻的理念，西方新闻的报道方式、报道体裁和表达技巧，经过一百多年的发展已趋于成熟，在国际新闻界为人们所认可，成为一种国际新闻报道的通行标准。因而，我们在重新认识新闻写作之前，很有必要来看看西方新闻写作是什么样的，以便更好地学习借鉴。下面，我们来简单概述一下西方新闻报道的理论。

一、客观报道理论

1. 客观报道理论的概念及利弊

客观报道理论的主要内容是：记者在写新闻的时候，只能忠实地记述新闻事实的过程和结果，不发表任何意见和评论，记者的看法和倾向，应通过新闻事实巧妙地反映出来。

应该说，客观报道理论是有非常积极的意义的。它的出现，在美国经历了一个世纪的岁月，是非常不易的。从18世纪70年代美国获得独立到19世纪30年代，美国报业中一统天下的是政党报纸。政党报纸以宣传为主，无客观性、新闻性而言。政党报纸将党派的利益放在第一位，稿件选择以是否符合本党派利益为原则，背离了新闻媒介的根本功能，逐渐走向没落和衰亡。

客观报道理论倡导客观性原则和客观报道手法，有其积极意义。它反映了新闻事业的基本要求，揭示了新闻事业的基本职能和根本任务。客观报道的理论认为，报纸应该是"纯粹的新闻工具"，应该以向广大受众传递真实的新闻为己任，向受众提供多方面信息。它提出了应客观公正地报道新闻事实、忠实地纪录新闻事实的新闻理念，反对在报道中随意评述，曲解事实，强调新闻是纪录实事的，肯定了新闻的社会性，否定了用主观意见代替客观事物的错误观念。也就是我们所说的，用事实说话，记者不要跳出来说话。它倡导客观性报道手法，即在新闻中只介绍事实，不对事实进行评述，让读者自己从事实中得出应有的结论。客观性报道手法很多，包括要提供参议各方观点；记者不要站出来说话；只叙述事实，而不是渲染；要以第三人称写作等等。

客观性报道理论主张客观的、公正的、不偏不倚地报道新闻事实。李良荣教授就此指出：

"报纸作为信息行业,是通过提供信息服务,满足社会对信息的需要来维持生存、获得利润的。报纸提供的商品就是新闻,报纸的用户是社会上形形色色的庞大人群,它们有着迥然不同的社会背景……报纸要扩大发行量,夺取更多的读者就必须提高产品的通用性。不偏不倚、客观中立的报道手法则是最佳手段。任何有主观倾向的新闻报道是都可能与某一部分读者发生冲突以至最终失去他们。"[①]同时,客观报道理论也是新闻媒介和我们记者进行自我保护的有力武器。

当然,同世间万物一样,客观报道理论也有其不可避免的局限性:其一,来自政府、企业界、公众舆论的影响,来自新闻从业者的不同观点,会对我们报道的客观性产生干扰和影响,从而使新闻报道要公正客观地反映新闻事实具有一定的难度,或多或少地带有一定的倾向性;其二,客观报道理论在肯定新闻客观性的同时,否定了记者能动反映新闻事实的主观性,使新闻报道失之肤浅。

2. 客观报道的写作原则

客观报道理论一经诞生,便显示出其强大的生命力,历经百余年而长盛不衰,在西方新闻界至今还发挥着重要的作用。客观报道的写作原则直到现在仍然是西方新闻界进行新闻写作的指南。客观报道写作原则如下:

- 记者在采写新闻报道时,应用事实来说话,反映新闻事实的真实状态;
- 在新闻报道中,应将新闻报道的客观事实和对事实分析的观点分开,事实在前,分析在后,在阐述观点时,应交代其出处和来源;
- 记者在新闻报道中不宜直接发表意见和议论,而应让事实站出来说话,如发表的议论,应由新闻人物或旁观者来表述;
- 应平静地、忠实地叙述事实,切忌美化事实或贬低事实,切忌用过多的褒义词或贬义词,更不宜用形容词,不要轻易下结论;
- 注意交代消息的来源,从而增加其真实性、客观性和可信性。

二、深度报道理论

1. 深度报道理论

随着社会生活变化的频率加快,特别是社会生活各个领域之间相互作用关系的加剧,受众了解其生存环境变动状况的需求也发生了很大变化。对于受众而言,一个新闻事件发生了,他们不仅要了解是"什么",更需要了解"为什么",甚至想了解这个事件还会向什么方向发展,在这种情况下,深度报道应运而生。

深度报道理论,是自20世纪40年代以来,出现在美国新闻界的重要新闻写作理论,后传播到法、日等国,在指导新闻实战方面产生了广泛的影响。20世纪50年代,深度报道理论被传入我国,对我国的新闻报道起到了巨大的促进作用。

---

① 李良荣. 西方新闻事业概论. 复旦大学出版社,1997:47

所谓深度报道,即对主体新闻的时空维度进行深度扩展的报道,它通过对主体新闻的生成背景、波及影响和发展趋势进行全面展示与剖析,从而深刻地反映出客观环境最新变动的状态。从广义上说,深度报道是一种能够深入、系统、全面地报道新闻事实的报道方式。从狭义上而言,解释性报道、新闻分析、调查性报道、预测性报道、连续性报道、系列报道、组合报道、新闻综述,事件性报道等都是属于深度报道的范畴。

2. 深度报道理论出现的原因

第一,客观报道只要求记者客观地报道已发生过的事实,而不允许对事实进行分析和评述,造成了记者主体意识和主观能动性的欠缺。他们往往只能就事论事,浅层次地报道新闻事实,而不能深入地告诉受众事件所发生的原因、发展趋势和其他事件的联系,深度报道正好是对客观报道的重要补充。

第二,广播、电视媒体的迅速发展,使报纸、通讯社的速度优势丧失,迫使它们向报道的深度开掘,以求生存与发展。

第三,受众对此有强烈的需求。随着教育水平和自身素质的不断提高,读者的视野更为开阔,对新闻报道的要求也高了,他们已不再满足那些浅层次的报道,而是要求了解新闻背后的"新闻"。

让我们来看看中美两则不同的新闻报道的写作特点:

2004年,上海美术展开幕,上海一家媒体刊登的新闻报道是由下面内容要素构成的。

上海美术展开幕的时间、地点;
美术展主要内容;
出席美术展的各方人士。

美国《纽约时报》也对上海美术展开幕作了报道,他们报道的内容构成与中国媒体不同。

导语:由展馆现场到突出现代派艺术。
内容:上海美术展现代派艺术的惊人之处。
反映:中国观众对现代派艺术毫不吃惊,只有刚到中国的人感到惊讶,惊讶中国艺术开拓新领域迈出的步伐之大。
结论:中国现代艺术越来越国际化,越来越开放。

两则消息一对比就可看出差异,前一则消息仅仅对美术展开展一个事件空间的描述,而后一则消息则调用了更大空间的同类新闻背景因素;前一则消息仅仅报道的是单一事件,而后一则消息是通过报道一个事件对一个国家文化活动的发展趋势作出判断;前一则消息仅仅是报道国度内发生的一个事件性变动,而后一则消息则是对一个国家文化环境变化趋向,一个社会思维变化的形态做出描述和解读。

两种不同思路、不同风格、不同形式、不同深度的内容结构,显然对受众认识环境变化产生的作用是完全不同的。

3. 深度报道的特点

首先，它突破了"一事一报"的局限，不是就事论事地进行报道，而是对新闻事件的生成之因、发展趋势、多方面的联系进行深入地挖掘，给受众提供多侧面的信息。从上面举例中我们可以清楚地看到这一点。

其次，它不仅有事实，而且运用评述的手段，对新闻事件深层意义进行解释。随着社会快节奏的向前推进，公众渴望了解那些大家关心的重大事件，存在着各种争议的重要事件，状态朦胧而意义重大的社会变化动向，对公众利益和社会发展过程有着重大影响的新事物等。他们需要新闻媒介的解释。

再次，它具有广延性的特点，对新闻事实要进行全方位的、系统的报道，并要预测未来，所报道的事实不仅要具备深度，还要有一定的广度。广度不仅体现在时间、地点、人物、时间、原因、结果等诸种新闻要素上，也体现在追溯历史、预示未来上。

故而，深度报道在其报道理论、报道形式、报道写作方法上，都与一般报道有所不同，有所创新，有效地增强了新闻报道的深度和广度。

4. 深度报道的写作要求

深度报道是一种高难度的手法和文体，和浅层次的一般性报道相比，它写作要求高、选材严、开掘深，其报道要求如下：

抓住难点重点，抓住重大题材。深度报道被西方新闻界称之为"大报道"，一般所涉及的报道题材，往往是重大的国内外问题。如国际重大热点，难点问题，与国计民生关系密切的政治、经济、文化、科技问题。美联社于2004年分别报道巴解组织领导人阿拉法特逝世的消息和美国发射大量探测器的报道，前一篇是重大国际问题，后一篇是与美国国计民生息息相关的科技问题。

纵横开掘背景，反映新闻背后的新闻。深度报道与传统的新闻报道间最大的差异就在与报道的手法和深度。传统的报道只满足于报道事物的动态，而深度报道不仅要报道是什么、怎么样、还要揭示为什么、该怎样、会怎样、以后怎样，要分析其产生根源、背景，要揭示其内在的根本属性和价值意义，要推测判定未来走向。

力求多角度，多侧面，全方位的报道，以求揭示新闻事实的本质意义。作为深度报道，除选材重大，运用背景材料来说明问题之外，还应对新闻事实进行深入的分析研究，透过现象看本质。下面，我们来看一则路透社消息：

日本应学习德国解决历史问题

路透社东京6月5日电 当日本和其邻国围绕着二战历史争论的面红耳赤时，批评者经常敦促东京表达诚挚的悔意，赔偿受害者，简言之，就是向德国学习。

德国与它的对手建立起了密切的关系，而日本却没能做到这一点。专家说，这在很大程度上归咎于冷战及对亚洲造成的持久影响力。

当铁幕将欧洲一分为二时,德国被迫于邻国携手建立抵御共产主义的屏障,而在亚洲,作用却相反。

东京经济大学国际问题研究中心的学者,研究历史和解问题的安德鲁·霍比特说:"在东京,所谓的竹幕把本应和解的日本和中国隔在两边。"结果,1949年至1972年,中日关系几乎彻底破裂。

美国也负有责任,为了阻止共产主义努力的扩张,驻日的美国将领重新启用了日本战时的官员,这些官员带领日本走向繁荣,却把历史掩盖起来。

霍比特说:即使如此,日本也可以从现代德国身上学到东西。1970年,西德总理维利·勃兰特在华沙犹太死难者纪念碑前下跪,这个简单的悔罪动作帮助德国改变了国际形象,日本首相村山富市1995年较为低调的"由衷道歉"却没取得相同的效果。

德国拿出大量的资金帮助以色列建国,它还为东欧劳工等纳粹受害者提供赔偿,而日本拒绝了战争时期充当过慰安妇、劳工的人士提出的赔偿要求,声称这些问题已在多年前通过条约得到解决。

自1979年以来,东京为中国提供了大量的贷款和资助,但这些资金从未被正式称作赔偿款。日本学者一直认为,日本曾对中国及其他国家犯下罪行,引发了需要抚平的愤怒情绪。

日本早稻田大学教育学教授藤泽法暎说:"中国就历史问题对日本进行批评是很自然的事,韩国也曾是日本的殖民地,我们理应接受它们的批评。"

近几个月来,中韩人民的愤怒情绪演变成激烈的示威活动。日本与这两个重要的经济伙伴之间的关系受到威胁。

历史学家说,日本现在可以向德国学习,看看它是如何解决历史分歧的。日本可以与邻国建立联合研究小组,对历史形成准确的描述,类似做法曾帮助德国与法国和波兰迅速恢复了友谊。

藤泽法暎说,对日本来说,共同研究历史未必完全是坏事。他说:"中韩的说法存在许多错误,我认为通过共同研究历史,它们会认识到这一点。"他还说:"我们必须指出,那些是错误的。否则,不同国家之间会出现不必要的情绪对立。"

藤泽法暎说,尽管日韩学者在共同研究历史方面取得了进展,但日中在这方面却缺乏合作动力。他认为责任完全在日本领导层。

他说:"日本政府不明白历史对于国际关系有多么重要,尤其是在你背负着历史罪责的情况下。"①

这篇不到千字的新闻报道,虽然篇幅不大,但显然是一篇深度报道。它完全符合我们以上所说的"题材重大、背景纵深、透过现象看本质、手法新颖、夹叙夹议"的写作要求,将新闻背后的新闻——日本不愿认罪的历史背景都交代给了读者,可谓鞭辟入里,表达了真知灼见。

---

① 参考消息,2005-06-07

三、精确新闻学理论

1. 精确新闻学的定义

精确新闻学源于美国,在西方新闻界非常流行。早在1935年,精确报道已在报刊上崭露头角。所谓精确报道,即指记者运用调查、试验和内容分析等社会学研究方法来收集处理资料,从而反映新闻事实的一种报道方式。德国新闻学者麦库姆斯在《精确新闻学:一种新出现的新闻报道的理论和技巧》一书中认为:"所谓精确新闻学,就是要求记者用科学的社会观察的方法去采集和报道新闻。这些方法包括民意调查、内容分析、亲自观察和现场试验等等。"[①]

2. 精确新闻学的特点

精确新闻学是采用社会科学研究的方法和手段获取新闻信息报道新闻事实的一种方法,它是一种运用数字语言来报道新闻事实的方式,有如下特点:

第一,精确报道准确、客观、公正,更具有真实性和权威性。与传统的报道方式不同,它是运用数字说话的,而这些数据来源于严肃认真的社会调查。

第二,全面地反映民意。其访问对象面向社会各个阶层人士,有广泛的代表性,或民意测验,或社会调查,其结论具有广泛的代表性,更能全面地反映民意。

第三,更具深度,更具说服力。由于精确报道运用调查方式,运用数据说话,其方式非常科学,得出的结论也更具说服力。

当然,精确报道也有其薄弱的一面。一是这种报道涉及面广,加之旷日持久,因而费工、费时、费经历、费资金;二是这种报道并不见得适合于所有报道,一般仅适合于报道社会问题;三是这种报道费时颇久,故时效性较差,尤其不适于突发性报道,故有其一定的局限性。

3. 精确新闻学的报道程序

精确报道方法科学,形式简朴,有其严格的采制程序。

第一,产生报道设想。也就是说,基于当时的社会状况,针对现实调整,选取那些社会大众既关心又有疑虑的问题。当然,这种题材必须是重大题材,有较高新闻价值。

第二,进行论证。选好选题后,要进行论证,围绕选题现有资料提出自己的猜想和假设,推论这个问题是否成立,如不成立,就要重新选题。

第三,确定选取方式。选题定好后,下一步就是确定选取方式,即采用什么方式进行社会调查和资料收集。主要方式为四种:实验研究、调查研究、内容分析和个案分析。

第四,进行社会调查。社会调查是组织精确新闻的关键性步骤。在社会调查中要确定调查区域和调查对象,确定具体调查方案,如面访、问卷还是电话,然后再根据方法实施。

第五,处理调查资料。调查结果结束后,要将调查数据进行整理、分类、分析,得出结果。

第六,写出新闻报道。即将分析结果写成新闻报道,并充分运用数据或图表作为论据来

[①] 肖明,丁迈.精确新闻学.中国广电出版社,2002:3

说明观点,以增强报道的说服力。

4. 精确新闻报道使用的研究方法

在精确报道的采制中,一般采用定量研究的方法。定量研究一般分为实验研究、调查研究、内容分析、个案研究,下面分别逐一介绍。

实验研究:即根据一定目的,设计一个环境,进行研究和实地研究。在精确新闻中,后者采用率较高,如对四川熊猫基地和人工繁育熊猫的研究。

调查研究:即对某种社会现象在确定范围内进行实地考察并搜集大量资料以统计分析对社会现象进行探讨。具体方式可分为访问式调查和自填式调查,多以问卷为主。

内容分析:即对特定的现有文献的信息所做的分析。此法关键在于目标的选定和类目的构建。目标就是研究什么问题及要达到的目的。类目构建要合理,要既有广度又有深度。

个案研究:即研究某一特定对象在一定时间范围内的情况。其意义在于能较深刻地阐明特定事物的本质,从而揭示事物发展的普遍规律。从一滴水中可以看到太阳的光辉,从一个个案的剖析中,可以看到事物发展的普遍意义。

5. 精确新闻报道的形式

精确报道形式较多,概括起来,有以下三种:

第一,消息型。即运用消息写作方式写成的精确新闻报道,其特点是简洁明快、开门见山、事实说话、说服力强。

第二,特稿型。即运用特稿写作方式写成的精确新闻报道,其特点是生动形象、有一定深度、夹叙夹议、可读性强。

第三,图表型。即运用曲线、棒状图、柱形图、圆饼图、表格数字图等图表进行精确报道,其特点是鲜明准确、一目了然、内容清晰、真实权威。

下面请看一篇法新社记者写的消息型精确报道:

世界油价突破 60 美元大关

法新社伦敦 6 月 27 日电 由于对石油供应的担忧加剧,加之在石油输出国组织中举足轻重的伊朗人的极端保守派获胜,世界油价今天又创新高,纽约交易价逼近每桶 61 美元。

纽约的主要合同——8 月份发货的低硫轻质原油——在今天电子交易中猛涨 76 美分,达到了每桶 60.60 美元。

夜间交易价一度达到每桶 60.47 美元,今晨创下每桶 60.64 美元的历史记录,这是继 1983 年来的最高水平。

在伦敦,北海布伦特原油 8 月期货每桶上涨 74 美分,达 59.10 美元,此前曾为每桶 59.21 美元——突破 59 美元大关的一个历史新高。

分析人士说,对供应问题持续存在着担心,可能使价格进一步上涨。

天达公司分析人士布鲁斯·埃弗斯说:"人们对第二季度的担心越来越重。到第四季度,石油输出国组织将面临满足需求的巨大压力。我认为,我们很快可能看到 65 美元一桶、70 美元一桶的价格。"①

实事求是地说,这篇 300 多字的精确报道并无多少写作特色,是一篇典型的动态报道,但它是一篇运用数字说话的消息,篇幅虽短,但令人信服。它的主题是:世界油价持续走高,已突破 60 美元大关。在消息的第二、第三、第四自然段中,均运用相关数据来说明消息背景和眼下发生的事实,第五、第六段又引用有关分析人士的直接引语和间接引语,预测油价发展的趋势。这篇消息将背景材料和概括材料(数据所反映的事实)与分析人士的议论结合起来,从而增强了报道的说服力和震撼力。

第二节 西方新闻写作的基本方法

一、西方新闻的主要文体

1. 消息

西方近代报纸产生于 17 世纪初,在这之后的 250 年中,新闻写作没有明显的新闻文体,既无消息也无特稿,往往采用文字的写作笔法来写新闻,这种状况一直延续到美国的南北战争。在美国南北战争中,出现了新闻导语和倒金字塔结构。

20 世纪 20 年代以来,西方消息写作出现了一些重大变化,其写作风格日趋成熟。这种变化主要反映在消息导语、结构及报道内容的变化上。

大家知道,消息导语早期为六要素俱全的导语,我们称之为第一代导语,优点是新闻要素俱全,不足之处是不够简洁明快,过于臃肿。第二代导语被称之为部分要素导语,即突出 2~3 个最重要的新闻要素。这种导语简洁明快,但缺乏变化,比较呆板。于是,第三代导语在快节奏、多变化的现代社会中应运而生,被称之为"丰富型"导语。其表现形式丰富多彩,极富动感,深受读者欢迎。如叙述式、描写式、议论式、引语式等导语,不一而足。

消息结构形式也发生了变化,一般采用倒金字塔结构,但也派生出金字塔结构、悬念式结构、自由散文式结构等形式。

消息的内容更是发生了深刻的变化,由单纯报道某事件的事实转为深度报道,解释性新闻应运而生。对新闻事件的来龙去脉和发展趋向进行解释和说明,以满足受众深入了解新闻事件的详情的需要。

2. 特稿

特稿是西方新闻界最常用的一种新闻写作报道形式,也是西方新闻界对不同于消息体裁

---

① 参考消息,2005-06-28

的另一种新闻报道体裁的定义。特稿是一种借用文字描写的各种技法更加生动、更加详细、更加深入地报道新闻事件的新闻体裁。特稿一般分为新闻特稿、趣闻特稿和人物特稿。

新闻特稿是以报道新闻事件为主要内容的特稿,它涉及的范围极其广泛,政治冲突、建设成就、社会矛盾、政府举措、刑事犯罪、自然灾害等,均可以成为特稿的报道对象。

趣闻特稿以报道各种奇闻逸事等为主要报道内容。趣闻特稿报道的是那些能够引起人们普遍兴趣的故事。

人物特稿是以人物为主要报道内容的特稿。人是万物的中心,新闻人物因其言行能够引起公众关注而成为新闻人物。因而,人的思维、行为方式、人生阅历、生活经验、工作成就都能够引起受众的注意。

特稿一般由开头、主体、尾声三大部分组成。可以借用各种文学手法写好特稿开头,如用一个生动的画面吸引读者,用一个突出的引语吸引读者,用一个尖锐的矛盾吸引读者,用一个动人的情节吸引读者,用一个惊人的结局吸引读者。总之,运用各种手法写好特稿开头,其目的就是吸引读者读下去。

主体部分是特稿的主干,事件的过程要通过主体部分得到完整的展现,事件的原因及影响要通过主体部分得到充分的说明,事件的报道主题要通过主体部分得到全面阐释。在主体的写作过程中,需要根据报道的具体内容确定报道的结构。一是时间顺序式,即在报道故事性较强的事件时,可按照事件发展的时间顺序组织报道的内容;二是因果关系式,即在报道事件的原因及背景时,可以按照逐层剖析新闻事件原因的逻辑顺序组织报道和内容——先写新闻事件生成的背景,最后提出相关对策;三是板块组合式,即在报道交织着错综复杂的新闻事件时,可以按照新闻事件的要素分门别类,通过不同的侧面组合、角度组合、展示事件的全貌,揭示事件的意义。

特稿特别讲究结尾,结尾应让读者回味无穷,留下美好的记忆;结尾应让读者思绪万千,留下深深的思考。不同于倒金字塔式结构的消息,特稿不仅必须有结尾,而且要有一个好的结尾。否则,开头引人入胜,而结尾索然无味,就会给人以头重脚轻之感。一般来说,结尾形式多样,主要有归纳式结尾、评述式结尾、抒情式结尾、高潮式结尾、悬念式结尾、展望式结尾等等。特稿到底用什么样结尾,要根据其主题的需要来安排顺其自然。另外,要注意首尾呼应,与特稿开头相互联系,有机形成统一体。

二、西方新闻写作的基本方法

1. 单一事实报道

所谓单一事实报道,即用一篇新闻报道把要报道的这件新闻事件的基本事实全部予以报道,也就是一事一报。

美国新闻界有"单一事实新闻"的称谓。这种单一事实新闻具有偶发性、单一性、非连续性的特点,发一则消息或特稿就可以报道清楚。这种方法使用极为普遍,尤其在西方新闻界很为流行。请看,下面这条新闻:

情之所至,罚而无悔

埃菲社日内瓦11月11日电 一名77岁的瑞士老妪因为20年来一直在街头喂养鸽子,触犯现行法律,而被罚款5 160欧元。

据当地媒体报道,这位名为吉纳维芙的老妪还要支付1 800欧元的司法费用。

吉纳维芙在被询问到为何对鸽子情有独钟时说:"清洁工们实在太勤劳了,他们把大街扫得一尘不染,这些小鸟都无处觅食了。"吉纳维芙还说,喂养鸽子还能弥补她膝下无子的孤独感,"去喂鸽子总比去喝酒或吸毒好得多。"

吉纳维芙已经不是第一次因喂鸽子而受罚,她受到的罚单累积起来金额已达8 000欧元。当法官问她是否意识到要缴纳这么多的罚款时,吉纳维芙说:"你一点怜悯心都没有,你的心就是一个钱匣子。"

目前,吉纳维芙的律师正准备将此案提交给瑞士最高司法机构联邦法院处理。①

这则纯新闻报道的是一个老妪因喂鸽子而触犯法律被罚款,进而将老好人的爱心和盘托出。至于罚款是否如数被罚,上诉到联邦法院裁决如何报道则未作交代。可以看出,这则新闻重点在交代何事,说明新闻事件的起因、基本经过和结果,其他新闻要素则一笔带过,至于对这件事深层次的评论和说明则没有涉及。因而,《情之所至,罚而无悔》是一篇典型的单一事实新闻报道。从这则新闻中,我们可以看到单一事实报道有这么几个特点:一是内容全面,信息完整。二是注重时效,迅速及时。因为事件单一,事实简单,便于快速采写,因而,这类新闻注重的是"快"和"新",当然,快速往往是和新鲜联结在一起的。三是短小精悍,阅读方便。由于一事一报,故而篇幅短小精悍,信息浓缩。四是用词简洁,不加粉饰。从上面这篇新闻中可以看出,全文用的是叙述手法,用词朴实,没有过多的修饰,惜墨如金。

2. 故事新闻报道

在西方新闻采写中,有一种明显的故事化写作倾向,以至于许多大报的总编辑要求记者像说故事一样说新闻。许多西方记者认为,写新闻,里面一定要有故事,新闻一定要写得让读者愿意读。心理学家认为,人类有喜欢听故事的天性。一个有经验的母亲知道故事不仅能够引起孩子的兴趣,而且还能够使孩子在不知不觉中接受教育。同样,一个优秀的记者也必须懂得如何在新闻事实中寻找故事,引起读者的兴趣。

西方记者在新闻报道中,历来奉行的是"事件中心原则",即在新闻采写中注意捕捉事件显露在外的一些事实,注重捕捉事件中一些戏剧性的细节,注重新闻事实的可视性、可感性、现场性,让读者在轻松获得信息的同时不动声色地受到心灵的陶冶和净化。正如美国政治家李普曼所说:"要获得读者的注意,并不等于在新闻中发表对宗教和伦理的看法,而是要激起读者的感情。读者必须通过他个人的感情的共鸣进入新闻,在新闻报道中必须利用固定的意

---

① 参考消息,2005-11-11

见提供他一个亲切的立足点。"①这个"立足点"就是情感的立足点,必须要通过故事化的形式向读者予以展示。那么,西方记者通常在新闻采写中写故事新闻运用什么形式呢?

(1) 从现场写起,加强对受众视觉的冲击力

这类新闻往往通过撷取新闻现场最感人的画面,以达到给受众生理的、心理的、文化的等多层面的冲击力,使之留下难忘的印象。事实上,感觉化的现场新闻,常常从视觉上打动读者。优秀的记者,一般会在新闻中创造某个可视化的场景,并竭力渲染它,从而让人形成一定的视觉映象,给人以深刻的印象。如2005年8月31日发生在伊拉克巴格达的一场踩踏惨剧,如果从这场惨剧死了多少人来写起,那肯定是很乏味的,但法新社记者在一篇《巴格达踩踏惨剧死伤千人》的消息中运用了现场写法,给人以强烈的震撼效果。这位记者虽然是事后赶去采访,但他用简洁的笔触描写了他所目睹到的一些场景:

巴格达一些医院的走廊里挤满了伤员,他们对这一噩梦惊魂未定。一位安全官员说:"有几十名朝圣者经过清真寺附近的阿伊马赫大桥时,听说人群中有2名自杀性爆炸者,惊恐之下跳进底格里斯河中。"

清理现场时,桥上散落大量的鞋子。

尽管发生了这一悲剧,纪念一位什叶派宗教领袖的数十万朝圣者继续在烈日下顿足捶胸,发誓复仇。②

在短短的新闻描述中,医院、桥上、爆炸后的现场旁,像一个个电影镜头闪现在我们眼前,像一个个的小故事铭刻在我们脑海深处,让我们仿佛置身于现场之中。

(2) 从"人"写起,使新闻具有故事性

"人"是世间一切活动的中心,是构成新闻事件的主体,是生产力中最活跃的因素。西方记者写新闻时善于写"人",从"人"写起。因为他们深知,人有性格、命运,就有可能有某种情节、故事,写了就可能产生故事化的效果,使缺乏活力的新闻事实的记叙变得生动好看起来。人与人的生活,是最能够引起受众关注的对象。英国记者鲍勃·希契科克说:"读者对人比对事件本身更为关心,对人们在干什么比对人们在说什么更为关心。"③

近年来,洪灾、风灾肆虐全球,灾区重现生机是各国记者的报道主题。国内这方面报道也很多,一般都是粗线条描写过多,静态介绍过多,罗列数据过多,写法上十分呆板机械。相形之下,西方记者这方面的报道显然"活"多了,在他们笔下现场细节多,动态描写多,对"人"的描写多。

新奥尔良灾区重现生机

美联社新奥尔良9月11日电 一名妇女在为她屋外的薄荷浇水,一名男子在防洪堤上

---

① (美)沃尔特·李普曼.公众舆论.阎克文,江红译.上海人民出版社,2006
② 参考消息,2005-09-01
③ 沈苏儒.对外报道业务基础.今日中国出版社,1992:81

骑着自行车,一辆送报纸的卡车在公路上行驶。

在这个受到飓风摧残和水淹的城市里,近日来已经时时闪现一些恢复常态的迹象。虽然有关人员还在清点并处理城中的尸体,虽然面临着排水、清污和重建的艰巨任务,一些居民已经开始部分恢复他们飓风之前的生活。

一些居民的房屋可能受损,但未被淹没。因此,当军警劝说住在水淹街区居民遵守撤离命令时,他们获准悄悄继续过他们的生活。

飓风"卡特里娜"袭击之前,在一家医院工作的麻醉师弗兰克·罗西尼,一边大汗淋漓的骑着他的赛车,一边说:"我认为必须做一些能够使自己振作起来的事。"

对那些仍留在家中或冒险外出的人来说,最重要的是日常的生活,是那种他们在飓风之前过的生活。

对42岁的罗伯塔·泰勒来说,恢复正常生活从上床睡觉不带榔头开始——这就是说,她终于觉得不会有掠夺者闯进她家,终于可以安然入睡了。这也意味着她不用一心只想着自己的生命安全,而可以考虑其他的一些事情了,一些对她的家庭来说是重要的事情。给薄荷浇水就不是一般的琐事——从她小时候起她家就种薄荷。

"我是伴着这些薄荷长大的。"她说。

白天,一些男子受雇清理人行道。环卫工作已经开始,狭窄的街道上还散发着洪水造成的恶臭,使人想起刚刚过去的那场灾难。

58岁的罗伯特·罗杰斯说:"我去那些停着卡车的地方,打听他们是否是雇人,他们说是。他们说我的工作可干三四个月,而且工钱也比我过去挣的要多得多。飓风之前,我一天最多一天挣30美元。这些人一天付我125美元。"

罗杰斯说:"我们要把所有这些人行道都清理干净,好让行人走路,因为他们就要出来了。"①

这则消息通篇都在描写"人",一个给薄荷浇水的女人,一个骑自行车的男人,一个打扫街道的人。三个"人",使这篇消息充满了活力,充满了故事,每一个人在洪水中的经历和遭遇就是一个活生生的故事。

(3)从有趣味的事情写起,使读者感到亲切

睡觉本是人的一种生理需要,人一生中可能有三分之一甚至更多的时间在床上度过,但到了西方记者笔下,便变成一篇令人捧腹、富有情趣的报道。西方记者很善于抓这一类趣味新闻,使报道个性鲜明,趣味盎然,充满了故事性。

哪国人最贪睡

阿根廷《号角报》报道 尼尔森市场研究有限公司的一项调查结果显示,澳大利亚人是世界上最贪睡的人;25%的澳大利亚人每晚10点之前就进入梦乡,31%的澳大利亚人每晚睡眠

---

① 参考消息,2005-09-12

在9个小时以上。

对28个国家和地区的1.4万人的睡眠习惯进行的调查结果显示,日本人的睡眠时间最短,有41%的人每晚睡眠不足6个小时。葡萄牙人入睡的时间最晚,有75%的葡萄牙人午夜仍不想入睡,到午夜1时,仍有28%的人清醒着。

调查人员称,我们的祖先是很健康的,因为他们每晚要睡足9小时,但现代社会生活节奏的加快和机会的短缺减少了我们的睡眠时间。

这一点在亚洲尤其突出,那里的人比世界其他任何地区的人睡的都晚,起的都早。在世界上10个夜生活持续时间最长的国家和地区中,有7个在亚洲。

在居民起床最早的10个国家中,有一半在亚洲,91%的印度尼西亚人和88%的越南人早上7点之前就起床了,其中大部分人在6点之前就开始了一天的活动。①

三、西方新闻写作的技巧

1. 要用事实说话

西方记者认为,用事实说话,是新闻报道的最高准则。在西方新闻的教科书上,"事实"是新闻写作使用频率最高的词汇之一。

事实第一,新闻报道第二,事实在先,报道在后。事实是新闻的起因,是新闻的本原,也是新闻赖以存在的基础。西方记者就是把事实报道出来,让受众了解其生存环境发生的各种真实的事情,由此了解其生存环境中发生的变化和对自己的意义。

在西方记者的眼中,千差万别的事实构成了丰富多彩的世界,新闻报道就是要捕捉那些能够反映客观世界变动状态的事实,将这些事实告诉给受众。因此,记者不能无视事实,不能歪曲事实,不能篡改事实;只能尊重事实,一切从事实出发,形成对事实全面、准确的认识,在此基础上,真实生动地报道出事实的真相。

长期以来,西方新闻界非常重视新闻的真实性原则,视真实为新闻的生命。美国1923年问世的《新闻规约》规定:"诚实、真实、准确——忠于读者是一切新闻工作的名副其实的基础"。西方记者认为:"记者职责对他们规定的纪律是强制自己坚持事实;必须避免和防止出现恐慌、造谣及虚假的现象。他们接受了这些纪律提出的挑战。"②

为什么要坚持事实至上的原则?西方新闻学者认为:

第一,事实具有客观性。事实是客观存在的,不以人的意志为转移或改变。

第二,事实具有具体性。客观世界中的每个事实都有其具体形态的。就新闻事实而言,肯定是由何事、何人、何时、何地、怎样、为何这些具体因素构成的。

第三,事实具有唯一性。大千世界没有两个事物是完全相同的,每个事实都有其独特之处。

---

① 参考消息,2005-03-19
② (美)查尔斯·格拉米奇.美国名记者谈采访工作经验.魏国强译.新华出版社,1983:32

第四,事实具有联系性。任何事实都不是孤立存在的,任何事实都有其产生、存在与发展变化的环境,有其与环境之间发生的种种相互作用的关系。

2. 贵在短小精悍

西方新闻讲究短,篇幅一般都不长,消息也就三四百字左右,特稿、深度新闻等长一点,一般在一千字左右。程道才教授在《西方新闻写作概论》中指出:"西方社会是资本主义商品经济高度发达的社会,新闻信息激增,社会竞争激烈。人们要在竞争中取胜,就不能不掌握各个方面的大量信息;而人们节奏很快,十分繁忙,又不可能挤出过多的时间来读报纸、听广播、看电视,便希望用尽量少的时间获取尽量多的新闻信息,这就必然对新闻写作发生影响,要求新闻报道的篇幅短小精悍。"①

西方新闻界有一个很形象说法:"读者是坐着看报,记者是站着写稿的。"意思是说,记者站累了,就不会写得很长。西方记者认为,简短有助于突出最新鲜的内容,长篇大论很容易把新闻淹没掉。简短有助于快,新闻报道写的越短,所花费的时间也越少,发稿速度就自然快起来了。一条新闻有没有分量,重不重要,在西方记者的眼里,不在于长短。如路透社名篇《肯尼迪遇刺丧命》只有100字,可谓字字珠玑,掷地有声。

肯尼迪遇刺丧命

路透社达拉斯1963年11月22日电 急电:肯尼迪总统今天在这里遭到刺客枪击身死。

总统与夫人同乘一辆车中,刺客发子弹,命中总统头部。

总统被紧急送入医院,并经输血,但不久身死。

官方消息说,总统下午1时逝世。

副总统约翰逊继任总统。②

在新闻实践中,西方记者探索出一套把新闻写短的办法。

(1) 一事一报法

西方记者注意围绕事件写新闻,以事件为中心组织全文。一则新闻只交代一个事件,这样做得好处是:内容集中,篇幅短小。

(2) 浓缩事实法

即使一事一报,如不分巨细,一一写来,也还很长。西方记者尤其善于浓缩事实,对新闻事实高度浓缩,去掉水分,提取精华。如《肯尼迪遇刺丧命》运用的就是浓缩事实法,将总统遇刺这样一桩惊动全球的大新闻浓缩为100多字。

(3) 化整为零法

西方记者擅长把一件完整的事分解为几个侧面、几个片段来进行报道。如美联社就哥伦比亚号航天飞机1982年最后一次试飞所做的新闻报道,从1982年6月8日至7月14日,连

---

① 程道才.西方新闻写作概论.新华出版社,2004:142
② 程天敏,杨兰瑛.中外新闻选.暨南大学出版社,1992:8

续播发了 11 条消息,迅速及时而又十分完整的报道了试飞全过程。每个消息只报道一个片断,像一幅剪彩将 11 条消息连接起来,仿佛是一部流动的画片。

(4) 断裂行文法

这是西方记者新闻写作中广泛采用的方法,它的特点是根据新闻事实的内在逻辑次序引文,各层意思独立成段,段与段之间没有过渡段,甚至没有过渡词,只是在必要时才用"但是"、"然而"之类的过渡词。消息《肯尼迪遇刺丧命》运用的就是典型的断裂行文法。它的优点是:一是省略了过渡性文字,更加凝练;二是段落比较短小,短小的段落给人一种明快感,容易读下去;三是形式比较自由松散,段与段之间可加可删,而不损新闻之统一;四是具有跳跃性,快速推进文字节奏。

3. 巧妙使用引语

我们在阅读一些西方新闻名篇时就会发现,不论是消息还是特稿,使用引语极为广泛。

新闻学者刘其中在其所著的《诤语良言》一书中,披露了作者对美国《纽约时报》、《华盛顿邮报》、《洛杉矶时报》所做的一项关于使用直接引语的调查。①

调查显示,美国三大报在新闻中使用直接引语的占 93%,其中使用了三条以上直接引语的消息高达 76%。如此可见,西方记者对新闻引语的重视到了什么程度。可以这么说,没有引语他们就写不成新闻。刘其中先生在书中还披露,在一些国际大型活动中,如体育比赛,美联社等世界著名的通讯社甚至聘请一位"引语收集员",专门从事引语的采访和收集,向社内记者们提供。

西方新闻界为何对引语如此情有独钟?因为他们认为,在新闻报道中,没有任何一个因素能够像直接引语那样,可以在一瞬间将读者置于新闻人物面前,让读者亲自感受新闻的环境与过程。美国密苏里新闻学院写作组编著的《新闻写作教程》一书中指出:"引用直接引语,能为报道增添色彩,使其读起来更为可信。记者通过使用直接引语,使记者和采访对象直接接触。一段引语好比一封信,发自其本人。报道中引号的出现,等于向读者宣布:请注意,下面将有些特别的东西出现。记者在报道中想改变一下步调,停下来吸一口气时,可以插几句引语,作为缓冲。几句引语也可以在一大堆内容密集的叙述之后,给读者松一口气的机会。"②

西方记者认为,使用引语可以增加新闻的可信度,尤其是直接引语,读者可以透过纸背听到新闻中的人物亲自说话,这种现实感、真实感、贴近感是一般新闻要素难以创造的;使用引语还可以增强报道的感情色彩和感染力;使用引语可增强报道的深度,因为引语往往是富有哲理或富有个性的点睛之笔;使用引语能够改变报道的节奏,使报道起伏跌宕、峰回路转;使用引语可交代消息的来源。

西方媒介把引语分为直接引语、间接引语、混合引语等。直接引语及引用被采访者的原话的特征是用引号把这些话引起来;而间接引语则是不加引号的引语,是记者用自己的叙事性语言概括新闻人物谈话内容而写成的话;混合引语则是二者交替使用。

---

① 刘其中.诤语良言.新华出版社,2003:167
② (美)密苏里新闻学院写作组.新闻写作教程.范红译.新华出版社,1986:87

4. 注意交代背景

背景，原是指绘画等艺术作品中衬托主题的"背后景物"，一草一木，一花一鸟，有时就能表现画中人物心境的时代、环境特点。"背后景物"借用到新闻写作上来，就是新闻背景。新闻背景一般指新闻事件的历史情况及与新闻事件有关的社会环境、政治局势、自然概况、人物简历、知识资料等内容的材料。运用好新闻背景，不仅可以突出报道主题，补充新闻事实以外的情况，还可以为读者提供知识，并借此表明观点。西方记者对此十分重视，在新闻写作时非常注意结合新闻报道巧妙地交代新闻背景。美国哥伦比亚大学新闻学院教授麦尔文·曼切尔认为："不使用背景材料，几乎没有什么报道是全面的，忽视这个忠告的记者，他们决不能给读者和听众提供充分的情况。"[①]这位学者把背景材料看得很重，这也反映了西方学术界和新闻界对新闻背景重视的程度了。

在许多新闻报道中，所报道的新闻事实比较复杂，不使用背景材料，就无法讲清其存在的某种条件、环境和与其他事物的联系。没有背景材料，就无法展示出新闻发生的原因、新闻发展历程、新闻的深层意义。

让我们来看看西方记者是如何运用背景材料的。而运用了背景材料后，新闻有什么不同。在一篇报道《英国前首相希思高龄辞世》的消息中，美联社记者写道：

"作为一名木匠的儿子，希思打破了只有贵族才能领导英国保守党的传统。他天生就是一个政治家，他取得的一项重大成就就是通过谈判使英国在1973年加入了欧洲经济共同体。"[②]

寥寥数言，展示出希思不平常的过人之处，展示出希思所取得的政绩，让读者加深了对希思的认识，这就是新闻背景材料的妙用。

美联社新加坡7月6日电 伦敦今天在最后一轮投票中，击败欧洲对手巴黎，继1948年之后首次获得奥运会主办权。

莫斯科、纽约和马德里在头三个回合中一一落败，伦敦则在第四个回合中击败强劲的对手巴黎，赢得了奥运史上最激烈、最势均力敌的竞争。

在听到伦敦击败巴黎赢得2012年奥运会主办权时，伦敦全城沸腾。伦敦市中心特拉法尔加广场巨大的屏幕上，现场直播了国际奥委会宣布最终结果的场景。[③]

在这篇180多字消息中，作者在第一段、第二段两处交代了背景材料，使记者对伦敦是如何获胜的一目了然。特别是在导语中一句不动声色的背景材料交代，使读者了解到伦敦是事

---

① （美）麦尔文·曼切尔.新闻报道与写作.展江译.华夏出版社，2003：175
② 参考消息，2005-07-19
③ 参考消息，2005-07-07

隔64年后才获得奥运会主办权的,实属背景材料运用精彩之笔。
在西方记者看来,新闻受众分布面极为广泛,各阶层受众的知识面、接触面千差万别,对新闻的感知、认识程度也非常悬殊。西方记者认为,要让读者看明白你的新闻,就必须把他们当作对你报道的人和事一无所知的人,从而在新闻中不厌其烦地向受众多做解释工作,反复交代背景材料。

第三章　个性化标题：提升媒介新闻品牌价值

　　报纸是最悠久的大众传播媒介,作为最早出现的大众传播方式,它是最权威的新闻内容提供者,它能够高效地采集信息,对新闻进行深刻解读,引导大众舆论,给予群众生活实践积极有效的指导,它已经成为人类历史文化的一部分。报纸不会轻易地退出历史舞台,而是不断地创新变化,与其他新兴媒体一起和谐发展,共同丰富大众传播的形式。

　　但是,在和谐发展的同时,也存在着激烈的博弈,这就意味着优胜劣汰。随着大众媒介形式的多样化,受众选择的空间越来越大,报纸面临着日趋严峻的挑战,只有个性化的报纸,具有核心竞争力的报纸,才会被受众接受,才会在市场中立稳脚跟。本章以《羊城晚报》为研究对象加以分析。

第一节　标题个性化发展的时代背景

一、市场经济日趋完善条件下报纸的竞争环境

　　改革开放以来,中国报业经历了一个突飞猛进的发展阶段,经过 30 多年的发展,尤其是近十年的市场化转型,我国报业已经初步呈现了日益多元化的发展趋势,报业的市场竞争日益激烈。

　　随着中国市场经济的日益完善,报业相继建立和扩张,报业市场的竞争日趋激烈,报业利润相应减少。经过多年的快速发展,我国的报业虽然处在一个相对稳定的阶段,但是由于报业市场竞争者的增加,传播形态的日益丰富和多元化,报纸的广告和读者都会被分流,报业竞争的优胜劣汰将更加残酷,所以只有真正具有强大核心竞争力的报业集团才有可能在竞争中生存,并得到发展。

　　目前随着互联网和现代通讯技术的发展,传统媒体的生存和发展面临着从未有过的考验。虽然新的信息技术应用有助于提升纸质媒体的新闻品质,但是随着互联网和 3G 移动通讯技术的日益成熟和应用,这些新的沟通与传播方式正在越来越深刻地影响和改变着人们获取信息的方式,甚至影响和改变着人们的生活方式。网络新闻乃至手机报纸等新媒体的兴起与发展,加之广播、电视的快速发展,给传统的报刊带来了前所未有的严峻挑战。

　　在面临强大压力的严峻形势下,报纸需要突出重围,坚定信心,运用自身优势不断开拓创

新,走自己的特色化之路。报纸阅读自由随意,携带便利,不受时间地点的限制;报纸作为传统媒体,历史悠久,具有强大的公信力,尤其是权威高端的报纸;报纸内容具有原创性,它提供给读者的不是新闻快餐,而是新闻的深刻解读。解放日报报业集团社长尹明华认为"在日趋激烈的竞争中,纸媒依然具有改革与发展的广阔的、未可限量的空间。"①

二、个性化发展成为竞争态势下报纸的生存基础

广州的报业发展起步较早、发展充分,所以与国内其他地域相比,无论是报业内部的采编、发行、广告、印刷等运营管理水平,还是报业市场竞争的策略与手段,都达到了一个相对较高的水平。广州的《南方日报》、《广州日报》、《羊城晚报》引领着中国报纸改革的潮流,而《南方都市报》、《新快报》等报纸也各具特色,迅速崛起。报业市场竞争激烈,南方报业、《羊城晚报》和《广州日报》三家报业集团各具实力,形成了国内报业市场上共同繁荣的报业生态环境。但在共同发展的背后面临的是严峻的市场竞争:由于这三家报纸处于同一区域,报纸的新闻内容存在趋同化现象。在这种情况下,报纸竞争的就是个性化、特色和质量。

在目前媒体竞争日趋激烈的态势下,只有个性化的报纸才有生存的基础;只有个性化的报纸才能深入人心,才会被读者接受、理解、喜欢,甚至依赖。报纸的竞争就是个性化的竞争,就是由个性所塑造的品牌的竞争。

《南方周末》以其对新闻事件的深刻解读而闻名,"在这里读懂中国",它代表着"正义、爱心、良知和理性",它引起读者深深的思考;《环球时报》让读者足不出户就可以游遍全球,得到最及时全面的世界资讯;《华尔街日报》带给读者对经济、商业新闻事件的客观、公正、真实的第一手信息;《读者》以其知性优雅的风格,告诉人们应当如何去生活;《国家地理》则以本身迷人的自然故事和张扬的探险精神,成就了一种时尚,一种品质。这些最受读者欢迎的报刊都有其明显的个性,吸引着忠实的读者。

个性塑造品牌,品牌张扬个性。个性化的媒体,个性化的品牌深入人们的记忆,植根于人们的情感,融入人们的生活,让人依赖,感觉温暖,难以割舍,最后形成一种习惯。媒体同样有这种力量。报纸的核心竞争力集中表现在两个方面:首先,到目前为止,报纸仍是传媒行业里最主要、最具权威的新闻内容制造者和提供者;其次,它具有长期形成的强大的社会公信力和尊持社会责任感的传统。②

三、标题个性化是报纸个性化的最直接体现

在报业竞争激烈的广州市场,《羊城晚报》经历着跌宕起伏的过程,努力探索着自己的发展道路,逐渐确立了自己作为晚报的发展特色和优势,巩固强化了自己的核心竞争力。

从 2001 年开始,《羊城晚报》进行了大刀阔斧的改革。2001 年 8 月 1 日,《羊城晚报》提出了"今天的、新鲜的、精彩的、有魅力的"响亮口号,从多方面对版面进行了调整和整合,新闻版

---

① 尹明华. 纸媒的生命力. 传媒,2006(12):41
② 宁梅华. 中国报业发展进入新阶段——对报业发展格局的重新思考. 中国报业,2007(1):34

成倍增加,重点抓当天新闻和广州新闻,加强深度报道。2002年12月23日,《羊城晚报》第二次改版,除坚持"干预生活、影响生活、引导生活、丰富生活"的十六字方针外,进一步明确了目标对象,"面向家庭、办市民报纸,服务小康社会",这次改版更加强调当天的新闻,更加贴近生活,注重晚报的服务特性。2003年9月6日的第三次改版,推出了周六版,强化了副刊特色,更具时代感和岭南特色。这三次改版,根据晚报"晚"的特色,大大突出了晚报的核心竞争力——今天的新闻。一份报纸,要想在市场上站稳脚跟,最基本的是为读者提供最精彩最优质的新闻内容。而经过改版的《羊城晚报》做到了这一点,仅从它的标题制作上读者就可以体会到它新闻制作的独特个性。

"新闻标题具有双重属性,一是从属性,二是独立性。从属性,是指新闻标题植根于新闻之中,是新闻中最重要、最有价值,读者最想知道或最关心的那部分事实,是新闻的缩影和事实的骨髓。它依托新闻而存在,是新闻的派生物。独立性,是指标题具有独立的传播信息的作用。如读者只看标题,不看内容,也能了解这条新闻的大概内容,或者其中的某一点。"[①]标题具有独立性,是指标题本身可成为新闻,构成独立的新闻内容。标题是版面阅读的第一要素,标题从哪个角度切入,选取什么新闻点,对新闻内容的阅读率起着至关重要的作用。

《羊城晚报》的新闻标题,在大气中透着平实质朴,在严肃中透着亲近随和,在通俗中又有着意境和味道,在轻松愉悦中又担负着责任。

第二节 《羊城晚报》新闻标题个性化特色

《羊城晚报》是新中国成立后创立的第一张大型综合性晚报,是一张有全国影响的大报。《羊城晚报》自1957年10月1日创刊以来,已走过了五十多年的风雨历程。它以"贴近时代、贴近群众、贴近生活"为己任,敢为天下先,精彩报道层出不穷,一直以其鲜明独特、新鲜活泼的风格吸引着广大读者。《羊城晚报》新颖奇巧的标题是其显著特色之一,正是通过别具一格的标题,它塑造着自己的品牌,彰显着鲜明的个性,吸引着读者。

一、《羊城晚报》创刊后的标题特色

《羊城晚报》筹备小组创办晚报时取得三点共识:敢于冲破照搬苏联办报经验的桎梏;敢于摆脱党委机关报那套办报模式;敢于继承我国报纸力求满足读者需要的优良传统。基于以上的共识,《羊城晚报》要求记者深入接触社会,独立思考,更好地为读者服务,多方面报道与市民生活息息相关的事情——从衣食住行、文化娱乐到天气预报等,这形成了晚报独有的特色。创刊之初的《羊城晚报》新闻标题有如下特点:

---

① 刘保全.巧妙点睛 使新闻标题更具魅力.当代传播,2007(5):91

1. 敢为天下先,勇于创新

《羊城晚报》开辟《时事走廊》专栏对国际新闻进行补充延伸,让读者及时了解国际消息。它敢于让国际新闻上头版。当时国内其他报纸绝大版面都是国内政治的长篇累牍,唯独《羊城晚报》除少量国内新闻外,都是国际新闻。

单题:各国抗议美国备战计划浪潮高涨
单题:中东局势剑拔弩张
单题:肯尼迪政府的半年总结

就最后一则标题而言,可以显现《羊城晚报》的冒险精神,要知道受国际关系和意识形态的影响,当时美国一直被称为"美帝国主义",而《羊城晚报》称其为"肯尼迪政府"。从这一点,也可以看出该报客观真实的报道手法以及敢于突破的创新精神。

2. 注重口语化,通俗易懂

《羊城晚报》一改当时报纸板起面孔说话的口气,其新闻标题通俗易懂,非常口语化、大众化,贴近读者,给人创设轻松愉快的氛围。如:1961年8月6日,苏联"东方二号"载人宇宙飞船进入地球卫星轨道。第二天《羊城晚报》的标题是《"东方二号"太空遨游记》、《肯尼迪,还有什么话好说》、《美国佬,"导弹差距"更大了!》,从中我们可以体会到作为社会主义国家的自豪和畅快。

3. 贴近生活,幽默风趣

《羊城晚报》1964年创立名牌栏目《陈医生手记》,颇受读者欢迎。编辑选出具有典型意义的切入点,参与写作的是广州多家医院里的医生,囊括内、外、五官、皮肤、妇儿等多个科目,展现了专业知识,做到了专业化与大众化的水乳交融,为读者提供了日常生活所需要的医药健康知识。

1966年1月8日一则标题是《敬谢一次狗肉宴》,为什么要敬谢呢?狗肉宴是怎么回事呢?报纸运用设置悬念的修辞方式,以故事情节作为标题,在舒展的笔路中展现诙谐,说明了狗肉和绿豆并非相克之物。

4. 形成品牌专栏,为民服务

为了开展人民群众相互之间和风细雨的批评和自我批评,促进共同进步,创刊之初《羊城晚报》创立了名牌栏目《五层楼下》。《五层楼下》针砭时弊,寥寥数语却尽得精华,形成了独特的风格,开创当时报刊之先河。这一小栏目还配有漫画,幽默风趣,形成了报纸的名牌栏目。市民如遇到不公之事,服务态度不好之人,往往写信到《五层楼下》反映问题。这一小栏目影响着市民的日常生活,同时也推动着广州的城市建设。自1980年复刊后,许多反映读者心声的小栏目一直在延续着《五层楼下》的精髓,形成了市民与政府携手促进城市文明管理的桥梁。

二、《羊城晚报》复刊后新闻标题特色

从1966年12月到1980年2月,《羊城晚报》被迫停刊13年零两个月。经过这个沉思默言的年代,《羊城晚报》迎来了它敢为天下先的时代,引领潮流,另辟蹊径。新时期的《羊城晚报》继承了开创之初的创新精神,更加贴近读者,贴近生活,凸显改革、务实的岭南文化特色。其新闻标题具有如下特点:

1. 以人为本:关注民生,体现人性

复刊后的《羊城晚报》,以党报为基本前提,严肃认真大气,对一些政治敏感度较高的问题也有较多涉及,与此同时以生活为核心,坚持"反映生活、干预生活、引导生活、丰富生活"的十六字方针,立足于人民生活实际。《羊城晚报》的要闻版,多是刊载与市民生活息息相关的新闻,对于国家的大政方针政策从市民生活的细微角度给予解读,显示了该报以天下为己任的道德感和责任感。以下是其2007年下半年要闻版的几则标题。

引题:一批新法规今起施行　几多贴身事细话您知
主题:记住! 未休年假可获三倍赔偿

标题下面的新闻内容,从国家新规、广东新规、广州新规三个方面阐释了和百姓息息相关的法律法规。比如新施行的《劳动合同法》涉及劳动者和企业的切身利益,《羊城晚报》在醒目标题下给予了深刻解读。

主题:最是情深岁寒时
副题:胡锦涛元旦假期在天津慰问基层干部群众

《羊城晚报》并没有像其他报纸所用的标题那样,诸如总书记到某某地视察慰问,而是在主题里用到了充满诗意的"情深"、"岁寒",二者相对,虽然今年北方的冬天格外寒冷,但是总书记的关怀让人暖到心里。"以人为本"的治国理念,在这小小的标题中得到了具体形象的体现。

主题:五大部门管一辆车难在哪?
分标题　建委:"抓现行"不容易
　　　　交警:"说情风"令人头疼
　　　　市环卫局:就是怕反弹
　　　　交委:合法泥头车仅千辆
　　　　城管:要解决源头监控难

《羊城晚报》开辟"焦点"专版,报道关于广州市泥头车治理的难题。从标题我们可以看出

泥头车难治理的症结所在。该报从相关的五个方面给予了详细解释,其"市民的报 我家的报"这一办报宗旨清晰可见。《羊城晚报》总是从关系市民切身利益的事情写起,关注大家所处的城市环境,对重点难点的城市治理问题进行实质性的解读。百姓关心什么,最需要知道什么,它就报道什么。

  主题:申报炒股所得易成一纸空文
  副题:国税总局表示将继续暂免征税,税法专家称将徒增征纳双方成本

  2007年几乎是达到了全民炒股的高潮,股市新增股民一亿多。炒股是否纳税对于股民自然是非常重要的事情,《羊城晚报》从标题上给予了明确的解答"暂免征税",让股民吃了一颗定心丸。

  盛事宏图·十七大
  主题:新一届中央"两委"诞生记
  分标题:选拔条件 严密部署 民主实践 把好关口

  十七大是国家政治生活的大事,它预示着中国未来的走向,以及所要坚持实行的政策。这条乘风破浪航行的大船由哪些人来掌舵是全国上下都非常瞩目的事情。这些新领导人的素质如何?"两委"诞生的过程是怎样的?是如何层层筛选的?标题给我们的印象是整个程序是异常"严格"的。

  主题:养狗,门槛可以降低
     服务,门槛必须提高

  标题对偶,形象地表达了养狗以及养狗问题的解决办法,随后文章分标题从政府的限养政策、市场行为、市民的文明养狗行为上进行了充分阐释。一个"提高"、一个"降低",吸引读者,尤其是那些养狗的市民,或被狗困扰的市民,就文章内容读下去。

  2. 富有动感,富有故事
  精致的新闻标题须表现出新闻本身的变化状态。新闻的本质属性是真实性,新闻标题是对客观事物的真实反映和客观描述。运动是事物的绝对属性,标题需要反映事物的这一属性。任何报纸的标题都是由文字组成的,而文字相对于运动的事物而言又是静止不动的。如何以静止的文字创造形象的画面,需要标题采用各种能够唤起形象表现动作的语言,使读者凭借对这些语言文字的理解,进行想象和联想,从而在头脑中产生具体的形象和画面,这样读者便能如临其境、如闻其声、如见其形。
  《羊城晚报》的标题富有动感,能让读者真切地感受到事物以及事件的变化状态。首先,该报运用动词恰到好处,标题简单而传神;同时,该报熟练地运用各种修辞手法,对标题的用

词造句进行斟酌推敲,能使读者更好地发挥联想和想象。

引题:"职工热线"好似听诊器
主题:听脉搏 知心声 释疑难
副题:广州市总工会3342523电话开通后,每天铃声不断……①

"听"、"知"、"释"三个动词,可看出热线的开通确实给职工带来不少好处,由"铃声不断"可听出热线之"热"。引题运用比喻的修辞手法,把热线比喻成医生的听诊器,形象生动。

减息:羊城没多少表情

此新闻是1996年5月1日中国人民银行调整利率,实行减息后羊城市民反应情况。标题采用暗喻的修辞手法,动词短语"没多少表情",就像人的脸色一样,反映冷淡。这意味着减息的政策对市民影响不大,群众没什么反映。

主题:一辆面包车陷入铁轨 一趟列车将要驶至②
副题:干警集结,"上"

标题中的动词"上"字,形象生动,可想见当时情况的紧急,想见干警行动的敏捷和迅速,以及处理突发事件的灵敏反应能力。

引题:广州菜篮子实行"最高限价半年"
主题:菜价兜兜转转高高低低

"兜兜转转高高低低"是一系列动词,通俗生动,让人仿佛看到了菜价的走势图,回环反复。

动感只是事物发展的一个状态,而富于故事情节的标题更能抓住读者,吸引读者。有"故事"即"有戏","有戏"的标题具有观赏价值,新闻的"戏眼"把新闻中最精彩的部分表现出来,能够强烈地吸引住读者,使读者产生一种难以忘怀的审美效果。虽然报纸不能像电视那样,给读者以动态的画面,悦耳的声音,但是它能通过文字塑造出同样的影像。最重要的是,它通过读者的想象力主观地创造出来,有自我加工的痕迹。读者在这样的创造过程中,能体会到成就感,享受到创作的欢愉。如以下几则《羊城晚报》标题:

---

① 蒋晓丽.现代新闻传媒标题艺术.四川大学出版社,1998:91
② 蒋晓丽.现代新闻传媒标题艺术.四川大学出版社,1998:103

伊丽莎白今天升帐

刚上任几天的中国女足教练法国"铁娘子"伊丽莎白在武汉升帐点兵了。35位入选集训大名单的女足姑娘已陆续抵达武汉。标题"升帐"一词,给人一种气势,让人联想到辛弃疾的"沙场秋点兵",中国女足在伊丽莎白的带领下会有一番作为,给广大的球迷以希望,中国女足能走出困境。

引题:为出线,英格兰众多大牌明星期待别人助一臂之力——
主题:以色列,我为你祈祷

英格兰为出线,为什么要为以色列祈祷呢?这给读者造成悬念,引导读者接着读下去。读者还可以从中体会到英格兰那殷切的希望,以及命悬一线的深深的危机感。同时,标题通过"引用"辞格,采纳"阿根廷,请别为我哭泣"的部分格式,成就了一种悲伤的气氛,让读者也默默地为其祈祷。

UFO"入侵"美总统竞选战

UFO"入侵"容易让人想到星球大战,造成悬念,竞选为什么会涉及关于UFO的事情呢?读下去才知,原来2008年美国总统选举竞选大战的话题囊括美国政治、经济、文化和外交等各个方面,从伊拉克战争、税收福利到同性恋权力等等。如今竞选者们又开辟了一个新话题:不明飞行物。而"入侵"让人联想到了星球大战,UFO本身的神秘给标题又增添了一抹科幻色彩。

引题:成本几多售价几多毛利几多
主题:酒楼物价,神仙数?
副题:本文所举三家店如何,其他店如何,读者自可凭"价"。

引题运用反复的辞格,"几多"一词三次重复;主题设置悬念,吸引读者,酒楼的物价真相到底是怎样的呢?副题通过文章所举酒店,又让读者自己凭"价",一语双关。巧妙的修辞运用,使标题新颖生动富有文采。

3. 强调意蕴美

意蕴,是深入到人心灵的一种气息。读者在标题所创造的意境中,体会到一种气息,一种韵味,从而在身心愉悦中获取信息,阅读新闻。人人都渴望美,追求美,热爱美。《羊城晚报》的新闻标题一大特点就是为读者营造了一种美的氛围。

作者精心制作的标题如果有了这样的意境,那么新闻就有了鲜活的生命力,反之则干瘪无味,难以引起人们的阅读兴趣。

主题：重阳到西樵山"遍插茱萸"
副题：这一传统的民俗，使登山活动增添了文化色彩

标题通过"引用"辞格，由"遍插茱萸"，让人想到唐代王维的《九月九日忆山东兄弟》"独在异乡为异客，每逢佳节倍思亲。遥知兄弟登高处，遍插茱萸少一人"，增强了表达效果，让人联想到远在异乡游子的深深的思乡之情。在这样的意境中，读者会产生心灵的共鸣。

春运了，上路吧，回家啰

"排比"是以内容相关、结构相同或相似，语气一致的三个或三个以上的句子或词组连串使用，借以达到集中说理、尽情状物、充分抒情的修辞格式。标题中的这三个短句，构成了排比的句式，让读者想到了春运一派繁忙的景象，仿佛也感受到了大家回家的喜悦心情。在外忙碌了一年，终于要回家了！作者用通俗的语言，亲切的词语给我们营造了一种暖洋洋的气氛，一种热切的回家之情。

CBA 季后赛：雪冷风冷人更冷

三个"冷"字，反复的辞格，突出强调一股寒气逼人，衬出了 2008 年冬天的寒冷，也表明了媒体冷，球迷的冷。在导语中点明，由于浙江广厦队与广东宏远队实力悬殊，杭州媒体对于广东队的到来没有丝毫热情。

4. 延伸教益性

传播知识，满足受众的求知欲望也是媒体的重要职责之一。现代人阅读报纸，首先是为了获得最新鲜的资讯，其次就是从报纸上获得自己日常生活所需要的知识，以此来指导自己每天面临的诸多选择。

报纸之所以与普通商品不同，就是因为它的有益性、影响性，它不仅传播信息，而且传播知识。《羊城晚报》的标题，不单单概括新闻的核心内容，描述新闻事件，而且还在有限的空间和版面里启迪读者，引导读者，鼓励读者思考，使读者从中成长、快乐。

超载，超速，超困，酿成悲剧

标题运用了反复的手法，加重了语气，突出了内容，强化了要点。它也给司机朋友们提了个醒，千万要切忌以上三点，不然会付出血的代价。这会引起读者的思考，避免生活工作中再次出现这样的悲剧。

铁路部门提醒:"公铁联运"都是骗局!

春运在即,买到回乡的火车票是非常不容易的事情,可以说一票难求。这则新闻提醒大家,以"公铁联运"的名义卖火车票的都是假的,是在招摇撞骗。这样,旅客在买票时,就会多加一份小心,谨防受骗。

太阳公公明天睡懒觉

标题运用拟人的修辞手法,就像和小朋友讲故事一样,生动形象,太阳公公怎么睡懒觉了呢?这是什么原因呢?如此轻松活泼的标题吸引读者读下去,弄清原委。报纸解答了为什么冬至过后,白天时间越来越长,但人们却感到清晨比以往更黑了,这是涉及读者日常生活现象的地理小知识。

第三节 个性化标题实现的必由之路

一、独特的新闻标题策划

随着新媒体的不断出现,媒体之间的竞争日趋激烈,一家媒体想独家控制新闻源几乎不可能,这就需要利用和挖掘有限的共享资源变为独享。新闻策划成为竞争的有力武器,新闻标题策划亦如此。

新闻标题策划是在传媒竞争空前激烈的形势下,立足于客观新闻这一前提,对报道内容进行的有前瞻性、有巧妙创意和构思的、能够解释重要新闻热点问题的谋划与设计。其目的在于最有效地运用和配置现有的新闻资源,最大限度地赢得读者,取得最大的社会效益。

无论国家大事的报道,还是市民生活的报道,《羊城晚报》经常有独特的新闻标题策划,并配以特别版面。2007年《羊城晚报》特别报道有《风雨同行50年》、《嫦娥奔月》、《众志成城抗冻灾》等等,这些都体现了该报新闻标题策划的特色。

1. 重视本地,关注民生

标题策划需要有较强的新闻敏感,需要关注与群众密切相关的民生新闻和本地新闻,挖掘出单一新闻事件在整个社会环境下的意义,需要有新思路,具有时代精神。只有这样,新闻标题才能找到好的切入点,才有个性。新闻本土化是世界新闻报道的发展趋势,符合受众的接近性心理,而民生类新闻又涉及读者的切身利益,是提高报纸可读性的关键。

2008年中国春节期间,南方十余个省份发生了严重的雪灾,由于暴雪冰冻,南北交通大动脉中断,近百万旅客滞留火车站,上千车辆滞留在冰天雪地的公路上,情况十分危急。天寒地冻,数万人雪阻归途怆然彷徨;电力、交通、能源、通信几近瘫痪。《羊城晚报》对这场严重的自然灾害连续跟踪报道,进行了特别策划。从2008年1月28日开始直到2月9日,每天以10个版左右的篇幅分专题进行报道。根据现场情况,抗灾期间《羊城晚报》各个专题版面的新闻标题编辑策划如下:

      雪塞归途 南粤暖流·关怀
  单题:总理滚烫的心 温暖千万颗心
  单题:菜价肉价一一问过
  引题:冰天南粤雨雪大灾
  主题:总理来了 人心暖了

"关怀"、"温暖"两词,体现了党的十七大以来更加重视民生更加务实的政策,也体现了晚报的新闻标题特色——关注民生,从市民的角度来写,如日常的"肉价菜价"问题。

      雪塞归途 南粤暖流·现场
  单题:外面寒风冷雨馆内暖意融融
  引题:火车站值勤民警常常空腹上阵
  主题:吃饭并不难 难在没空吃
  主题:"光明使者"风雪中轰然倒下
  副题:广东韶关始兴供电局马市供电所职工刘焕松英勇殉职
  单题:太阳出来了,破冰之日还会远吗

从车站现场、破冰战斗到政府总理、基层公职人员的尽职尽责,读者在标题中了解到困境中人们的工作、生活状态,感受到他们身上所表现的伟大精神。

随着事态的发展,当地政府采取措施挽留外来工在当地过年,于是《羊城晚报》专版策划如下:

      雪塞归途 南粤暖流·留粤
  单题:深情呼吁 请你留在广东过新年
  主题:1246万人的决定:留粤过年
  副题:比例超过在粤外来工的六成,遇到困难有人帮、节日安排丰富充实
  引题:广东各地全情投入为外来工打造祥和节日
  主题:留粤过年 春意盎然

2. 自身品牌报道

2006年2月13日,中国计算机汉字激光照排技术创始人,两院院士王选老师因病去世。

为了纪念王选老师,《羊城晚报》的一篇文章的新闻标题是《王选的五个梦和〈羊城晚报〉》。原来王选老师一生中有十个梦想,其中有五个在《羊城晚报》得以实现,王选老师为《羊城晚报》的发展倾注了大量的心血。《羊城晚报》以此文章纪念王选老师,表现了自己的感激之情,同时也表现了《羊城晚报》不断创新的精神。它作为王选老师的"试验田",发展激光照排系统,让人们告别传统排版工艺。

2008年2月9日,雪灾专题的报道尾期,《羊城晚报》专门有一版关于记者的报道,大标题为《因为感动,他们坚守》,讲述了《羊城晚报》记者们抗灾前线、台前幕后演绎的感人故事。这样的报道策划表现了记者们的敬业精神,令读者感动,这就是报纸品牌形象的塑造。读者也会因为感动而更加喜欢《羊城晚报》,更加忠诚于选择《羊城晚报》。

在抗灾的过程中,涌现了很多感人至深的故事,《羊城晚报》开辟专版进行报道:

雪塞归途　南粤暖流·故事
副题:生日当天出勤,超负荷工作21小时——
主题:壮年民警累到脑出血
引题:"连轴转"8天,身体不适"不好意思"请假——
主题:老铁警
副题:休克在"火线"上
引题:K407次列车在湖南境内被困冰天雪地中,一度缺水断粮列车长事后感言
主题:跑车24年从来没这么累

这样的新闻策划和版面安排,使读者看到了在这次灾难面前人们克服困难的精神,直面灾难的勇气。武警官兵、政府工作人员忠于职守,无私奉献,"大雪无情,人有情"。标题从不同的人物切入,反映事实的发展,深入到雪灾这一重大事件对整个中国社会的影响,激发人们在灾难过后的反思。这样的标题策划,在弘扬无私奉献精神的同时,也体现了报纸的社会责任感,展示了《羊城晚报》的品牌精神。

二、新巧的切入角度——故事化

《羊城晚报》的新闻标题,其显著特点是以故事手法来切入新闻。"美国新闻学家麦尔文·曼切尔指出'记者的第一个写作信条是表现,平铺直叙会使读者处于消极的地位,而表现就会使之身临其境。'"① 用讲故事的方法表现新闻事件,符合读者的心理需求,容易被读者接受,也能更好地反映新闻事件,达到有效的传播。因为新闻就是对人类政治经济文化生活所发生故事的记述。新闻标题以讲故事的手法切入,会艺术性地呈现新闻事件,形成兴奋点,增强新闻的可读性。

---

① 杨皓,杨志刚.新闻因事而生动.记者摇篮,2007(2):32

1. 通过细节表现故事

细节是故事发展过程中某一细小的环节。它可能是一个动作、一个眼神、一个表情,一句漫不经心的话。细节是构成新闻的细胞,是新闻的生命。它有助于使新闻变得鲜活,变得立体,变得生动。好的细节,成功的刻画,胜过千言万语,能让读者头脑中在勾画故事,产生联想,获得新闻以外的东西。

标题中所选择的细节,是经过精心选择的,它能提升新闻的品味和档次,能够深化新闻故事的主题,给读者留下深刻的印象。

第一,细节能还原现场,突出新闻的真实性,让读者身临其境。《羊城晚报》报道连战抵达上海,标题抓住"谢绝雨伞"的细节:

连战率国民党访问团昨飞抵上海,眼见大批台商雨中迎候
连战下舷梯谢绝雨伞直言不敢当

第二,细节能走进人物的心灵,揭示人物的内心感情,引发读者的情感共鸣。《羊城晚报》报道宋楚瑜访问南京,标题为:

"小三子"南京乡音表殷殷乡情
宋楚瑜:"乖乘隆隆的冬","看到南京的繁荣、进步,与有荣焉"[①]

标题抓住了乡音这个细节,让读者看来倍感亲切。

2. 人性化表现故事

故事是写给读者看的,这样的新闻应该深入到读者的内心,让读者感觉贴近和亲切。对于人性格的刻画,内心世界的探寻,也是新闻客观公正原则的反应。但是这样的描写和探寻不能脱离新闻的事实,应该以事实来表现,而不是记者的随意猜测。

(1) 对于新闻人物的理解和关注

"愠工"两个字,好辛苦!

原来一年一度的高校毕业生供需见面会开始了。毕业生人数与往年相比人数最多,而由于经济不景气,用工形式不乐观,大学生还没离开校园,就开始面临让人心焦的竞争了。《羊城晚报》的标题表现了对大学生找工作问题的超前意识,也表现了对毕业生的理解,现在读来依然会让今天的求职毕业生产生心灵共鸣。

[①] 冯印谱.新闻标题制作100招.南方日报出版社,2006:9

(2) 对于新闻场景的生动描述

长夜里,这群潇湘卖花女

在广州街头、娱乐场所有好多小小的卖花女,她们晚出早归,受人盘剥,小小年纪尝尽世态炎凉。《羊城晚报》记者在强烈的正义感和责任感的驱使下跟踪报道了这些卖花女。这些孩子本应是在父母怀里撒娇的年龄,然而"长夜里",她们却饥寒交迫以卖花为生。

(3) 对于新闻过程的真情概括

首航台胞激动不已:我们到了,到了!

2005年,大陆和台湾56年来首次直航。凌晨,由广州起飞的班机飞往台北桃园机场,海内外媒体聚焦这一经典时刻。《羊城晚报》选取典型意义的现场情景,通过广州—台北连线,表现了台胞的激动之情。

三、个性的表达方式——情感化

《羊城晚报》的许多标题,并不是直截了当地表现新闻事实,而是采用不同的、多样的个性化表达方式,引起读者情感的拨动和心灵的共鸣,从而给读者留下想象的空间,让读者细细琢磨体会。"情感是指人们对客观事物有所触动而引起的主观心理状态和相关的行为反应,它是在一定的心理刺激、内心体验和现实感受条件下形成的。"[1]新闻作品所流露的情感要能打动读者的心灵,引起读者的审美认知,构成独特的心灵体验。在情感上吸引读者,激励读者,陶冶读者。

1. 委婉含蓄

委婉含蓄的表现手法,使标题充满意境美。"言有尽而意无穷",给读者无限的思维空间。

"金鸡"报喜　"百花"盛开
电影"金鸡奖"昨晚在西子湖畔授奖

双关是巧妙地让一个词语或一句话具有双重意思,一重是字面的,另一重是暗含的,暗含的意义才是真实的、主要的意思的修辞方式。上面标题运用语义双关,指物介意,言在此而意在彼,真正的含义在充满意境的语言中表达出来。字面意义报道授奖大会的召开,但是暗喻文坛形势的大好,后者是标题真正所表达的意思。

---

[1] 李明文.新闻作品中情感因素的运用.当代传播,2007(4):109

满院花飞人不到

深沪股市日评

　　神形兼备,是指通过具体、鲜明、生动而又富于启发性质的物象,来唤起读者的无限思绪,以发现、发掘他们的内蕴,去补充、丰富它们的意义。"'满院花飞'这个比喻似的'形'说明股市热闹,股民热情,而'人不到'则说明实际成交量不大,持观望态度的股民多,给人以'满院花飞'的貌似热闹实则空寂之感,既切合股市情形,又别有所指。"①委婉含蓄,表现了一种意境,让读者揣摩。

　　　　　今天是国际预防自杀日,专家再次提醒人们应学会调整自己的心态
为自己的思绪留一片安静天地

　　标题,就像所写的那样,给人宁静,让人思考。无限的思维空间呈现给读者,心理健康请从"调整自己的心态做起"做起。

　　　　　　　　有道是"天下父母心",问句:
谁是她的爹和娘

　　这样的标题设置了一个让读者感兴趣的悬念,引起了读者的注意力和怜悯之心。原来由于一起医疗纠纷,广东省人民医院产科婴儿室的快满1周岁的小女孩无人认领。这样的问题在社会上引起了强烈的反响,报道促进了事件的解决。

　　　　　　　　七问网游:游戏还是陷阱?

　　大三学生江旭因沉迷网络不能自拔,结果荒废学业。《羊城晚报》对青少年这一严重问题连续跟踪报道、重点关注,引来了人们对"网游"的讨论。那么"网游"究竟是个什么样的事物呢?为什么让孩子们如此着迷?标题隐而不发,留给读者思考,也吸引读者阅读随后的文章。

2. 幽默风趣

　　幽默,对于新闻作品而言是用风趣的语言表现深刻的内涵。幽默可以使标题轻松活泼,使新闻充满情趣,引人发笑而又使人深思。这既增强了新闻的表现力,也引起了读者的阅读兴趣。

---

① 蒋晓丽.现代新闻传媒标题艺术.四川大学出版社,1998:114

有这样一粒老鼠屎
——乌烟瘴气的金辉餐厅

标题把"金辉餐厅"形容为"一粒老鼠屎",让读者忍俊不禁。同时也引起读者的想象和疑问,"金辉餐厅"到底是怎样败坏社会风气的呢?

洋货穿"旗袍" 国货穿"西装"

标题采用拟人的修辞手法,表现了当今市场上商品名称"中外倒挂"的现象。这样的标题语言形象生动、别致有趣,有一丝嘲讽的意味,使其更加鲜明引人。原来新闻记述的是独资、中外合资的产品多采用"国味"十足的商标,如"玉兰油"、"海飞丝"、"帮宝适"等,而好多国产货则有着让人记不住也搞不懂的洋名字。

四、质朴的叙述语言——大众化

《羊城晚报》标题能抓住读者的原因之一是标题的叙述语言大众化。大众化的语言,读者容易理解。而对于容易理解的东西,读者容易进行选择,选择了,就容易进行记忆,这样就会对报纸产生好感。《羊城晚报》的办报宗旨就是要贴近生活,贴近实际,贴近群众,为百姓服务。大众化的标题语言,兼顾各种文化水平的读者,易于理解,能够使群众准确地了解新闻事实,获知新闻事实存在的意义和价值,给读者创造轻松愉快的氛围。以下是《羊城晚报》的部分大众化特点十分鲜明的标题:

1. 家常用语型

引题:热带风暴"利奇马"远离广东
主题:假日好天气又来了

对于在假日出行的人们而言这无疑是个好消息,"又来了"使大家的心情亮起来。

主题:"街武"老家来人了

一群来自街舞故乡纽约的年轻人,将以武术般的技巧带着这个让许多年轻人着迷的舞蹈亮相北展剧场。"老家来人了",听起来就像平日的家常话,让读者感觉异常的亲切。

引题:五名替补首发痛宰迪纳库四球
主题:弗格森老脸笑开了花

称弗格森"老脸笑开了花",透着亲切,透着喜爱之情。标题形象生动,新闻人物的喜悦之情跃然纸上。

> 主题:瑞士公主说走就走
> 副题:网坛名将辛吉斯召开新闻发布会宣布了自己第二次退役的决定

"说走就走"套用好汉歌里的歌词"说走咱就走啊!",表明了辛吉斯果断利落的性格,也有一丝深陷兴奋剂丑闻猜疑的无奈,只好在复出后不久随即又宣布退役。

2. 俗语型

> 主题:黄圣依"大树好乘凉"
> 窦唯"树倒猢狲散"

用俚语来形容明星的境况,具体生动,雅俗共赏。

> 中国做定奥运"金牌二哥"

原来奥运会倒数第二个比赛日,我国连夺四金。"大哥"、"二哥"是俗语,这样的用语充满情趣。

3. 口语型

> 主题:赵本山与辽足"闪婚"
> 副题:承诺以后不拖欠球员工资的情况

"闪婚"一词,反映当时一种社会现象,指男女认识时间较短就结婚。用在此处说明赵本山与辽足合作的速度之快,标题也具有的时代气息。

> 引题:2004年世界杯乒乓球赛男子小组赛开拍
> 主题:马琳让老冤家找不着北

"找不着北",口语化程度很高。它用于形容一个人的精神状态形象生动,同时表现了马琳球技的高超和比赛得胜的自豪感。

> 倾情青藏,把铁路筑成"钱路"

"钱路",口语化,标题反映了现代人的商机意识,符合时代发展特色。

第四节　标题个性化带给我们的启示

一、机关报新闻标题需要创新

在传媒竞争日趋激烈的环境下,机关报的生存环境可以说是内忧外患。作为传统媒体的报纸,与新媒体相比存在不少劣势。电视形象生动,声音画面同步,给人印象深刻,有强烈的视觉冲击力,广告商更青睐于这种大众化的媒体。目前即便是偏远的乡村,都能收到几十个电视频道。二十四小时不间断滚动播出的新闻,给受众带来详细新鲜的资讯,极富现场感。广播易于携带,可随时随地收听自己喜爱的电台节目。由于受众的细化,广播现在有交通、音乐、新闻、医疗各种频道,可以说非常方便,也更有竞争优势。而互联网的兴起,集所有媒体的优势于一身,更重要的是加强了互动性,实现了全民参与。任何人都可以是新闻发布者,也是信息接受者。只要上网,就可以在线收看电视节目,收听电台节目,下载查阅任何自己需要的信息。手机作为新媒体的一种方式,更加方便快捷,对报纸而言,也更富挑战性。与同质媒体如都市类报纸等相比,机关报新闻标题可读性差,严肃有余而活泼不足,缺乏贴近性,总是板着面孔以教训的口气对待读者。

1. 机关报新闻标题存在的问题

(1) 模式化

机关报的新闻标题千篇一律,模式化现象严重。它对于某些新闻领域的报道,已经形成固定的写作模式,没有变化创新。比如业务工作类、会议座谈类、外事会见类、领导视察类等报道,新闻标题通常都是"某某会议在某某地隆重召开"、"某某领导视察某地"等等,这样的标题表面化、肤浅化,对于读者而言没有任何新鲜感。即使是非常重要的新闻,读者也没有兴趣读下去。以下是摘选自《河北日报》2007年的几则头版的新闻标题:

> 主题:首届中国生物产业大会在石召开
> 主题:省委常委会集体学习中央纪委《规定》
> 主题:庆祝建军80周年文艺晚会在京举行
> 主题:十一届全国人大一次会议在京闭幕

这样的标题设置,没有任何吸引力。读者仅仅知道这样的会议在举行,标题根本没有点明会议的亮点和特色。试问,这样的标题个性在哪里?新闻价值在哪里?《羊城晚报》此类标题则有与众不同之处,2008年1月28日正值广东两会召开之时,其中的一则标题为:

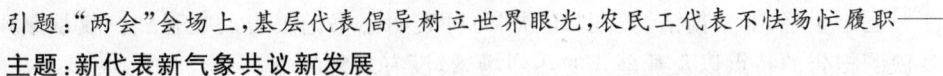

引题:"两会"会场上,基层代表倡导树立世界眼光,农民工代表不怯场忙履职——
主题:新代表新气象共议新发展

广州白云国际会议中心,出席省十一届人大一次会议的代表们热议广东发展、共商南粤民生。标题的三个"新"字运用反复的辞格,给人耳目一新的感觉。主题并没有运用传统的标题设置形式,而是从"农民工代表"引入,突出一个"新"字,强调了新闻的亮点。

(2)拖沓冗长

机关报新闻标题明显的缺点是拖沓冗长,不简练。有些标题就是口号标语的直接照搬;有的标题几乎要把新闻的基本要素都装进去。这样的新闻主题不突出,没有重点,读者一看标题,不能在很短的时间内发现新闻事实的关键,不能了解新闻的价值所在。标题是最有价值的新闻事实的浓缩,冗长的新闻标题违反了这一原则,旁枝繁叶过多,字多意少。

《人民日报》2008年3月19日的头版头条为:

主题:十一届全国人大一次会议在京闭幕
副题:胡锦涛发表重要讲话 吴邦国主持并讲话 会议表决通过关于政府工作报告的决议 温家宝、贾庆林、李长春、习近平、贺国强、李克强、周永康等党和国家领导人出席

《河北日报》2007年7月30号的一则标题是:

单题:以高度政治责任感和务实工作作风 奋力夺取全面建设小康社会新胜利

《南京日报》2008年3月17日的一则标题是:

引题:朱善璐考察河西新城时要求
主题:落实沿江跨江发展战略 打造世界一流滨江高端商务区

以上每一则主标题的字数都在20字以上,有的长达30个字。按最佳的视线换算和我国报纸目前常用的标题字号,一般以十字左右为宜。太长的新闻标题会使读者产生一种视觉压迫感,以至缺乏耐心读下去。简短不仅使标题醒目,而且符合人的阅读习惯。标题过长,超过人的最佳阅读视野,读者还得借助于默读或心念,通过转移视线完成标题的阅读。心理学家认为,标题简短,不用转移视线,阅读方便,往往使读者获得的印象深刻。《羊城晚报》的新闻标题,即便是关于国家大事、党的大政方针的新闻,也多精短简洁。

引题:十七大开幕式上,胡锦涛总书记所作的报告引起强烈共鸣
主题:40次掌声表达党心民意

主标题十个字,非常简洁,数词"40次"即可表明总书记报告反响强烈。仅从掌声这一细节就反映了报告的特点以及开幕式的热烈场景,没有反复啰嗦。

(3)单调乏味,缺乏文采

机关报的新闻标题,经常用会议名称、工作安排、标语口号等取而代之,读来单调乏味,没有悬念、没有起伏、没有文采。2008年全国"两会"期间温家宝总理连任后,于3月18日召开记者招待会,对此新闻进行报道,两份报纸标题分别为:

单题:温家宝总理答中外记者问
主题:温家宝微笑谈国事论国策
副题:今早率四位履新副总理亮相。引经据典妙答中外记者,纵论天下畅谈未来发展

前一则标题仅仅是简单的概括事件,"温总理答中外记者问";而后一则标题并没有直白地表明温总理召开记者招待会这一事件,而是采用了另外的表达方式"谈国事论国策";"微笑"一词又强调了温总理温文尔雅的外交风采。这样的标题并不是平铺直叙,而是有其自身特色的。

(4)脱离生活

机关报是党和政府的喉舌,负责向下宣传党的方针政策,向上反映舆情民意,故而机关报政治思想性较强。对于牵涉重大方针问题的新闻,机关报的确需要严肃、庄重、正规,但同时这也造成了机关报不贴近生活,显得高高在上,拒人千里的特点。严肃庄重并不意味着板着面孔、单调死板。机关报应该使读者在欢快的气氛中受到教育或启发,它所宣传的思想内容和观点应该最大限度地和群众生活相结合,这样才会达到理想的宣传效果,为群众所接受。《南京日报》2008年3月10日的一则标题如下:

引题:朱善璐在溧水察看灾后恢复工作时要求
主题:重视搞好灾后重建　切实恢复生活生产

标题冗长乏味,了无新意。标题的内容取自南京市委书记朱善璐的讲话,虽然是关系到灾后群众的生产生活,但是标题没有个性色彩,只是形式上的陈述,是领导工作要求的变式。这样的新闻应该以新鲜喜人、亲切随和的形式设置标题。《羊城晚报》2008年2月4日的一则标题为:

引题:汪洋黄华华网上拜年,网民热烈回应实话实说
主题:书记省长欢迎网民灌水拍砖

"灌水拍砖"网络用语,用于书记省长网上拜年。面对罕见的雨雪冰冻灾害天气,这样的拜年方式,这样的征集意见的方式,把政府和网民拉近了一步,也和民意拉近了一步,有利于

灾后各项工作有条不紊的展开。

机关报需要利用自身优势,改革创新,增强可读性。机关报要想赢得读者,首先就要从标题做起。标题是报纸的眼睛,传神的、明亮的眼睛才具吸引力。机关报要想占领市场不能靠猎奇和对奇闻逸事的报道,不能靠有关"腥"、"性"、"星"的"猛料",不能靠虚张声势的"炒作"制造轰动效应;机关报要靠新闻信息的权威发布,靠新闻报道的深邃性和洞穿力,靠对广大人民群众根本利益的关注和深层次的人文关怀来吸引读者。

二、机关报新闻标题改进之策

1. "硬"题"软"化,增强亲和力

党报是党和政府的"代言人",是党和政府有关信息的权威发布机构,具有高端性、权威性、影响力。一些重要的、关系国计民生的信息的发布,读者更相信党报的报道。但是党报的权威性并不意味着它就一定受到市场的欢迎,党报需要增强亲和力,改变严肃死板的版面,需要感染读者,带动读者的感情。政治要闻要从民生的角度切入,从平民的视角切入,而不是显得高高在上,拒人千里。《羊城晚报》时政类新闻标题亲和力强,充满民生气息,这正好符合其党性原则,也符合其全心全意为人民服务的宗旨。

单题:建委主任"突袭"建筑工地

指广州并不实行形式主义,对建筑工地实行地毯式搜查,严防事故发生,标题并未采用某主任视察建筑工地这样死板的标题。

引题:老省长叶选平妙说改革开放初期广东实践——
主题:认认真真做猫把老鼠捉住

本来枯燥的时政类新闻讲话,标题用通俗易懂的语言,通过形象地比喻,说明了改革开放初期的广东实践,对读者而言就更易于接受。"猫"和"老鼠",动词"捉住",更像卡通动画里的一个镜头。

主题:政府工作报告处处紧扣国计民生
引题:温家宝总理今天上午在《政府工作报告》中细数五年成就不避问题挑战
主题:经济没有大起大落　资源环境代价过大

两则新闻都是关于温总理工作报告的事情,但是标题拟制选取的角度不同。《南京日报》的标题,仅大范围来讲"关系到国际民生",而《羊城晚报》的标题则直接概述报告的重点突出问题,让读者了解到资源环境为经济的发展付出的"代价过大"。比较而言,第二则标题语言简单,工整对仗,醒目突出。

2. 语言精美，力求简短

标题应该精炼简洁，抓住事物的要旨，反映新闻的精髓，应该能准确概括，生动再现新闻事件。读者总是希望在最短的时间内发现最有价值的新闻，否则就会丧失兴趣。有的标题似白开水，读来索然无味，不仅没有反映新闻事实，突出新闻中的亮点，反而会影响新闻的传播效果。简练精美是我们中华民族传统的文风，多一字少一字都不得当。《羊城晚报》在报道我国有声玩具问世的消息时，题目就绘声绘色地做了简洁的再现：

引题：会哭、会笑、会吹号、会问好
主题：我国玩具也会说话了

《羊城晚报》关于全国两会的一篇文章新闻标题为：

主题：丢，丢，真丢了手绢
副题：钟南山呼吁"广用手帕，少用纸巾"，有网友质疑省了树木却可能付出健康代价

20世纪七八十年代出生的人对这首童谣也许记忆犹新："丢，丢，丢手绢，轻轻地放在小朋友的后面……"。标题巧妙的借用童谣中的歌词，暗示纸巾的普及让很多中国人把手帕遗忘掉了。而方便、省事的纸巾取代手绢的同时，能源浪费、二次污染及卫生隐患也接踵而来。标题让读者在怀旧的情绪中也意识到环境的重要性，言简意赅，且不失趣味。

3. 服务读者，贴近生活

党报在报道时政新闻、宣传国家政策、表现其权威性的同时，也应该服务于读者的日常生活。新闻标题是对新闻事实的概括，但新闻标题同时也反映着作者的立场、观点、情感。标题不能以客观的名义而对任何事物采取漠视和旁观的态度，标题要吸引读者，感染读者，服务于读者。

主题：8.7%！2月CPI又创新高
副题：食品价格上涨23.3%，涨幅持续偏高给全年控制4.8%增加新困难

居民消费价格持续快速上涨，关系到百姓的日常生活，尤其是食品类价格上涨。《羊城晚报》把这样的标题作为头版头条，更强调了其关心民生、服务社会的特色。同时也显现了《羊城晚报》是一张全国大报，关系国计民生的重大问题，总会在头版头条给予醒目报道。

单题：千余商户坐着"定时炸弹"经营

标题为读者设置悬念，为什么会坐着"定时炸弹"，这样危险的事情到底是什么呢？细读下去，原来德路艺景园精品城不但是违法建筑，而且火灾隐患巨大，所以张利萍等十名人大代

表联名提议拆除。标题拟制从关系到商户利益日常经营安全的角度考虑,体现了政府对经营业主的关心。

单题:管好嘴巴　回归粤菜

原来中医专家称,高盐高脂外来菜菜式改变了老广的饮食结构,造成高血压患者增多。标题在通俗的语言中拉近了与读者心灵的距离,表达了对读者身体健康的关注。标题用老百姓的语言,讲述老百姓的故事,亲切易懂。

三、都市类报纸新闻标题需提升品质

都市类报纸的新闻标题通俗化、口语化。其语言生动活泼,富有很强的音乐节奏感,能再现事物的形态以及新闻发生的过程。这类标题轻松欢快、幽默诙谐,它感染读者、启发读者,不同于严肃性新闻标题的说教性质;它能够做到与时俱进,更好地融合现代生活的元素,做到新鲜个性;它能满足读者的好奇心理,激发读者强烈的阅读兴趣,很快地抓住读者的注意力。但是以上优点并不能表明它有很高的品质,品质是媒体的品格。都市类报纸多是新起的报纸,历时较短,没有深厚的文化内涵和底蕴,所以存在着很多的不足,如"泛娱乐化"倾向,语言媚俗,过分夸张,缺乏人文关怀和深层次思考等等。都市类报纸的新闻标题需要改进其不足,提升文化品质。

1. 都市类报纸标题存在的问题

(1) 格调低俗,哗众取宠

有些报纸一味地强调提高阅读率,抓住读者眼球,片面地追求感官刺激,违背了正常的社会价值观和道德理念。这些新闻标题不仅没有概括新闻内容,突出新闻最核心的内容,反而故意夸大新闻中某一细小的环节,运用刺激性的语言,刻意求新,吸引读者的眼球。但是当读者读下去,却发现新闻内容并不像标题中所描述的那样,有时甚至是一点关系都没有。下面是摘选自某报 2008 年 3 月 1 日至 2008 年 3 月 5 日的部分标题:

单题:36 岁少妇与 20 岁情夫幽会后死亡

"36 岁"、"20 岁"、"少妇"、"情夫",这样的语言对比,格调低俗,显然是为了追求一种刺激效应,尤其"幽会后死亡",又增加了一种阴森蹊跷的怪异氛围。

单题:0 分 0 篮板 0 助攻　谁啊这么烂?阿联!

三个"0"反复强调,突出球技的"烂",直白地流露出对新闻人物的不屑以及不满。

主题:女博导上电视大爆　　晚清名将先祖风流艳史
副题:网友痛批其言论"很黄很暴力"

主题:饮料代酒　　男博士饭后暴打女硕士
副题:昔日恋人变仇人,女硕士誓要追究对方刑责

这两则标题,故意突出新闻人物的高学历身份——"女博士"、"男博士"、"女硕士",明显有贬低倾向。

主题:谢东又吸毒,这次先拘10天,再强制戒毒半年
副题:去年还曾被北京市公安局聘为"禁毒志愿者"

主题:拿奥斯卡最佳编剧奖前　　她还是个脱衣舞娘和色情接线员
副题:成名后反而更坦荡:这样做是为解放自己的内心深处

明星是公众人物,"吸毒"、"脱衣舞娘"这样的新闻内容,显然是为了取悦读者,迎合部分读者的低级趣味。

(2) 缺乏人文关怀,漠视生命

有些报纸新闻的标题制作,缺乏起码的人文关怀,站在旁观者的角度轻言生命、漠视生命,对灾难中的弱者没有一丁点的同情和悲悯,体现不出新闻的"真善美"。"善"是新闻报道的原则之一,好的新闻标题应该表现出人生向"善"的一面。即使是负面的新闻,也需要使读者从中看到生活的美好和希望。

主题:22秒！9人狂砍3人
副题:事发广州一超市,超市负责人身中16刀

单题:男子因家庭恩怨连杀伯父一家十口

单题:上班第一天,人就摔死了

"狂砍"、"连杀"、"摔死"这样的字眼,充斥于新闻标题,容易使读者产生一种不安全感,尤其是每天的新闻几乎都有这样的标题出现时。读者看到的总是家庭的不幸和人生的灾难,阅读报纸将不再是愉悦的感受,会产生心理阴影。相比较而言,《羊城晚报》的新闻标题不仅尊重人的生命,也尊重大自然中动植物的生命。

引题:羊城骤冷骤暖　　树木得了感冒？
主题:一边老干催新枝　　一边绿叶纷飞下

察看正文,树木怎么会得感冒呢?原来之前天气寒冷,叶内细胞被破坏;而近两天天气转暖,细胞内树汁流出后被蒸发,导致落叶。标题运用拟人的手法,赋予树木以灵性,它们就像任何生命一样,有脆弱的时候,也需要人的关注。

(3)题文不符,过分夸大

新闻标题是新闻事实的概括,新闻标题不符合新闻内容,就会造成新闻失真。真实是新闻的生命,缺乏真实性的新闻会使读者误读信息,也会减弱读者对报纸的认同,报纸也不会建立起良好的公信力。"如某报有一篇题为《七省市无下岗职工　再就业中心关闭》,但正文中的新闻内容却是:七省市并非无下岗职工,只是无下岗职工名称;另外一则新闻报道的标题《政策座谈会　万人瞩目》,一个省的部门召开的内容单一,纯属生产业务方面的会议,用万人瞩目显然有些夸大其词。"①这样的标题严重与新闻不符,偏离新闻事实。

2．都市类报纸的新闻标题需要优化,增强文化品位

(1)体现人文关怀

在灾难事件的报道中,新闻媒体首先要具备人文关怀的品质。人类是同呼吸共命运的,面对同类所遭受的苦难,每一个正常的人都应该有一种悲悯的情怀,每一个人都应该平等地对待灾难中的个体,给予人格的尊重。我们提倡以人为本的理念,更要关注人的生存状态,关注每一个个体的权益,这是每一个人的道义,也是新闻媒体应该承担的责任。无论是在2004年的印度洋海啸报道,还是2007年的孟加拉风暴灾难,《羊城晚报》都体现了媒体的人文关怀。

主题:风暴过后　死亡过千
副题:众多灾区电力、通讯没恢复　救援困难

报纸关心的是灾难过后,人数的伤亡,基础设施的恢复情况。

引题:15日孟加拉国发生热带风暴65万人撤离逾千人死亡
主题:暴雨将至

巨幅图片右边配以简约凄美的文字,让读者体会到灾难之上的人性,痛苦背后的精神。这些孟加拉国难民离乡背井,逃避灾难,顽强地生存。中国哲学认为人不能同时存在于两个不同的空间。在浩浩历史长河中,人的生命只是短暂的片刻。正是由于生命的脆弱以及时空上的短暂,所以人是渺小的。但人有心灵,中国认为五行这秀气,食天地之妙心,天地无心,以人的心灵为心,万手皆备于我,所以人有了这个心灵,狭隘就可以变成旷远,脆弱就可以变得坚强,渺小就可以变得伟大。面对巨大的标题《暴雨将至》我们体会到的是自然灾害的恐怖,但是在图片人物的眼神中,我们看到的是人面对巨大的苦难所表现的坚韧和顽强。这样的报道,在描写灾难的同时更体现着人心灵的美好。

---

① 刘保全.巧妙点睛　使新闻标题更具魅力.当代传播.2007(4):92

真正的人文关怀,除了针对特定环境下的人外,也包括尊重和关怀每一个平凡的个体。有些对弱势群体的报道,标题的制作仅仅限于事实表面的描述,比如其生存的苦难状态,而没有进行深层次的挖掘,比如在艰难生活背后这些人积极向上自强不息的精神和人格品质。

(2) 体现社会责任感

新闻媒体作为独特的社会组织,拥有着特殊的权力。如采访权、报道权、舆论监督权等,但它不能离开社会制度的环境、离开政党与群众的要求而单独存在。它的权力必须为广大的人民群众服务,它是整个国家和社会的媒体,肩负重大的责任和历史使命,通过客观负责的报道履行其责任。

《羊城晚报》的新闻报道,无不体现着它为人民服务、为百姓服务的宗旨。它总是从日常生活平民视角来报道新闻,无论对于身边小事的报道,还是对于政治经济大事的报道,都体现着媒体应尽的责任和义务。

2007年10月《羊城晚报》分期报道了知名企业碧桂园十年间是怎样一如既往地承担社会责任,投身公益事业的。以下是其新闻报道的标题:

建筑和谐未来·碧桂园企业社会责任十年之路
引题:"仲明助学金""国梁纪念中学""雨露计划"等慈善项目层出不穷
主题:碧桂园创新中国慈善管理模式

主题:十年仲明传递一份"大爱"

主题:捐资过亿,免费培训5万退伍兵

主题:碧桂园十年从未主动裁减一人

这样的新闻策划,同时也体现着媒体的道义和社会守望者的角色。它跳出企业报道企业,把企业放到社会主义市场经济的大环境下,从民生的角度,从百姓住房、就业、教育等方面对企业进行了报道。

(3) 要简洁生动,立意新颖

孔子说过:"言之无文,其行不远。"成功的新闻标题简洁、生动,能用最少的文字表达最丰富的信息;立意新颖,能从事物的另一方面看问题,独辟蹊径;文采奕奕,吸引读者,能让人在阅读中有美的享受。

委员着装各个抢眼

2008年1月15日,广东省政协十届一次会议召开,《羊城晚报》并没有聚焦于会议的议题内容等,而是从与会人员着装的角度进行了报道,从而突出会议"新气象",可谓是角度新颖,贴近百姓生活。

撇下乘客,飞机"溜走了"

口语色彩浓厚,质疑的声音明显流露。

主题:耀中大厦成了"耀灯大厦"
副题:1600支光管通宵长明不熄至今已近一年

标题用语诙谐,给人造成悬念,委婉地批评了社会上铺张浪费的现象。某些新建的楼盘、商业大厦等即使无人办公,没有住户,灯管也彻夜长明,违背了我们大力倡导的建设节能社会的理念。

以上的新闻标题不光有文采,而且运用了逆向思维,变化了思维角度,使新闻稿件新颖独特,不落俗套。标题不光一味求"新",还需要深刻,透过表层的新闻事实,反映新闻的本质。比如国家有时新出台的政策、新颁布的法律涉及方方面面的利益,这时候的标题就需要有新意、有针对性,抓住读者最关心的。

记住未休年假可获三倍工资

标题只是就国家2007年底颁布一系列新法规的一点进行叙述,但其重要性足可以凸现新闻的价值,引起读者的兴趣,因为这关系到每一个劳动者的切身利益。

三、从标题个性化看报业的品牌竞争

1. 报纸品牌的价值及提升途径

在市场经济日趋完善的条件下,大众传媒发展活跃。传媒竞争空前激烈,同质化、恶性竞争严重,要想在竞争当中异军突起必须依靠品牌的力量,这已成为不争的事实。最终决定报业发展的还是品牌实力。

世界著名广告大师奥美创始人戴维·奥格威认为"品牌是一种错综复杂的象征,它是品牌的属性、名称、包装、价格、历史、声誉、广告方式的无形组合。品牌同时也因消费者对其使用者的印象以其自身的经验而有所界定。"[①]品牌,把一个企业及其产品和服务与其他的企业区别开来,形成自己的标志。著名的快餐店"麦当劳",其标示是大写的黄色字母M;凤凰卫视,其标示是飞舞的凤凰。品牌,需要简单形象的标识,才有助于消费者记忆,有助于企业理念精神的传播和宣扬。品牌对于企业而言是无形资产,它意味着权威、影响力和财富,它代表着企业的外在形象,是企业的区分标志。对媒体来讲,品牌是争取到读者注意力的关键,能够

---

① 余明阳.品牌学.安徽人民出版社,2002:3

给媒体带来大量的利润,而广告商的优化竞争,又会提升媒体的实力和知名度,形成良好的经营循环。

报业要想提高品牌知名度,就必须在受众心目中树立良好的整体形象。这种形象是指受众对于新闻媒体的评价,包括队伍素质、信息传播的可信度、社会责任感及对公众的态度,等等。对报纸而言具体的评价指标有两个,一是知名度,即新闻媒体被受众了解知晓的程度;二是美誉度,即新闻媒体获得受众信任、赞许的程度。新闻媒体扩大知名度的捷径之一,就是主动策划、组织一些有益于社会、有益于人民的社会活动,并使其成为人们普遍关注的新闻事件而得以广泛的传播。

为了表现报纸的品牌魅力,《羊城晚报》长年进行大量的"自我宣传"。1995 年《羊城晚报》记者随同我国首次远征北极点的科考队到达北极后,将社徽钉在北极并展示了社旗,该报在头版醒目位置刊登了这一消息连同照片。《羊城晚报》还成立了"小记者俱乐部",组织广州的中小学生参加精神文明的宣传报道工作,并用报纸版面直接展示成果,不仅塑造了自身的文明形象,还推动了本地区的文化建设,从而在读者心目中积淀了鲜明而具有个性的品牌形象。

除了这些必须的公关活动外,报纸的品牌建设还包括报纸本身的新闻报道,如报纸的内容是否真实,是否精彩,是否有独特的魅力。只有该报的魅力是独家的,是其他报纸所不具有的,是任何人不能模仿的,才足以构成其核心竞争力。《羊城晚报》的新闻标题精致大气有韵味,颇具古典诗词的艺术品位,耐人寻味,是其核心竞争力之一,凸显着报纸的文化特色和风格。

2. 标题个性化有利于提高品牌知名度

标题个性化有利于提高品牌知名度,维持品牌忠诚度。《羊城晚报》定位为"我家的报",其风格亲切随和。这样的定位使读者感到温暖舒适,它服务生活的品质也会给读者牢靠和负责的印象。随着知名度的提高,《羊城晚报》精彩个性的内容吸引了更多的读者。无论是"嫦娥一号"升空,还是"2008 年春运",《羊城晚报》都有与众不同的策划。这些新闻的策划和标题的制作都尽显其贴近百姓、贴近时代、贴近生活的特色。"2008 年春运潮"专版,报纸的一系列标题有《铁路客流年年增 为何今年何其多》、《退火车票最少提前六小时》、《武昌岳阳南昌有少量剩票》,突出了服务性和实用性。

标题个性化有利于提高效率,维护价值。标题的个性化,使报业内部的新闻资源有效整合,提高编辑的效率,合理地充实每一个版面。也许这只是一个小小的方面,但从宏观上它有利于报业的发展。

标题个性化是品质认知度的关键因素之一。品质认知度是顾客对品牌无形的、全面的感知程度。标题的个性化可以使读者通过内容直接感知《羊城晚报》的品质所在。品质认知度高,可以拓宽报业品牌的延伸领域。

《羊城晚报》创刊 50 周年、建行广东地区信用卡发卡量达百万之际,《羊城晚报》报业集团与中国建设银行携手合作,2007 年 11 月 9 日正式推出全国首张以报纸为主题的联名信用卡——《羊城晚报》读者俱乐部龙卡。《羊城晚报》俱乐部会员不仅将品尝到《羊城晚报》烹饪的款款文化大餐,还将亲身体会到优惠折扣带来的购物乐趣,享受许多增值服务和意外惊喜。通过这条纽带,建设银行的签约商户和《羊城晚报》俱乐部签约商户都会体味到上百万《羊城晚报》读者的消费能力。这是一个互利、多赢的合作局面,充分体现了品牌的力量。

品牌联想,是品牌展示给读者的内涵。《羊城晚报》50年的风雨历程,就是不断破禁、求索、创新的过程。它作为新中国创办的第一份大型综合性晚报,凭借其独特的报道风格和内容,成为岭南文化的一张亮丽名片。《羊城晚报》的文化风格、文化底蕴、文化特色展示着它悠久的文人传统,深厚的文化积淀,务实、开放、创新的岭南文化精神。

品牌联想,是一种无形的刺激,给人阅读的冲动,也是品牌延伸的基础。如今,《羊城晚报》已发展成资产总值74亿元的大型报业集团,发行量已连续27年超过100万份,连续第四年入选"中国品牌500强",成为国内最有影响力的媒体之一。

有个性才会形成差别,有差别才会突出,才会有自己的品牌优势。而形成了自己响亮的品牌,才会集中整合更多的内外资源维护自己的个性,提升品牌的价值,不断地创新品牌的内涵。南方报业集团范以锦的"品牌媒体创新力量"理论认为,"对媒体来说,品牌是一个媒体比其他同类媒体品质优异的核心体现,培育和创造媒体品牌的过程,就是不断创新的过程。而将某个媒体培育成品牌媒体之后,媒体自身就有了较强的创新力量,就能够在激烈的竞争中立于不败之地。"①

---

① 范以锦.南方报业战略.南方日报出版社,2005:2

第四章 导语:打动读者的第一句话

美国报业巨子赫斯特说过:"千万记住,如果你写的第一句话打动不了读者,也就没有必要再写第二句了。"由此可见,导语对新闻报道来说是何等的重要,它事关新闻全文写作的成败,也关系到读者有没有兴趣把这篇新闻报道读下去。

第一节 我国新闻导语写作的几个通病

导语是新闻消息的第一自然段,它以最简洁的语言把重要的新闻要素交代清楚,使读者看完导语后,就能获悉消息的主要内容。遗憾的是,我国新闻记者的新闻导语写作方面不尽如人意,与西方记者相比,仍有不小的差距,具体表现在以下几个方面:

一、笼统模糊,大而划之

这在我国导语写作中是常见的类型,也是新华体导语的特点之一,宣言式的标题、导语,看过后给读者留不下任何明确的印象。

据新华社北京4月26日电 记者沈路涛、宗堂、张旭东、邹声文 证券法是资本市场发展的根本大法,证券法的修订就对我国资本市场发展过程中存在的缺陷对症下药,立足于资本市场的长远发展,这次修订必将为我国的证券市场奠定良好的发展基础。①

这是一则修订证券法的消息,大而笼统,一笔带过,含混不清。究竟这次修订证券法是针对什么的?主要内容是什么?如何保证上市公司的质量?如何防范证券公司出现的风险?这些股民最急迫了解的内容,却在导语中得不到明确的回答。这样的导语看起来面面俱到,其实什么新信息也没有传递给受众。

二、空话连篇,缺乏事实

这种导语用一些空洞而没有实质内容的语言,让读者看了不知所云,留不下任何具体的

---

① 南京日报,2005-04-27

印象。

本报讯 乌鲁木齐县农业技术推广站以丰收计划为龙头,以重点项目为保证,扩大了农业技术的普及面,促进了农业技术的进步。①

乍一看,这条导语写得有根有据,什么"丰收计划",什么"重点项目",其实细细一分析,全都是文件上照搬下来的词汇,全都是泛泛而谈。"丰收计划"、"重点项目"是什么?这个推广站又是如何以此为龙头、为保证来推广的?促进的技术进步又具体表现在哪里?让读者丈二和尚摸不着头脑,一点具体事实都没有,显得空泛、干瘪,这样的导语又如何提起读者的兴趣呢?

三、抽象干瘪,言之无物

导语要写得简洁明快,生动形象。可常常出现在报纸版面上的新闻导语非常抽象,缺乏感性材料,缺乏鲜活具体的材料。这种导语读起来无味,自然也就吸引不住读者的眼球了。

本报讯 今年以来,南京市区进一步解放思想,深化改革,结合本区实际学习山东经验,努力搞好全区商品经济大合唱,生产、效益同步增长。1~7月完成工业总产值 4 213.4 万元,实现利润 602 万元,分别占年计划的 94.7%、92.8%,比去年同期增长 65.5%和 58.2%,居三个市区之首。②

这则消息报道的是河北省保定市南市区学习山东经验,搞好本区经济工作,但导语除了大量的套话、官话、大话外,就是一连串枯燥的数字,没有一点生动可感的材料,没有一点来自生活中的具体事实,没有一点鲜活的东西。这种抽象而非具体可感的新闻导语,已在我们的新闻媒介上出现几十年了。虽然这类导语现在少多了,可并未绝迹,在我们许多中央和省市的机关报上,还经常能寻觅到它们的踪迹。

四、冗长繁杂,拖泥带水

新闻界一直倡导刹"长风",不仅要刹长稿风,还要刹长导语之风,但屡禁不绝。如今它还经常出现在报纸版面上。导语是新闻消息的第一段,贵在简洁明快,一目了然,而有的导语动则百十个字,甚至两百多个字,啰里啰唆,又臭又长。

---

① 阎光照,王茜.新闻写作问题分析.新疆大学出版社,1993:70
② 郑尖东,陈仁风.不要这样写.中国人民大学出版社,1991:19

本报讯 记者 师黎 以公交车、出租车的客运行业,是城市的窗口,更反映着城市的综合管理水平。离十运会开幕还有163天,昨天,市长蒋宏坤来到南京西站地区检查窗口地带公交车、出租车的营运服务情况。在随后召开的公交车、出租车整治会议上,蒋宏坤指出,要抓住十运会在南京召开的机遇,全面提升城市客运的服务质量,真正把公交车、出租车打造成南京一道流动的风景线,向全省全国人民展现南京的管理水平、城市形象和精神风貌。①

这是一则报道在全国十运会前,南京市市长检查市容市貌的消息导语。导语长达200字左右,让读者读起来很累,就像绕口令一样。市长检查市容市貌是一件老百姓举双手叫好的好事,为什么不能写得生动形象?为什么不能写得简洁明快呢?导语前两行更像评论语言,而不像消息语言,有何必要写进消息导语呢?其实,一句话就可以把这条导语写得简练明达。

十运会开幕前夕,市长蒋宏坤昨天来到南京西站地区,检查公交车、出租车营运服务情况。

文内有一段蒋宏坤登上一辆正在候客的39路车征求意见的细节,如果要把这条消息导语写得更为具体形象,应当这样写才对:

昨天,市长蒋宏坤在南京西站登上一辆正在候客的39路公交车,向乘客征求公交车营运服务情况。

如果蒋宏坤征求意见时现场气氛很热烈的话,那就应该从现场写起,用一段特写镜头当导语也未尝不可。

我们平常见到的有些导语之所以显得冗长繁杂,拖泥带水,很重要的原因是记者表达能力欠佳,文字啰唆,语意重复。而更大量的毛病却是出在主次不分,把过多的事实堆砌在导语里。其结果是主要事实的意义被冲淡了,中心不突出,还往往形成导语与主体不分的重复。

五、形成模式,鲜有创新

多年来,我们的新闻导语写作形成了一套模式,机械套用,对我国的新闻导语写作带来了极大的危害。

新华社北京2003年2月28日电 中共中央、国务院今天上午在北京隆重举行了国家科学技术奖励大会。党和国家领导人江泽民、胡锦涛、朱镕基、李岚清、吴邦国、温家宝、曾庆红、李长春出席大会并为获奖代表颁奖。胡锦涛主持大会。朱镕基代表党中央、国务院在大会上

---

① 南京日报,2005-04-29

讲话。①

新华社北京 1997 年 11 月 21 日电　国务院副总理朱镕基今天上午在钓鱼台国宾馆会见新西兰总理詹姆斯·布伦丹·博尔格,宾主进行了亲切友好的谈话。②

以上所举两则新闻导语,无实质性内容,写法机械单调。如逢下次会议和会见,改改会议名称、领导人名单、时间、地点就是了。最明显的例子就是每年有关人大、政协两会的报道,特别是开幕式和闭幕式报道——除了届数不同,在主席台就座的人有变动外,其格式丝毫不差,可以印成表格,到时把数字和人名一填即可发出。但奇怪的是,我们国内新闻媒介对此浑然不觉,自我感觉良好。

六、工作味重,离读者远

不少导语在选择切入角度时从工作切入,工作味极重,离读者十万八千里,读者自然不感兴趣了。请看,同一件事报道的两则不同导语:

本报讯　市人民政府日前成立瓜果销售协调小组,增设销售网点,以便市民吃上质优价廉的西瓜、甜瓜。

本报讯　今年夏天,市民可以吃上又好又便宜的西瓜、甜瓜了。与往年相比,今夏我市的瓜果销售网点将会成倍增长。

很明显,后一条是从读者角度出发的,比前一条要精彩。天热了,市民谁不想买到又甜又便宜的瓜呢,但由于当时严格限制网点销售,造成了市民"吃瓜难"的局面,瓜价也居高不下,这正是当时乌鲁木齐市民的真正关心的问题。而市政府成立瓜果销售协调小组,老百姓就不关心了,前一条导语正是犯了这个忌,从市政府工作出发,把成立瓜果销售协调小组作为重点来写,离群众自然也就远了。

大家知道,新闻价值里有接近性一说,是指新闻事实具有令人关切的特质,主要指地理、职业、年龄、心理以及利害关系等方面的接近。一般来说,离读者身边越近、关系越密切,也就越为读者关注,新闻价值也就越大。那百姓是关心能吃到又好又便宜的瓜呢,还是关心市政府瓜果销售协调小组成立? 相信读者一目了然。

七、追求辞藻,华而不实

新闻导语的语言应简洁明快、干净利索、开门见山,而不是追求华丽的辞藻,玩弄文字

---

① 人民日报,2003 - 03 - 01
② 人民日报,1997 - 11 - 22

游戏。

1998年,我国遭受严重洪灾,涉及范围广,群众十分关心。当时,灾情大小,抗洪情况都是读者首要关心的问题。但一些媒介在报道中热衷于追求华丽的辞藻,尤其是在导语写作中,舞文弄墨,没有多少实质性新闻。[①]周立方先生在其著作《新闻写作弊病剖析》中举例如下:

新华社8月16日电 暴雨、洪峰、汛情、灾情……洪魔肆虐,南北夹击。武汉告急!九江告急!齐齐哈尔告急!

这种华而不实的导语写作的确没有什么意义——在洪灾面前,还是实事求是的把灾情告诉读者为好。改进导语写作,并不是如此增添文采,而是要用老百姓看得懂的大白话写作。

八、数字堆砌,淹没事实

导语中数字运用过多,就会冲淡主要事实,还会给人以枯燥乏味之感。请看下面这条导语:

本报讯 通讯员魏明、彭胜胜 记者张希 昨天,南京市地税部门公布了2004年度南京房地产十强企业(销售金额)的名单。据介绍,这10家企业2004年共交纳地方税收4.66亿元,同比增长了3.2亿元,增长达219.26%。[②]

除了地税部门公布房地产十强企业这样一个事实外,其余都是数字。导语是寸土寸金之地,一般情况下,最好不要在导语中堆砌数字。即使要用数字,也可巧妙地采用直接对比、量的折合、适当解说、以大化小、巧用修辞等技巧,精选巧用数字,切不可不加任何修饰,就直接将其放进导语里。数字用得好,在导语中它可以是一种量的表示,质的形象,有时还包含着丰富的哲理。用得不好,它又是一个个毫无感情的符号,给人以单调、枯燥、繁冗的感觉,甚至毁掉新闻的生命。上面举例的这条导语运用的数字还不算多,更有甚者,导语里一口气可用七八个甚至十几个数字。

第二节 我们需要什么样的导语

美国新闻学者麦尔文·曼切尔说:"新闻报道的导语必须符合两个要求,一是要抓住事情

---

① 周立方.新闻写作弊病剖析.新华出版社,2002:191
② 南京日报,2005-04-27

的核心,二是要能吸引读者读下去。"①

美国新闻学者威廉·梅茨说:"导语是记者展示其杰作的橱窗。"②他还说:"如果记者未能在导语中表现出水平,那么,他就是没有水平。"③

新闻导语是消息特殊的开头部分,一般都是把最重要、最新鲜、最精彩的事实放在开头。好的导语必须明晰、干脆,引人入胜,应有新意、有文采、有气派,生动活泼,独树一帜。

一、导语的重要性

为什么如此强调新闻导语写作的重要性?为什么如此反复强调改进导语的写作,以至于有的新闻学者强调导语是新闻的生命所在呢?这是因为:

1. 导语是读者映入眼帘的第一句话,关系到读者是否能读下去

毛泽东同志说过,我看新华社的消息看第一句,第一句看不下去,就不看了。这里面有个首因效应问题,即一个问题按呈现的先后顺序,排在前面的会在人们印象中起主导作用,先入为主。当读者在阅读新闻时,一般处于比较随意的状态,通常只是在浏览新闻标题或导语那一瞬间,才决定是否读下去。因而,导语给人的第一印象十分重要。

2. 导语起着"定音锤"的作用,为全篇定下基调

导语的优劣,对下文能否顺利地展开关系极大,它起着"一锤定音"的作用,决定着新闻主体的行文风格和节奏。

3. 导语是记者展示其杰作的橱窗

导语的设计颇能显示记者的才华与功力。在新闻媒介,最有水平的编辑是制作好标题,而最有水平的记者则是写好导语。

4. 导语担负着报告新闻事实,传递最新事实的使命,使人"一眼便知"

在信息发达的年代,快速选择成为阅读的首选,读者阅读行为是匆忙的,希望在有限的时间内,立即抓住新闻的要害。

二、我们究竟需要怎样的导语

导语的重要性,在以上四个方面阐述的非常清楚了。那么,我们究竟需要什么样的导语呢?

1. 导语必须要有实质性内容

在导语中突出实质性的内容,就是要交代什么人、在什么地方、什么时间、发生了什么事,或发表了什么重要意见。不能虚晃一枪,空泛无物。写导语是要写得生动活泼,但不管你讲究什么技法,不管你写得多么生动,都必须言之有物,都必须有实质性内容。否则,读者从你

---

① (美)麦尔文·曼切尔.新闻报道与写作.艾丰,张争,明安香,邹大毅译.广播出版社,1981:106
② (美)威廉·梅茨.怎样写新闻.苏金琥,院宁,洪天国译.新华出版社,1983:21
③ (美)威廉·梅茨.怎样写新闻.苏金琥,院宁,洪天国译.新华出版社,1983:24

的导语中一无所获,便会失去阅读下去的兴趣。

中国共产党十六届五中全会于2005年10月8日在北京召开,国内媒体新闻报道导语大多以全会召开,将研究审议《中共中央关于制定国民经济和社会发展第十一个五年规划的建议》作为主要内容。只是报告了全会召开的时间和地点及一些程序性的问题,而把关键性的信息埋在新闻的后面。研究审议"十一五"规划只是会议上一个程序,"十一五"的背后透露出什么实质性内容,却是国内媒体没有回答出来的问题。西方记者却非常擅长于抓住实质性问题的,请看西方媒介对于五中全会召开所报道的新闻导语。

法新社北京10月8日电　中国共产党中央委员会的几百名委员今天在北京开会,这是该国政治日历中堪称最重要的时间的第一天,共产党核心党员们的这一年一度的会议于即将批准今后5年中国的发展蓝图。①

路透社北京10月6日电　中国共产党领导人胡锦涛正在寻求推动中国"和谐社会"的纲领。

中共委员会的这次全会还准备公布第十一个五年计划——这个世界上第七大经济体的一份新的路线图,该五年计划改变了加快经济增长的长期依赖的政策,转而支持改善社会服务和限制范围广泛的环境破坏。②

俄塔社北京10月8日电　中国共产党中央委员会理性全会今天在北京召开。预计,缩小富人与穷人之间的收入差距将为期四天的会议关注的焦点之一。执政的中国共产党承认,财产上差距继续加大可能会严重破坏社会稳定。③

"发展蓝图"、"和谐社会"、"贫富差距"都是实质性问题,西方记者都把它突出在导语里,相形之下,我们国内记者所写导语就空泛、苍白多了。

2. 导语中必须要突出最重要、最精彩的事实

作为新闻导语,一开始就应将最重要的信息写上去,以此吸引读者。请看法新社记者在毛泽东同志追悼会后发的一条消息导语:

法新社北京1976年北京9月16日电　**记者比昂尼克**　中国向毛泽东告别的仪式是庄严的、朴素的,非常感人。④

---

① 参考消息,2005-10-09
② 参考消息,2005-10-09
③ 参考消息,2005-10-09
④ 程天敏,杨兰瑛.中外新闻选.暨南大学出版社,1992:338

毛泽东同志是中华人民共和国的缔造者,他领导中国人民从近百年的耻辱史中站了起里,他把一个处于四分五裂的国家重新统一起来,使之傲然屹立在世界东方,中国人民对于毛泽东同这份感情是非常深厚的。在当年报道毛泽东同志逝世的消息里,这则消息之所以能够成为名篇,与这则波动人们心弦的导语是分不开的。这则导语将"中国向毛泽东告别仪式是庄严的"这个最重要的事实强调出来,至于向毛泽东告别仪式如何庄严、如何朴素、如何感人,都没有在导语中描写,而是放到新闻主体中交代。在新闻史上凡是有名的上乘之作,都是将最重要、最精彩的内容写出来。

美联社 1945年8月14日电　日本投降了。①

《纽约先驱论坛报》华盛顿 1945年4月12日专电　弗兰克林·罗斯福今天在佐治亚州热泉私人夏季庄园的一间睡房中溘然长逝。②

《纽约先驱论坛报》 1939年9月2日凌晨2时讯　欧洲大战于昨天拂晓爆发。③

这三则导语一个共同的特点就是简洁,开门见山,把最重要的事实首先透露给受众。

3. 导语要善于选择最富有个性特征的事实

世间万物既具有共性,又具有个性。导语就是要抓住事物这些细微的、独特的、与众不同的特点,让其成为富有个性色彩的"窗口",给受众留下深刻的记忆。

新加坡《海峡时报》 3月19日报道　**记者廖星亮**　中国共产党的奠基人沐浴在柔和的灯光下,13座蜡像象围坐在一张桌子周围,规划着中国的未来。一份中英文对照图标表示着工人阶级的崛起。④

本报讯　看到臭虫你会一脚碾死它吗?以后在美国再做这样的事,你也许会犯下大错,因为美国政府正准备打造一道由蟑螂、甲虫、蜘蛛构成的反恐防线,你一不小心,也许会破了反恐大计。⑤

---

① 程天敏,杨兰瑛.中外新闻选.暨南大学出版社,1992:25
② 程天敏,杨兰瑛.中外新闻选.暨南大学出版社,1992:19
③ 程天敏,杨兰瑛.中外新闻选.暨南大学出版社,1992:207
④ 参考消息,2005-03-28
⑤ 南京日报,2004-11-26

美国《国际先驱论坛报》11月19日讯 2005年的一项体育盛事正在紧锣密鼓地进行中,不过没有奔跑跳跃,也没有气喘吁吁。①

相信以上三条导语,以其独特的个性色彩会给人们留下一个难忘的印象。参观上海党的一大会址纪念馆,却抓住了"13座蜡像"这一事实特点。报道美国打造昆虫反恐部队的新闻,却用调侃的方式开头,抓住了"臭虫"这样一个不为人注意的小虫子大做文章。五城申奥,是一场看不见硝烟的战斗,作者采用了化静为动的手法,突出竞争的激烈性这个事实特点。

4. 导语要有阅读的兴奋点

导语是最能激起读者阅读欲望的"兴奋点",如果导语平静如水,那读者也没有兴趣再读完下文了。在新闻事实中,可能有很多兴奋点,作者必须要有敏锐的观察力,善于抓住最让读者兴奋的那一"点",才能够引起读者的好奇、兴趣和强烈的关注欲,调动读者情结,以便紧紧抓住读者。当然,这个兴奋点一定要有戏剧性、故事性、让人动情的材料,要非常有趣,富有刺激性。

路透社希拉2月28日电 一分钟之前他们为孩子找工作,一分钟之后他们就被炸得血肉横飞,面目全非。这是美国推翻萨达姆政权之后发生的规模最大的一次自杀式炸弹袭击。②

这则导语一开始就是一个血淋淋的具体场面,给人以奇峰突起之感,给人的心灵以震撼之感,这也是西方记者的"看家本领",他们的技术更为娴熟。

"你再说怪话,我还要扇耳光!""啪!"一记耳光清脆响起,紧接着传出一位老妇人的嚎叫⋯⋯

上月28日早晨,住在成都白果林小区一幢楼里的张老四在家中狂扇80岁的亲生老母亲耳光,让周围的邻居都心惊肉跳。③

儿子打亲生母亲的耳光,这个突如其来的场面让受众愤怒不已,充满了强烈的关注欲。可以说,这条导语让人动情,为之愤慨。为什么这个大逆不道的逆子竟敢打母亲的耳光?这个提问会激起读者兴趣,迫使读者读下去。

5. 导语要将生动有趣的事实突出

如前所述,导语的基本目的是吸引读者。能够吸引读者的第一要件是新闻事实和信息的重要性、影响性;第二要件则是能够引起读者兴趣的生动有趣的事实。我们在进行新闻写作时,如果发现这类趣闻,可提升到导语里去。在西方新闻学中,一般把趣味性作为衡量新闻价

---

① 南京日报,2004-11-26
② 参考消息,2005-03-01
③ 长江日报,2002-12-02

值的重要因素。

埃菲社东京 1 月 26 日电 很多人因为害羞而不敢说出"我爱你",怎么办?现在,日本人想出一个新办法,让菜豆来解决"爱你在心口难开"的问题;把一粒菜豆种子送给爱人,当菜豆长出来的时候,上面会带有表达爱意的话。①

阿根廷《号角报》1 月 21 日电 在城市中心开车时,如果经常塞车,一定会让你大为光火,请平静下来,将怒火放到一边,因为这个时候你可能最具创造力。美国麻省理工学院的专家研究后指出,近 20%的美国成年人认为他们在开车时的思维最具创造力。②

菜豆传递爱慕之情,开车时思维最具创造性,这些生动有趣的事会让受众忍俊不禁,自然也会吸引读者眼球了。

第三节 导语写作探讨

探讨导语写作,自然离不开导语的类型。对于导语的分类,众说纷纭,至今还没有一个定型的东西。国内一般将导语分为四类,即叙述型、描述型、评述型、橱窗型,这种分法也还比较科学。但有的学者将导语类别分得稀奇古怪,五花八门,什么"钻子式"、"浓缩式"、"聚焦式"、"枪弹式"等等。有的分到山穷水尽,找不出合适的词来表述,还归结了一种"难以分类的导语"。其实,导语类别分得过于繁琐也不好,不利于改进新闻导语的写作,反而增加了条条框框,自缚手脚。

国外新闻媒介对导语分类相对比较简单实用。一种叫要素分类法,即按新闻六要素分类,导语中突出哪个要素,就叫哪个导语。一是人物导语,二是事件导语,三是时间导语,四是地点导语,五是原因导语,六是结果导语。这种分法有一定道理,但导语中包含的要素往往不止一个,因此这种分法对研究工作也许有用,对记者的实际工作作用不是太大。

近年来,欧美新闻媒介盛行一种新的导语分类法,很多西方学者也热衷于研究这种导语分类法。即把导语分为两类,一是直接性导语,二是延缓性导语。这种分法简单明了,有利于实用,很值得我们学习与借鉴。

针对国内记者写新闻导语笼统模糊、缺乏最重要的事实这一现状,我们将这种类型的导语介绍如下,以期达到改进国内导语写作的目的。

---

① 参考消息,2005-01-28
② 参考消息,2005-01-24

一、直接性导语

（一）直接性导语的含义

这类导语在报道开始的时间,就把构成新闻的事实中的何人、何事、何地、为何、结果这些要素中最为主要的内容和盘托出在读者面前。这种导语也被称为硬导语,它最突出的特征,就是从第一句话开始便叙述新闻事件的主题。这种导语适宜于报道时间性强的事件新闻。直接性导语也是西方新闻媒介用的最为普遍的形式,它一般与倒金字塔结构形式相连使用,构成完整的新闻。

直接式导语讲究单刀直入,开门见山地告诉读者新闻事件的核心内容,从不拐弯抹角,让读者对新闻中最重要的内容一目了然。

法新社巴黎11月16日电 一份专业杂志今天发表的一项研究报告说,长时间使用电脑的人,尤其是那些患有近视的人有可能患上青光眼,这种疾病可以导致失明。①

本报讯 希腊政府12日宣布,已经结束的"雅典"奥运会共花费了约90亿欧元,(约为116亿美元)而且这只是最直接的消费,并没有包括基础建设上的投入。这样,回归发源地雅典的这届奥运会成了历史上最"昂贵"的一届奥运会。②

路透社伊拉克稀拉2月28日电 一名自杀性汽车炸弹袭击者今天在巴格达以南发动的一次袭击造成至少115人死亡,140人受伤。这是伊拉克自1月30日选举以来发生的最血腥的一次袭击。③

路透社伦敦4月9日电 英国查尔斯王子今天终于迎娶了他一生中的挚爱,婚礼在一座简陋的市政厅举行。与他和不幸的戴安娜王妃的那场豪华婚礼形成了鲜明的对比。④

法新社加利福尼亚州圣玛丽娅6月13日电 今天,在陪审团对迈克尔·杰克逊的10项指控全部不成立后,他的数百名歌迷顿时欢呼起来。⑤

以上五条导语开门见山,直奔主题,不事渲染,不设悬念,简洁明了,不予铺垫,完全靠新闻事实本身来吸引读者,这就是直接性导语的特点和风格。

---

① 参考消息,2004-11-17
② 现代快报,2004-11-14
③ 参考消息,2005-02-29
④ 参考消息,2005-04-10
⑤ 参考消息,2005-06-15

时下,世界上每天都有无数突发性新闻发生,这类新闻时间性强,事实重大,受众需要快速了解信息的内容,受众也没有时间和兴趣在了解这类新闻信息的过程中去享受记者喋喋不休的铺垫和华丽动人的文字游戏。如第三条导语,包含了下述新闻要素:

- 新闻事件的主要内容:伊拉克自杀性汽车炸弹袭击。
- 新闻事件中的人物:一名自杀性汽车炸弹袭击者。
- 新闻事件发生的时间:今天(2005年2月28日)。
- 新闻事件发生的地点:巴格达以南。
- 新闻事件的结局:115人死亡,140人受伤。
- 新闻事件的背景:伊拉克1月30日选举以来最血腥的一次袭击。

(二)直接性导语的分类

直接性导语按导语涉及的新闻要素的多少,又分为单一事实、多元事实、概括性导语三种。

1. 单一事实导语,是只表现一个新闻事实的直接性导语

这类导语结构比较简单,一般只涉及一件新闻事实的人物、时间和事件三个要素。

《解放军报》南太平洋测量船队 1980年5月18日电 记者罗同松、何德莱、王文杰报道:从我国本土发射的第一枚运载火箭,飞越万里长空,今天在这里准确的落入预定海域。[①]

这是一则单一事实导语,即在导语中只陈述一个最重要的新闻事实:我国第一枚运载火箭准确落入预定海域。这类导语结构比较简单,字数也比较少。

2. 多元事实导语,同时交代两个及以上新闻事实的直接性导语

这类导语结构相对复杂一些,为了防止导语过长,一是注意将导语中所涉及的新闻事实控制在三个之内,二是语言概括性要强,即用精炼的语言陈述新闻事实。

美联社东京 9月12日电 小泉纯一郎首相在取得众议院选举胜利后承诺进行改革,但在有些方面,他可能不会改变,比如日本与亚州邻国的不稳定关系和与美国的紧密关系。[②]

这是一则多元事实导语,从导语中我们了解到两个新闻事实:一是小泉在选举胜利后要进行国内改革;二是日本的对外关系。

3. 概括性导语

即用概括的方法,把多项新闻事实用两句话概括起来进行交代的直接性导语。

[①] 程天敏,杨兰瑛.中外新闻选.暨南大学出版社,1992:343

[②] 参考消息,2005-09-13

美联社意大利威尼斯8月31日电 第62届威尼斯电影节今天晚上在此间拉开帷幕。美国送来实力强劲的影片参展,亚洲人更是一展才华。另外,保安措施严密也成了本届电影节的一大特色。①

这是一则典型的概括性导语,导语内涉及了三个新闻事实:一是电影界开幕,二是美国影片、亚洲影片参展,三是保安措施严密。由于事实过多,为了避免写得过于繁杂冗长,该导语用简洁的语言把这些事实概括起来,以突出事实、统领全篇。

(三) 直接性导语的写作

直接性导语大致分为以上三种形式。从以上三个例子可以看出,直接性导语开门见山,简洁明快,平铺直叙,以叙事为主,多用于事件性消息和内容单一的非事件性消息。在直接性导语的写作过程中,要注意针对新闻重点事实,对这些要素进行选择,选择出对受众来说最为重要的事实。直接性导语是检验记者写作能力、识别能力的最有效方法之一。通过记者写作的直接导语,可以看出一个记者能否准确地判断出新闻价值之所在,从而准确地识别新闻的重点,随之运用简洁洗练的文字表述出来,请看下面一则报道导语。

香港《东方日报》10月6日报道 随着医疗费用不断上涨和大学生人数的持续增加,内地从20世纪50年代起实施至今的大学公费医疗制度应对乏力,"恐病症"已成为大学贫困学生生命不堪承受之重。而此同时,内地大学亦普遍呻穷,认为目前对学生医疗保障资金投入不足。除确保贫困学生"上得起学,吃得饱饭"外,如何保障"看不起病"的学生得到基本的医疗保障已成为政府、社会和大学的当务之急。②

这则导语给人的感觉是过于冗长,字数达到200字之多,其核心的内容是:大陆大学生上得起学,看不起病。导语中涉及的要素太多了!

- 何地:中国内地
- 何人:内地大学生
- 何事1:医疗费上涨和大学生人数增加
- 何事2:大学公费医疗制度应对乏力
- 何事3:"恐病症"成贫困学生最重的负担
- 何事4:内地大学呻穷
- 何事5:政府、社会、大学如何解决这一难题

把以上如此庞杂的信息一股脑儿放进导语里,又怎么能突出说明新闻的重点呢?其实,有些材料我们完全可以放到新闻主体中去陈述。

这条导语如按新闻要素重要性排列,可能会得出以下结果:

---

① 参考消息,2005-09-02
② 参考消息,2005-10-13

- 何事 1:大学生上得起学,看不起病。
- 何事 2:需要有关部门解决。

按照这样的重要度对新闻要素分解后,我们会写出这样的导语:

"上得起学,看不起病"成为内地大学贫困学子的真实写照,大学校方也为此深感困扰。

我们还可以另选一条事件性消息进行分析,如:

本报北京 3 月 2 日讯　全国政协十届一次会议今天下午在人民大会堂举行新闻发布会。会议新闻发言人张国祥向中外记者介绍了本次大会的有关情况:政协十届一次会议将于 3 月 3 日下午在人民大会堂开幕,3 月 14 日闭幕,会期 11 天。目前,大会的各项准备工作已全部就绪。[1]

这条新闻的导语同上面所举例的导语一样犯了冗长繁琐,重点不突出的毛病。通过分析我们可以看出,导语所涉及的新闻要素也是很多。
- 何时:3 月 2 日下午
- 何地:人民大会堂
- 何人:张国祥
- 何事 1:新闻发布会举行
- 何事 2:政协会议将于 3 月 3 日开幕,3 月 14 日闭幕
- 何事 3:大会各项准备工作已全部就绪

如果按新闻要素的重要性排列,就可得出如下结果。
- 何事 1:政协会议开幕、闭幕时间
- 何事 2:举行新闻发布会
- 何时:3 月 2 日下午
- 何人:张国祥

照以上重新排队,我们会写出以下导语:

全国十届一次会议将于 3 月 3 日开幕,3 月 14 日闭幕。这是会议新闻发言人在今天下午举行的新闻发布会上宣布的。

至于准备就绪一事完全可以放到主体中去,人民大会堂这一地点更没必要提及,因为每年的政协会议都在人民大会堂举行。

---

[1] 人民日报,2003-03-03

二、延缓性导语

如果说直接性导语被称为"硬导语"的话,那么,延缓性导语则在西方新闻界被称为"软导语",也被称为"间接式导语"、"特写导语"。

与直接性导语开宗明义相反,延缓性导语采取迂回曲折的方式,先不直接陈述新闻的主要事实,而是用情节、引语、细节、故事片断等激发起受众的兴趣、疑问、好奇心或求知欲,吸引受众看下去。

这种导语在西方媒介比较流行,在软新闻中使用较多,开始在一些特写式的新闻中运用,尔后扩大到硬新闻的导语写作中。

法新社柏林5月17日电 德国一位82岁的老妪说,她所在的养老基金会让她出示证书以证明她活着。①

仅仅从这则导语中,我们看不出养老基金会为什么让老妪出示还健在的证书,直到消息的最后,才知道是基金会把老妪名字同一个已去世的人名字弄混了。

法新社伦敦12月9日电 经典就是经典,时至今日依旧长盛不衰,英国广播公司的听众投票结果清楚地说明了这一点。②

到底是什么经典作品,如此受英国读者的欢迎,从导语中我们看不出主要事实:《傲慢与偏见》是最受女性读者欢迎的作品。

埃菲社罗马12月9日电 意大利一家从事鞋类和销售公司的老板西蒙娜·卡索拉说,鞋子的最佳销售办法是单只销售。③

自古以来鞋子都是成双销售,为什么这位老板独辟蹊径,单只销售,且销路很好呢?这则有趣导语给我们留下一个悬念,吸引读者阅读下文,犹如章回小说里"欲知后事如何,请听下回分解"的吊胃口做法。

从以上三例可以看出,延缓式导语或通过讲述一个情节,或通过提出一个问题,或通过描述一个场面,来吸引受众的目光,引起受众注意,继而形成兴奋点。延缓性导语通常不在报道突发性新闻、重大新闻、时效性较强的新闻时使用,一般用于故事性、趣味性较强的新闻导语写作。一条成功延缓性导语对读者而言,就像一块巨大的磁铁一样,吸引着读者走向新闻的

---

① 参考消息,2005-05-19
② 参考消息,2004-12-15
③ 参考消息,2004-12-24

核心部分。

鹦鹉抓贼

中央社巴西圣保罗7月4日电 巴西北部的一只鹦鹉最近声名鹊起。原来这只爱嚼舌头的鹦鹉,在关键时刻帮警察抓到了一伙小偷。

这只鹦鹉名叫"帕基",日前,一伙盗贼到"帕基"的主人家偷走了贵重物品,最后还顺手牵羊带走了"帕基"。

小偷们在驾车逃走的途中遇到了警察的例行检查,就在这时,鹦鹉突然开口大叫"抓贼","抓贼",小偷们吓得神色慌张,让警察顿时起了疑心。警察马上仔细检查车辆,结果发现车上藏着大量贵重物品,就把小偷们带到警察局去询问。一名警察说:"我被这只鹦鹉惊呆了,我从未见过如此神奇的鹦鹉,太奇妙了。"

据"帕基"的主人介绍,这只鹦鹉非常聪明,有惊人的记忆力,模仿能力也很强。"抓贼"这句话是有一次主人碰到小偷时说过的,并未刻意教过"帕基",没想到他却记住了,而且还在关键时刻用对了。

现在,在当地,人们都想一睹"帕基"的风采。[①]

一只爱嚼舌头的鹦鹉,为什么能在关键时刻帮助警察抓住一伙小偷?这只鹦鹉有这么神奇的力量吗?这则富有趣味性的导语,一下子就把读者的眼球抓住了,使读者欲罢不能,跟随着导语走进了新闻主体的深处。

写好延缓性导语,是要下工夫的,有三点必须注意:一是一定要在新闻中发现确实有吸引受众眼球的因素。如果缺乏悬念的诱惑、情节的吸引、场面的气氛,那建议你一般不要轻易动笔写延缓性导语,以免弄巧成拙。二是在设置悬念后,冰释悬念不要拖得太久,以免受众失去耐心。如《鹦鹉抓贼》就处理得恰到好处,导语中提出帮警察抓了小偷的鹦鹉,给读者造成了悬念,它是怎样帮警察抓到小偷的?在第二自然段简要地交代背景后,在第三自然段中,作者交代了鹦鹉帮警察抓小偷过程,冰释了这一悬念。紧接着,在第四段中,作者又通过"帕基"主人之口,说明了这只鹦鹉是如何学会"抓贼"发音的。三是不要故弄玄虚,一定要根据新闻事实来设置导语悬念,千万不要不顾事实,为了追求生动,或夸大其词,或凭空捏造,违背新闻事实的本来面目。

---

① 参考消息,2005-07-18

第五章 引语:新闻人物与读者面对面说话的艺术

第一节 新闻需要借助引语来说话

我国新闻写作与西方新闻写作很大一个差异是:新闻中缺少引语。当然,我这里指的是来自生活中新闻人物所说的话,而不是时下充斥版面上的时政新闻、会议报道中的某某指出、某某强调、某某说,因为这些所谓的引语来自领导发言稿,经作者转述毫无个性特色,只是一些冷冰冰的、官腔很浓的"文件语言"。我国新闻界目前普遍不重视使用引语的问题,报纸、广播、电视中刊播出的新闻,使用引语的极少,这在一定程度上影响了新闻报道写作的质量。

一、引语的含义

何为引语?即新闻中记述人的言论部分。引语是新闻的重要组成部分,使用引语是一种重要的写作技巧。在新闻报道中引用人物言论,已成为现代新闻写作中不可或缺的手段。《美联社新闻写作指南》一书指出:"即便是初出茅庐的记者也会很快地认识到,引语是不可缺少的,它使新闻有真实感。导语能在力所能及的范围内同人物发生直接联系。没有引语的新闻,不论篇幅长短,都像月球的表面一样贫瘠荒芜。"[①]

引语一般为直接引语、间接引语和混合引语三种。所谓直接引语,就是指新闻中直接引用新闻人物所说的原话,必须要用引号引起来,以表示是报道对象或新闻来源的原话,作者未经改动。间接引语是报道新闻人物讲话的主要意思,或经作者重新归纳转述而成的,可以不打引号。而混合引语则是将直接引语与间接引语混合使用的一种派生手段。

在新闻报道中,没有任何一个因素能像引语那样,可以在一瞬间将读者置于新闻人物面前,让他们面对面地进行交谈,让读者来亲身感受新闻的氛围与环境,使读者如临其境,如闻其言。值得一提的是,直接引语更具有这种强大的魔力。在我国,在新闻报道中使用间接引语的比较普遍,而使用直接引语的少之又少,特别是在消息中,更难一睹直接引语的芳容。倒是在通讯中还可以时常觅到直接引语的踪迹。

---

① (美)杰克·卡彭.美联社新闻写作指南.刘其中译.新华出版社:140

二、使用引语与否的报道效果对比

请看下面的两条报道：

青岛烟台遭受台风袭击严重

《大众日报》1985年8月22日讯 8月17日夜间，青岛市受今年第9号台风影响开始降雨。17日凌晨，台风中心移至青岛市，平均风力10级，阵风12级以上。台风加带暴雨，经烟台市部分县从黄县龙口入海北移。自8月18日至19日，青岛市和烟台市的大部分县及潍坊市东部降大到暴雨，局部大暴雨。由于台风和暴雨的袭击，使国家和人民财产遭受很大损失。

青岛市区是台风暴雨的中心，全市供电线路不少中断，使全市高峰用电负荷由34万千瓦下降到12.2万千瓦，全市164条长途电话线路中断146条，铁路行车调度一度中断，胶县站东部一铁路桥下沉，青岛站在站和即将到站的300辆货车无法运行。青岛港口全部停止作业。公路长途运输全部停运。据对市区12个工业局初步统计，因断电有186个工厂停产，占工厂总数的51.5%，当日即影响产值1 000多万元，利润299多万元。市区损坏房屋59处，严重漏雨房屋1 000多处，临建房、棚户房绝大部分严重进水，市区3个水厂、10个加压泵站中有7处因断电停止供水。市区栈桥一带的堤坝被冲垮4处，100多米。市第一、第二海水养殖场损失船只、设备、产品等共计120万元。据不完全统计，青岛市的农村县，受灾面积142.3万亩，绝产面积1.7万亩，倒塌房间1.4万余间，死亡18人，伤203人。冲毁各种建筑物32座，塘坝7座。刮倒树木236万多棵，损失水果3 337万斤。河道决口16处，计1 848米，损坏船只764条，冲毁虾池8 133亩，刮倒刮断线杆764根。根据8月21日上午青岛防汛指挥部的紧急报告，小沽河入大沽河的入口处，水速流量高达3 800至4 000秒立方米，已超过保证水位。小沽河已决口多处，情况紧急。

据不完全统计，烟台市各县共刮倒玉米282.13亩，刮倒树木651.3万棵，损失水果30%~70%，约计3.5亿斤。到他损坏房屋11.7万间，倒塌院墙23.5万多米，死亡9人，伤8人，损坏大小船只118条，进水农户274户，死亡家禽12.8万多只，水淹耕地300多万亩，其中绝产的8.7万亩，损失蔬菜3.5万亩，冲毁虾池贝池3 820亩。河道决口7处，3 000多米。冲毁道路8处，620多米，冲毁桥涵37座，损坏小型水利工程26座，共计经济损失约4.1亿元。

灾情发生后，省委、省政府指派3位副省长带领省直有关负责人，奔赴青岛、烟台两地，指导抢险抗灾工作，把灾情损失减少到最低限度。[①]

南亚大地震已造成上千人死亡

路透社伊斯兰堡10月8日电 一场大地震今天震撼了南亚次大陆的城市和村庄，将巴

[①] 程天敏，杨兰瑛.中外新闻选.暨南大学出版社，1992：276

基斯坦的几个村子夷为平地,据报道,死亡人数已超过1 200人。

官员们说,预计巴基斯坦北部的损失严重。但很难了解详情,因为电话线断了,移动网络超载为患。

在对灾区进行一次空中视察后,穆沙拉夫总统的发言人说:"死亡人数可能会达到几千人。目前我们没有伤亡数字,但这一数字是巨大的。"

此次地震为7.6级,发生在格林尼治时间3点50分,震中在巴基斯坦克什米尔覆盖的山区,靠近印控克什米尔地区,在伊斯兰堡东北95公里左右。

在第一次地震后,发生了一系列惊人的余震,震级在5.4到6.3级之间。最后一次是最大的一次,发生在格林尼治时间10点46分。

整个南亚次大陆都感觉到了这次地震。地震摇撼了阿富汗首都喀布尔、印度首都新德里和孟加拉国首都达卡的建筑物。

内政部长谢尔帕说,他获得报告说,几个村子被夷为平地。

警方说,在巴基斯坦西北边境省的一个区,有100多人丧生。居民们说,巴基斯坦克什米尔的穆扎法拉巴德也遭到严重破坏。

官员们和媒体报道说,在印控克什米尔,至少有237人丧生,还有超过600人受伤。地震破坏了几百座房屋,山崩阻塞了公路。

当局说,乌里是连接印巴克什米尔地区一条主要公路上的一个大城市,该市及附近地区的罹难者占了死亡人数的一半左右。①

两条消息均为灾害性报道,都是以灾害带来的巨大损失为报道主要内容的。所不同的是,例一没有一条引语,而例二则有六条引语,其中一条为直接引语,五条为间接引语。

二者相比,例二显然更为可信。读者不仅从中获知了南亚发生地震的消息,还听到了巴基斯坦总统发言人及内政部长谢尔帕、官员、警方的说话,这种现场感、真实感、贴近感是例一难以创造的。一看到直接引语和间接引语,读者会本能地感觉到自己在直接倾听新闻中的人物谈话,甚至从直觉上感到他们说的是真话。尽管例一中作者不厌其烦列举五十多个数据来说明灾情,然而读者还是不会相信这些数据——问题是这些数据来自何方,出自何人之口,消息中均无交代,读者又怎么能相信你提供的数据是可靠的、真实的呢。

读者在阅读上面两条消息时,对例二感兴趣的恐怕要比例一多得多,这是为什么呢?且不论例一的写作水平如何,仅从引语一项就可以增加读者对新闻的兴趣度。人是具有个性的,人的个性在他们话语中表现最为突出,而读者自然是喜欢有个性的语言了,谁也不会喜欢例一从头到尾充满了枯燥乏味的数字,没有一点人情味。

同时,引语还能改变新闻报道的节奏,例二中镶嵌着不同内容、不同风格的引语,使这篇报道形成一种参差错落、起伏跌宕的格局。而例一从头到尾没有引语,没有现场,没有细节,平铺直叙,淡而无味。

---

① 参考消息,2005-10-09

到底是有引语的新闻有味道呢,还是没有引语的新闻有味道?相信读者通过上面两例的比较,自然会做出明智的选择。

三、使用引语的好处

由此,我们可以看出,在新闻中使用引语,至少有这么几个好处:

增强新闻的真实感,使人读来更为可信。这不仅使新闻报道具有客观公正的形象,还有助于增加报道的权威感。

增强了消息的感情色彩和感染力,引语犹如调味品,在新闻中增加了调味品,就会使新闻更有味道。

增强了报道的节奏感,打破了消息表述中那种平铺直叙、淡而无味的格局,使消息显得有张有弛、错落有致。

增强了报道的深度,因为引语往往是特点鲜明、富有思想性的点睛之笔,有助于用形象生动的话语揭示事物深刻的内涵。

可以弥补叙述事实不足的作用,有助于点明新闻事件的意义。

引语能为新闻增添细节,因为引语是新闻报道中不同身份、不同个性人物的话,往往展现的是一个细节。

引语有助于澄清冲突与问题。在具有矛盾和冲突的新闻中,用人物的话语来表明冲突各方的观点是最准确的。它有助于读者客观地了解各方观点,从而深刻地了解新闻事件的本质。

第二节 中西新闻引语运用比较

一、我国新闻引语的使用情况

实事求是地讲,在中国新闻写作中使用引语的做法比较普遍,但令人遗憾的是,大多为间接引语。尽管我们对那种"某某强调,某某指出"的时政新闻极为反感,但不得不承认这也是间接引语。除时政要闻、会议新闻外,应该说,在消息和通讯等新闻体裁的写作中,间接引语运用的应该不算少。

但时至今日,使用直接引语的问题,一直未能引起新闻媒介和新闻记者的重视,善于使用直接引语的人在中国新闻界还是凤毛麟角。翻开历届获中国新闻奖和全国好新闻奖的作品集,也很少能看到直接引语。在我国新闻研究领域,直接引语这一课题至今未引起重视,有关这方面的论著和论文也不多见。在新闻院校的教科书上,关于引语或直接引语的讲授也未被提上议程。在各校新闻写作专业课上,也没有把引语使用问题当作一个重点,关于引语的讲授也似乎难登大雅之堂。

新华社记者刘其中曾就《人民日报》和新华社新闻发稿中直接引语的使用情况进行过一次调查,刘其中先生选择了1956年9月1日至5日和1996年9月1日至5日的《人民日报》、新华社刊发的稿件作为调整对象。调查情况如下:

1956年9月1~5日,《人民日报》461篇稿件中使用直接引语的达23%。

1996年9月1~5日,《人民日报》424篇稿件中使用直接引语的仅为8%,《新华社每日电讯》416篇稿件仅为5%。[1]

时隔三十年,两家全国最大的新闻单位使用直接引语,不仅未升,反而大幅度下滑,颇能说明问题。至于其他新闻媒介,就更加少得可怜了,刘其中对香港两家有影响的报纸《明报》和《东方日报》使用直接引语的情况(2001年)做了调查,发现仅占3%。李希光先生对全国公认的质量较好的《中国青年报》进行了调查,2003年2月23日头版9条新闻,只有一条使用了直接引语。[2]

《南京日报》是一家副省级计划单列市的党报,自从2003年改版以来,成效颇大,可谓"旧貌换新颜"。笔者最近抽查了《南京日报》,发现其直接引语的使用上也很不理想。2005年4月29日《南京日报》A1版共有新闻10条:

• 市委常委会专题研究"十一五"规划编制工作
• 胡锦涛今天将与连战会谈
• 连战一行离宁返京
• 八城市联手做大南京重洽会
• 高级蓝领技能比武市场
• 5月日照每天增加90秒
• 蒋宏坤检查公交出租车政治工作
• 充分发挥教育在构建惩防体系中的基础作用
• 10万吨级海轮可来南京港
• 出租车升级方案预计"五一"前出台

上述十条新闻,竟无一条使用直接引语。我国新闻媒介和记者使用直接引语的情况,如此可见一斑。

二、西方国家新闻引语的使用情况

西方新闻媒介和教育界对引语的运用十分重视。在西方新闻院校,新闻教科书都把直接引语列为新闻教学的重要课题。美国密苏里新闻学院写作组编著的《新闻写作教程》被认为是美国教科书的经典之一,这部专著把直接引语的使用列为新闻教学的重要课题。他们认为:"引用直接引语,能为报道增添色彩,使其读来更为可信。记者通过使用直接引语,使读者

---

[1] 刘其中.净语良言.新华出版社,2003:161
[2] 刘其中.净语良言.新华出版社,2003:387

和采访对象直接接触。报道中引号的出现,等于向读者宣布:请注意,下面将有些特别的东西出现。记者在报道中想改变一下步调,停下来吸一口气时,可以插几句引语,作为缓冲。几句话也可以在一大堆内容密集的叙述之后,给读者松一口气的机会。"①

西方教科书把直接引语称为"新闻写作不可分割的组成部分之一",并辟有专门的章节论述其重要性以及应用的具体技巧。在新闻实践中,西方记者也很重视使用直接引语。1995年10月1日,新华社曾通过电脑系统对美联社和路透社的发稿做过一次调查,结果显示:在两社当天所发的81条新闻中,一至三段使用了直接引语有23条,三段以上使用了直接引语的有25条,占全部发稿的60%。

西方记者热衷于使用直接引语,翻开一些外国新闻作品集,直接引语的运用在新闻写作中随处可见。据刘其中先生对《纽约时报》、《华盛顿邮报》、《洛杉矶时报》美国三大报进行调查显示:这三家美国大报新闻中使用了直接引语的占93%,其中使用了三条以上直接引语的高达76%。

《参考消息》是一份以刊登国外新闻作品为主的报纸,笔者对2005年10月19日《参考消息》进行了抽查,结果如下:2005年10月19日《参考消息》二版共有新闻10条,使用引语25条,其中直接引语10条,间接引语10条,混合引语5条。10条新闻中只有1条没有使用引语。由此可见,西方新闻媒介和记者钟情于"引语",并非空穴来风。

西方有的新闻报道从头到尾,竟几乎全部由引语组成令人拍案叫绝。笔者手头有一篇法新社记者采写的《"我们的心在哭泣"》,全文只有300多字,使用直接引语竟有7处,如果再加上用直接引语制作的标题,就有8条了。下面,我们对这条消息进行分析,来看看西方记者为什么如此热衷于直接引语。

"我们的心在哭泣"

法新社拉姆安拉11月10日电 在亚西尔·阿拉法特生死未卜的状况又延续一天后,约旦河西岸城市拉姆安拉的居民似乎已经断定,他们的领袖不在了。

在一家通讯社任职的法笛·扈利说:"这里的人们知道他去世了,但他们知道领导层会在不同的时期宣布。"

他说:"昨天,我在痛苦的打击下哭了,我们眼下都在等待通知。"

北部城市杰宁的出租车司机拉希姆·扎鲁尔说:"阿布·阿马尔(阿拉法特)已经去世了。结束了。"

他说:"你或许在我们的脸上看不出来,但我们的心在哭泣。所有的人真的热爱他。"

22岁的巴拉迪承认:"他的情况显然是非常糟糕,我们拿不准他是死是活,这让我感觉很糟。"

对73岁的基督教徒查利·达赫来说,"问题不在他的死活,而在于谁将接替他。"

---

① (美)密苏里新闻学院写作组.新闻写作教程.范红译.新华出版社,1986:87

他承认:"我们不知道目前的情况,但我们担心的是阿拉法特去世后会发生什么。"①

　　这篇消息可以称得上运用直接引语非常成功的一篇典范之作,全文无一不是直接引语,无一不是字字泣血、句句滴泪。它反映了巴勒斯坦人民对阿拉法特的敬仰爱戴之情,对阿拉法特身悬绝症的悲伤痛苦之情,对阿拉法特生死未卜的深深担忧之情。
　　这篇消息采写之际,正值巴勒斯坦民族解放机构主席阿拉法特病逝前一天,中东形势风雨飘摇,阿拉法特生死未卜,拉姆安拉满城风雨,人们议论纷纷,形势非常微妙。法新社记者在报道中巧妙地引用被采访对象的原话,客观地反映了当时形势,使人感到真实可信。
　　在这则消息中,记者先后让四位人物登场,通过引用他们的原话,使新闻工作者对阿拉法特将不久于人世的悲痛之情、出租车司机对阿拉法特的热爱之情、小青年对阿拉法特生死未卜的沮丧之情、基督教徒对阿拉法特去世之后的形势的担忧之情跃然纸上,既有利于记者从不同的角度客观的反映形势,也有助于读者从不同的侧面解读当时巴勒斯坦的局势。
　　西方新闻报道让人读起来有味,奥妙何在?直接引语就是西方记者的"秘密武器"之一。因为直接引语有强烈的现场感,能使新闻人物形象鲜明生动,使新闻更具可读性。直接引语来自真实的生活,有个性,有色彩,使人物形象栩栩如生。这则消息通过引用四个不同身份、不同个性人物的原话,使四个有血有肉、有不同性格的人直接与读者面对面交谈:感情丰富而又冷静理智的新闻工作者"在痛苦的打击下哭了",但他还在"等待通知";一脸平静、忙于生计的出租车司机强忍悲痛,"心都要碎了";不谙世事、满面沮丧的22岁小青年"感觉很糟";饱经沧桑、处事谨慎的73岁基督教徒担心"阿拉法特去世后会发生什么"。
　　相信通过以上比较,大家已对中西新闻引语的运用了然在胸了。当然,中西新闻写作确实存在着不同风格,不同技巧的运用,需要比较的很多,我们这里仅仅探讨的是技巧运用上的层次区别及新闻写作思维上的差异,目的是取长补短,借鉴应用。
　　我国的新闻较少使用直接引语和混合引语,大多采用转述的方式,即间接引语的方式,这已是不争的事实。而在西方新闻中,直接引语用得很早,也很普遍,现在已成为一种固定的模式。我们要虚心向人家学习,尽快掌握这一"秘密武器",使新闻活起来。

第三节　怎样选择直接引语

　　选择好采访对象的直接引语,是写好新闻作品的关键一环,在我国新闻写作中,使用直接引语又是弱项之一。那么,我们应该如何选择直接引语呢?下面从几个方面来论述这一问题。

---

① 《参考消息》,2004-11-11

一、重要人物发表的重要言论

众所周知,重要人物所说的话,往往蕴含着重要的新闻价值。这是由他们所处的地位特殊决定的。他们所说的话往往包含着对一些重大事件的评析,关系到许多人的切身利益。

阿米蒂奇:台湾是美中关系的最大的地雷

中央社华盛顿12月21日电 美国副国务卿阿米蒂奇接受美国公共电视台(PBS)访问时被问到,在中国崛起的过程中,中美关系的地雷是什么,阿米蒂奇回答说:"我会说台湾是个地雷。"

被问到中国若攻击台湾,美国会不会出兵防卫时,阿米蒂奇说,这样讲不是很妥当,"台湾关系法规定我们在太平洋必须保有足够的实力来吓阻攻击,但没有规定我们必须去进行防卫,这些问题决定权其实在于美国国会,是否宣布进入战争状态必须由国会决定。"①

阿米蒂奇副国务卿可谓是重要人物,有关台湾的讲话也是重要讲话,非常敏感。通过他的话,你可以感觉到美国在台湾问题上的一种矛盾心态,也可看出美国在台湾问题上十分谨慎,怕引火烧身。

二、采访对象所说的关系到新闻本质的话

美国占领伊拉克后,大家都在关心,伊拉克人的内心感受如何?美国《华盛顿邮报》记者在一篇题为《鲜花和清水迎来了什么?》的新闻消息中引用一位伊拉克居民的原话。

凯拉代区41岁的商人贾西姆·穆罕穆德说,每天离开家门去工作后,就把自己的命运交给了真主。

穆罕穆德提到妻小时说:"现在只有他们能保佑你,每天早晨都同他们依依不舍的吻别,因为你不知道还能不能回家。"

27岁的商人赛义夫·阿里说:"现在的生活糟糕透顶。"②

从这几段引语中,我们可以看出伊拉克人内心深处的感受,他们不欢迎美国人。

三、采访对象富有个性的话

2005年5月,台湾地区亲民党主席来大陆访问,他在西安机场一番风趣幽默、富有个性的话,被香港《星岛日报》记者捕捉到,不仅使稿件增强了可读性,而且使读者认识了平易近人、幽默诙谐的宋楚瑜。

---

① 参考消息,2004-11-23
② 参考消息,2005-10-04

他抵达西安机场第一次公开讲话竟然是"秀"了几句陕西方言:"我,为啥皮肤是黄黄的,因为我不但是东方人,我更是一名中国人。各位乡亲,我也是乡党,大家都是一家人。"

几句方言立即引来在场记者的一片掌声,虽然有陕西记者说,宋的陕西话只能算是"有些陕西味的台湾国语",但也看出他已是下了不少工夫的,"这个人真厉害,几句话就把自己变成了陕西人的乡党。"①一说一评,几句引语,使宋楚瑜的"平民领袖"形象跃然纸上。

四、采访对象带有强烈感情色彩的话

人们在感情激荡、心潮澎湃时所说的话,往往具有强烈的感染力,可为新闻报道增色不少,有助于读者了解人物的内心世界和事件真相。

一位厨师非常有爱心,因拒绝烹饪野味,他曾几次被解雇,二十次辞职。香港《南华日报》的记者采访了他,他谈及幼时曾看到邻居正在活剥一只刺猬的皮,这给他的心灵强烈的震撼,让自己留下了抹不去的阴影。

他说:"那情景太可怕了,我永远都无法忘记。我对自己发誓,我决不那样对待任何动物。"②

一段话,也是一段具有感情色彩的内心独白,使读者认识了这位富有爱心的厨师。

伦敦于 2005 年 7 月 7 日发生连环恐怖爆炸,美联社、路透社、法新社等世界著名通讯社都做了报道,报道中多处引用目击者的语言。

目击者贝林达·希布鲁克说:"太可怕了,我当时在汽车前部,听到一声巨响,我转过身,看到一半汽车都飞上了天。"

"我当时在那辆公共汽车上,我环顾四周,看到我后面的坐椅都不见了。"一位刚刚在伦敦市中心拉塞尔广场经历汽车爆炸的中年妇女说。她神色慌张而困惑,头发和衣服上还沾有油污和残片。③

两位惊魂未定的爆炸案的目击者带有强烈感情色彩的直接引语,把我们带到现场,让我们直接了解了新闻事件的真相。

五、争论中各方所说的话

对一件事情,双方有不同看法,这是正常的。作为新闻记者,你必须客观公正地进行报道。将争论双方的话在报道中引出来,不失为一种好的方法,可以真实地反映矛盾双方的真

---

① 参考消息,2005-05-07
② 参考消息,2005-09-06
③ 参考消息,2005-07-08

实立场、观点和主张。同时也可以帮助读者了解各方观点,认识冲突本质,从而深刻地了解新闻的状态和意义。

最近,国内关于"风水"到底是科学还是迷信掀起了一场讨论,起因是建设部委托南京大学易学研究所开办中国首个"建筑风水文化"培训班。日本《富士产经商报》记者对此进行了报道,将双方不同观点用引语表示出来。

清华大学陈志华教授批评这种现象说,风水不是科学,(看风水)除了让风水先生的腰包鼓起来以外,没有任何用处。

对此,北京建工学院的韩增禄教授指出:"一般人似乎觉得风水很神秘,但实际上风水就是一种把自然环境和人类居住环境相调和的单纯的哲学。"此外,为了强调风水的正当性,他说:"南京市至少有70%的房地产工程都会在开工前找风水先生看看风水。"①

日本记者的手法很高明,通过引语客观的报道了争论双方的观点。而南京当地一些晚报、都市报则出现了一边倒的倾向,对"风水"持肯定立场。

六、采访对象以不同寻常的方式说的话

在采访中,仔细观察采访对象的一举一动,一言一行,注意捕捉采访对象不同寻常的说话方式。把读者带进现场,让读者感受现场气氛,不同的记者颇见高下,在这方面,西方记者颇为高明。

2005年,南亚发生了一场震惊全球的大地震,路透社记者在描写地震现场的新闻中,娴熟地运用了采访对象以不同寻常的方式所表达的直接引语。

一所公立学校的废墟中传来一个男孩微弱的声音:"救救我,让我妈妈快来,让我爸爸快来。"当地人说,这里大约有200名儿童被困。这名男孩的母亲一边捶打胸脯一边哭号着:"救救我的孩子,救救我的孩子。"②

一个被困在废墟深处小男孩发出的求救声,男孩母亲捶打着胸脯发出绝望的哀号,相信谁看了这样的报道都会为之落泪。这就是活生生的当事人所说的活生生的话,具有震撼人心的力量。

泰森是闻名全球的拳王,2005年6月21日在与名不见经传的爱尔兰拳手麦克布赖德的比赛中落败。法新社在报道中写道:

泰森在第六个回合呆坐在拳台上,无力继续比赛。泰森说:"我已经没办法了,我不能自

---

① 参考消息,2005-09-20
② 参考消息,2005-10-11

欺欺人,我不想再让这项运动蒙羞,这应该是我的终点。"他沮丧地说:"我的拳击生涯应该结束了。"①

一代拳王泰森所说的话,让人心酸,也让人感到无奈,是非常有特点的。

第四节　使用引语的方法和注意事项

如何使用引语,有一定的方法,使用不当,会影响新闻报道。

一、使用直接引语的方法

1．注意把握好使用直接引语的时机

在新闻报道中使用直接引语固然很重要,但一定要把握好使用直接引语的时机,千万不可滥用,要恰当地使用直接引语。

2．注意使用直接引语的准确性

直接引语是新闻人物在特定场合对新闻事件表达的看法,必须注意保证直接引语的准确性。否则,就会造成新闻的失实,也会造成一些不必要的麻烦,还会为新闻人物造成负面影响。

3．注意不要使用割裂开的直接引语

新闻人物的直接引语有其前后连贯性,有时需要择其精华,一定要仔细斟酌,千万不可断章取义,以免造成不必要的误会。故而,一般不要使用不完整的引语,或含混不清的引语。

4．注意交代说话人的身份

在第一次使用某位说话人的话时,要注意明确交代说话人的身份,即姓名与职业,必要时还包含工作单位。

5．注意使用直接引语时要加上标点符号

人们在说话时没有标点符号,而形成文字报道时,记者要为人们所说的话加上标点符号,一定要注意标点符号的正确与否。

6．注意修正直接引语中的语法错误

在保证说话人所说的话原汁原味的情况下,注意修正其语法错误。当然,对此要十分慎重,尤其是说话人说话中的文法错误恰恰形成了他的一道亮点时,保持这种错误的语法的引

---

① 参考消息,2005-06-18

语也未尝不可。

7. 注意要对采访对象的原话进行筛选

采访对象在采访过程中往往会滔滔不绝地说许多事情,直接引语切忌长篇大论。过于冗长地直接引语会使读者感到厌烦,也会使新闻报道行文缺乏节奏感。因此,要对采访对象所说的原话进行精挑细选,引用其最具特色、最有个性、最为关键的部分。

8. 注意要把不同人所说的话用不同段落分别表示

在使用直接引语时,最忌讳把两个或者多个不同人所说的话放在一个段落里,应用不同的自然段分别表示。特别要注意在报道有争议的问题时应引用不同观点的直接引语,更不能把两个看法迥异的说话者的原话放在一个自然段中,这样会造成混淆。

二、使用间接引语的好处和方法

我们前面所讲的大多为直接引语,不可否认,在三种引语中,直接引语威力最大,但也不能因此忽视间接引语。虽然我们的记者对使用间接引语情有独钟,但我们未必使用得规范。间接引语在何时使用为好,一般说来有如下几种:引语内容应是比较重要的话;在直接引语讲话表达不清和重点不够突出的情况下。使用间接引语有如下好处:便于突出重点,使新闻稿件中心思想明确;便于为直接引语做好铺垫,使二者结合的更为巧妙;便于新闻报道条理清晰。

三、在使用直接引语、间接引语、混合引语时的注意事项

一般尽量使用动词"说",因为"说"是引语动词中最具客观性的。而不要使用"指出"、"强调"这类的词,也不要在"说"前面加上更多形容词,比如"他痛苦地说"、"他高兴地说"、"他激动万分地说"等等。如果在表现某个特定人物在特定场合下所说的特定的话,是可以在"说"前加上人物动作的。比如:新华社记者在描写南亚地震灾区的灾民失去家人的悲痛情景时写道:

一位满脸胡子的大汉用双手拍打着脑袋,边哭边说:"爸爸昨天刚死,今天老婆孩子也死了,以后怎么办,真主,帮帮我!"

要忠实于人物的原意。直接引语必须要原原本本,准确无误,除明显的语病外,要一字不差;而间接引语不能曲解或歪曲说话人的原意,不能走样。引语要简洁明快,言简意赅,不要大段引用引语。

在新闻中使用引语时,一是要注意原话的背景,要考虑说话人在什么时候、什么场合下说的,针对性是什么,切不可不顾这些背景,随意拿来引用。要注意在已经说清楚了事实后,没有必要再硬加引语,以免有画蛇添足之感。

间接引语和直接引语要交插使用,交叉出现,互为补充和映衬。即在必要的情况下,也可考虑使用混合引语。要标明引语的来源,引语的出处一定要交代清楚。

第六章 背景:解释新事实的旧事实

一位外国学者说过,新闻背景就是用来解释新事实的旧事实。① 可谓精辟之极,入木三分。

第一节 新闻背景的重要性

如何把新闻事实叙述得清楚、深刻、准确、可信,新闻背景在新闻报道中扮演着极为重要的角色。消息中有无新闻背景,效果大不一样。消息中有新闻背景,就会使读者更清楚地了解新闻人物和新闻事件的来龙去脉和前因后果,从而加深对新闻主题的理解。如果消息里没有交代新闻背景,就会使读者如坠云雾,不知所措,消息的可信度就会大打折扣,同时读者对消息的理解也会更加困难,如若不信,请看下面两篇新闻消息。

小泉改组内阁(主题)
多名支持参拜靖国神社者被小泉招入内阁予以重用(副)

据新华社东京 10 月 21 日电 日本首相小泉纯一郎 31 日傍晚改组内阁,首次入阁的安倍晋三被任命为内阁中重要性仅次于首相的官房长官。

小泉新内阁的其他成员分别为:外务大臣麻生太郎、财务大臣谷垣祯一、经济产业大臣二阶俊博、总务兼邮政民营化大臣竹中平藏、环境大臣小池百合子、国土交通大臣北侧一雄、法务大臣杉浦正健、文部科学大臣小坂宪次、厚生劳动大臣川崎二郎、农林水产大臣中川昭一、国家公安委员会委员长沓挂哲男、防卫厅长官额贺福志郎、金融经济财政担当大臣与谢野馨、行政改革担当大臣马弘毅、科学技术担当大臣松田岩夫。

小泉在这次内阁改组中将除首相外的 17 名阁员更换了 11 人,只有 6 人继续留用,其中小池百合子、北侧一雄和谷垣祯一担任原职,麻生太郎、竹中平藏和中川昭人的职位作了调整。在职务设置方面,由于日本经济形势好转,金融体系已初步趋于稳定,因此撤销了专门的金融大臣一职,改设了男女共同参与及少子化对策担当大臣。

---

① 薛国林.当代新闻写作.暨南大学出版社,2005:53

人们注意到,日本舆论一致认为有可能再次入阁的温和派、前内阁官房长官福田康夫没能进入新内阁,而一直主张对外持强硬态度并支持首相参拜靖国神社的少壮派议员安倍晋三首次入阁就被任命为官房长官,加上同样支持参拜靖国神社的麻生太郎出任外务大臣,本次小泉内阁的主要成员均属于支持参拜靖国神社的那些人。①

小泉改组内阁储备接任人选(主题)
新任官房长官安倍晋三称将继续参拜靖国神社(副题)

路透社东京 10月31日电 在今天的内阁改组中,小泉纯一郎首相任命安倍晋三担任重要性仅次于总理大臣的内阁官房长官。

小泉此次改组内阁的目的之一是挑选他看中的下一任首相入选内阁,以便使他们充分展示才华,为竞选下一任首相而努力,安倍晋三此次担任内阁官房长官的职位为他将来成为小泉的接班人做好了准备。

51岁的安倍晋三是日本政坛著名的鹰派,在安全问题和日本与邻国关系等问题上态度极其强硬,曾多次批评中国,并主张对朝鲜施以经济制裁。安倍出生于政治世家,外祖父是战后著名首相安信介,父亲则是自民党前主要领导人安倍晋太郎。

在媒体对谁该接任小泉首相的民意测验中,安倍晋三的支持率一贯高居榜首,在日本选民中相当受欢迎。在今年10月初日本报纸进行的民意调查中,55%的选民说他们支持安倍晋三担任下一届首相。

在小泉宣布新内阁名单的新闻发布会上,当记者问及小泉接班人的问题时,安倍晋三说:"我从未把自己当成首相的接班人。"②

就新闻敏感而言,新华社记者与路透社记者一样,同样值得称道,他们面对目前扑朔迷离的日中政治关系,都不约而同地把小泉这次改组内阁中最耀眼的一颗"明星"——安倍晋三置于消息导语中。从写作的角度来看,新华社这则消息也很有特色,最后一段是新闻背景,但比起路透社消息来,在背景的写作上就逊色一筹了。

众所周知,中日关系交恶责任在日方,小泉及部下接二连三参拜供奉甲级战犯的靖国神社,严重地伤害了中国人民的感情。小泉此次组阁及日本政府今后的走向,全球瞩目,中国人民也同样予以关注。

在日本内阁中,官房长官职位的重要性仅次于总理大臣,自然也成了大家关注的对象。安倍晋三以前并未在内阁供职,此人何许人也,对安全问题、邻国关系问题持什么看法?看了新华社消息,似乎得不出明确结论,只是模模糊糊有个印象,此人属于强硬派,支持小泉参拜

---

① 南京日报,2005-11-11
② 参考消息,2005-11-01

靖国神社。

在这样一则重要性特别突出的消息中,新闻背景的缺失给读者带来极大的不便,使读者读后不"解渴",对安倍晋三的详情缺乏了解,不能不说是一个遗憾了。

世界上每天发生的事都不是孤立的,都有其发生、发展、变化的环境和条件。从时间上来看,它有先后顺序;从空间上来看,它与周围的人、事、环境等有着密切的联系。因此,新闻报道需要交代背景,以帮助读者加深对新闻事实主旨的理解。

相反,路透社这则消息在全文五段中,三段是交代安倍晋三的背景。从安倍晋三对安全问题和邻国关系的态度,到他的家世,再至安倍晋三在选民中的人气,一一做了交代,让读者一目了然,对这位小泉的接班人有了更深刻的了解。从而看到了日本国内民族主义意识高涨,社会上保守主义思潮泛滥,右翼势力市场扩大,日本社会的国民心态发生了重要转变。可见,新闻中的背景交代是十分重要的,没有它们,读者可能就意识不到日本社会近年来国民心态所发生变化,也无法得知安倍晋三入阁的种种原因以及安倍本人的政治态度。

第二节 我国记者:背景意识比较淡薄

上面两则新闻鲜明的对照,深刻地说明了一个问题:我国记者在写作新闻时,运用背景材料的意识比较淡薄。

美国学者沃尔特·福克斯指出:"许多刚工作的记者都不会在其报道中提供充足的背景信息,因为他们不懂得将自己摆到读者位置上考虑问题。相反,他们总是从一种对事实了如指掌的优越角度撰写报道,结果其报道总是布满令读者糊涂而冒火的不明不白之处。不过,一旦意识到这种问题,有些新手又偏向另外一个极端:他们大段大段地撰写背景材料,使得报道正文的发展戛然而止。没有什么比一系列这种'信息阻塞'能更快地削弱读者的阅读兴趣了。"[①]

沃尔特·福克斯在这段话中特指的是初涉新闻圈的新手,一语中的,指出了新记者在运用背景材料上的两种极端走向。这种情况在我国新闻界普遍存在,当然不是什么新记者了,包括许多老记者在内,要么在写消息时不提供背景,要么来上一大段冗长繁琐的新闻背景材料,下面我们将分开叙述。虽然我国记者近些年来在运用背景材料方面有了长足的进步,也涌现出不少成功运用背景材料的上乘之作,但是,对背景材料普遍不重视或不懂得如何运用,至今在新闻界仍然是广为存在的带有普遍性的问题。下面,我们对我国新闻记者在背景材料运用方面存在的问题逐一进行分析。

---

① (美)沃尔特·福克斯.新闻写作——报刊记者指南.李彬译.新华出版社,1999:59

一、写消息没有背景

  不少记者写消息时不交代背景,以至于读者认为这些采编人员不懂得背景为何物。至今,在许多报纸的版面上,新闻报道中背景一项仍属空白项。当然,我国的新闻报道是从宣传转变而来,至今仍然带有浓浓的宣传味道,普遍对新闻报道的一些重要环节不重视,也包括背景材料的运用。笔者抽查了《南京日报》,发现情况也十分严重。2005年11月1日《南京日报》A1版共有各类新闻10条:

- 胡锦涛访越抵河内
- 十运会新闻宣传工作总结大会在宁举行
- 我省最大老年公寓本月开建
- 自主创新成企业博弈市场主筹码
- 我市民主评议五大通信公司行风
- 10少数民族周四开斋节放假
- 大胜关固城湖成饮用水源地整治典范
- "十一五"南京高速公路里程翻一番
- 奉献十运　无怨无悔
- 可否省去这个仪式

  10条新闻中,除去4条通讯和小言论外,6条消息均无新闻背景材料。就连头条的新华社稿件,竟也无新闻背景。

胡锦涛访越抵河内(主题)
同农德孟、陈德良举行会谈(副题)

  综合新华社10月31日电　应越共中央总书记农德孟和越南国家主席陈德良的邀请,中共中央总书记、国家主席胡锦涛于31日乘专机离开北京,开始对越南社会主义共和国进行正式友好访问。31日下午,胡锦涛在河内越共中央会见厅同越共中央总书记农孟德、越南国家主席陈德良举行了会谈。

  在会谈中,胡锦涛首先对农孟德、陈德良的盛情邀请表示感谢。胡锦涛说,中国党和政府一贯高度重视中越关系,愿同越南同志一道,从战略和全局高度牢牢把握两党两国关系发展大方向,增进友好互信,推动互利合作,促进共同发展。胡锦涛就发展中越两党两国关系提出五点建议:一是加强高层交往,继续采取灵活多样的形式保持两国领导人的会晤和沟通。二是增进友好互信,继续深化治党治国经验、社会主义理论和实践的交流,落实各部门的合作机制。三是扩大经贸合作,力争提前实现2010年双边贸易额达到100亿美元的目标。四是推进海上合作,确保完成陆界勘界工作。五是加强协调配合,促进多边合作,继续为维护世界和平、促进共同发展而努力。

  农孟德完全同意胡锦涛总书记对过去55年越中两党两国关系的评价,同意胡锦涛总书记就发展两国关系提出的五点建议。他表示,越南党和政府愿同中方一道努力,把优先发展越中两党两国关系视为一贯政策,全面推进越中友好合作关系向前发展。农德孟重申,越方将坚持一个中国政策,支持中国制定反分裂国家法,支持中国早日实现和平统一大业。

会谈结束后,双方领导人共同出席了《越中经济技术合作协定》等多项协议的签字仪式。当晚,农孟德和陈德良在国际会议中心为胡锦涛访越举行了盛大欢迎宴会。

陪同胡锦涛总书记访问越南的有:中共中央政治局候补委员、中央书记处书记、中央办公厅主任王刚、中联部部长王家瑞、商务部部长薄熙来、中央政策研究室主任王沪宁、中联部副部长刘洪才、外交部副部长武大伟、国家发展和改革委员会副主任张晓强、胡锦涛总书记办公室主任陈世炬。①

令笔者不解的是,新华社这条长达800字的消息中,竟无一笔新闻背景。一个国家的国家主席前往另一个国家访问是一件正常的事情,胡锦涛主席为什么要到越南访问?这次访问有什么特殊意义?这一切,新闻中都无只字交代,读者无法领悟个中奥妙。是保密还是由于有其他原因,笔者也无法揣测。尤其面对国外读者,让国外的读者读后也一头雾水。其实,中越两国是近邻,又同属社会主义国家,解释这次访问的意义,在当前全球复杂的形势下,只会增强中国在国际社会中的地位,并没有什么副作用。尤其在21世纪中,国家元首的出访在国外记者的笔下,早已无"密"可保。看来,缺乏背景解释不只是技巧和业务问题,也反映出新闻媒介和新闻记者在为读者服务方面是否持有正确而深刻的认识。

国家领导人出国访问不提供背景材料,也许属于"保密"范围,但一些省、自治区、自辖市领导的人事变动,同样也不提供背景材料就不应该了。其实,在时政新闻中,此类新闻毫无疑问是读者最关心的,因为作为某市的一个市民,自然要关心谁来做这个市的市长,他有什么能力?他有什么特点?以至于他有什么爱好?这些都是公众急切需要了解的,但是中国媒体对于这类公众需要知道的新闻人物、新选举或任命出来的领导人,往往由新华社或《人民日报》发几十个字短消息,即经××省第××届人民代表大会第一次会议选举,×××为××省省长,×××为××省人大常委会主任。

试问,这样无背景材料的新闻发与不发有何区别?香港树仁学院新闻系主任刘其中对此痛心疾首,他说:"每次党和国家领导机构换届选举,总有些新人进入领导班子。他们是群众的领导,是人民的公仆。当他们的名字第一次出现在新闻里的时候,如果不对他们的主要情况做些介绍,读者肯定就会对这样的报道感到失望,如果这样的事情长期得不到解决,他们可能就会对我们整个新闻界的作用失去信心。应当指出的是,就在今天,写我们的一些省委书记、省长易人时,新闻界通常的做法还是仅由新华社、《人民日报》发条几十字的短消息,通报公众这位新书记、新省长的名字和简之又简的学历和经历,其他一切大概仍属保密范围,不便向公众泄露。笔者实在想不出这样做有什么道理。这些新人是经过严格挑选或在多年的工作实践中锻炼成长起来的,他们在新的岗位上是要领导大众,是要为人民服务的,人民肯定关

---

① 南京日报,2005-11-01

注这些人是否有能力把党和国家委托他们的事情办好,因而也有兴趣、有权力了解他们的教育、家庭、政绩、个人品德、工作经验和领导能力。把这样的情况公之于众只有好处,没有不利。显然,在人事报道方面,主管部门的思想还应开放一些才是。"[1]

刘其中先生所言一针见血,十分犀利。消息里写点背景材料,看起来是个业务技巧的小事,其实小事不小,涉及人民群众对党和政府以及新闻媒介的信任度问题。我们决不可以小视此事,要把背景写作提升到应有的高度慎重对待,让每一个记者在写新闻报道时都有强烈的背景意识和必要的技巧。

二、笨拙的第二段

我国不少记者在写背景材料时,显得十分笨拙,总是把背景与导语、主体截然分开,单独列上一段,而且十分冗长。因为这些背景材料往往置于消息导语之后的第二段,我们通常把它称作"多余的第二段",或是"笨拙的第二段"。传统而呆板的结构是:导语—背景—主体—结尾。

我国目前最大的一宗无形资产评估价值额项目敲定(引题)
"袁隆平"品牌价值为一千亿元(主题)

本报讯 6月24日,由国家国资局授权的湖南四达资产评估事务所正式认定:国家杂交水稻工程技术研究中心"袁隆平"品牌价值为1 000亿元。这是我国迄今为止,无形资产评估价值额最大的一宗项目。

袁隆平通过多年的艰苦努力,率先在全世界成功的研制出三系法和两系法杂交水稻,并于1976年开始推广。杂交水稻与常规水稻比较,每公顷年增产1.6吨,已累计种植2.01亿公顷,累计增产粮食3亿吨。目前已有美国、日本、巴西等20多个国家引种推广,为解决世界人口的粮食问题发挥了重大作用。为此,袁隆平获得了我国第一个"特等发明奖"和8个国际大奖,被誉为"杂交水稻之父"。

评估"袁隆平"品牌采用的是《国有资产评估管理办法》规定的"收益现值法"。它以21年杂交水稻推广的面积、产量、效益等作为评估参数,然后根据杂交水稻未来发展趋势以及人口增长和人类对粮食需求变化,预测一定时期内杂交水稻的种植面积、产量及其带来的效益。在此基础上折算出"袁隆平"品牌的预期效益,得出了"袁隆平"品牌的价值额度。此次评估,还不包括袁隆平在杂交优势利用领域的学术贡献、社会贡献和间接经济效益。

为了保证这一全国价值额最大项目评估的客观、公正、科学,评估工作历时210天,对21年来每年杂交水稻的育种组合、推广面积、产量产值、新增效益及上升幅度等方面的情况进行了烯烃的调查分析,获得各种数据达11万余组,仅参数资料就有一尺多厚。另外,还获得了全国100位有关专家的支持。

---

[1] 刘其中.诤语良言.新华出版社,2003:214

"袁隆平"品牌是世界级名牌。参加项目论证的专家们认为,利用"袁隆平"品牌效益,对于推进我国种业产业化、集团化进程,展示我国无形资产的实力、利用和保护知识产权、参与国际经济技术谈判及驰名品牌竞争、促进成果转化都有十分重大意义。

另外,这次还对杂交水稻中心的技术成果"组合和不育系"进行了评估,其价值为1.4亿元。①

值得一提的是,这则消息荣获1998年全国省区市党报新闻奖一等奖。论其新闻价值和重要性,都在当时被评为一等奖的消息中名列榜首。然而谈及它的写作特色,的确令人不敢恭维,典型的"党报体",没有直接引语,没有细节,没有现场气氛,行文节奏拖沓等等,尤其在背景材料的运用上,看得出记者对此比较陌生,将一大段枯燥而又乏味的背景材料全部堆积在第二段,没有分别插入导语、主体、结尾之中。这种冗长的、笨拙的第二背景段也是我们报纸上新闻的通病。

三、背景取材面比较狭窄

看看我们的不少新闻作品中的背景取材,题材面比较狭窄,缺少了一种活跃、开阔的视野,导致了不少平庸之作。

选择背景材料要求记者知识面广,立足点高,视野开阔,古今中外、天文地理、文学艺术、趣闻轶事都是记者所涉猎的对象。尤其是要求记者在背景材料的运用上不能拘泥于一事一时一人,或一地一景一物,而要高屋建瓴,对导致新闻事件发生、发展、变化着的广阔的时代背景和社会背景了如指掌,把这样的背景恰到好处地用到新闻报道中。

我国新闻记者视野为何不开阔呢?这是一个比较复杂的问题,固然同记者自身的知识面有关,但也同媒介的编辑方针、报道思想、对记者的素质要求等不无关系。而西方新闻界和教育界对新闻背景十分重视:一个新闻专业的学生,当他还没走上新闻工作岗位时,就已被灌输了强烈的背景意识,加之他们在写作实践中注意身体力行,使背景材料成为绝大多数新闻作品的重要组成部分。加之目前的西方新闻界已进入到报道"为什么"的时代了,西方的新闻记者也都把报道重点放在交代背景和解释"为什么"等方面了。如胡锦涛访问越南,在香港记者的笔下是一幅风云变幻的国际形势背景图:

"胡锦涛风尘仆仆地北上南下,结束对朝鲜的访问后,立即出访越南,就是特别对这两个仍然是共产党领导的社会主义邻国展开'同志'外交,以抗衡于美国的'围堵'政策。

鉴于美国和日本加快军事一体化,美国近期更对中国周边国家突然兴趣盎然,在国务卿赖斯、国防部长拉姆斯菲尔德之后,布什也将在亚太经合会后到中国的多个周边国家走动。因此,中国在加强睦邻关系时,强调巩固'同志'友谊,应是出于反围堵的战略考量。"②

---

① 湖南日报,1998-06-25
② 参考消息,2005-11-03

提供这样的背景材料看不出有什么"密"可保,有百利而无一害,只能是让读者看清国际战略大关系的格局,看清大周边的格局,对胡锦涛访越有了更深刻的认识,看不出有什么不妥。

再如农业生产责任制,这对我国记者来说是一个耳熟能详的名词,报道农业生产责任制效果的稿子可谓多矣,但很少有人将源于安徽的农业生产责任制的背景向读者交代明白。而在美联社记者的笔下则大不一样了。

"自从14世纪一次地方农民起义导致明朝诞生以来,安徽省人民一直有句俗话:'十年倒有九年荒。'"①

看看,短短一句话,把农业生产责任制为何起源于安徽的背景,交代得清清楚楚了。

第三节 西方记者:大量而巧妙的使用背景材料

一、西方记者眼中的背景材料

美国著名新闻学者、哥伦比亚大学教授麦尔文·曼切尔指出:"不使用背景材料,几乎没有什么报道是全面的。忽视这个忠告的记者,他们决不能给读者和听众提供充分的情况。事件并不是突然从不知什么地方蹦出来的。记者的任务就是发现他们的起因,说明他们的发展,而且最好在一个最短的篇幅里做到这些。"②

在西方记者看来,任何新闻报道如果不展示新闻事件存在的环境,不说明新闻事件与环境之间的相互作用关系,就不可能真正报道新闻事件的真相。交代与新闻事件相关的各个方面的背景因素,成为新闻报道写作不可缺少的重要环节。因此,西方记者无论是写消息,还是写专稿,都十分注意交代新闻背景。

西方记者重视交代新闻背景,也有一个较长的发展过程。早在20世纪初,西方记者写稿比较重视何人、何地、何事、何时这四个W,对于"为什么"则交代得较少或避而不谈。这样就导致读者读了这样的报道后只了解发生了什么事,却不了解为什么发生这件事,以及这件事发生、发展的来龙去脉。西方记者认为,新闻背景材料在新闻报道中起着不可替代的特殊功能:

• 说明了新闻事实发生的来龙去脉、前因后果

---

① 程道才.西方新闻写作概论.新华出版社,2004:156
② (美)麦尔文·曼切尔.新闻报道与写作.艾丰,张争,明安香,邹大毅译.广播出版社,1981:175

- 分析新闻的现象和本质、局部与全局的关系
- 说明了新闻的意义
- 表现新闻事实的特性
- 表达记者对新闻事实持有的观点和倾向
- 注释某些专有名词、专用术语

二、西方记者交代新闻背景的方法

在长期的新闻实践中,西方记者摸索出一套行之有效的交代背景的方法。在西方记者的眼中,新闻背景材料可以分为如下几个方面:

1. 解释新闻事实

新闻受众构成比较复杂,涉及不同职业、学历、性别、兴趣、岁数、地区等差异。因此,一个记者在从事新闻报道的过程中,不可能指望所有的受众和记者本人一样清晰地理解新闻的内容,以及新闻事实所涉及的专业知识、专业术语、相关细节等。记者有必要对所报道的新闻事实涉及的相关问题进行解释,以便使不同职业背景、不同教育程度、不同文化背景的受众更顺利、更准确地理解新闻报道。西方记者在这一点做得非常好,他们为了使大多数受众看(听)懂你的新闻,理解新闻的内容,总是把受众当作对记者所报道的人或事物一无所知的人,不厌其烦地向受众多作解释工作,不厌其烦地在新闻中解释新闻事实的由来、发展、变动。

巴基斯坦为何发生地震

日本《东京新闻》10月19日报道 8日遭遇了里氏7.6级强烈地震的巴基斯坦东北部地区,正好位于大陆板块发生正面碰撞的全球性地震带上。

据路透社报道,美国地质勘探局的研究人员认为,之所以巴基斯坦周边的印度、阿富汗等广大区域均有强烈震感,是因为此次地震的震源位于地下约10公里的浅层地带,另据美国地质勘探局监测到的数据显示,仅地震发生后的一个半小时内,该地区就又发生了两次强达里氏5级的余震。

据专家分析,由于印度板块的不断北移,它正在与欧亚大陆的板块发生撞击。因此,两个板块的交界地带便产生了巨大的应力,喜马拉雅山就是这样形成的。与此同时,发生撞击的周边地区极易蓄积其足以造成大地震的"形变能量"。

日本名古屋大学的铃木康宏教授说:"喜马拉雅山脉的南侧有一条长约2 000公里的世界最大的喜马拉雅的前缘断层。此次地震似乎就发生在断层的西端。"1905年印度西北部地区的8级强震,估计也是在这个断层内发生的。

CNN援引巴基斯坦气象局一位官员的话说:"此次地震是在近100年内观测到的伊斯兰堡附近所发生的最大规模的地震。"但日本地震学会的大竹政和会长却说:"从中国的云南省开始,经过印度河巴基斯坦直到土耳其,沿着连个大陆块交界地带的山地、连续分布着几个大的地震带多发地带。这次巴基斯坦的地震规模确实不算小,但鉴于过去这个地带曾发生过里氏8级的地震,因而绝不能说这次地震是特殊或偶然现象。"

地震虽然是经常发生的一种自然灾害,但日本记者并未因此而忽略它,对它发生的背景进行了详细交代。通过这则消息对巴基斯坦地震的解释,相信受众会对巴基斯坦为什么会发生这么强烈的地震得到准确而清晰的理解。

2. 表明记者的倾向

在新闻报道中,我们一般不提倡记者站出来发表意见,但记者通过巧妙的事实是可以表明倾向的。背景材料是已经存在的事实,可以让受众和报道对象无话可说,西方记者非常擅长运用此类技法。如《人民币汇率调整》的消息中,路透社记者运用的一些背景材料十分明显地表明记者的倾向。

在中国宣布人民币升值后,日元汇率和股市都出现了上涨。

因为预计人民币走强对于日本有积极影响,日元对美元和欧元的汇率暴涨。泛欧绩优股指标上升0.6%,到达了1 172点。美国股市三大指数也都一路上扬,上涨幅度从0.5%到0.75%不等。但是有些人还是谨慎地认为人民升值的表面意义要大于实际经济影响。①

这段背景材料,很明显地体现了路透社记者的倾向:欢迎人民币升值,但又对人民币升值幅度过小表示了谨慎的看法,即表面意义大于实际经济影响。

3. 揭示新闻缘由

2005年10月3日,路透社驻美国记者报道,布什政府今天启动节能运动,专门为此制作了卡通吉祥物——身穿皮夹克和蓝色牛仔裤的能源猪。布什政府为何要推出"能源猪"?新闻中这样交代了背景:

由于"卡特利娜"和"丽塔"飓风对炼油厂、天然气加工厂和石油钻井造成了严重的破坏,美国今年的燃油取暖费用将有所增加。

能源部情报局透露,在对天然气供暖需求最多的中西部地区,冬季的取暖费用将比去年增加71%;从全国范围来看,燃油取暖的费用将增加34%,电力取暖的费用将增加11%。

如果没有这番背景交代,受众可能就不会知晓布什政府节能运动和能源猪这个新闻事件的由来,也就无从理解美国政府在今冬推出的节能运动的意义。

4. 展现新闻进程

2005年9月22日,路透社记者报道了美国休斯敦地区居民大规模撤退,引发公路交通堵塞100多英里,在45号洲际公路上的汽车如同蜗牛般爬行,等待给汽车加油的人在加油站外排起了长龙。记者在报道这个新闻事件时,使用了下面的背景描述:

---

① 参考消息,2005-07-22

由于现属 4 级的飓风"丽塔"正以每小时 241.4 公里的速度向墨西哥湾推进,得克萨斯州官员昨天呼吁休斯敦地区的居民紧急撤退。①

上面所叙述的新闻背景,帮助读者了解了休斯敦地区的一百多万居民为何要进行大撤退,又为何遭遇大堵塞。

5. 揭示新闻意义

西方记者懂得,使用好新闻背景材料,不但使新闻事实叙述得更为清楚,而且能使受众更清楚地了解新闻事实的意义,从而加深对新闻主题的理解。

2005 年 10 月,中国第二艘载人宇宙飞船神州 6 号成功发射,从发射到安全返回地面,西方新闻媒介一直跟踪报道。那么,神六升空究竟有什么深远意义呢?德国《南德意志报》揭示了这一新闻事件的意义。

进军宇宙的长征

德国《南德意志报》10 月 13 日报道 对于这个共产党国家的政府来说,神六的发射现在已经被视为巨大的成就:中国朝永久的航天竞争对手——美国和俄罗斯又迈进了一大步。

像美国海军分析研究中心高级研究员成斌这样对中国航天飞行颇有研究的专家们猜测,中国可能要给人们一个或另一个惊喜。成斌说:"中国要以此表现出比别人更强和更好,能取得经天纬地的成就。这就是中国的表达方式。"②

神六发射成功,印证了中国科技兴国的决心。看过这样的背景材料,人们会对中国成功发射神六升空的壮举有全新的认识。

6. 增加新闻趣味

西方记者在新闻报道中,注意运用一些富有趣味性的背景材料,以便使报道读起来趣味盎然。

2005 年,路透社记者采写了一条趣闻《老鼠"潜逃"四个月》。报道中说,科学家为了查明老鼠为何难以根除,将一只挪威鼠放到荒岛上,结果它躲过了捕鼠器、毒饵和嗅探犬,四个月后才在相邻的岛屿上被捕获。

挪威鼠又称褐家鼠,是一种健壮的长尾巴的啮齿动物,体重约为 11 盎司(312 克)。老鼠入侵远离新西兰海岸的岛屿是一个反复出现的问题。1981 年到 2002 年间,挪威鼠曾至少 6 次入侵无人居住的诺伊斯群岛。③

---

① 参考消息,2005 - 09 - 24
② 参考消息,2005 - 10 - 15
③ 参考消息,2005 - 10 - 21

第四节　交代背景的学问

背景,原指舞台上或电影、电视剧中的布景,绘画、摄影等艺术作品中衬托主体的背后景物。一花一草,一鸟一屋,均可成为背后景物。这种视觉空间艺术中的背后景物借用到新闻写作上来,就构成了新闻背景。新闻背景又分为狭义新闻背景和广义新闻背景。所谓狭义的新闻背景主要指用于新闻作品中,是对新闻事件发生的历史、环境与原因的说明。而广义的新闻背景则指时代背景或新闻事实幕后的种种情况。

新闻写作要特别重视新闻背景运用。依笔者来看,其主要原因不外乎有三:一是当今时代电子媒体日益发达,在时效性和形象性方面,报纸显然不能与广电相提并论,但在提供背景材料方面,报纸文字记者显然可以向纵深开掘,胜广电一筹;二是随着现代媒介传播手段日益先进,地球日益变小,地球某个角落发生的事,瞬间便可传遍全球,由于各国文化习俗不尽相同,背景沟通显得尤其重要;三是21世纪是一个科技主宰一切的时代,"信息爆炸"、"知识爆炸"使科技的更新率达到前所未有的水平。对此,记者在进行新闻报道时必须予以说明和解释。

一、集中使用,深化报道

我们在前面所讲的"笨拙的第二段",并不是指背景材料不能集中在一段里使用。其实,外国记者运用这种方法安排背景材料的也不在少数,关键是我们不能形成一种模式,舍此别无他法。在倒金字塔结构中,新闻背景常常成为一个或数个段落。这种集中使用的办法,好处是易把背景说透,其弊端在于过长,形势呆板,毛泽东在所写的《中原我军占领南阳》一文中,运用的就是这种集中使用的办法。

南阳为古宛城,三国时,曹操与张绣曾于此城发生争夺战。后汉武帝刘秀曾于此地起兵,发动反对王莽王朝的战争,创立后汉王朝。民间所传28宿,即刘秀的28个主要干部,多是出身南阳一带。①

路透社记者在《鼓浪屿——中国的"钢琴之岛"》消息中,介绍主人公——厦门音乐学校负责人殷承典的背景时也采用了集中使用法。

殷承典现年53岁。他出生于厦门的一个典型音乐贵族之家。他的父亲是位银行经理,

---

① 毛泽东.毛泽东新闻工作文选.新华出版社,1983:263

1925年建起了他们家在山顶的宅第。在1949年中国共产党接管政权之前,殷承典的父亲逃出了大陆,但是这个家庭的大部分成员留了下来,产生了几位中国最好的音乐天才。

他的兄弟殷承宗是国际上著名的钢琴演奏家,自1983年以来一直居住在美国。他的另一位兄弟是一个男中音歌手,现居住在美国的洛杉矶。他的姐姐是中国第一位上了录音唱盘的女高音歌手,在30年代红极一时。①

二、融入事实,顺势带出

新闻报道在叙述事实时,夹杂着新闻背景,也就是说,将新闻背景材料有机融入事实中。这样做的好处是不留痕迹,让读者在没有丝毫觉察中已了解新闻背景。背景与事实浑然天成,天衣无缝,也是一种交代背景的高明技巧。

"火车通,百业兴",大街小巷挂满这样的大红标语。站台上手拄拐杖的86岁的陕北老革命王汝珍,向记者诉说周总理1973年来延安的情景:总理看到老区不富裕,心情很沉重,指示"一定要把西延线铁路尽快建成,早日改变延安的区的落后面貌"。由李鹏总理母校延安中学组成的秧歌队翩翩起舞,唤起了人们的记忆,为了早日修通西延线,李鹏总理曾动用了首长基金。②

一边叙述着大街小巷挂满"火车通,百业兴"的标语,一边向读者交代了周总理关心延安西延铁路的背景;一边描述了延安中学秧歌队翩翩起舞,一边说明了李鹏总理动用首长基金的背景。记者没有刻意交代背景,也没有独立成段交代背景,而是通过叙述大街小巷的场景和秧歌队载歌载舞的事实,不经意地将背景全盘托出。看得出,记者交代背景的方法十分巧妙。

今年年初,中国的地理学家们胜利的宣布,他们在白雪皑皑的唐古拉山脉发现了新的长江源头,从而使长江成为世界上第三条最长的河流。只有尼罗河(6 671公里)和亚马逊河(6 437公里)比它长。密西西比河则降了一位,名列第四。③

在叙述中国发现了新的长江源头的新闻事实,将长江名列世界第三条最长河流,密西西比河降到第四的新闻背景顺势带出。在这里,事实与背景相融一体,看不出任何人工斧凿的痕迹。

---

① 刘明华,张征.新闻作品选读.中国人民大学出版社,2004:157
② 刘海贵.新闻传播精品导读(新闻消息卷).复旦大学出版社,2004:132
③ 程道才.西方新闻写作概论.新华出版社,2004:349

三、旁征博引,不拘一格

为了增强背景的帮衬效果,把新闻写得生动形象,记者在选择背景材料时应旁征博引,不拘一格。背景材料应不受时空和事物类别限制。古今中外,凡是有助于认识新闻事实的相关材料,均可为我所用。应该说,西方记者和港台地区记者尤其擅长此道。比如:台湾地区《联合报》记者在一篇题为《交学费,大陆家长叫苦不迭》的消息中,背景之多令人目不暇接,现仅列其中代表段落如下:

大陆学者曾经估算,一名大学生4年学费至少要花2.8万人民币,如再加上生活费会更高。这样的花费约等于一名农民13年的收入,也就是说,一名农民要在田中辛苦13年,才供得起一位大学生4年的基本花费。

中共教育部副部长张保庆便形容,以他与妻子两人的收入,仅能供一个小孩就读大学。连高官都如此了,更何况其他收入较低的农民。

"高中生拖累全家,大学生拖垮全家",这是中国内地多数家庭的写照。①

消息使用了大陆学者的估算、教育部前副部长的间接引语、民间顺口溜等背景材料,这种背景材料生动活泼,不拘一格,比抽象的叙述效果要好得多。

在新闻业务研究领域,有人将背景分为若干类型,如历史背景、地理背景、事物背景、知识背景、人物背景、社会背景等等。这种分类在一定程度上反映了新闻背景的多样性,但实际上背景材料的种类要比以上分类丰富得多。按上述类别分类,也有一个弊端——容易将写作者的手脚束缚住,专门要针对某个类型来设计背景。其实背景运用最好是随心所欲、信手拈来,不拘一格。不少优秀的新闻作品成功之处说明,正是将单个事实的有限性与背景材料在内容和形态上的无限性巧妙结合,才使作品主题得到升华。

四、天女散花,巧妙穿插

一般来说,消息的背景段并无固定位置,可以穿插在消息的任何一个部分。当然,穿插在哪里,并不是写作者随意决定,而是要根据新闻事实和新闻主题的需要。笔锋所至,哪里需要背景出场助阵,背景就应在哪里披挂上阵,一展风采。常见的背景穿插方式有如下几种:

1. 插入标题

标题要求准确、生动、精练、传神,在一般情况下,背景不宜强插标题之中,但这并非绝对要求,关键看需要。有时标题中插入背景材料,会起到锦上添花的作用,使标题富有韵味,妙不可言。

---

① 参考消息,2005-09-21

队员工资涨价　　赞助商没动静（引题）
江苏男乒愁,愁,愁（主题）①

这则标题讲的是江苏男子乒乓球队面临为找"东家"赞助而犯愁的尴尬境地。其引题插入了背景材料,男乒之所以发愁,关键是队员工资上涨,找不到赞助商,为点明主标题起到了作用。

26.94米:六十年前三镇尽成泽国　看今日——（引题）
武汉百里长堤巍然锁长江（主题）②

武汉由于其特殊的地理位置,每年的夏季都面临或大或小的洪水袭击,沿江大堤此时都会成为人们关注的焦点。当长江汉口水位已达26.94米时,作者运用了对比的手法,在引题中巧妙地交代了背景,六十年前三镇尽成泽国,强化了主题,使主题与引题形成了强烈的反差。

2. 插入导语

有时在导语中突出背景,是揭示新闻价值最有效的办法。用历史性的事实作背景,与新闻事实进行比较,以旧衬新,形成强烈的反差。

美联社北京3月28日电　台湾主要反对党的一位领导人今天前往中国大陆,这是50多年前台湾从大陆分离出去后该党首次正式访问大陆。③

台湾《联合报》3月29日报道　两个在上世纪斗得你死我活的政党,昨晚终在90多年前革命党起义圣地广州把酒言欢。④

这是国民党副主席江丙坤率团于2005年3月对大陆进行访问时新闻报道的两则导语,都无一例外地运用了历史背景,使这次访问更有着不同寻常的意义,给受众留下了深刻的印象。

如果背景材料本身为一典型实例,极具说服力,插入导语后就可以吸引读者的"眼球",也使导语显得十分精彩。

出租车司机"活着太不容易了"

《今日美国报》3月31日报道　出租车司机都是出了名的固执己见,但在一个问题上,他

---

① 现代快报,2004 - 11 - 09
② 湖北日报,1991 - 07 - 13
③ 参考消息,2005 - 03 - 30
④ 参考消息,2005 - 03 - 30

们出奇的一致,已在纽约开了十年出租的艾哈迈德·库希说:"我原来加一次油花18美元,现在涨到25美元,真是要命啊!"①

这是一则报道油价上涨给出租车司机带来沉重负担的消息。出租车司机艾哈迈德·库希抱怨油价太高,是导语中的背景成分,它是一个重要事例,说明油价太高给出租车司机带来的负担,进而说明油价给美国经济带来的影响。艾哈迈德·库希的现身说法,放在导语里立刻引起人们的强烈关注。

用背景材料去揭示主题意义,这种说明性的背景材料言简意赅,可以用来点明主题,揭示意义,帮助读者更好地理解消息主题。

中央社曼谷12月10日电 30年来首架美国客机今晚降落在越南胡志明市,这也是越战之后第一架在越南降落的美国客机,为美越两国的交流立下新的里程碑。②

这是台湾地区"中央社"《美客机39年来首飞越南》消息的导语,紧跟在第一句新闻事实后,第二句背景材料立即点明主题,揭示意义,这种导语简洁明快,使受众一目了然。

拉美社哈瓦那11月24日电 正当美国总统布什在全世界大谈自由的时候,美国国内的监狱系统却陷入了空前的危机。③

用背景材料与新闻事实进行对比,形成鲜明的对照,以引起注意。一边是交谈自由、民主,一边是监狱"人满为患",虐待犯人。如此对比是何等的鲜明,相信受众会牢牢铭刻在脑海里。这篇消息是报道美国监狱系统不人道的做法,导语的前一句作为铺垫,为主题起到了对比作用。

背景材料有一定吸引力,将其作为定语,用来修饰导语中的事实或人物,为新闻事实或人物出场鸣锣开道。

美联社马萨诸塞州大巴灵顿(1999年)3月30日电 以阿尔贝特·爱因斯坦站在一块黑板前和墨索里尼拧鼻子等照片闻名于世的摄影记者卢西恩·艾格纳昨天在一家私人疗养院去世,终年97岁。④

爱因斯坦和墨索里尼都是闻名全球的人物,用这样的名人来充当导语新闻事实的定语,

---

① 参考消息,2005-04-27
② 参考消息,2004-12-11
③ 参考消息,2004-12-16
④ 刘明华,张征.新闻作品选读.中国人民大学出版社,2004:52

使导语给人留下深刻的印象,令人过目不忘。德国《明星》周刊记者在题为《乌镇,感受得到风水的地方》的消息导语中,用一位乌镇做"姑嫂饼"的女子作为背景材料,作为新闻导语的定语来修饰乌镇的美好。

身穿青花布上衣的孙,把头巾扎在脑后。在中国南方长江流域的乌镇,数百年来女子都是这种装束。①

用设问形式作为背景材料插入导语,清晰明了,开门见山,使读者更好地了解新闻事实全貌。

本报讯 为50元钱替人家擦窗,不料脚下一滑摔成瘫痪,高额的医疗费、伤残费是否该由这家人赔偿? 昨天下午,浦东新区法院作出判决:原告阿曾摔成截瘫,责任在自己,与被告无关,赔偿请求不予支持。②

一个设问句中带出了背景材料,让读者一目了然。

3. 插入主体

背景材料插入消息主体之中,常见方法有两种:

第一,主体中分散穿插独立的背景段。例如:

"海洋并非取之不尽,同样需要保护"(引题)
象山漂流瓶登陆日本(主题)

本报宁波2月6日电 记者徐锦庚 一条喜讯今天在浙江省象山县渔民中传开:去年9月由象山渔民亲手放漂的环保漂流瓶,1月12日漂到了日本冲绳县津坚岛附近海域,被当地渔民发现。

日本海上保安总部1月31日发布消息称:1月12日,一位80多岁的老渔民在津坚岛附近海面上发现了几个红色漂流瓶,内装有一封用中文和英文书写的关于保护海洋环境的倡议信。日本方面认为,"至今还没有听到同样的瓶子在日本沿岸漂流或着陆的消息,因此可以说这是第一次。"

这些漂流瓶随海洋暖流在东海上漂流了近4个月,直线旅程达800公里左右。

去年9月15日,在象山举行的第四届中国开渔节上,象山渔民举行了隆重的祭海仪式,放养了一批鱼、蟹、虾等水产品幼苗,以示对大海的感谢和图报,并放漂了18只红、黄、蓝三种颜色的环保漂流瓶。瓶内的"蓝色保护宣言书"中介绍了象山"蓝色保护者"志愿行动的情况,

---

① 参考消息,2005-11-8
② 新民晚报,2004-11-12

并向世人呼吁:善待海洋就是善待人类自己。在放漂之前,这些漂流瓶经过近万名象山人手接手的传递。象山渔民说:"以前我们总以为大海是取之不尽的,现在渔业资源的衰退已警告我们,大海同样需要保护。"

据悉,放漂环保漂流瓶在国内尚属首例。[1]

消息共分五段,在主体部分的第二段和第四段为独立的背景段,分别介绍了日本渔民发现漂流瓶的经过和放漂流瓶动机和全过程。消息导语中也有背景成分,除第一句是时下的新闻事实外,其他均为背景材料。

这种在主体中分散穿插独立背景段的好处是:事实与背景材料分工明确,各司其职,全文层次清晰,写起来比较顺手,读起来一目了然。不足之处是:比较落俗套,处理不好消息主体易机械呆板。

第二,将背景材料与事实有机糅合在一起,使之浑然一体,天衣无缝,让读者感觉不到人为的痕迹,比较自然。例如:

人有爱心鸟有情(引题)
青岛呵护生态人鸟同乐(主题)

本报青岛4月20日电 记者宋学春 赵永新 虽然已过了海鸥北飞的正常时间,前往青岛观光的游人都惊喜地发现仍有成群结队的海鸥翱翔在青岛湾,恋恋不舍。是什么原因使得海鸥"乐不思蜀"?答案是6年前青岛市林业局和青岛晚报社联合发起的"挽留海鸥"行动。

地处山东半岛黄海之滨的青岛,依山傍海,气候宜人,是海鸥等沿海候鸟迁徙的主要通道,又有"中国东部候鸟驿站"之称。尽管该市在保护鸟类方面作出了很大努力,但捕杀、买卖鸟类的现象仍屡禁不止。为唤醒广大市民爱鸟、护鸟的意识,青岛市林业局与青岛晚报社决定以挽留海鸥行动为切入点,从1996年冬天开始,在青岛湾投放饲料,吸引更多的海鸥来此"作客"。

倡议书发出后,得到了青岛市民的积极响应,越来越到的热心人捐款捐物,到海边投放饲料、喂养海鸥。据不完全统计,6年来社会各界共捐款近10万元,参与挽留海鸥行动的市民达20余万人次。

人有爱心鸟亦有情。据鸟类专家介绍,每年来青岛湾过冬的海鸥明显增加,由6年前的几十只增加到目前的上千只,种类由原来的一两种增加到八九种,逗留的时间延长了1个多月。如今,海鸥已是青岛市民心目中的"市鸟",人鸥同乐成为岛城亮丽的新景观。于冲副市长告诉记者:"挽留海鸥行动不仅留住了美丽的海鸥,而且激发了市民热爱大自然、热爱野生动物的美好情感。这一行动影响的不仅是一代人,而且是几代人——试想今天喂养过海鸥的

---

[1] 刘明华,张征.新闻作品选读.中国人民大学出版社,2004:63

孩子,他们和他们的子女还会拿起猎枪瞄准可爱的鸟儿吗?"①

消息中画线部分均为背景材料,分别对"挽留海鸥"行动的发起者,青岛地理环境,"挽留海鸥"行动的实施经过,海鸥逐渐增多的情况作了补充说明,突出了新闻事实本身,让背景材料与新闻事实天然合一,没有让背景材料游离于新闻事实之外。当然,运用这种手段交代背景时一定要少而精,不宜大段滥用,使句子过重过长,否则就会影响到消息的质量。

4．插入结尾

按照一般的写法,新闻背景大多在消息的主干部分交代,自然也不乏在消息导语中交代的上乘之作。在消息结尾处插入背景材料似不多见,但这种方法独具一格,别具匠心,更有其独到之处。在结尾之处交代背景材料,就可以使读者在最后进一步加深对消息的理解。

榜上无名

日本《读卖新闻》2002年2月28日报道 26日,美国国防部发表了题为《国际社会对恐怖战争的贡献》的资料,其中列出26个支持反恐怖战争的国家,但日本却榜上无名。

日本政府27日对此表示了强烈不满。外务省发言人服部则夫在记者招待会上表示,美方虽然承认了错误,向日方道歉,并将对资料进行修正,但这"已然令人感到非常遗憾"。

不过,当晚小泉首相表示:"布什总统访日时在国会进行的演说中曾亲口对日本的支援表示感谢。这是我亲耳所闻,是最值得信赖的。"对此表现出了冷静对应的态度。

在1991年的海湾战争中,尽管日本提供了130亿美元的资金,但受到伊拉克侵略的科威特在美国报纸上刊登告示,对30个国家表示感谢,其中也没有日本。②

日本在第二次海湾战争中积极追随美国,不仅出钱,而且还首次派出部队,结果在美国总结表彰时,却落了个榜上无名。在消息结尾时,记者又将第一次海湾战争时日本也榜上无名的背景材料拿出来,加深了读者对消息主体的理解。看来,美国名单上没有日本也不是偶然漏失,前面就已有过类似的遭遇了。日本虽出大价钱,但金钱也不是万能的,日本在国际社会的形象由此可见一斑了。

五、运用背景材料的注意事项

在新闻写作中,运用背景材料要注意以下几个方面:

1．运用背景材料目的要明确

不能为了写背景而写背景,更不要随意运用背景材料,以免过滥。写作时应再三掂量背景材料,以是否有利于衬托新闻事实,是否有利于突出新闻主题为原则。每则新闻报道都会

---

① 刘明华,张征.新闻作品选度.中国人民大学出版社,2004:63
② 刘明华,张征.新闻作品选读.中国人民大学出版社,2004:75

因事实不同而表现出巨大的差异性,要根据写作新闻报道的目的决定使用什么背景材料:是让受众了解新闻报道中所涉及的专业内容呢,还是让受众了解新闻事实发生的来龙去脉;是让受众了解新闻事件所包含的深刻意义呢,还是让受众了解新闻事件对社会、周边环境产生的种种影响。目的一定要明确,切忌无目的运用背景材料。

2. 在运用背景材料的过程中视野一定要开阔

记者要有丰富的知识储备。考察新闻背景时,记者的立意要高远,思路要开阔,绝不能局限于一时一事、一城一池的得失上,而要有战略眼光,关注新闻发生的复杂的环境因素,关注与新闻事实相联系的方方面面。要善于把历史背景、地理背景、人物背景、事件背景、知识背景、社会背景放在一起来考虑,而不要静止地、孤立地去进行单个的考察。要有"大背景"意识,这样在写作新闻时才会得心应手,挥洒自如。

3. 选材要准确

只有准确无误、翔实可靠的背景材料才会准确地衬托新闻事实,否则就会弄巧成拙。今天的时代是一个信息爆炸的时代,给我们提供了丰富的背景资料,但同时也为记者选择新闻背景材料造成一定困难。选择的材料是否恰到好处,是否能清楚地解释和说明新闻事实的意义,是否有利于突出新闻主题,这都需要记者反复考虑。

4. 恰当运用新闻背景材料

- 背景材料贵精不贵多,要简练,不能过长;
- 选取背景材料要符合表达新闻主题的需要;
- 根据不同报道内容选取不同的背景材料;
- 背景材料永远都是"配角",千万不能喧宾夺主;
- 运用背景材料时手法要灵活,不要程式化;
- 新闻背景的运用是记者水平的显现;
- 永远把受众当作对你报道的内容一无所知的人。

中 编

第七章 角度:寻找新闻报道的最佳切入点

第一节 角度之中见高下

任何一篇新闻报道,没有角度是不可思议的,角度的好坏关系到新闻作品质量的高下,甚至是成败。任何一个新闻记者,如果不善于寻找角度,那么他在新闻舞台上就一筹莫展。曾为记者、后为学者的高钢先生说:"好的报道角度呈现于读者眼前之际,如同让人们看到一颗切割精美的钻石,会生出一种端详它、观赏它、研究它的情不自禁的冲动。"[①]那么,究竟什么是新闻角度,新闻学者为什么会给予它这样高的评价呢?

一、新闻角度的定义

在新闻采编的过程中,在对材料如何判断、取舍、使用中,也往往涉及新闻工作者观察问题、选择材料的角度不同。

何谓"角度"? 翻开《辞海》,解释很简单:"角的大小称为角度。"《现代汉语词典》中解释似乎很接近我们所阐述的"角度",即"看问题的出发点"。两本权威性的语言工具书,解释都仅有一句话,看似简单,然而在新闻实践中,这让很多新闻工作者为之绞尽脑汁。

那么什么叫新闻角度呢,我们可以下这样一个定义:新闻工作者站在不同的出发点去看到客观事物。换言之,所谓新闻角度,指的是新闻报道的切入点、侧重点,新闻角度就是认识和表现对象的切入点。它包括体验事物的角度、选择新闻事实的角度、展示主题的角度、表现方式的角度等等。一言以蔽之,面对同一件新闻事实,选取角度不同,写出的新闻报道就会有天壤之别。比如,众多新闻媒介去采访同一件新闻事实,由于众记者选择的新闻角度不同,结果有的记者写出的新闻报道在社会上引起巨大反响,甚至在全国新闻大奖中折桂;而有的记者写出的报道则反映平平。

二、选准新闻角度的重要性

一个角度,就是一个切入点。角度切入点不同,所见也就不一样了。角度切入点新且准,

[①] 高钢.新闻写作精要.首都经济贸易大学出版社,2005:92

就一下子能抓住事物的要害之处。抓住了"纲","目"自然也就张了,也就能抓出新鲜的"活鱼"来。反之,只能抓出条翻着白眼的"死鱼"来。由此可见,从新闻价值的发现开始,到记者的第一步采访、第二步写作,都离不开角度的选择,"角度"二字贯穿新闻的始终。

1998年,《新疆日报》决定对新疆的环保问题进行深入报道,首先遇到的问题就是角度问题。新疆面积达160万平方公里之多,占全国面积的六分之一,从哪写起?新疆环保问题沉淀积多,风沙肆虐、河流枯竭、草场退化、良田污染,尤其是城市污染在全国名列前茅,一到冬季,取暖锅炉排出的气体将整个城市笼罩其中,第一篇新闻报道从那里落墨?这好比"老虎吃天,无从下嘴。"经过研究,他们认为,160万平方公里的辽阔国土,就从塔里木河写起。塔里木河是中国最长的内陆河,也是新疆的母亲河,当时的水流量只有六十年代的十分之一,河道干涸、沼泽退落、胡杨死亡、就地起沙。

据了解,塔里木河生态恶化并非气候或自然原因,完全是人为造成的。于是《新疆日报》派出记者,经过采访,一篇《塔里木河还能流多远》新闻通讯见报了,并在读者中引起很大反响。塔里木河本来就在国内有很高的知名度,其名称常常出现在文学作品中。五十年代,一首《塔里木河》的歌曲唱响大江南北,至今,它优美的旋律还在一些中老年人的心头回荡。塔里木河以它特有的知名度受到读者的关注,况且,塔里木河枯竭,将会对整个新疆的生态系统造成灾难性的打击,不少绿洲将重新变为沙漠。因而,这篇通讯以其独特的角度披露的事实牵动着千千万万读者心。下面,我们将这篇通讯全文刊载如下:

塔里木河还能流多远
塔河下游生态恶化加剧

本报记者 张晓艳 神色严肃的中科院新疆分院研究员樊自立站在不尽的沙丘上,用"红色区"重重标识在塔里木河下游:严峻的现状——生态恶化加剧。

8月底,随"天山环保世纪行"采访组一同下塔里木河的专家樊自立,用一连串表述,佐证着深深的忧虑:塔河下游地表水急剧减少,来水量仅为20世纪60年代的十分之一,且断流不断上移;地下水位下降到16米;植被面临消亡,千年不死的胡杨死了;沙漠化扩展,塔克拉玛干大沙漠和库鲁塔格大沙漠在30年间推进了60公里,农业省生产难以为继,下游的农一师5个团场人工绿洲大量弃耕,1 500多人外迁。

量柱状分布在塔河下游沿岸的兵团31至35团场是"绿色桥头堡",如果生态环境继续恶化,5万"绿色护卫军"将被迫外迁,茫茫荒原将直逼南疆重镇库尔勒。假如人类节节败退,大规模沙进人退不可避免,现在的绿洲难免被黄沙吞没,成为考古遗迹。

尼桑越野车无法纵横驰骋,风沙侵袭时的218国道路况极差,两三百公里的道路竟有百余处沙石掩路,大沙漠隔路观望,大有合抱之势。

塔河下游5个团场中,35团场位于最下游,是风沙最前沿的一片绿洲。这里也曾有丰收的棉桃、盛开的梨花、成群的牛羊和矫健的鹿群,但自20世纪90年代后,断流几乎每年发生,被沦亡的阴影笼罩着。已被迫撤迁的7个边远连队那坍塌的房屋,让人想起谁将是明日的楼兰？

生态恶化带来了更多的灾难。1998年,塔里木垦区再次遭受了大风、霜冻和冰雹的袭击,2万多亩香梨绝收,13万亩棉花先后重插了4次。

塔河下游的两个水库已基本无水可蓄。我们的车是直接开进卡拉水库库底的,昔日的水库长满了野草,牛羊徜徉其间。下游的另一重要水库——大西海子水库储着从孔雀河调入的星星点点的水,这些水被当地人唤作救命水。

我们寻找着被风沙淹没的河床,在下游阿尔干,干涸的河床上最高洪水位的遗迹折痕仍清晰可见,水线上枯死的苇子稀稀疏疏。远处,半死的胡杨无望地守护着大河河道。留着长须的老人争相向我们诉说着曾跑过黄羊、野猪、狐狸的水草丰茂的过去,还有那打过珍稀大头鱼的经历。

路上我们碰到了11岁的维吾尔族小姑娘阿依吐拉暑假来道班看她的爸爸。她说她从没有见过大河。她不知道,就在她的脚下,曾经流淌着一条著名的大河——塔里木河——母亲河。

生态恶化并非气候原因

"塔河下游生态急剧恶化不是气候原因,不要倒果为因,"自治区人大常委会委员、原自治区气象局局长张家宝随"世纪行"行进时强调说。

他拿出气象局多年的统计数据说明,20世纪80年代以来,也就说今年南疆的降水比前20年增加了,其中7月的平均降水量增加了21%。所以把塔河生态恶化归结为气候原因毫无道理。

相反,因河道干涸,沼泽退落,使得林木及林下草群大量死亡,就地起沙,灾害性天气大大增加。据铁千里克气象站的记录,这里的浮尘日1个月可达20天,几乎是全国之最。每年8级以上大风多达20次以上。从1992年到今年,温度、气压都出现了极值。

与此同时,水文资料显示,塔河源流来水不仅没减少,反而略有增加。

那么,水跑到哪里去了呢？50年代初,罗布泊干涸了;1974年台特玛湖彻底干涸;1993年大西海子水库历史上第一次彻底干涸。塔里木河的流程已从20世纪60年代的1 321公里缩短到1 001公里。母亲河啊,你还能流多远？

如果我们从上空俯瞰整个塔河,就会发现一个奇特的现象:上游开荒,下游弃耕;汛期里,上游防洪抢险一片汪洋,下游缺水受旱两岸荒滩。

造成塔河水量减少的主要原因是上、中游大量垦荒。据不完全统计,80年代末塔里木河流域的耕地为50万亩,现已达80万亩以上,而塔里木河的干流域规定,到2000年也只能拥有耕地72万亩。无计划地土地开发破坏了源流区和干流区的水土平衡。

塔河是一匹无缰之马,多少年来一直处于疏于管理的状态。沿河两岸乱扒口子河、私架水泵抽水现象十分严重,水的损失浪费惊人。据统计,塔河河道两岸沿线共计有各类大小饮水、跑水口138个。到目前为止,在这些口子中,修有控制建筑物的仅有18个,沿河两岸叶枝修剪防洪堤100多公里。沿河众多饮水口引走的水,除一小部分用于农牧业灌溉外,大部分浸溢和散耗掉了。

改善生态环境必须全面治理

"重要的是把生态效益放在首位,这是我们目前所需要统一认识的核心问题。"自治区人大常委会副主任许鹏强调。"生态效益、经济效益、社会效益应是利益统一体。现在的主导倾向是孤立地片面地强调经济效益。"

专家认为,在塔河流域的治理上要"总揽全局、科学规划、严格管理",树立大流域观念,再也不能"铁路警察各管一段",要加强各地区各部门之间的融合,那种水利厅管水、土地部门管地、林业管植被,各地州只管本地利益,各行其是、各自为政、互相矛盾的作法,再也要不得了。

在塔河实行全流域节水灌溉工作是当务之急。仅以源流区来说,1 100万亩灌溉面积,目前的灌水定额都在每亩1 300~1 500立方米,若能大力推行渠道防渗、土地平整、喷滴灌等节水工程措施,加强灌溉管理,把亩灌溉定额降低100立方米,仅此一项可节水11亿立方米,可扩大种植面积92万亩,可见潜力之大。

应该加强塔里木河干流工程建设的力度,实施有效的管理。目前塔河干流两岸的130多个跑水口基本无控制措施,这是大量水资源损失浪费的根源所在。应制定合理的干流流域分水比例和水价,对塔里木河干流实现统一有效的管理。

目前,《新疆维吾尔自治区塔里木河流域水资源管理条例》已将八届人大通过,按照《条例》规定,自治区人民政府已设立塔里木河水利委员会,负责塔里木河流域水资源的统一监督管理,自治区党委副书记张云川任主任,自治区副主席熊辉银任副主任。就在我们"世纪行"行进的同时,这个高层次的管理机构已经召开了第一次会议。

母亲河重现生机有了希望。[①]

这篇通讯在《新疆日报》发表后,在社会上引起了强烈反响,并获中国新闻奖二等奖;1998年全国省、自治区、直辖市党报新闻奖一等奖和新疆新闻奖一等奖。

平心而论,这篇通讯写作特色并不突出,在写作上还有不少地方值得商榷。那么它为什么会获得成功呢?关键在于它选准了角度——在新疆这个干旱地区,水是一切生命的源泉,没有水,什么开发新疆、建设新疆,统统只能是一句空话。在新疆没有哪一样物质像水一样重要,那样与新疆人的发展、人民的生活息息相关,那样牵动人心。因而选择塔里木河作为切入点,自然会获得极好的效果。

艾丰说:"选择,从采访就开始了。首先记者从大量的新闻线索中经过选择,确定报道选题。这是一个很重要的选择——具有全局意义的选择,选题选错了,采访和写作是很难成功的。这犹如打井,打井的地点选错了,地下没水,而再好的打井技术,再努力的工作,都不会打出水来。"[②]

[①] 新疆日报,1998-09-20
[②] 艾丰.新闻采访方法论.人民日报出版社,1999:17

艾丰的比喻浅显而又深刻,也是十分贴切的。挖矿选点选错了,就挖不出矿来,打井选点选错了,就打不出水来。同样,新闻角度选错了,就开采不出具有新闻价值的新闻事实来。同样是一条新闻,可以从不同角度报道它。角度不同,挖掘的深浅就不同,表达的思想意义也不同,新闻价值也就不同。选准了角度,从一个最佳的角度报道事物的全貌,就能写出新闻的魅力来;选准了角度,就能找到揭示普遍社会现象的突破口,对事物进行由表及里的全方位报道;选准了角度,记者就能"沙里淘金",把"新闻"从生活的汪洋大海中提出来。

诚如《经济日报》副总编辑庹震所言:"不善于找'角度',是一些当记者的最大悲哀之一。一篇报道,文字有限,不可能将大千世界全'装'进去,必须有所取舍,有所选择,有所侧重,找准角度,就可以把该'装'一切装进去,把不该'装'的一切'筛'出去。"①

三、正确选择新闻角度

1993年春天,笔者时任新疆日报社经济部主任,当时正值党的"十四大"召开后的第一个春天,笔者组织一个报道战役。当时的出发点是基于党的"十四大"正式提出了建立社会主义市场经济的宏伟蓝图,我们这样一个以农业为生的民族,在实行市场经济的第一年农村会怎么样?农民会怎么样?笔者的目光自然而然地放在了农村和农民身上。要知道,在过去农村每年种什么,全由上面说了算,除了几分自留地外,农民过去种地是不太上心的,你让种什么我就种什么,反正最后卖给国家。建立市场经济后,则大不一样了,国家除了保留一块统购粮地外,其他放手了。什么赚钱种什么,你愿种什么就种什么。长期统管,一旦撒手,农民是否会适应?带着这样的疑问,笔者组织了一支由4名记者组成的小分队,深入新疆昌吉回族自治州玛纳斯县、呼图壁县采访。

到了农村,在采访中我们发现,许多农民对于种什么感到十分茫然,他们信息闭塞,身处僻乡,并不了解需要什么,也不知道种什么才能赚钱。瞄准了主攻方向,我们连续奋战一周时间,采写了二十多篇新闻报道。

采访任务结束的前一天,笔者突然想起临行前,昌吉回族自治州农工部部长张平说的一个故事:玛纳斯县乐土驿镇一个名叫杨富的农民,到州上找他几趟,要"种什么赚钱"的信息。循着这个线索,我们采访了杨富,一篇《杨富跑信息》的新闻报道很快在新疆日报一版头条见报了。除此之外,我们不但在一版重要位置发了近十条报道,而且还发了一个专版,主题非常鲜明,就是围绕着农民种什么赚钱,如何为农民服务的主题。

但出人意料的是,稿件发表后,那二十多篇新闻报道及一个专版都不及《杨富跑信息》反映强烈。县委书记为此专门打来电话,表示要从杨富跑信息一事中汲取教训,马上组织信息发布会,组织四乡八村的农民参加,尽快解决农民信息闭塞的问题。这篇新闻报道也在全国省、自治区、直辖市党报好新闻、新疆好新闻评比中频频获奖。

事后,笔者认真反思了此事,为什么我们制定了周密的采访计划,以及一个有醒目通栏标题的专版,竟然敌不过一条千把字的新闻报道的效果呢?是歪打正着?还是顺手牵羊运气

---

① 庹震.新闻采写艺术.中国工人出版社,1996:9

好?其实都不是,而是角度。这条报道的启示是:选择报道角度,其实就是选择揭示蕴藏在事实中的新闻价值的具体途径。农民种什么赚钱?我们的涉农部门和政府应如何为农民提供信息?这样一个重要的问题从正面切入,效果显然不够好。而杨富几次上城找信息的故事,正好从侧面说明了这一主题。这一新颖的角度揭示出一个启示:不要再让千千万万个杨富跑城里找信息了。

由此推想,如果我们的记者都从这样的角度写报道,受众就会看到一个生动曲折的故事,就会了解一个自己还比较陌生的群体,就会关注整个事件正在发生的一些新的变动。我们从中可以看出,角度选择是否得当与新闻价值的大小直接相关。

第二节 挖掘新闻报道中的最佳角度

作为新闻报道,角度也很多,如有硬角度、软角度之分,还有旧角度、新角度之分,也有大角度、小角度之分。再归纳细一点,有领导角度与群众角度、工作角度与生活角度、表扬角度与批评角度、正面角度与侧面角度、宏观角度与微观角度、对内角度与对外角度、可读性角度与可用性角度等等。那么,在新闻采写报道过程中,如何获得一个与众不同、独出一格的角度呢?下面有几条普遍可以遵循的原则仅供参考。

一、读者原则

在西方媒介的眼中,读者就是上帝。读者所最能接受的角度,也就是西方记者考虑的角度。改革开放后,中国媒体和记者在角度选择方面有了很大进步,但与西方记者相比,仍有很大差距。不少报道角度过硬,呈刚性,动不动就从领导角度、工作角度、宏观角度出发,以至于不少媒体的老总和新闻学者频频向记者发出呼吁:多一点读者角度。但是,有一点要肯定,不同报纸有不同的读者群,因而也有不同的定位导向。当代中国的新闻媒体已愈来愈趋于多样化、细分化,不同类型的媒体需要分层、分方向发展。

因而,多一点读者角度的大方向是没错的,关键是记者要根据你所在的传媒的读者定位来选择最佳新闻角度。2006年1月22日,沙特阿拉伯国王阿卜杜拉抵达北京,对中国进行正式访问。作为已知石油储量最多的世界第一大石油输出国,这是阿卜杜拉国王去年8月继承王位后首次出访的第一站,也是中沙两国于1990年建交以来,沙特国王首次对中国进行访问,意义非同一般,自然引起了全球媒体的关注。由于读者定位不同,各报道角度各异,下面选取几家媒体所写得沙特国王访华报道,以便进行分析。

胡锦涛与阿卜杜拉国王会谈

本报北京1月23日讯 记者王莉报道 国家主席胡锦涛今天下午在人民大会堂与沙特

阿拉伯国王阿卜杜拉举行会谈。两国元首积极评价中沙关系，一致同意进一步加强两国务实合作，推动两国战略性友好合作关系深入向前发展。

胡锦涛说，中沙建交时间虽然不长，但两国关系发展很快。双方高层互访不断，相互了解和信任日益增强。经济、能源等领域的合作成果显著。沙特已经成为中国在西亚北非地区的第一大贸易伙伴。两国在文化、科技、安全等领域的合作卓有成效。在重大国际和地区问题上有着广泛的共识，进行了良好的合作。我们赞赏并感谢沙特在台湾等问题上给予中国的宝贵支持。胡锦涛表示，中方高度重视发展中沙战略性友好合作性关系，愿与沙方共同努力，使两国成为长期友好和全面合作的好朋友、好伙伴。

阿卜杜拉说，沙中两国自1990年建交以来，在各领域进行了富有成效的合作。中国拥有悠久的历史和古老的文明，在现代化建设中取得了举世瞩目的巨大成就，在国际和地区事务中发挥着积极作用。沙特人民对伟大的中国充满敬意，珍视同中国的深厚友谊。沙特将继续坚定地奉行一个中国的政策，致力于推动两国友好合作关系深入发展。

胡锦涛建议双方从四个方面进一步加强两国关系和各领域务实合作：（一）增进互信，深化政治关系。保持两国高层往来，密切个层次的对话与磋商，相互支持对方为维护国家主权和领土完整所做出的努力，继续加强双方在国际和地区事务中的相互支持与合作。（二）互利互惠，加强能源合作。中方愿与沙方在能源领域开展全方位合作，不断完善两国能源对话机制与合作方式，全面提高两国能源合作水平。（三）优势互补，扩大经贸合作。中方员工与沙方加强在基础设施建设、信息通信、金融、投资等领域的合作，鼓励两国政府有关部门、民间团体、商业协会和企业等进行多层面的经贸往来，共同开创两国经贸合作的新局面。（四）发展友谊，加强人文交流。中华文明和伊斯兰文明都是人类文明的瑰宝。在新的形势下，中方愿与沙方加强文化、教育、科技、新闻等领域的合作，促进世界不同文明的对话与交流，为构建和谐世界作出新的贡献。

阿卜杜拉对胡锦涛的上述建议表示完全赞同。他说，通过此次访华，双方增进了政治互信，沙方更全面地了解了中国经济、社会发展的情况，对两国合作的前景充满信心。沙方愿与中方深化高层交往与政治对话，保持在国际和地区事务中的沟通与磋商，充分利用双方经贸混委会等机制，促进在经贸、能源、基础设施等领域的互利合作，鼓励两国人文交流。

双方还就中东、海湾地区局势交换了看法。

会谈后，两国元首共同出席了两国政府关于石油、天然气和矿产领域开展合作的议定书、第三届中沙经济、贸易、投资和技术合作混委会会议纪要，以及中沙职业培训合作协议等合作文件的签字仪式。

会谈前，胡锦涛在人民大会堂北大厅为阿卜杜拉访华举行欢迎仪式。全国人大常委会副委员长许嘉璐、国务委员唐家璇、全国政协副主席刘延东、商务部长陈德铭、外交部长李肇星、发改委主任马凯和中国驻沙特大使武春华等出席了欢迎仪式。

《人民日报》是中国共产党中央委员会机关报，是中国报业的"龙头"媒体，它所面对的读者除了各级党政领导、企事业单位、知识分子群体外，还有更为宽泛的读者群。因此，它对沙特国王访华的意义除了经济上的原因外,将着重点放在推动两国战略性合作的友好关系上,它的报道要站在国家全局的高度上,从两国合作的全球战略意义出发进行报道,这也是一种角度,是完完全全的国家角度、政府角度。

中沙加强两国经济关系

法新社北京1月23日电　在沙特国王阿卜杜拉对中国进行里程碑式的访问期间,两国签署了一项能源合作协议。双方表示,阿卜杜拉访华将开启两国加强经济关系的新纪元。

阿卜杜拉国王于22日抵达北京,这是他去年8月即位以来首次出访中东以外的国家。这也是中沙两国于1990年建交以来,沙特国王首次对中国进行访问。

他今天与中国国家主席胡锦涛在人民大会堂进行了会晤。阿卜杜拉国王与胡锦涛出席了两国各项协议的签字仪式,协议包括关于两国在石油、天然气和矿产领域开展合作的协议和关于经贸、投资及技术合作的协议。

双方都没有立即提供这些协议进一步详情,不过陪同阿卜杜拉国王访华的沙特外交大臣沙特·费萨尔在签字仪式前点明两国的主要兴趣。他说:"中国是最主要的石油市场之一,而沙特是中国最重要的能源来源之一。"这是两国建交16年来,沙特领导人首次访问中国。他表示增进双边关系。

分析人士说,阿卜杜拉国王选择中国作为他亚洲之行的第一站,在战略上是明智之举。继中国之后,阿卜杜拉国王还将访问印度、马来西亚、巴基斯坦。

作为世界第二大石油消费国,中国正在全球搜寻更多的石油,以满足前所未有的经济改革需要。沙特国王正是在这个时候对中国进行访问的。《中国日报》今天援引沙特驻华大使萨利赫德华说,这次访问在发展两国友好关系的道路上具有里程碑式的重要意义。①

法新社这篇报道,虽然不乏对中沙两国战略关系的评述,但其侧重点更多地从经济专业的角度切入。这篇报道除了对沙特国王访华内容进行报道外,还对两国加强经济合作进行了解读,虽然是寥寥数语,但分量很重,可谓字字珠玑,使读者一目了然。

东进行东锁定中印

《日本经济新闻》1月23日报道　沙特国王阿卜杜拉开始对中国、印度等亚洲四国进行访问,22日抵达第一站北京,其目的在于扩大与能源消费急剧增长的中印等国的相互投资,巩固亚洲这个长期市场。

两国去年1月至11月的贸易额同比增长59%,扩大到145亿美元。

沙特阿拉伯是世界最大的原油出口国,它一方面享受着原油价格上涨带来的好处,另一方面因人口急剧增长面临严重的失业问题等,必须通过扶植产业创造就业机会。因此,沙特

---

① 参考消息,2006-01-24

下力气发展有国际竞争力的炼油及石油化工产业,谋求与海外企业合办吸引海外投资。

沙特通过与日本企业合资等,已经推进了大型炼油及化工联合企业的建设等,沙特想把这种"日本模式"也推广到中国和印度。在中国,沙特国营的沙特阿拉伯石油公司已经开始在福建建设合资的炼油厂。双方将借这次访华进一步交换多个关于推进新合作项目的备忘录。①

对于沙特国王访问中国,日本媒体较为关心,纷纷予以报道,各媒体的认识比较一致,即中沙两国通过经济合作加强双边关系。《日本经济新闻》这篇报道着眼于沙特国王访问亚洲的经济战略意义,应该说也是比较客观的。当然沙特国王此次出访亚洲四国而不去日本,令日本多少有些失落感。《日本经济新闻》虽然没有明说,但弦外之音是不言自明的。日本共同社指出,沙特国王此次访华而不到日本,是因为中国已迅速成为世界第二大石油消费国,而日本的石油需求状态并没有太大变化,日本将会在石油资源竞争中落后。

从上面几家新闻媒介对沙特国王的访华报道可以看出,最佳新闻角度的选择标准是随着不同读者群的需要而变化的,没有固定不变或绝对的角度,角度都是相对的,关键是读者的需要。

二、新闻价值原则

好的新闻切入点,来自我们对新闻事实非同寻常的发现和理解,一定是最能深刻地显示出新闻价值的新闻事实。

美国新闻学者谢丽尔·吉布斯、汤姆·瓦霍洛指出:"在你回顾了纪录之后,最好花点时间想想什么对你的报道最重要。在新闻行业里,重要性被定义为:影响的深度和广度;什么是最新发生的;什么是最有趣的。……可以问问自己,读者读到这篇报道时首先想知道什么,其次想知道什么。也可以设想一下如果你要向一个朋友、亲戚或陌生人讲述一个事件,你会首先说什么。"②这段话的前半段阐明了新闻价值原则,而后半段则说明了读者原则。他们所提出的"重要性"其实就是新闻价值。

2006 年 1 月 24 日,美国副国务卿佐利克访华。佐利克作为美国政府内主张对华积极发展关系的"知华派",访华受到舆论高度关注。全球多家媒体予以报道,虽报道角度各异,但多是以"美对华政策发生改变"为主题,角度比较单一。财经类报纸《21 世纪经济报道》的报道却别出一格,角度十分独特,以洋洋洒洒四千余字的篇幅刊发一篇题为《郑佐之交》的深度报道。③ 何谓"郑佐之交"?所谓"郑",乃中国改革开放论坛理事长郑必坚,所谓"佐",乃佐利克也。"之交"即二人的交往与情谊。佐利克来华,日程安排得满满当当,在北京的一天时间里,温家宝总理、李肇星部长、戴秉国副部长、发改委主任马凯、银监会主席刘明康等一大批中国

---

① 参考消息,2006-01-24
② 谢丽尔·吉布斯,汤姆·瓦霍沃.新闻采写教程.姚清江,刘擎熙译.新华出版社,2004:132
③ 21 世纪经济报道,2005-01-27

高官要接见他,郑必坚只是在当天与他共进早餐。这么一批官员分量似乎都不比郑必坚轻。那么《21世纪经济报道》放着总理、外交部长这个角度不用,为什么会选择郑必坚呢?这就是《21世纪经济报道》的高明之处,在这些人中,郑必坚是最好的切入点。因为郑必坚和佐利克的私人和公开交往,在过去的一段时间里,已经微妙而深刻地改善了中美关系。作为中国改革开放论坛的理事长,郑必坚在近年中提出了"和平崛起"理论;而美国副国务卿佐利克作为美国政府制定对华政策的关键人物,于2005年8月提出了"利益相关者"概念,这也被视为美国对华政策的一次明显转型。"重视中国,全面对话"正在成为主流,佐利克的这个概念正是响应郑必坚的"和平崛起"论而诞生的。《郑佐之交》这篇解释性的新闻报道从一个不引人注目的点切入,却非同寻常地表现了事物的新闻价值,取得很大成功。

三、接近性原则

在选择新闻角度时,有一个很重要的原则我们不能忽略,即接近性原则。在采访一个新闻事实时,记者就要开始琢磨,在这个新闻事实中有没有令人关切的特质,有没有让受众感兴趣的切入点,在地理上、职业上、年龄上、心理上、时间上或者利害关系上,要想方设法寻找到所报的事实与受众在这些方面的接近点。实践证明,离受众越近、关系越密切的事,就越为受众所关注,新闻价值也往往越大。

比如对于国家领导人的报道角度,我们往往从工作角度或领导角度出发,对领导人的个人爱好和私生活讳莫如深,避而不谈。而西方新闻则反其道而行之,喜欢报道国家领导人的个人生活。在我们一些新闻官员的脑袋里,一提到这点,仿佛西方记者喜欢刺探领导人的私生活,唯恐天下不乱。其实也不尽然,西方记者大多还都是报道领导人一些健康的个人爱好和情趣,这些更能引起受众的兴趣。

前两年,国家主席胡锦涛春节期间赴某省农村考察,国内媒体所发消息基本都是从工作角度出发,最多在新闻中提上一笔胡主席在农家与农民一起包饺子,而美联社的报道主题则是胡锦涛与农民一起包饺子过年。哪个角度好,明眼人一看就看出来了——作为普通受众,肯定对美联社的新闻更感兴趣。其实,从工作角度出发,满篇都是胡主席亲民爱民的字眼,恐怕受众脑海里也不会有什么形象化的感觉,而胡主席在农家与农妇一起动手包饺子,其乐融融,其亲民的形象自然而然就出现了。

撒切尔夫人为女儿刷房

美联社伦敦电 英国首相撒切尔夫人5月5日(周末)下午,花6小时时间,为当记者的三十岁的女儿粉刷新房。

撒切尔夫人今年58岁,她政务繁忙,但每天早晨都为丈夫准备早餐,然后去首相府处理公务。5月5日,她为女儿刷房劳动了6小时。

撒切尔夫人当年号称"铁娘子",办事雷厉风行、刚性十足。这篇报道却从另一个角度展示了撒切尔夫人柔情的一面,恐怕更容易为受众所接受。当然,选择新闻最佳切入点,一是要从生活最近点切入,如衣食住行,使每个人都感兴趣;二是要从感情最近点,喜怒哀乐是每个人都有的感情,如能从这方面切入,效果也很好。

第三节 角度选择方法谈

对于角度,新闻界众说纷纭、莫衷一是,但细细归纳一下,不外乎这两大类:一种是观察新闻材料、剖析新闻视角,也就是思辨角度;另一种是在采写新闻时,寻找一个什么样的新闻切入点,即表现角度。本书拟将二者结合起来,进行一些初步探讨。

一、佳作常从格外出

由于长期的习惯思维方式作怪,不少记者观察问题总喜欢循着单因单果的思路想下去,非黑即白,非丑即美。在新闻采写中如何突破这种线性思维模式,扩大视野、开阔思路,往往成为新闻采写成败的关键。

浏览新闻佳作,你就会发现,一些上乘佳作最初的线索,即写作的切入点往往为人们所想不到。新华社原社长郭超人说过三句话,即多数人能想到、能做到的,你想不到、做不到,就不能当记者;多数人能想到、能做到的,你也能想到、能做到,你能当记者,但可能是一个一般记者;唯有多数人想不到、做不到的,你想到了、做到了,才能当一个好记者。其实,我们在观察、分析新闻材料时,在选择写作的切入点时,又何尝不是这样?角度要"新",切入点要"刁",必须是多数人所想不到的。如何才能选出多数人想不到的"角度"?就是要独具慧眼,能看到别人所看不到,能想到别人所想不到的,而这里往往蕴含着很高的新闻价值。

一个记者去化肥厂采访,看到了购买化肥的农民在门前排起长龙,农民纷纷向记者反映"买肥难"。本来,记者可以循着这个思路写一篇农民"买肥难"的报道。但这个记者没有仅仅停留在表面上,他经过深入采访,发现"买肥难"反映了农民种粮积极性大大提高,舍得在土地上投资了。应该说,这个角度比前一角度更有意义,也更有"新意"。

2002年,亚洲议会和平协会第十三届年会在重庆召开,新闻记者在会上采访,密切注视着朝韩双方动向。第二天,韩国议长李万燮发言后,经过通道走向座位时,与起身致意的朝鲜代表金秀学握手,并交谈致意。新华社记者吴晶抓住这一切入点,写出了独家新闻"我们将开辟历史的新篇章——记朝韩议会间的历史性握手。"新华社记者敏感地抓住了这一瞬间,寻找了一个全新的角度,一个"人无我有"的角度。

二、过眼旧闻觅新意

在新闻工作者的采写生涯中,除了捕捉每天层出不穷的新闻外,还需要对生活中已经出现的老问题、老话题、老典型进行跟踪、挖掘或包装。所谓的"旧闻",就是指老问题、老话题、老典型等。

　　过眼旧闻觅新意，新闻采编人员要善于从已经过去的"旧闻"中觅出新意来，将"旧闻"巧妙地与现实生活联系起来，从"旧闻"中找出新闻来。人们常说"旧瓶装新酒"，就是这个道理。要从老问题、老话题、老典型中找出新角度来，关键在落笔要"新"，切入点要放在"近"上，否则，就是旧话重提了。

　　地铁通车，在不少城市可能算头号新闻，但在1999年的北京已不是什么新闻了。早在30年前北京建过地铁一期线，15年前又建过二期环线，如今建起了三期线，不少人每天上下班都乘地铁，北京人早已对此没有新鲜劲了。但《人民铁道》报的记者不甘心发条动态新闻，而是从老问题中找出新角度，抓住了三期地铁列车穿过天安门广场这一新的切入点，巧妙地赋予这条新闻新意，使得在一般人看来没有多少新意的老话题增值添色。由于记者慧眼识珠，妙手成文，这条消息荣获1999年中国新闻奖二等奖。正是由于记者抓住了"地铁列车首次穿过了世界最大的广场——天安门广场"这样一个新角度，激活了全文，并把30年前和15年前一期、二期地铁的旧闻当作背景，推陈出新，使得地铁通车这样一个老话题生发出新意来。

中国地铁列车今天穿过天安门广场

　　本报北京天安门9月28日15时15分讯　记者李丹、雷风行　5分钟前，一辆银灰色的地铁列车，在近距地面2.8米的地下，首次穿过世界最大的广场——天安门广场。

　　这是首都向它的共和国母亲50大寿献上的一份最珍贵的礼物。

　　今天通车试运营的地下铁道西起距天安门广场3公里的复兴门，东至距天安门广场8公里的八王坟，全长13.5公里的线路坐落在神州第一街长安街超浅埋层之下。

　　为此，承担西单、天安门、王府井等首都心脏地段地铁施工设计重任的铁道部隧道工程局、铁道部第十六工程局和铁道部第三勘测设计院的建设者们苦苦奋斗了十个春秋。参加世界建筑师大会的各国专家参观后曾惊叹"中国又创造了一个奇迹"。

　　国务院副总理温家宝、日本驻中国大使谷野作太郎等中外来宾与地铁建设的功臣们，作为通车后的首批乘客，一起登上了国产新型电动地铁客车。从长安街东部的公主坟到天安门，列车刚好运行17分钟。

　　30年前的国庆节，北京建设了从苹果园到北京站全长23.6公里的地铁一号线，结束了中国无地铁的历史。

　　15年前的国庆节前夕，北京又开通了运营16.1公里的地铁第二期环线。

　　早在5年前，中国地铁的年客运量就已突破5亿人次，而现在，平均每天乘坐地铁的旅客已达140万。

　　北京地铁虽然在当今世界43个国家117个有地铁的城市中，开通年代和运行里程均排30位以后，但却创下了满载率和单车运营公里两项"世界之最"。

　　投资25.7亿元人民币的地铁"复八段"的今日开通，使北京地铁通车总里程由原来的41.6公里增加到55.1公里，超过了香港的43.2公里，成为中国六个城市地铁之最。同时也使中国地铁的总里程逼近150公里。

目前,中国除北京、天津、香港、台北、上海、广州已开通地铁外,青岛、南京、深圳、高雄等城市已正在或计划建设地铁。

自1863年伦敦建成世界上第一条地铁到136年后的今天,全世界的地铁长度已接近6 000公里。①

其实,在新闻实践中常有这样的情况:面对同一个新闻事件,有的记者反应迅捷,妙手成文,作品出类拔萃;有的记者思维平平,沿袭老路,作品平淡无奇,这中间就有一个如何善于选择角度的问题了。尤其是在面临旧闻时,能不能选择出新角度来。

在很长一段时间里,新闻界提起成就报道、节庆报道就感到棘手。此类报道年年有,岁岁搞,旧话重提,读者不爱看,记者不爱写。不少新闻媒体想出不少新点子,换个角度看成就报道和节庆报道。一是把工作角度换成生活角度。过去一搞此类报道,多是从工作出发,什么国民总产值增长了多少,什么粮、肉、蛋、奶增加了多少,数字说话,令人生厌。现在记者从百姓生活出发,角度一变,面貌为之一新。如在建国50周年报道中,《杭州日报》推出一组《百姓居所更宽敞》、《百姓家底更殷实》、《百姓教育路更宽》、《百姓晚年更幸福》、《百姓出行更方便》系列报道,效果很好。二是把历史角度与现实角度联系起来,立足现实,推陈出新。1999年,《解放日报》采取时空交割的办法,再现解放大上海战役的亮点,先按战役展开顺序,聚焦当年战役主要战场,文字图片相映,"昔日战场,今日新貌"。在《难忘五十年》专栏中,选取五十年前、二十年前和如今三个时间段的生活亮点图配文,如"排队看变迁"、"乘车看变迁"、"牌照看变迁"、"服饰看变迁"、"灶头看变迁"等。

三、善选一角显全局

古人诗云:"春色满园关不住,一枝红杏出墙来。"阳春三月、春光明媚,园内万紫千红、百花争艳,诗人诗兴大发,挥毫尽抒春光之美。令人拍案叫绝的是,诗人通过描绘一枝出墙的红杏,就使世人领略了园内春天的美景。

新闻传播又何尝不是这样?综观新闻佳作,大都以个别反映一般,以微观见著宏观,以特殊尽显普遍,以具体描写抽象,以一角而知全局,是新闻写作中不可缺少的艺术技巧。一个物体不管有多少个角度,只有一个最佳角度。在新闻采写上也是这样,一件新闻事实,可能会有多个角度,但我们的首要任务是,选取最能反映事物特征的最佳新闻角度去反映它。

新闻最佳角度,简而言之,就是找到揭示普遍社会现象的突破口,对事物进行由表及里的报道。这个最佳角度,宜小不宜大,所谓以小见大,就是这个道理。小处着手、大处着眼,通过一个典型的情节、一个生动的细节、一个真实的小故事,来发掘坏死物中的最新点。当然,这个小,必须是既典型生动又事连宏旨的,能通过一滴水来折射太阳的光辉,能通过一枝红杏尽显满园春色。通过一扇窗口反映时代特征的风貌。

《中国法制报》1984年曾载过一篇题为《长街无处不飞花　万紫千红伴京华》的消息,写的

---

① 刘明华,张征.新闻作品选读.中国人民大学出版社,2004:40

是国庆期间北京街头百万盆鲜花无一丢失的小事,却在当年的全国好新闻评选中获得大奖,给我们以深刻的启示。国庆期间,近百万盆鲜花摆在街头,争奇斗艳、百卉吐芳,为节日的北京增添了喜庆的气氛,却没有一盆丢失和损坏。我们看到了新时期首都人民的精神风貌和社会风气明显好转,看到了首都人民美好的心灵。作者从小事入手,以小见大,反映了重大主题。

从小处着手,大处着眼,往往在选择角度上能收到奇效,通过一个侧面去反映全局性、宏观性的东西。更何况从小处着手,能避免泛泛而谈,集中笔力写透问题。获得2004年第十三届中国新闻奖一等奖的消息《看个"咳嗽"要掏1 065元》就很能说明问题。一位市民带女儿去看病多花了钱是小事,但群众反映的看病贵就是大事;一个大夫因病人咳嗽开了一千多元的药费,是小事;但医疗卫生行业医德医风差就不是小事。

杨先生痛说给孩子诊病遭遇
看个"咳嗽"要掏1 065元

本报讯　记者李红鹰　实习生吴芳　7日,武昌的杨先生带着2岁的女儿到市儿童医院看病,没想到看了个"咳嗽"就花了1 000多元。因此,他于昨日投诉到本报新闻110。

据称,杨先生被导医引到专治哮喘的陈教授诊室,陈问了几句,让他先带女儿去验血,发现孩子对常见的31种物质的过敏反应均呈阴性。

陈教授根据孩子患过湿疹,判定孩子是过敏体质,便在病历和处方单上分别开了处方。杨先生见药开得很多,病历上的字又看不懂,便问孩子得的什么病,陈教授说:"按我开得药吃就行了。"

一划价药费和治疗费765元,加验血费300元,共1 065元!有医疗人员小声提醒杨先生:"你的药是开多了。"杨先生返回诊室问陈教授,陈教授称这是一个疗程的药。

杨先生回家后发现,一种叫"贝亚宁"的药上写着:过敏体质慎用。杨不解:既然孩子是过敏体质,为什么还要给孩子开这种药呢?细看病历他又意外发现:陈教授开给药房的处方里写的是"贝亚宁6盒、臣功华芬愈美颗3盒、力欣奇4盒……";而病历上没有"贝亚宁"和"臣功华芬愈美颗"这两味药,"力欣奇"也只有2盒。在深入了解读药品说明书:6盒"贝亚宁"可用5个半月!

面对杨先生的质疑,陈教授昨日解释:"贝亚宁"是一种免疫调节剂,虽然是"过敏体质甚用",但她是给孩子开了脱敏药的前提下开出这种药的。

至于为何病历上处方药品数量比购药处方单上少,陈的原话是:为患者家长的经济承受能力作考虑。

该院负责人就此表示:陈教授的行为肯定是有差错的,院方会根据院内质量管理条例对其进行处理。

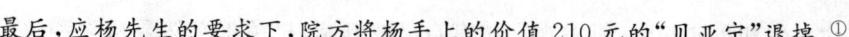

最后,应杨先生的要求下,院方将杨手上的价值 210 元的"贝亚宁"退掉。①

这篇佳作的作者没有贪大求全,没有从所谓医德医风的"大问题"写起,而是从"看个咳嗽"这样一个真实而又典型的小角度写起,挖掘出了客观事实中的最新点,寻觅到了读者身边的最近点。这样的小事写出来读者看得见、摸得着、有生活气息、具体感人,有说服力。通过"看个咳嗽"这样一件不起眼的小事,尖锐地反映了老百姓的呼声——医院的医德医风越来越不得人心了。这篇消息见报后在读者中引起了很大的反响,《武汉晚报》为此进行了连续报道,武汉卫生系统也以此为突破口,开展整顿行风建设活动。

搞好新闻报道需要掌握报道角度,尤其是以小见大的角度。当然,这里的"小",不是给新闻报道简单装个新闻由头,机械地"穿靴戴帽"。而要像《解放日报》党委书记、总编辑裘新所说的那样:"小"必须是真新闻,是真真切切发生在生活中的新闻事实,"小"中能折射出新闻事件的本质,"小"能搭到时代脉搏,"小"中有引人入胜的佳境。②

第四节 谈谈机关报的角度

我们研究新闻角度的目的是:把新闻价值更充分、更突出地挖掘出来,提升新闻报道的吸引力、感染力和引导力。

因而,谈角度我们就有一个无法回避的现实问题:在新闻实践中,似乎被我们称之为"小报"一类的晚报类、都市报类的报道比较讲究角度,或者报道也更有新意,而作为"主流报纸"的党委机关报则不太讲究报道角度,报道内容则比较生硬。其实,机关报作为我国新闻战线的主力军更需讲角度,只有选准了报道角度,才能更好地增强正面报道影响力。

一、何为机关报的角度

一般而言,新闻角度就是寻找、透视、挖掘和表现新闻事实的立足点,就是记者站在不同位置,对所报道的新闻事实进行分析,进而找出切入点。

那么,机关报的角度又与一般的新闻角度有何异同呢?应该说二者具有一般新闻角度的共性,又具有自己的个性。机关报的角度就是从马克思主义的政治立场、价值观和方法论出发,实事求是地认识和反映新闻事件的出发点和切入点。

一是机关报作为党的喉舌,具有一般报纸无法比拟的权威性和独特的地位,被各界视为执政党和政府的代言人。这一特殊的地位决定了机关报特有的政治判断力,对国内外政治、

---

① 武汉晚报,2002-08-10
② 裘新.论党报角度.中国记者,2006(2)

经济、文化等重大事件和重要趋向,机关报必然有自己的判断,机关报必然要从党和政府的角度出发进行判断,进而找到自己的报道切入点。

二是机关报角度反映了党报的价值观。对于一种新闻现象和新闻事件,各报关注角度不同,角度的不同说明了各媒体价值观的不同。比如机关报一般会从政府工作视角出发,而都市报、晚报则会从平民视角出发,专业报会从行业、专业角度出发。作为党委机关报,要从党的路线、方针、政策出发,其价值观是与社会形态相适应的主流价值观。

三是机关报角度反映了一种新的趋向,机关报新闻报道不能几十年"一贯制"了,报道角度要巧、要新、要小。那种生硬、宏观的角度并不是机关报所固有的"专利",机关报报道在新时期要有新气象,以小见大、以新代旧,大事化小应该是新时期机关报报道的艺术手段。

二、机关报为什么要讲角度

机关报报道角度在平常不少是大而全,对人民群众关心的事报道得少,报道角度偏重于领导、偏重于工作,群众不爱看。相反,不少都市报、晚报报道一个热门事件,马上可以在读者中引起轩然大波,这让许多机关报老总既羡慕又无奈。究其原因无外乎是报道角度过于生硬,过于单一,较少从群众角度出发,自然难以引起群众共鸣。党政报道内容十分重要,但角度过于呆板,内容生硬,让读者无法读下去,如会议消息、会见消息几十年"一贯制"。前几年掀起了一股改革风潮,现又归于沉寂,会议报道角度依然如故,内容照抄照搬领导讲话,读者不爱看。

正是由于机关报不太注意报道角度,从报道内容到报道方式、报道语言甚至新闻标题千篇一律,千人一面,致使机关报报道走到了一个困难的境地:不少机关报发行大幅下滑,广告徘徊不前,报社经营苦苦支撑。因此,无论从增强正面报道的影响力的需要出发;无论从"三贴近"的要求出发,还是从遵循新闻规律的需要出发,还是从维持自身发展的需要出发,机关报都到了必须要讲新闻报道角度的时候。

三、机关报的新闻角度管窥

(一)机关报如何讲角度

我们前面就角度谈了一些原则和方法,尽管都适合于党报宣传,但鉴于机关报自身的特殊性,我们还是有必要就机关报如何讲角度这一问题进行探讨。值得注意的是,上海《解放日报》总编裘新就党报角度提出了一些独特的看法,颇有新意。

1. 在同质信源中挖掘独特的角度

在媒体同质竞争日趋激烈的今天,如何从特定的角度体现党报追求,吸引读者眼球,值得研究。首先,硬实的角度体现党报的权威性。党和政府最新政策信息是党报安身立命的要素,在同质信源中把角度对准和读者切身利益相关的信息和政策,这种硬实的角度让读者有信任感。其次,异常的角度体现党报的判断力。不平常的才是新闻,而从别人司空见惯的信源中挖掘出异常角度,才能起到不同凡响的效果。再次,角度对准细节体现机关报个性。角度对准细节,文风就能活泼生动。细节须有独特的慧眼来发现,应是栩栩如生的,反映事件或人物本质的,在同质新闻中又是独特的,具有关注度。

2. 在会议报道中寻找鲜活角度

要强化一种观念,即会议和领导活动报道是党报的资源,而不是负担。据统计,《纽约时报》、《华盛顿邮报》等美国主流大报头版报道,50%的新闻是白宫、国会新闻,即会议新闻,加上联合国、国际法庭新闻、会议新闻、政要新闻可达80%。要破除一种误解,即机关报刊登会议新闻而没有人看。问题关键是要善于寻找好角度,使会议新闻吸引人。

机关报报道要善于从会议和领导活动中找角度,发现新闻点,运用领导讲话中个性化的新闻语言,发掘有震撼力的场面。要注意角度的活化、细化、具体化,力戒流水账式报道。角度要对准会议与领导活动报道和人民切身利益的结合点,善于从中挖掘有用信息。解读党政信息时,角度要鲜活,要审时度势,解惑释疑,不但把信息解读得有用,而且要有意思。

3. 在典型报道中体现平民角度

典型报道角度要选得准、写得实、报得活,让人可亲、可敬、可信、可学,关键是善于运用平民角度。典型报道从平民角度着手,突出个性色彩,使人物有血有肉。还要避免从一个角度切入和报道,突出多角度、层次感,突出多元性,这样才能突出人物丰富性,使其有现实感。

从平民角度开掘典型报道,才能发挥出榜样的力量,使其吸引人、感染人、鼓舞人。平民角度要用好时代特色,要重视对新时期典型内涵和特点的挖掘,而不能局限于传统英雄模范;要强化对具有较强创新精神和开拓意识典型的宣传,满足普通群众致富、成功、成才、求知的愿望。

4. 突出事件报道对准"第一落点"

机关报要增强新闻报道竞争力,就必须把角度对准突发事件"第一落点",及时发掘、准确把握、正确引领,消除读者因突发事件引起的恐慌、怀疑、猜测,满足读者知情权,形成积极的社会效果。

5. 在于读者互动中延伸角度

为加强与读者的互动,国内外不少主流纸质媒体把视角延伸到新媒体。如《纽约时报》从实用信息角度,把和读者互动延伸到互联网。时报网站设"大学时报"栏目,将新闻内容归为200多个学科门类,可查找相关学科领域信息,使《纽约时报》的内容融于日常学术生活。总之,要拓展一切和读者互动的渠道,增强机关报在各种信息渠道受众中的影响力。

(二)我国机关报在新闻写作角度上已有所进步

的确,从新闻业务上来看,新闻角度只是很小的一个切入点,裘新提出的5点看法很有新意,又非常切合时宜。比如提到的会议角度问题,这是所有党报面临的一个非常棘手的问题,几十年来不知改革了多少次,屡改屡败。的确,写好会议新闻并非易事,但是,这并不是无药可治了。实际上,我们不少机关报也在会议新闻写作上迈出了新的步子,让我们来看看下面一篇会议新闻:

首都女记协纪念杨刚逝世 40 周年

本报北京 10 月 7 日讯 记者卢晓小飞报道:"一个人的感召力在他身后究竟能维持多久?"这个偶尔会萦绕在心的问题,在首都女记协今天举行的纪念杨刚逝世 40 周年座谈会上被人们提出来。当雷洁琼、爱泼斯坦、萧乾、冯亦代、龚普生、吴冷西、许中田、谭文瑞、高集等人以充沛的感情追怀历史的时候,与会者再度领略了逝者的音容笑貌。他们吐露的那些肺腑之言,不由人不去重新体味生命的价值和人生的意义。

杨刚(1905—1957)一生从事文艺和新闻工作,生前是《人民日报》副总编辑。她早期的新闻作品脍炙人口,但她的长篇小说、诗歌、散文以及翻译外国文学作品却鲜有人知。发言中,人们以"才华横溢,思想新鲜活泼,学贯中西,对社会、文化和人生的思考敏锐透彻,一生追求光明与真理,清纯如莲,刚正不阿"等语言来评价她。

雷洁琼同志回忆起 1931 年在燕京大学当教师时认识杨刚的情景,说那时她对共产党员杨刚就充满了景仰之情。爱泼斯坦说他与杨刚认识的那几十年是值得珍惜的一段回忆,他想起抗战时期和杨刚在香港度过的革命岁月,慨叹在香港回归之年纪念老友的意味深长。众人的发言谈到,有才华没有热情不行,有学识没有锐气不行,而这些,杨刚都具备了,她像一团火,照亮着别人,却燃烧着自己。萧乾在书面发言中说:"倘若没有认识她,我这一生弯路会走得更多。"冯亦代忆起与徐迟、袁水拍在香港从事文艺革命的日子,幽默地说:"那时,杨刚带着我们三个小弟弟。如果她还是带着我们,我们也不会像今天这样'吊儿郎当'。我这个样子,她在世时会骂我的。"

龚普生回忆了作为燕大外语系高材生和社会活动家的杨刚,说她是与众不同的记者,不像那个时代的文人,因为她广泛的接触社会。高集说她的国际评论和国外通讯是值得后辈学习的范文,他认为到今天为止,她的美国通讯依然是中国记者记述美国的最出色的作品。

会上,杨刚同志的女儿郑光迪展示了张伯海在帮助萧乾编辑《杨刚文集》时保存的杨刚手稿,以及邓颖超、胡乔木、夏衍等同志的手迹。张伯海今天早上珍重地拿出这些历史文物,他说:"杨刚是为了追求真理和光明而忘却自我的,她不会想到后辈纪念她,但也正因为如此,后人永远都不会忘记她。"①

《人民日报》这篇会议新闻却给人耳目一新之感,在选取角度上别拘一格、新颖自然。作者较好地把握了这一点,尽量选择与受众密切相关的内容予以突出。

像这样一个已经逝世 40 周年的女新闻工作者,很多人都不熟,如果就会议写会议,很容易落入俗套。作者没有从直接介绍被纪念者生平入手,而是巧妙地选择了一个角度,在导语中设计了一个悬念:一个人的感召力在他身后究竟能持续多久?这一悬念将杨刚的与众不同和会议议题的新鲜感推到了读者面前,让读者细细品味生命的价值和人生的意义究竟是什么?

---

① 人民日报,1997-10-08

正是由于这一特殊的切入点,才使这篇新闻报道的主人公立了起来。试想,记者如果只是从一般的纪念角度出发,对纪念者的生平,与会者的赞语写上一大堆,这篇消息就不会有如此功力了。要避免会议新闻落入俗套,就应该跳出传统思维的束缚,选择一个与众不同、新鲜别致的角度机关报也完全可以讲角度,硬实的角度也并不是党报的专利,党报完全可以把社情与民意结合起来,既有引导功能,又有贴近功能。

第八章 发现:新闻报道的魅力之所在

第一节 发现力和写作究竟哪个更重要

说实话,我下决心动笔写这一章,要感谢胡志平先生所著的《新闻写作创新智慧》一书。在翻阅此书前,我曾经犹豫过,新闻发现是新闻采访的源头,但和新闻写作能不能扯到一块。是这本书的一些观点打动了我,也使我痛感到在现实的新闻写作中,过于注重写作技巧的训练,而忽视了记者判断力、发现力的培养。我希望通过这一章的写作,构建一种全新的新闻写作理念。

一、发现力对于新闻价值的重要性

固然,新闻报道是对事实的反映,这是不争的事实。但是,我们不是有闻必录,而是对大千世界中发生的事实进行选择和认定。那么选择和认定事实成为新闻的标准是什么?不言而喻,这个唯一的标准就是新闻价值。

如何认定有新闻价值的事实或新闻价值较强的事实,一般来说,我们是用时新性、重要性、显著性、接近性、趣味性作为标尺来衡量的。问题的复杂性在于,有无新闻价值在理论上是很容易分析的,而在实践中,要将普通事实和新闻事实分开,的确是很难的。在实践中,哪些事实有新闻价值,哪些事实没有新闻价值,并没有注明或贴上标签,要靠记者发现和判断。有的有较强新闻价值的事实往往和没有新闻价值的事实混在一起,给记者的分辨带来了很大的难度。这个难度给记者提出一个问题:如何发现新闻?

新闻写作就是记者自己这把采访中搜集到的材料、信息,通过提炼主题,用文学形式制作成新闻作品的过程,即发现——开发——采集——制作——传播。它要求对事实的新闻价值进行开掘,在这个开掘的过程中,记者的发现力是起决定性作用的。因此,可以这么说,新闻报道写作的过程决不是客观事实"照相式"的翻版,而是要求记者运用多种知识和能力,对客观事实的新闻价值进行挖掘,找出它的亮点来。令人遗憾的是,在我们的新闻教科书上,很少提到记者的发现能力问题,把发现与新闻写作联系到一起,更是凤毛麟角。

二、发现力重于写作

发现是新闻写作的源头,没有发现,一切都无从谈起。所以说发现是一,采访、写作、编辑都是零,如果少了一,后面再多的零也无意义。的确,一个新闻事实能不能成为新闻佳作,全在于记者的发现能力,没有发现,怎么会有精品呈现在读者面前呢?

在新闻实践中,新闻发现决不是以偶然和巧合的方式实现的,它是贯穿新闻采写全过程中,从最初的采访到最后的写稿,发现能力一直在主宰着记者的思维活动。胡志平认为:"许多年轻的新闻从业者并不缺乏写作水平和表达能力,他们所缺乏的专业素质正是新闻的'发现'才能。通常,他们的作品是新闻事件先发现了他们,而不是他们先发现了新闻。正如有人所形容:他们不像是鹰,翱翔时就在寻觅,随时准备扑向目标;而像是长嘴水鸟,一直在等待,直到食物流入嘴里。"

在新闻界广为流传的法新社记者发现林彪出逃的独家新闻也说明了这一点:发现重于写作。1971年9月13日,中国发生了当时党的副主席林彪仓皇出逃、身亡异国的特大新闻。事后,保密措施非常严格,广大国人并不知情。然而,事发两周左右,法新社记者却凭着其特有的"新闻鼻"发现了蛛丝马迹。他先是在国庆前夕的一次宴会上,发现林彪没有出现,接着,他又到中国的外交部门探寻林彪的具体情况,但发言人言辞含糊,没有正面回答。记者并不甘心,又走上街头进行调查,发现有林彪作序的《毛主席语录》不见了,"九大"党章也不见了,因为上面写着林彪为毛主席接班人的章节。更能够说明问题的是:由林彪撰写的单行本《人民战争胜利万岁》在书店书架上也神秘消失了。这位法新社记者凭着独特的发现力,判定林彪出了问题,立即发回报道《红色小册子不见了:中国领导层可能发生重大变故》。

由此可见,天下并不缺新闻,关键是记者的发现力,善于发现是记者最大的本领。谁发现了新闻,谁就有用武之地;谁发现得越多,贡献也越大。

三、发现力的定义及其表现

什么是发现力?新华社总编辑南振中认为:"发现是经过观察、研究、探索等手段,看到或找到前人没有看到的事物或规律。发现力则是记者善于发现新鲜事物解释事物规律的能力。"南振中认为,记者的发现力表现在以下几方面:

• 善于发现或找到世界上迄今还没有通过大众传播媒介广泛传播的、鲜为人知的新鲜事实。

• 善于发现或澄清社会上众说纷纭、莫衷一是的重大事件的事实真相。

• 善于发现或提炼出有助于解决当前各种困难和社会矛盾的新鲜经验。

• 善于发现和捕捉能给人以启迪的新思想,深刻地揭示出改革开放大潮中人们观念上的新变化。

• 善于发现和表现最能体现时代精神,对人们有较大激励和鼓舞作用的典型人物。

• 善于发现能够体现事物发展规律的新的苗头、新的动向,准确地预测和描绘事物发展趋势。[①]

面对同样的新闻事实素材，为什么有的记者擦肩而过、视而不见，而有的记者却从中发现了大新闻，关键在于发现力。

新疆地域辽阔，出门坐车跑几百公里是近的，动辄上千公里。新疆省会乌鲁木齐市距南疆重镇喀什就有近两千公里。喀什地区巴楚县至莎车县的巴莎公路途中有个名叫色里布亚的小镇，由于地处公路边，集市贸易非常兴盛，维吾尔族人称为"巴札"。喀什地区有11个县和一个市，在喀什采访，这个小镇是必经之地，甚至还有记者专门来小镇采访，也没发现什么大新闻。九十年代中期的一天，《新疆日报》记者朱必义采访途经此地，朱必义坐在车中观察窗外，窗外人群熙熙攘攘，叫卖声此起彼伏，集市交易非常热闹。突然，一面鲜艳的五星红旗映入他的眼帘……。不久，又是一面五星红旗……。这一下触动了朱必义的"发现力"，在我国九百六十万平方公里的国土上，飘扬着五星红旗应该是大家司空见惯的风景线。但20世纪九十年代正值新疆分裂与反分裂斗争白热化之际，一小撮民族分裂主义分子鼓吹"新疆独立"，他们组建政党，发展武装斗争，而位于新疆南疆的喀什地区则是一个"重灾区"。在这个小镇，村村飘着五星红旗，许多农户家也是红旗猎猎。从这样一个许多人司空见惯的现象中，朱必义发现了大新闻。他意识到在反对民族分裂主义斗争的大背景下，这是一条难得的好新闻，它说明了广大少数民族群众是反对"疆独"的，广大少数群众是热爱中国共产党，拥护社会主义的。

发现这一新闻的闪光点后，朱必义立即下车采访，写出了《色里布亚镇村村飘红旗》一稿，刊发在《新疆日报》一版上，引起了极大的社会反响。此稿获得当年中国新闻奖二等奖。

由此可见，在新闻写作实践中，发现是第一位的。没有发现，何来采访，何以有佳作诞生，这种发现绝不是偶然的天上掉下个好新闻，而是记者在长期新闻实践中日积月累，形成的一种素质。

第二节 真正的新闻发现从何而来

发现力一不靠天赋，二不靠偶然性的机遇，那么真正的发现从何而来呢？这种能力是政治素质和业务素质的集中表现，只有在实践中经过长期的磨炼和培养，才能逐步得以提高。

一、要有良好的政治敏感和社会责任感

一个记者的良好发现力，首先来源于政治敏感。新闻工作者应当具有政治家的头脑，政

[①] 南振中.记者的发现力.新华出版社,1999:1

治家的韬略,政治家的眼光。毛泽东同志早在50年代提出的"政治家办报"的观点,具有重要的现实意义。

要具备良好的发现力,为什么要有政治敏感?这是由两方面决定的:一是由新闻媒体在我国是党和政府的喉舌这一性质决定,如果一个记者不熟悉党的路线、方针、政策,就不可能把握时代的脉搏,也无法用手中的笔反映社会生活,更不可能有敏锐地发现力。二是新闻所反映的内容应是社会上新近发生的新事实,有着广泛的社会联系。如果不了解社会背景中深层次的东西,不了解社会中事物的相互联系,你就无法看清眼前的新闻事实究竟在整个社会中所处的位置,就不会有高人一等的发现力。

而社会责任则是记者对党和人民的一种强烈的责任动机,对记者发现新闻起着关键作用。新闻工作者的责任就是为民立言、抑恶扬善、伸张正义。记者不是一个靠文字谋生的书生,也不是一个钻营取巧的政客,更不是一个利欲熏心的商人,记者被誉为"船头的瞭望者"、"历史的记录者"、"社会观察家"。所以记者要有强烈的责任感和正义感,不畏艰险,用手中的笔写人间的正义。要提高发现力,记者就要登高望远,也就是说,要站在全局的高度上,努力揭示典型事件在全局中的地位。而要站得高、望得远,必须要有良好的政治敏感和高度的社会责任感作为后盾。

1996年是香港即将回归祖国的前夕,深圳电视台记者韩建勇在国庆节去中英一条街,采访港商对祖国的认识和回归祖国的感想。但一进中英街却发现几乎每家港商店铺外都悬挂了国旗,他立即转换摄像机镜头,拍摄了《国庆节,中英街国旗高悬》的电视新闻,在社会上引起了很大反响。尽管这条新闻和前面那条新闻《色里布亚镇村村飘红旗》一样,都是以国旗为题材的,但由此可看出二位记者的政治敏感性,如果二位记者对党的政策学得不透,肯定写不出这样的好新闻来。因为香港回归祖国和反对民族分裂主义斗争都是政治性极强的话题。从《国庆节,中英街国旗高悬》这条新闻中,我们可以看出记者强烈的政治敏感和善于发现的能力。中英街是一个特殊的地方,处于深港交界之地,当时一街两制,它是中华民族百年历史的见证。在国庆节这样一个特殊日子里,选取中英街这样一个特殊地点作为报道的出发点,本身就很有价值,又处于香港即将回归祖国这样一个大背景下,足见记者发现力之强。值得一提的是,记者本来是要采访中英街的港商对祖国的认识及香港回归祖国的感想,但意外地发现使记者改变了切入的角度,从中也可以看出记者良好的政治敏感。

记者在进行新闻采访时,敏锐的政治敏感固然十分重要,但是如果没有强烈的社会责任感,记者就会知难而退,同样写不出优秀的新闻作品来。笔者听说过这样一个故事,在20世纪九十年代,可可西里盗猎藏羚羊活动一度非常猖獗,盗猎者经常与保护区展开武装斗争。有个媒体得知后,决定派记者前往可可西里采访,于是从报社选了一位发现力强、业务素质较高的记者,但这位记者在出发前夕打了退堂鼓,以家人有病为由放弃了这次采访机会。由此可见,仅仅有新闻敏感和业务底子还远远不够,没有强烈的社会责任感和正义感,同样也写不出好新闻来。

二、要有丰富的实践经验和生活经验

新闻的发现积累和平时直接相关,二者是成正比的。实践经验和生活经验越丰富,发现的新闻也就越多;反之,发现新闻的机会就越小。在新闻界广为流传的"范敬宜睡觉睡出的好新闻"的佳话,说明的就是这样一个深刻的道理:敏锐的新闻发现力来自丰富的实践经验和生活经验。

范敬宜是原《人民日报》总编辑,有着丰富的生活经验。一次,他和某县宣传部一位干部一起到公社采访,夜宿公社办公室,睡了个安稳觉,一夜无人打扰。第二天起床后,他说发现了新闻,而同来的宣传部干部却感到十分纳闷,晚上没听到一个电话,早上也未见一个堵被窝的人,而范敬宜却说这里面有新闻,新闻从何而来?原来范敬宜凭着自己丰富的生活经验,意识到在这样的贫困地区,过去公社干部是很难睡上一个安稳觉的:早晨天不亮,就有人来堵公社领导的被窝,要救济粮和救济款;晚上来打电话报案的也特别多,不是发生了刑事案件,就是发生了治安案件。现在晚上没接到一个报警电话,早上没接待一个上访的人,这就从一个侧面反映十一届三中全会以来农村发生的变化。

根据这个判断,范敬宜又通过进一步采访,写出了新闻报道《两家子公社夜无电话声 早无堵门人》,并获得了全国好新闻奖。试想,如果范敬宜没有三中全会前公社干部夜里不能睡安稳觉的生活积累,并通过自身的体会比较,是不可能从普通的日常生活现象发现新闻的,即使他再在公社办公室睡上几天安稳觉,也不会写出这则颇有新意的新闻来。

事后,范敬宜在谈到这篇报道的采写体会时说:"作为一个记者,发现新闻是一门基本功,发现新闻不仅要靠深入,而且要靠积累,特别是生活的积累。有积累才能有比较,有比较才会有新闻。否则,再好的新闻也会在身边溜掉,视而不见。我这篇只有456字的新闻看来简单,实际上是长期生活积累与现实生活碰撞出来的火花。"

由此可见,生活经验、实践经验也是一种知识。有时经验是感性的东西,但经过积累和提炼,往往能升华为理性的东西。范敬宜采写这篇新闻的前后经过就深刻地说明了这一点。

三、要有大局意识

有的记者到基层,也发现了不少新闻线索,可发回编辑部的都是一些零打碎敲的小稿子,没有什么"重磅炸弹",也就是说,没有重头新闻和头版头条稿子,这是为什么呢?据此看来,关键在于缺乏大局观念,这就限制了记者的观察力。登高一览众山小,只有登高才能望远,"不识庐山真面目,只缘身在此山中。"讲的就是这个道理。

新闻不是有闻必录,发现力并不表现在把随便碰到的事情传播出去,而是表现在对某一典型事物全局中所占位置的准确判断。要提高发现力,就必须通晓全局。只有了解了全面情况,才能正确判断某个事物在全局中所处的地位,给它比较准确的判断。"好比下棋,全局在胸的人,何时出车,何时跳马,何时拱卒,何时牺牲某个棋子,才能运用自如,全盘皆活。记者胸有全局,对于材料的处理,情况也是这样。如果胸无全局,只能鼠目寸光,被动应付,瞎摸瞎碰,既下不好棋,也当不好记者。"①

要提高发现力,就必须注意研究同人民群众的物质生活和精神生活紧密联系、为绝大多数人所关注的问题;研究当前实际工作中迫切需要解决的、对实际工作起推动作用的问题;研究人们议论纷纷、成为争论点的问题。什么是大局?这就是大局——大局不是虚无缥缈的,也不是抓不住、看不见的,而是实实在在存在于现实之中的。

要提高发现力,就要求记者必须具备大局意识,站在全局的高度,努力揭示典型事件在全局中的地位,阐明眼前发生的事件在历史发展进程中的意义,准确地判断这一新鲜事物对未来社会发展趋势所产生的影响。总之,在社会主义市场经济条件下,我们要善于抓住那些整个社会围绕着转动的重大问题。否则,就"发现"不到点子上去,写出的新闻没有分量,显得轻飘飘的。

大寨也不吃大锅饭了

本报昔阳 20 日电 陕西省大寨大队也不吃大锅饭了。今天,他们 860 亩耕地全部分给 130 户农民承包,实行大包干责任制。原来集体经营的一个煤窑、一座酱粉厂、三台拖拉机、200 亩果、800 亩山林,也全部承包给个人。

上午 9 时,大队党支部书记贾长锁带领着社员,从麻黄沟一直走到狼窝掌、康家岭,逐步分责任田。获得了自主权的社员的喜悦之情溢于言表。原大寨大队队长、现任大寨公社副书记贾承让在接受记者采访时说:"我们现在才刚刚起步,过去搞的极"左"的那一套不灵了,我们大寨人再不走大寨路了。我曾经到河南省兰考县去考察,那里条件比我们差,积极性比我们高、发展速度比我们快。可我们大寨社员往地里一转,干不干两块半,不少好地荒了。大寨的一本经再不能念下去了。"

从今天起,大寨社员又有了自留地。按政策规定,他们每人分到二分二厘地,全大队共 123 亩,占总耕地的 15%。过去大寨社员吃菜靠生产队统一分配,不能满足要求。我们在大寨村里转了一圈,看到有些社员在家门口瓦筒放上土,栽上白菜、西红柿。大寨社员的家庭副业现在也开始活跃起来,许多社员门口有鸡窝、兔笼,不少户还圈起了猪圈,个人养猪共达 140 头,其中有 70 头是近两个月才买回来的。在村口我们见到了老农贾九胜。他正在抚摸着心爱的三头牛,笑眯眯地对我们说,中央的政策合了俺的意,俺今年卖猪卖兔就收入近 500 元;养了 6 只母鸡,下的蛋俺都吃了。今年俺卖的母牛,两头都怀了胎,猪圈里还有四头猪哩。②

《羊城晚报》的这条消息在 1982 年获全国好新闻奖,获奖原因很多,很重要一条是攫取具有历史意义的片断和典型来突出新闻价值,作者的大局意识十分突出。让我们来看看这条消息采写的背景。"农业学大寨,工业学大庆"曾经是新中国历史上社会发展的模式。1978 年,

---

① 穆青,李晋.新闻采写经验.新华出版社,1983:402
② 羊城晚报,1982-12-21

党在粉碎"四人帮"的历史重要关头,召开了十一届三中全会,各个领域都开始进行大刀阔斧的改革。农村开始实行家庭联产承包责任制,从根本上改变了过去农村吃"大锅饭"的局面。大寨,作为过去在"左"的思潮下中国农村发展模式的典型,是旧的农村经济体制的标志和代表,大寨在这场新的改革潮流中怎么办,这也是全国人民急欲想了解的。

大寨作为旧的农村经济的代表,曾受到万众瞩目,不少新闻媒介甚至在大寨设有专门的记者站。就在不少新闻单位纷纷把记者站从大寨撤走之时,《羊城晚报》总编辑许实却命令罗文锦等三名记者赶往大寨采访,如果许实总编辑对当时全国的农村实行分田包干的情况没有全面了解的话,是决不会派三名记者千里迢迢赶往大寨采访的。

《大寨也不吃大锅饭了》立意高远、主体宏大、时代感较强,新闻报道抓住了大寨砸了大锅饭的新闻,抓住了今日大寨的本质,在全国农村实行包产到户的大背景下,有着十分重要的新闻价值。

四、丰富的知识储备是发现力产生的土壤和温床

具备广博的知识,是记者增强新闻敏感和提高发现力的重要条件。新闻报道的范围十分广阔,没有丰富的知识,记者就无法判断一个事物的新闻价值。

美国《纽约太阳报》采访主任丹那早在1880年就说过:"记者必须是一个全能的人,他所受的教育必须有广阔的基础,他知道的事情越多,他的工作路子就越广,一个无知之徒,永无前途。"

一个记者是博学多识还是知识贫乏,发现和判别新闻的能力的体现效果往往会截然不同。若是知识广博,就能及时敏锐地从对方叙述和现场观察中,判别出哪些是有价值的材料,哪些是没有价值的材料,并能根据对方的谈话和现场的蛛丝马迹,触类旁通,将采访节节引向深入。从秦始皇兵马俑的发现中我们不难看出,记者的知识领域与发现力有着非常直接的关系。

1974年3月29日,陕西省临潼县西场村农民打井时,挖出了完整的陶俑,当地人不知道这就是秦始皇兵马俑,县文化馆将这些陶俑修复陈列,并未作为重大发现报告给文物部门。两个月后,回家探亲的新华社记者蔺安稳偶然来到县文化馆转一转,当他走到陈列室一个偏僻的角落时,只见形同真人的陶俑,身披铠甲,手执兵器,好不威风。他不禁眼前一亮,走到陶俑前细细观察起来。这样,这批在地下埋藏了两千多年的稀世珍宝得以重见天日。人们不禁要问,蔺安稳是如何有一双"火眼金睛"的,为什么一眼就能发现武士陶俑是稀世珍宝呢?原来,他在"文革"时期被打成反革命分子,隔离审查一年多。他利用这段宝贵的时间,通读了《史记》、《纲鉴易知录》、《资治通鉴》。他对"项羽本纪"、"秦始皇本纪"中的章节能脱口而出,倒背如流,对文中记载的秦始皇陵的内部陈设相当熟悉。因此,当他第一次面对这些如同真人般大小的"泥娃娃"时,丰富的历史知识驱使他在报道中这样写道:"陕西省临潼县骊山脚下的秦始皇陵附近,出土了一批武士陶俑。陶俑体高1.68米,身穿军服,手持兵器,是按照秦代士兵的真实形象塑造的。像这种同真人一样的立俑,还是第一次发现。"没有多年积累的历史

知识,作者从何知道"是按照秦代士兵的真实形象塑造的"?又从何断言"是第一次发现"呢?

相反,一个记者若是知识贫乏,可能会使很有价值的新闻线索从面前擦肩而过,失之交臂。试想,一个记者在采访时,人家说这个他不懂,说那个他又摇头,那么,一是容易造成"话不投机半句多"的尴尬局面;二是人家谈得很有价值的新闻材料,却因为记者缺乏这方面的知识,而不能进行敏锐的判断,从而失去了捕捉新闻的宝贵机会。

上海某媒体有位记者一次采访著名的史学家吴泽,吴先生向该记者谈及了对唐末农民大起义的看法以及对农民起义领袖黄巢、王仙芝的评价。这是当时我国史学界研讨的重点、难点,很有新闻价值和学术价值。但由于这位记者这方面的史学知识比较贫乏,在新闻报道中未涉及这一问题,而是叙述了一些非重要的问题与事实,令史学界人士颇感遗憾。

记者的直觉只有与丰富的知识及从实践中积累来的经验相遇,才能擦出"发现力"的火花。新闻发现与平时积累有直接关系,所谓"厚积薄发",就是这个意思。以人的手指为例,人的手指很敏感,即使闭上眼睛,却不管触摸什么物体,冷的还是热的,硬的还是软的,都能迅速敏感的产生反映和认识,那是因为手指上密布着血管神经。同样道理,记者的头脑里要是密布着"知识神经",新闻发现力自然会强。从这个意义上来说,知识积累的程度不同,外界信息在头脑里引起的反响就不一样。如果没有足够的知识经验积累,即使有好的新闻线索出现在面前,这个记者也会视而不见,充耳不闻。积累贫乏的记者,其思维空间也是贫乏和狭隘的,外界的信号再强烈,也不能触动他,这样的记者很难产生创新性的思维。

因而,新闻发现力的培养,灵感和顿悟的产生,往往与知识的储藏有很大关系。一个记者知识宝藏储藏得越丰富,思维的运转和对于外界事物的反映也就越灵敏。有了丰富的知识给养作为记者潜意识的保障,面对突如其来的新事物、新问题,记者就能在最短的时间内激活潜在的新闻发现力,捕捉最有价值的信息,从而迸发出引人注目的光彩。如何积累知识?没有什么捷径可走,唯有勤奋学习,不断开拓知识面,不断地增强知识素养。要手不释卷,如同一块海绵一样,要想挤出水,就要不断地往里面注水。记者的知识领域越宽广,发现新闻事实的机会就愈多。反之,即使新闻事实送上门来也难以发现。

第三节　发现需要新思维

发现新闻的过程,其本质是一种思维活动。艾丰曾说过,好新闻是想出来的。艾丰所说的"想"其实就是发现和发掘,就是思考,深度的思考。记者在发现新闻的过程中,无时无刻不在思考。发现的过程,包括观察、研究、探索等环节,都离不开思维。思维方式准确而科学,就能发现大新闻或好新闻;思维方式错误,那就发现不了新闻。

一个记者,如果具备了良好的理论素养和政治素质,再加上丰富的生活阅历和广博的知识面,又有高超的新闻业务素质,就可以说具备了一双"时代的慧眼"。但是,如果再具备先进而科学的思维方式,那就如虎添翼了。可以说,新思维可以使记者眼光更加敏锐,在日常生活中捕捉到意想不到的很有指导意义的新闻;新思维可以帮助记者在发现过程中,透过现象看本质,在发现中掌握主动,提高发现质量,增强发现效果,获取有价值的新闻素材;新思维还可以使记者在发现过程中把握"新"字,不追风逐流,不人云亦云,发现独家新闻;新思维使记者在发现过程中视野更加开阔,站得高、看得远,发现新闻素材更具全局意识。

一、逻辑思维

1. 逻辑思维

逻辑思维,是新闻工作者重要的思维能力。艾丰说:"人们把思维分成形象思维和逻辑思维两类,两种思维方式记者都需要。但我总觉得,逻辑思维对记者来说,更是基础,更为重要。"何谓逻辑思维,简言之:按照逻辑规律建立概念和命题之间推理关系的形式化思维。

由于逻辑思维是通过概念的形式,从个别具体的事物中抽象出现实生活的本质规律,即从个别到一般,因此逻辑思维可以帮助记者在发现过程中很快抓住事物的本质。没有逻辑思维的记者,只能在发现过程中两眼一抹黑,什么也发现不了。逻辑思维的高低,直接影响记者在千变万化的现实生活中捕捉新闻价值事实的能力。

逻辑思维,属于人类认识世界的理性阶段的表现形式。记者发现新闻的逻辑思维过程,是指记者经不同的感性印象,如运用视觉、听觉、嗅觉、味觉和触角获得本质上绝对不同的印象,按照判断新闻事实价值的思维体系,由若干部分相互联系的思想构成一个有机整体,对客观事物或事实作出准确的判断,从而发现有重要新闻价值的新闻线索。

2. 逻辑思维过程

我们一般将记者发现新闻的逻辑思维过程归结为"三步曲":逻辑起点即记者在采访过程中理性思维的开始,确立跟踪客体。我们把它列为一个共识:采访——接触某一客观事实——产生感觉、知觉、表象等感性材料,并以笔者采访新疆独山子石油化工厂为例。

第一步:逻辑起点的开始,对感性材料进行分析归纳。这包括:企业队伍庞大,机构臃肿,不堪重负;企业"大而全";企业形式单一,缺乏活力。由此,笔者通过演绎推理,确定了逻辑起点,发现新闻主题——独山子石化厂改制势在必行。

第二步:借助中介向整体推进。几个中介分别为:企业"大而全",包袱沉重;对主业外围单位进行多种形式的体制改造,既有"先股后租"的模式,也有由职工出资一次性买断的形式,还有内部招标租赁的承包形式,并由整体移交地方政府的方式;剥离非事业单位,厂家单位实行改制;形成"抓好炼化主业,放开辅助外围"的格局,有效地提高劳动生产率。笔者以逻辑起点为基础,经过四个中介,向最后的整体概念和判断过度迈进。

第三步:形成最后的逻辑起点。即:独石化革除企业包袱沉重、劳动生产率低下的弊端,采取了整体剥离和一厂多制的形式,医治了这一痼疾,破解了国有大中型企业这道难题,在全自治区有一定的现实借鉴作用。

经过三步逻辑推理,一个隐藏在复杂外表之下的富有新闻价值的事实被记者发现了,并挖掘出来,这就是逻辑推理在新闻发现中所表现出的能力——对新闻事实的发现。记者通过对客观事物是否符合生活逻辑及社会发展规律的逻辑思考,运用推理,对事物的新闻价值作出判断。记者的逻辑思维要求做到概念明确、推理准确、判断恰当。正确运用逻辑思维,可以判断和预示事物的发展趋向,即对未发生的事实作出科学的判断,帮助记者找到重大的、新鲜的、有价值的新闻。

正确运用逻辑思维,可以帮助记者在发现新闻的过程中,提高新闻的穿透力和价值分量。面对复杂多变的客观事实,当一般人们习惯于作出简单的分析和结论时,记者如果能够充分考虑到事物的复杂性,运用逻辑思维进行透视和反映,多层面地认识和揭示事物之间的联系,就可以提高对新闻事实的穿透力。

二、反向思维

日本人滨里经常被人邀请去打高尔夫球,可是,他在家中练习时,由于没有草坪,就要用带毛的地毯。然而地毯价格昂贵,又怎么用得起呢?滨里眉头一皱,计上心来,把地毯上的毛放在球上不是照样可以产生摩擦力吗?在这一想法的启示下,滨里发明了长满毛的高尔夫球,效果颇佳。滨里自觉地运用了反向思维,开拓了新路子,解决了难题。所谓反向思维,就是从某一事物或与新闻事实对立的方面进行了解,从相反的方向去思考同一问题,从而得到新的发现和新的结论。一些记者常常苦于发现不了新闻,这恐怕与墨守成规的传统思维定式有很大关系。

客观事物是复杂多变的,许多具有重大意义事件的出现具有很强的随机性,而且这些现象出现的机会往往是转眼即逝的,或者事物的出现超越了原有的计划,出现了新的变化,由新闻价值的事实很可能就隐于其中。对此,记者的思维活动就应当及时地适应这种变化,随机应变,去挖掘次年的新闻,这样无疑会别有一番新的发现。《南京日报》记者马焕新去全国药品供应交流会采访。开幕当天,马焕新来到现场,却发现开幕式会场来宾稀稀落落,一些交易场所和前几天爆满的宾馆也冷冷清清。马焕新并没有像一般记者一样,向会上要份材料,写几笔交稿了事,而是运用了反向思维,对这种不正常的开幕式问了个为什么。他顺藤摸瓜进行了深入细致的采访,终于了解到:由于市场竞争加剧,人们不再按部就班地等待大会安排,而是纷纷提前到会做起了生意。到大会开幕时,成交额已超过10亿元,大部分代表已"打道回府",从而挖掘出《全国药交会开幕式成了"闭幕式"》。如果马焕新不运用反向思维进行思考,这条"大鱼"肯定会从身边溜走。由此可见,一个记者在发现新闻过程中,思维方式尤为重要。如果喜欢用传统思维的老观念看问题,顺向思考,脑子不转弯,就无法发现新闻,也就更谈不到能从平中见奇、浅处看深了。

反向思维就是对原有思路的一种背叛。这种全新的思路,常常将人的认识带到一种全新的境界。冬天到了,北方一城市居民住宅楼尚未通暖气,居民冷得受不了。反映给有关部门,但也没有解决,后来市长去了,马上解决了这个问题。几家媒介闻讯后纷纷派出记者进行采访,大多数媒介记者都用了传统思维的老观念看问题,写出的稿子也没有什么新意,如《市长过问,大楼变暖》、《市长现场办公 大楼通上暖气》、《市长踏雪送暖流》等等,而有一家报社的记者却运用了反向思维,独辟蹊径,消息的题目是《事事惊动市长怎么得了》。前者与后者相比,显然,后者提出的问题更有新意,更有深度,也更能够发人深省。

有时,记者在采访时,正常的采访思维由于种种原因受阻,有人没有及时调整思维,便中途弃之,失去了发现新闻的机会。有人却锲而不舍,实行反向追寻突破,发现了大新闻。早在20世纪九十年代初,福建省泉州市有个名叫"情侣堤"的地方,每当夜幕降临之时,一对对恋人争先恐后来这里占一方宝地来谈恋爱。因此,吸引了不少摊贩在堤上挂上彩灯,向恋人们兜售情侣商品。一位记者获知这一线索后,兴致勃勃地去采访恋爱"大观园",结果却扑了个空,"情侣堤"上不见情侣,早已人走堤空,记者只好失望而归。在返回的路上,记者突然自我反问:"情侣堤"为何受冷落?他当即改变了思维方式,从逆向思维出发,采访了有关部门,发现了一家独家新闻。原来随着泉州住房难问题的缓解,情人相爱有了去处,"情侣堤"因此受到冷落。记者因而写出《泉州情侣堤被冷落》的新闻。

记得我二十多年前初当记者时也遇到过类似的事情。大学毕业后刚到报社,天气很热,我当时在财贸组,组长派我到商店采访凉鞋的销售情况。到了商店,只见凉鞋柜台上顾客寥寥,营业员说,凉鞋不好销。我垂头丧气地打道回府,向组长报告自己采访失败的消息。组长听罢,拍案叫道:"热天的凉鞋卖不出去,这本身不就是新闻吗?你为什么不马上采访?"我恍然大悟,于是重新采访,写出了一条《热天的凉鞋为何冷销》,反映了凉鞋花色品种少、质量低下的深层次原因。由于自己的传统思维定式作怪,差一点漏掉了新闻,这个教训我此后一直牢记在心,伴随了我一生二十六年新闻工作的生涯。

我从新闻实践中深深体会到,经常运用反向思维的方法,会令我们的发现"嗅觉"越来越灵敏,往往可以挖出隐藏着的更有新闻价值的新闻事实。

三、发散思维

美国心理学家基尔福特提出发散思维的概念,他认为,发散思维是多思路、多角度的思考问题,而不是一条道走到底。发散状,如同洒水器喷水一般,能就一个问题进行很多方面的联想。

所谓联想,即由于某人某事进而想起其他相关的人和事,由某概念引起其他相关概念的联想。事物或人之间这种相关联性,其实就是物与物之间、人与人之间的内在联系。如果每个记者都养成自觉联想的习惯,那么,许多不那么明显的内在联系,就有可能被发现。

长期以来,在中国政坛上有一种不成文的规定:官员都是上面任命的,或起码也是群众举荐的,其他形式产生的官员都是非正统的。2003年,江西上饶龙潭村出了件新鲜事,有个名叫廖怀鑫的村民开着宣传车宣传自己,要竞争村委会副主任的职位,遭到一些人的非议。在一些记者的眼中,廖怀鑫的行动是非正统的,对这件事的性质是一种定性的惯常判断,致使一条大新闻从眼前溜过。而《中国青年报》的记者却由此来联想到中国政治民主化改革的进程,认为这是一种新生事物,很有新闻价值。于是,一篇《竞选村主任 出动宣传车》的好新闻应运而生。

为什么同一件事会在不同记者的头脑中形成不同的看法呢?问题在于思维方式。前者习惯于直线思维、单向思维,得出了简单的、片面的结论,拘泥于现成的结论之中。而后者的思维是曲线思维、多向思维,是发散状和多向型,从多方面去研究事物,得出新结论,从而发现了大新闻。发散思维是发现力的实质,其表现为思想活跃,是发散状与多向型,强调从同一信息来源中产生为数众多的信息输出。譬如,有人问:土的用途是什么?如果用单一思维回答:种庄稼。若用发散思维回答,那就会有多种答案:烧砖、打土坯、烧陶瓷、盖房子等等,还可能想出一些更为荒诞的用途,如建坟墓埋死人等。在现实社会中,人们对于一个事物,往往习惯于从一个角度去认识它,并由此对它产生了固态印象。而事物是多侧面的,每个侧面都显示出不同的属性,如果我们将思维调整一下,从不同的方位去审视它,事物往往会呈现出另一种情形。在采访中运用发散思维,很重要一点就是要进行联想,它强调触类旁通,举一反三,产生超常的构思。其实,联想并不神秘,说得通俗一点,就是由这件事想到另一件事,由事情的近处想到事物的远处,由事情的正面想到事情的反面,由局部想到全体,由现象想到本质。

在笔者的新闻实践中,发散思维是一种屡试不爽的发现新闻、发掘新闻价值的好办法。还是上面谈到的《杨富跑信息》例子,在这篇稿件的写作过程中,就运用了发散思维。中午在餐桌上吃饭时,听到了一个小故事,说是玛纳斯县乐土驿镇有一个农民叫杨富,为了寻找种什么能在市场上赚钱的信息,三番五次跑到有关部门来寻找致富信息。写杨富如何跑信息,这很简单,这是一种常态的单向思维。笔者想写出新闻背后的新闻,即"杨富现象"说明了什么?由杨富一个人跑信息想到千千万万个杨富信息的匮乏,进而又想到各级农业部门为农服务还是一条"短腿",应该跟上,使新闻主题得到了深化。这样,笔者运用发散思维写成了一篇报道。

杨富跑信息

村里人都说,杨富这人肚子里有墨水,腿脚勤快,脑瓜有灵光,今天上乌鲁木齐,明天去昌吉,用不了几年,就和他的名字一样,准保会富起来。

这不,我们来到玛纳斯县乐土驿镇乐土驿村第六村民小组杨富家,就扑了个空。杨富70多岁的老母亲说,这孩子一早就出去了,又跑什么"信息"了,几个月了,这娃子没日没夜的跑,也不知"信息"是个啥?让他这么牵肠挂肚的。

正在我们和杨富老母亲拉呱时,杨富闻讯从镇上赶了回来,壮壮实实的身板,黑里透红的脸盘,一副典型的农民模样,只有两只不大的眼睛透出一丝精明。

早在州上采访时,我们就听说过"杨富两上昌吉回族自治州跑信息"的故事,话题就从这扯开了。

今年国家不再下达种植计划,面对市场,头脑精明的杨富早就在捉摸种什么好,但除了手头订阅的几份报纸和杂志外,再没有信息来源,种什么心里没底,州农工部部长张平原是玛纳斯县县委书记,杨富决定上州上找老书记讨教。春节前夕,杨富冒着风雪找张平,张平不仅热情地给杨富今年的种植信息,而且还帮杨富联系了供销社等部门,让杨富去了解信息。

从州上回来后,杨富心里踏实多了,他将州上带回的信息筛选了一遍,发现种红打瓜子既有效益,又有销路。杨富将这个消息透露给乡亲们,大伙都愿意试一试。可种子怎么解决呢?杨富又犯愁了。一天,杨富翻阅报刊时,偶然发现自治区农科院有售。春节刚过几天,杨富就坐不住了,他约了两个伙伴一起上乌鲁木齐,坐班车把350公斤红打瓜子种带了回来,分给全村30多户乡亲。

杨富喜爱搜集农业信息,被村里人称作"杨信息"。从乌市回来后,他在翻阅报刊时,发现报纸上对红打瓜子销路说法不一,有的说好销,有的说不好销,这下杨富心里又不踏实了。

这时,杨富听说州农工部办了《信息简报》,他决定再去昌吉回族自治州找张部长,一是了解红打瓜子的销路,二是想要几份《信息简报》。2月下旬,杨富又来到州上农工部。张平给杨富讲红打瓜子的销路看好,供销社不久就要和农民订合同,张平还请杨富当农民信息员,及时给《信息简报》反馈农民需求信息。

杨富喜滋滋地回到村上,将这个消息带给乡亲们,这下大伙心里都踏实了。可杨富的心里却又翻腾开了,老这么单枪匹马的跑怎么行?于是,他又萌生了一个大胆的想法。

杨富找来了几个头脑灵光的年轻农民一合计,干脆联合起来成立一个"乐民农业综合服务部",一为农民提供信息,二为农民解决卖难问题,搞长途贩运。

杨富上昌吉回族自治州的故事不胫而走,州里、县里不少人都知道了此事,记者分别和许多人交换了看法,不少人认为,"杨富现象"说明了进入了市场后的农民和以前不一样了,不再满足于只把庄稼种好就行了,而更关心种什么赚钱,种什么有市场,说明了现在的农民更有商品意识,更有经济头脑。但也有部分人认为,"杨富现象"也给各级农业部门敲响了警钟,农民进入市场后,信息服务要跟上,农业部门要迅速转变职能,为农民提供及时、准确的信息;不要再让千千万万个杨富跑州上找信息了。[①]

发散思维使我们的视野更开阔,变通性更强,没有让一时一事挡住视角而中断思维,成功地跳出杨富故事本身所带来的局限性,帮助我们在采写、挖掘新闻价值的过程中加深了对主题的理解,比较成功地提炼出这一主题的新闻价值。因此,这篇作品在1993年在新疆好新闻和全国省、自治区、直辖市党报好新闻评比中连连获奖。

发散思维能帮助记者立体地而不是平面地观察事物,动态地而不是静止地反映事物,全方位地而不是单侧面地透视事物,联系地而不是孤立地扫描事物,深层次地而不是浅层次地剖析事物,本质地而不是表象地认识事物。这样,记者就能站得高,看得远,就会有更独特的视角发现新闻。如同一句宋词所写的那样,"众里寻他千百度,蓦然回首,那人却在灯火阑珊处"。发散思维的酸甜苦辣尽在这描绘的意境之中。

---

① 新疆日报,1993-03-19

第四节　新闻发现力的几种角度

前面已谈过角度问题,但与本节谈的角度大有区别。前者我们谈的是采访时的思辨角度和写作时的表现角度,而后者则是识别新闻的发现角度。为什么在同一家媒体供职,有的记者善于发现独家新闻,新闻佳作频频见诸报端,而有的记者却疲于奔命,连最基本的温饱问题都难以解决?为什么有的记者在碰到好的新闻线索时,能够目光犀利,反应敏捷,迅速判断其新闻价值,能够一下子把它牢牢抓在手心里,旋即开展采写?为什么有的记者却身在宝山不识宝,遇到好的新闻线索时目光呆滞,反应迟钝,茫然不识,甚至与之擦肩而过,失之交臂?为什么面对同一个新闻事实,有的记者采写出来获得好评甚至获得全国性大奖,而有的记者采写出来却反应平平,连获奖的边都沾不上?一连串的为什么,答案只有一个:关键在于发现新闻的角度。

一、寻常之处识瑰宝

报道突发事件、异常事件、名人等等,没有什么稀奇。也没有什么可值得大惊小怪的,因为这些事件和名人本身就充满了传奇色彩,也是众人皆知的。但是,在一般情况下,生活是风平浪静的、缺乏冲突的,具有新闻价值的因素被埋没在一大堆琐碎的、不起眼的小事中,或初露端倪但无人注意,这才是考验一个新闻记者的新闻发现力的时候。

一个记者,从多种渠道中获知飞机坠地、列车出轨、两车相撞等突发性事件的线索时,算不得什么本事,因为有人报料,或者新闻媒介本身在这些民航局、铁路局、交管大队按有"眼线"或通讯员,新闻信息的反馈是很快的。只有从司空见惯、不以为然的生活事实中发现"亮点",才算得上真本领,这要求在生活中有厚实的积累。

随着我国经济的不断发展,大批城市居民告别了低矮破旧的平房,搬到了宽敞明亮的高楼住宅。在20世纪八十年代,乔迁新居一度成为新闻媒介争相报道的新闻,然而,随着成千上万的城市居民不断乔迁新居,乔迁新居的新闻不再成为新闻了。但一家报纸的记者却独具慧眼,从一般记者认为无任何新意的乔迁新居的客观事实中,发现了不为人知的亮点。他从我们南方居民常用的马桶、水桶、泔水桶写起,乔迁新居导致"三桶"从人们日常生活中消失,取而代之的是洗手间、水龙头、下水道,巧妙地写出了如今百姓生活质量的变化,住的变迁。一篇《"三桶"的变迁》就这样从许多人熟视无睹的生活现象中被挖掘出来,并在中国新闻奖的评比中获奖。

新闻报道的灵魂,不是"再现",而是"发现"。一个记者最可贵的素质就是善于从人们习以为常的普通事实中或刚刚"浮出水面"的事物中,发现别人没有看到的意义。

一位记者第一次去广州,街头巷尾看到不少广告牌,上面不少词令人费解,如"加风啤汰"、"士多店"、"的士高"等,他收集了不少怪字怪词怪名称,写出一条《广州街头"猜"广告》的新闻,并在全国获奖。广州街头这种怪现象,由来已久,恐怕不是一两天的事了,广东又是中国新闻媒体最发达的省份之一,那么多记者,那么长时间,却为何无一人能发现这条新闻呢?看来,关于发现力的研究并非小题大做,问题是这样一条貌似随手捡来的新闻并不是什么不起眼的小新闻,记者通过自己的观察,说明了对汉字的运用往往从一个侧面反映出一个城市的文化水准和文明程度,这势必影响到广州市的形象问题。看看,一条靠在日常生活中随意观察而发现的新闻,却包含着这样一个非同寻常的大主题。

二、跳出会海捉"活鱼"

会议繁多,是中国政坛的一大特色。而会议报道数量过多、篇幅过长、内容空空、形式陈旧、官腔十足,又是中国新闻媒介的一大特色。翻开报纸、打开电视、广播,充斥着会议报道,用"会海"一词来形容,一点也不为过。尤其是党报要闻版,几乎是清一色的会议报道。读者对会议报道深恶痛绝,对会议报道过多、过滥的批评不绝于耳,它几乎成了最不受欢迎的品种。

要求报纸一条会议也不刊登,要求记者一个会议也不参加,那显然是不现实的。会议是人员聚集、信息密集、思想活跃、沟通频频的场所,由于会议通常承担着交流经验、探讨问题、形成决议、传达精神等职能,其信息含量和受关注程度一般较高,因此,会议新闻一般有较高的新闻价值。但是,会议本身并不等于新闻,记者也不能将新闻职能与行政职能混为一谈,将会议新闻报道与会议进程报告相混淆,更不能着眼于会议程序而非会议中的新闻事实,使真正的新闻被大量繁琐的程序和会议报告中的套话、空话、官话所淹没。

会议程序不等于新闻,并非会议中没有新闻。关键是记者如何能跳出会议捉"活鱼",善于从繁琐的会议程序中发现新闻,善于从领导枯燥乏味的长篇报道中发现新闻,善于从冗长的会议材料中发现新闻。

2001年6月21日,国务院新闻办就北方水资源现状和首都水资源可持续利用规划的情况举行记者招待会。会议提供的信息很多,包括对当时全国水旱灾害概括情况的介绍,国务院抗旱会议的重要决议,即将实施的《21世纪初期(2001—2005)首都水资源可持续利用规划》的主要精神,北方水资源状况等等。这么多庞杂的信息,什么是新闻?这令记者感到困惑,如果眉毛胡子一把抓,那什么都突不出来。《中国青年报》记者从北京缺水、又值北京申奥决战前夕这样一个背景出发,写出了《北京将投入250亿解决缺水问题》,较为成功地破解了这一难题。这条新闻成功地为读者解读了会议信息,完全与记者的发现角度有关。北京严重缺水,人均水资源量不足300立方米,仅为全国的八分之一,世界的三十分之一。水资源短缺无疑是制约北京发展的最严重的因素。记者"慧眼"识新闻,从众多信息中"淘金",选择了会议中最有新闻价值的内容报道。

要想在会议中发现新闻,除了强化新闻意识之外,还要强化受众意识,突出会议中与受众关系最为密切的内容,跳出会议寻找受众兴趣点,请看下面这条会议报道。

峰会的尴尬

美联社约翰内斯堡2002年8月30日电 尽管参加地球峰会的代表们在唇枪舌剑的争论保护地球迅速减少的资源的最好办法,但是,他们自己并没有率先垂范。

为期十天的地球峰会据说是有史以来规模最大的联合国会议,预料会议将产生300吨到400吨垃圾。到目前为止,只有其中的20%正在得到回收处理。

会议厅里摆放了盛放可回收物品的废物箱,但结果里面塞满的却是各种各样无法回收利用的废物。

数百个组织在峰会上散发了无数的小册子、新闻稿和宣传手册,希望引起与会者对他们各项事业的关注。据会议组织者估计,整个会议将耗掉500万页纸张。

峰会的代表还在耗费其他资源。平均每个代表每天用水200升,约翰内斯堡的用电量也因为这次会议而猛增。①

读罢美联社记者所撰写的这则仅300字的会议报道,不禁为美联社记者独特的发现所折服。一次全球性的峰会却引出了"峰会的尴尬",令人拍案叫绝。有些会议虽然很重要,但有时却难以引起受众兴趣,这时记者不妨转换思路,跳出会议程序,寻找受众兴趣点。《峰会的尴尬》就是这样的佳作。地球峰会讨论的是如何保护地球迅速减少的资源,受众肯定有兴趣关注这次会议新闻。问题在于,记者没有报道会议本身内容,却把视角转向会议后面的新闻——代表们对资源的浪费,这本身是令受众更感兴趣的新闻:代表们自身都无法率先垂范,又何谈保护地球资源呢?这本身也是对这次会议的嘲讽,这是真正的新闻之所在,也是这次会议的亮点之所在。美联社记者目光敏锐,能从会议众多的信息中发现真正的新闻,发现幕后的新闻,其发现能力的功力由此可见一斑。尽管此文是外国记者所采写,但它对我们今天如何从会议上发现新闻仍有很强的借鉴意义。

三、瞬息之间抓"灵感"

文学创作,尤其是诗歌创作是很讲究灵感的,没有灵感无法动笔。但是,文学与新闻二者是截然不同的——文学是虚构的,新闻是真实的。那么新闻的发现是否也讲究"灵感"呢,回答是肯定的。所谓灵感,不过是一闪念中稍纵即逝的电光石火般的感觉或判断。日本上智大学教授武士英雄这样说过:"判断新闻价值的时候,灵感、直感等这样一些经验性的东西往往起作用。正是这样一些因素,有时使人判断得很正确。""灵感"对于记者来说,其实就是新闻敏感。记者在生活中碰到了一个现象,要在很短的时间内,迅速判断出这个现象是否有较高的新闻价值,这直接关系到记者的发现力是强是弱。可以这么说,一瞬间的智慧、直感、电光石火般的判断力,往往对一个记者的发现起决定性的作用。

---

① 刘明华,张征.新闻作品选读.中国人民大学出版社,2003:32

2003年5月6日,是农历"立夏"日。上海《新闻晚报》有位记者走在大街上,大雾、高温30℃,不少人脱去厚厚的春装,改穿T恤、背心等夏季衣衫了。眼前的情景让记者突发灵感,岁岁立夏,今又立夏,正值"非典"在神州大地肆虐之时,今年的立夏有文章可做了。于是,她立即进行了采访,一篇新闻便从笔下诞生了。

雾锁申城　　高温30℃
今天立夏

本报讯　今天早晨出门前,在写字楼工作的陈小姐犹豫了一下,还是脱掉了昨天的长袖外套,换上了中袖针织衫。走到街上,她发现自己还是穿多了。许多行人已经穿上T恤和背心,最多再加件短袖薄外套。今天是立夏,30℃的最高气温让不少市民已经夏季装扮。

早晨一场大雾,让走在街上的人们感到温润的湿意。据气象资料显示,昨天本市最高气温已攀升到27.8℃,申城今天的最高气温可达30℃。而据上海中心气象台首席预报员曹晓岗介绍,本市今明两天均为多云转阴天气,有时有阵雨或雷雨,由于空气湿度大,局部地区还将有雾,在未来的一周里,前半周受低压槽影响,将以阴雨天气为主,8日可望雨止。而中后期拨云见日,以晴转多云天气为主,一周平均气温19℃。

民间立夏日风俗习惯必须吃蛋,还有吃土家菜,吃李子、吃麦豆粥等,据说有祛病的妙用。江南地区有立夏尝"三鲜"的说法,即樱桃、青梅、鲥鱼。而今年夏季如何预防非典则成了市民关心的头等大事。专家提醒,市民在注意冷暖变化的同时,注意个人卫生,防止病毒入侵。①

年年有立夏,岁岁过立夏,立夏本身倒无多少新闻可言,关键是2003年立夏正逢"非典"阴霾卷地而来之时,记者能在此时发现"立夏"有新闻可抓了,这个记者的发现力不同寻常。虽是大街上行人换夏装的情景触动了记者,但也与记者平时的积累厚实有关。厚积薄发,没有平时日积月累的知识沉淀,哪来的立夏日瞬息之间突发的灵感呢。

笔者从事新闻工作26年,先后有50余篇作品在全国和自治区获奖,其中不乏中国新闻奖、中国省、自治区、直辖市党报新闻奖、新疆新闻奖等,其中不少新闻作品也是在很偶然的机会发现线索的,一瞬间的智慧和直觉往往能让我发现一篇很有新闻价值的作品。

1996年的一天,新疆农业银行办公室的同志来找我,我当时任新疆日报社记者部主任,他拿出一篇长篇通讯要求刊登,内容是克拉玛依支行行长张培英三年来默默无闻资助一位烈士遗孤的故事,事迹非常生动感人。但不巧的是,《中国青年报》已于近期在"冰点"专栏上以《寻找金穗》为题进行了刊登,在全国引起很大反响。《中国青年报》是一张影响力、覆盖面很大的报纸,虽通讯写作风格不同,也非出自一人之手,但基本事实相同,因此我们没有刊登而是转载了中青报的《寻找金穗》。没几天,中央电视台、中央人民广播电台、《金融时报》等媒介的记

---

① 刘海贵,孔祥军.新闻传播精品导读(消息卷).复旦大学出版社,2004:80

者专程来新疆采访张培英的事迹,当时张培英已遇车祸身亡。这位遗孤名叫小红莲,她妈妈白花子原是吉林省延边朝鲜自治州和龙市农行西林储蓄所的工作人员,在一起抢劫案中为保卫国家财产壮烈牺牲。同在一个储蓄所工作的崔福顺就承担起了抚养小红莲的任务,这次,崔福顺也随同中央电视台一道来到新疆。

晚上,自治区农行请各新闻单位一道聚聚。因为这条新闻已经有中央媒体刊发过了,没有多少"油水"可给地方新闻单位了,所以餐桌上气氛并不活跃,新疆各媒介的记者们沉默寡言,只是埋头吃菜。我与坐在一旁的崔福顺漫不经心地聊起来,她突如其来的一语,点燃了我重新采访的欲望。

我问:"像张培英行长这样常年每月给小红莲汇款的人全国还有吗?"

崔福顺答:"基本上都是一次性汇款的,常年的不多。"

我又问:"那新疆还有吗?"

崔福顺说:"好像石河子有个叫'白云'的,没有月月汇款,但每到春节、五一、六一、十一,都要汇款给小红莲,我打电话查了几次,查不到这个人的真实姓名,这次来要专程到石河子查找白云,感谢恩人。"

"有戏!",崔福顺一句话为我发现新闻提供了机遇,我来不及多想,与崔福顺约好了采访的时间。于是,一篇有一定新闻价值的新闻在这不经意的聊天中被发现了,经过采访后脱笔而出,先后获得中国省、自治区、直辖市党报新闻奖、新疆好新闻奖。

三年多了,新疆农行系统两位分别化名为"金穗"和"白云"的人,一直给吉林省朝鲜族金融卫士白花子烈士的遗孤小红莲汇款。如今,"金穗"已离我们而去,"白云"是谁无人知晓,人们在问:

"白云",你在哪里

本报乌鲁木齐讯 6月17日,吉林省朝鲜族金融卫士白花子烈士的遗孤小红莲的养母崔福顺乘飞机来到乌鲁木齐市,一来祭奠三年来一直给小红莲汇款,因车祸不幸去世的"金穗",二来寻找一直给小红莲汇款、至今仍无人知晓的"白云"。

6月19日,在崔福顺下榻的乌鲁木齐市融都大厦,记者见到了金福顺,她泪流满面地说:"白花子牺牲后,塔城农行的'金穗'和石河子农行的'白云'一直在资助着小红莲,三年多了,我们一直在苦苦寻找而无结果。直到去年9月,'金穗'去世后,我们才知道他是原塔城地区农行总稽查,后调任克拉玛依农行行长的张培英同志。现在'白云'还在继续汇款,前不久,我们又收到了他寄来的60元钱。世上有这么多好人,真让我们感动,他们的心像'金穗'一样闪闪发光,像'白云'一样高洁。'白云'呀,你在哪里,让我面对面地给你道一声谢谢吧!"

这里面有一段动人的故事。

1990年12月23日,吉林省延边朝鲜自治州和龙市农行西林储蓄所发生了一起抢劫案,朝鲜族姑娘白花子、黄英姬、崔福顺用鲜血和生命保护了国家财产,白花子不幸牺牲。一年后,白花子的丈夫及公婆也相继离开了人间,家境并不宽裕的崔福顺承担起抚养年仅4岁的孤儿小红莲的重任。1992年底,《中国城乡金融报》报道了小红莲的境遇,全国各地的汇款纷至沓来,在上千名捐款者中,新疆的"金穗"和"白云"分外引人注目。"金穗"每月3日定期汇款,并表示一直抚养孩子长大成人,"白云"每逢元旦、春节、"六一"汇款,三年多来一直不间断。崔福顺和小红莲为他们的爱心所感动,恳请自治区农行寻找"金穗"和"白云",《中国城乡金融报》也载文呼吁寻找"金穗"和"白云",但一直无结果,直到张培英同志逝世后,才从他的遗物中发现了几十张化名为"金穗"的汇款存根。

张培英去世后不久,他爱人也相继去世,留下了两个孩子。令人感动不已的是,"白云"今年4月23日给张培英的小女儿张洪写了一封信,并汇去200元钱,他在信中写道:"我是敬慕你父亲一生的农行人员之一。"张洪激动地说:"我爸爸妈妈虽然去世了,但我并不孤独,有许多像'白云'叔叔阿姨一样的好心人在关心着我们。我知道,他们和爸爸一样,表达了一种对党、祖国、人民诚挚的爱。"

白云,你在哪里?请接受小红莲和张洪一片深深的谢意吧!①

此稿发表后,在社会上引起极大的反响,新疆电视台、新疆人民广播电台派出记者追寻"白云",并发出连续报道。根据"金穗"和"白云"生动感人的事迹,天山电影制片厂拍成影片《良心》,并获得文化部"五个一工程奖"。

---

① 新疆日报,1996-06-21

第九章 话语:在新闻中说话的艺术

第一节 新闻话语之我见

一、对话语的理解

近年来关于"话语"的研究逐渐成为热点。"话语"不等于"语言",但是它又与"语言"有密切的联系。以索绪尔为代表的结构主义语言学家认为①,言语体系由两个部分构成:言语和语言。言语是指个人说话的行为,是言语器官发出的一定声音与意义内容的结合,是以说话人的意志为转移的个人组合活动,由相同符号的反复出现组成的。而"语言"是有规律、有制度的语言系统,它源于人类的社会历史经验,又是社会、历史及文化的符号表现形式,它包括语法、句法和词汇,也包括社会的法典、规范、标准等各种约定俗成的方面。"语言和言语……是彼此相互依存的;语言既是言语的工具又是言语的产物。但是,这一切都不妨碍它们是截然不同的两种事物。"②

尽管有学者误认为索绪尔把语言和言语作为两个独立而不可调和的领域,如许正林在《欧洲传播思想史》一书中指出,"福柯所讨论的'话语',主要是狭义的'话语',它是对结构主义语言学的语言和言语二元对立的否定;从外延上,文化生活的所有形式和范畴都是话语"③。但从这句话中我们可以推论出,话语与语言、言语及文化生活都具有一定的联系。

英国语言学家诺曼·费尔克拉夫在《话语与社会变迁》一书中指出,"所谓话语,指的是对主题或者目标的谈论方式,包括口语、文字以及其他的表述方式"④。通常,话语是一系列连贯的句段或句子构成的语言整体。它既是个人说话的行为,表达了谈话者的意志,同时又必须符合语言系统的规律与制度。

诺曼·费尔克拉夫还指出,"话语根源于人们的生活方式和文化习惯,同时也影响着人们

---

① 裴文,索绪尔.本真状态及其张力.商务印书馆,2003:23—24
② (瑞士)索绪尔.普通语言学教程(第 5 版).裴文译.江苏教育出版社,2002:21.//裴文,索绪尔.本真状态及其张力.商务印书馆,2003:144
③ 许正林.欧洲传播思想史(第 1 版)上海三联书店 2005:526
④ (英)诺曼·费尔克拉夫.话语与社会变迁.殷晓蓉译.华夏出版社,2006

的生活方式和文化习惯"。所以,对"话语"正确的理解是:话语,是语言系统与社会环境的交汇点。当前,不仅语言学家,包括社会学家、政治学家等都将研究对象对准了话语,希望能透过意识形态等方面的遮蔽,在广泛的社会文化生活过程中重现、诠释或解读话语的真实意义。

二、从新闻到新闻话语

新闻话语是话语的一种形态,目前已成为新闻学研究的热点之一。不仅如此,语言学、社会学、政治学等亦把新闻话语作为研读的重要文本之一。这与新闻话语的特性有关——新闻话语是众多学科的一个交汇点。

关于新闻话语的特性,可以从新闻的定义介入,即新闻就是新近发生的事实的报道。事实成为新闻,须经传播者选择,并借助语言、文字、图像、符号等载体及时传播。从新闻定义中不难发现,不管是关于新事物还是新知识的消息或报道,都必须是新近发生或变动的。与其他话语相比,例如文学话语、法律话语等相比,新闻话语最大的特点就是"新",是一切新鲜事物的交汇点。这就使得新闻话语比其他话语更贴近现实,且更能真实地反映社会及思想的变化。

其次,新闻话语主要是用于公开传播信息的,与其他话语相比,其在语言特点上更具有口语化的特征;但它又不完全是口语,除严格遵守语言规律外,还必须准确而简洁地表述。这种介于口语与书面语的特征,使得新闻话语成为两者的交汇点。

再次,新闻被认为是"正在发生的历史",政治、经济、文化、军事、教育等社会各方面内容均是其涉猎的范围,所以相对于其他话语形式而言,新闻话语所包含的内容更为宽宥。有研究者这样认为,"无论从我国古代的邸报到欧洲的格塞塔(Gazzetta),到现代意义上的大众化报刊,都是一部部活生生的真实的历史和人类思想进步的历程。"[①]由此看来,新闻话语作为诸多社会生活内容的交汇点,其广泛性是其他话语形式不可企及的。

最后,新闻话语的工具性特性比其他话语更彻底。前文已经指出,话语是谈话者思想意志的载体,新闻话语亦如此。而新闻话语不仅是记者思想意志的载体,还代表了一定阶级或集团的思想意志,其话语规则的制定亦依附于特定阶级或阶层的利益。所以,新闻话语是一定阶级思想意志的交汇点。这也是社会学家、政治学家们将新闻话语作为研究对象的重要原因之一。

新闻话语的这种作为诸多交汇点的特性,使其成为重要研究对象之一。

三、新闻话语分析

新闻话语研究的重要学者梵·迪克认为,"话语分析的主要目的是对我们称为话语的这种语言运用单位进行清晰、系统的描写"[②]。他把这种描写分为文本视角和语境视角,前者是对表层语言的分析;包括对各个层次上的话语结构进行描述,是话语分析的物质基础,后者是

---

① 胡运炽.新闻话语的本质.http://media.szu.edu.cn
② (荷)梵·迪克.作为话语的新闻.曾庆香译.华夏出版社,2003:26

对社会历史文化语境的分析,把话语结构的描述与语境的各种特征如认知过程、再现、社会文化因素等联系起来加以考察,是话语分析的实质内容。

前者是对新闻话语的语言规律进行分析研究,包括语法、语义和语用三个方面,兼顾新闻话语的特殊组织形式和结构等言语特性;后者研究社会历史文化语境下,新闻话语对社会政治、法律、文化等的再现以及后者对新闻话语的影响。

对新闻话语进行综合性分析是必要的。综观以往的研究,往往只针对新闻话语的其中一方面。比如以"新闻写作"、"写作风格"等为研究对象的文章和书籍,其实是关于新闻话语语言规律方面的研究。而对于新闻话语的批判性研究又多注重新闻话语与意识形态之间的关系,而不是从文化角度认识新闻话语在社会认知、社会交往及社会权力等方面的功能。作为"语言系统与社会环境的交汇点",对其研究不应该只突出其中一方面,因为这两者并非独立存在,而是相互影响的。

第二节 新闻话语的文本结构和逻辑性

新闻话语最直接的载体或媒介应该是语言。语言作为一种系统,具有一定的规则。维特根斯坦指出:"语言就像是游戏,任何游戏都有一个特点,就是都有一定规则。"①

语言规则分为构成性规则和策略性规则。前者是指一定要遵守的规则,如果不遵守,就等于破坏了这类游戏,即我们平常所说的语法规则。不管是新闻话语、文学话语,还是其他的话语形式,既然都以语言为媒介,则都必须遵守语言的构成性规则。这也是新闻话语得以传播的首要条件。"没有一家报纸允许记者在语法上出错误,大多数报纸都不计成本、耗时费力地力求保证记者正确地使用语言"。②

除构成性规则外,语言还遵守一定的策略性规则,即可以根据不同条件而选用的规则。新闻话语对时效性要求很高,记者必须在最短的时间内完成新闻采写,但又要求其最大限度地产生影响力。因此它十分讲究根据不同的条件,选择合适的规则,从而生成最佳组合形式。李文韬、杨明志则更直接地认为,新闻采写是选择的艺术。

一、新闻话语的文本结构

与其他话语相比,新闻话语要显得复杂得多,首先其内容题材包罗万象,从一般的人物动态、会议报道,到疾病、灾难、气象,再到法庭审判、政府与政治、工商业、教(育)科(学)卫(生)、

---

① (奥地利)维特根斯坦.游戏规则.唐少杰译.陕西师范大学出版社,2003
② (美)凯利·莱特尔,朱利安·哈里斯,斯坦利·约翰逊.全能记者必备——新闻采集、写作和编辑的集本技能(第七版)宋铁军译.中国人民大学出版社,2005:49

宗教与慈善事业等,几乎人类生活中的一切内容,都被包含在新闻话语中;其次,新闻话语体裁的种类亦不少,常见的包括消息、深度报道、通讯和评论等。尽管如此,新闻话语倒也有个约定俗成的文本结构。

1. 新闻话语的文本结构的固化

曾庆香在《新闻叙述学》[①]一书中引用耶鲁大学人工智能研究中心的研究表明:大约50%的新闻报道是程式化的,而纯新闻问题即消息的程式化程度,几乎达到了100%。介于此,我们可从一篇中国新闻奖获奖作品入手进行分析,如表9-1。

表9-1

文本内容	结构成分
中铁三局丢了宁夏市场	标题
本报讯 记者高鹏 承建宁夏同沿高速公路路基桥涵第四合同段的中铁三局集团有限公司,因严重拖欠农民工工资,闯了"红灯",丢掉了宁夏市场。这一消息在公路建设施工企业中引起强烈反响。	导语
2003年以来,宁夏回族自治区交通厅每年都设法安排沿线农民参与公路建设,要求各施工企业与各市县劳务输出部门及农民工签订劳动合同。一大批农户增加了收入,不少人因此摆脱了贫困。	背景
前不久,宁夏交通厅在全区高速公路建设项目质量大检查中发现,中铁三局不认真履行合同义务,没有与农民工签订劳动合同,拖欠农民工工资数百万元,经建设单位多次督促,仍然没有采取有效措施予以解决,引发农民工多次阻挠施工。8月中旬,宁夏交通厅下发通知,责令中铁三局15日内清理完成拖欠的所有农民工工资。中铁三局并未予以重视,更没有及时清欠。	主要事件
日前,宁夏交通厅已从中铁三局的项目款中扣除200万元,分发到农民工手中,并对中铁三局进行停牌处罚,取消其两年内在宁夏公路建设市场的投标资格。此举使中铁三局上了交通部的黑名单,对一个辗转于全国公路建设市场的施工企业来讲,这将是一块难以抹去的"疤"。宁夏交通厅副厅长张勇说:"农民工是社会的困难群体,交通厅针对中铁三局的问题下'狠手',就是希望通过这件事告诫施工企业,再也不能把农民工的权益不当回事了。"	结果及评论

这篇"以题材重大、意义重大、标题抓人征服了广大评委,在评委三轮无记名投票中,均获得了80%以上的赞成票,稳居消息项目三件一等奖的首位"[②]。除了消息的"电头"用于表明消息的来源外,文本中其他部分之间的关系分别为:标题和导语是新闻事件中最重要的或最主要的内容,是对整个新闻事件的概括,其中导语是对标题具体化的扩充,或者说标题是导语浓缩的精华;其他部分则是对导语的进一步深化和扩充,详细叙述事情的来龙去脉。

---

① 曾庆香.新闻叙事学(第一版)中国广播电视出版社,2005
② 杨兆海.宁夏日报从严从高从精从深从活办报结硕果. http://media.people.com.cn

虽然并非所有新闻话语的文本都是按照"标题——导语——背景——主要事件——结果——评论"的顺序进行叙述或报道,有的可能是主要事件先于背景,有的可能是背景与主要事件相穿插,还有的可能只有结果而没有评论。但是,媒体一般都是将主要新闻事件或最重要的内容置于导语中,再展开导语而成全文的。所以,曾庆香在其著述的《新闻叙述学》中把标题和导语合称为"摘要",它表达了整个新闻事件最重要的话题或主题,或者是最主要的事情。

2. 倒金字塔式文本结构

上述这种文本结构即为我们平常所说的倒金字塔式:最主要或最重要的内容放在最开始,依主次或重要性展开叙述,读者即使只看第一句话甚至只看标题,也能明白发生了什么。这种倒金字塔式文本结构,在中国又被称为新华体,在美国为钻石式报道手法,其本质都是倒金字塔式。长期以来,新华体由于过浓的宣传味形成了某种机械呆板的模式。姚里军在《中西新闻写作比较》一书中对此解释道,中国新闻话语的文本结构基本上是"按照事情发生、发展的来龙去脉、前因后果等顺序"[①]进行报道或评论,而"西方新闻的结构很少平直,哪怕是单一性事实的报道,在结构上也要写出曲折变化"。

不妨先从普利策突发新闻奖——《新奥尔良平民报》以"卡特里娜"飓风这一灾难为题材的系列报道中的其中一篇《第九区的噩梦——对一位妇女来说,一切都太真实》入手。

第九区的噩梦——对一位妇女来说,一切都太真实

记者 **Trymaine D. Lee** Lucrece Phillips 这几夜一直无法入眠。她脑中充斥着死去的婴儿和妇女,穿着破碎衣服的年轻的或年老的男人。她见过的所有人都漂浮在低洼地带第九区的大街上。

台风从品特街(Painter Street)的家的墙后面而来,她的许多邻居选择了勇敢面对台风。他们的死震撼着 Phillips,眼泪从她充血的眼中流了出来。周二,一个关于死亡与幸存的痛苦的故事从她嘴中一字字地吐出来。

"船上的救护人员救了我们,他们必须用枝条把尸体推开,"Phillips 哽咽了:"有一个小婴儿。她看起来多么完美,多么漂亮。我只想抱起她,让她的小肺可以重新呼吸。她并没有肿起,真的很完美。"

42 岁的 Phillips 和她的五位家人和朋友被从位于品特街 2700 街区两层楼的家的屋顶救了出来。她因为百感交集而不知该说些什么。她欣喜,为能从洪水的魔爪中幸存下来;她痛苦,因为这么多人失去了生命;她也不确定,在城中遭破坏最严重的区域失踪了的家人是否安康。

位于闹市区的凯悦酒店大堂一片昏暗,这里已成为临时避难所,她紧紧地抱着一位急救人员。蓝 T 恤上的汗,从她拳头上淌下来。

[①③] 姚里军.中西新闻写作比较.中国广播电视出版社,2002:150

她的第五句"谢谢"还没有说出口,急救人员在她耳边低语:"一切都会没事的,拯救生命是我们的工作。"

Phillips楼下的41岁的邻居Terrilyn Foy和她5岁的儿子Trevor都没能逃出来,Phillips说。周一晚些时候,Pontchartrain湖汹涌的洪水吞噬了她的邻居们。洪水缓慢行进,接着急促涌动,涌到她家门前,然后击打着门的铰链。不到30分钟,Phillips说,洪水已经越过了她邻居12英尺的屋顶,还包围了她家。

"我依然能听到他们猛撞屋顶寻求帮助的声音,"Phillips说着,身体发颤:"我听到他们撞啊撞,但水一直在上升。突然,请求帮助的声音随着水流上升而消失了,"她说。

Phillips和她的家人——20岁的女儿,18岁的侄女;一个舅舅40岁,和他35岁的妻子,和他们2岁大的女儿以及她的一个45岁的朋友——为了安全,冲到了屋顶。水一直在往上升,死亡似乎越来越近了,她说。她的后背一直在疼,她最近刚做了两根骨头的熔合手术,因她2003年的一场车祸。他们一行人在屋顶呆了好几个小时,随着时间的推移,他们越来越狂躁不安。水一直在往上升,他们看着它一尺尺地往上升。

Phillips说,他们不想像小Trevor和他的妈妈那样死去,或者像其他人那样面对卡特里娜飓风时不愿意或者不能离开。所以,他们敲着,踢着,拉着屋顶上的木板,直到有一个东西松动了。一个支架旁的通风口的木板让步了。当船的发动机的嘈杂声音似乎就在不远的时候,他们在屋顶上尖叫着,并挥动T恤。最后,嘈杂声近了,他们从坏了的通风口看到船上有一些人。一些人上了船,然后另一艘船到了,救起了其他人。

早前官员说,城市中已经有1 200名受困的市民获救。之后,这个数量估计上升到3 000多人。

父母、兄妹失踪了

他们七个人安全了,但是Phillips仍然没有收到位于东部新奥尔良之外的母亲或父亲的任何讯息。他们都60岁了,都拒绝撤离。他母亲和父亲在城市里的13个兄妹也选择了留在家中,而不是疏散到城外或移居到超级大圆顶。对Phillips来说,撤离的代价太大了。她和她的家人在初夏的时候,因为飓风戴尼斯撤离。在休斯敦的几天花了她1 200美元。周二的晚些时候,Phillips还有她家人的任何消息,而城市几乎有90%在水下了。

8月21日起,其他的家庭成员从路易斯安那州之外或城里赶回来团聚,还没有对他们解释说明。花了几个星期的钱后,吃完了,买了礼物,享受了新月节。"他们打算呆到五一劳动节的。""我知道这次风暴夺去了很多人的生命。"Phillips说。"再也没有第九区了,也没有第八区或第七区了。所有的人,所有的黑人,都淹死了。"

她已经几天没有睡了。死去的人的脸在她醒着的时候,一直萦绕在她的心头,困扰着她无法忘记他们。

"没有尊重"

和其他的幸存者一样,Phillips和她家人被从洪水中救起,然后置于闹市区,那里被及腿高的水堵得难以行进,但是有超级大圆顶和一些酒店给难民以安慰。

周二傍晚,官方估计有2万人被安置在超级大圆顶。目击者和官员承认,大多数人都失望、饥饿、并不断增长的绝望。谋杀、强奸和悲惨的情况等谣言一直都在流传着。

"毕竟我们已经熬过来了,超级大圆顶里那些可恶的保安对待我们就像是罪犯一样。"Phillips 说。"我们到了那个区域,他们没有给予我们尊重。"

一家人在去凯悦酒店的 Poydras 大街上艰难行进。酒店没有电,也没有水,Poydras 街两边几乎每一扇玻璃窗都已经被飓风吹走了,但这里起码是安全的。市大厅里较高的官员被撤离到了那,包括市长 Ray Nagin 和警局局长 Eddie Compass。

但是对筋疲力尽的妇女和她的家人并没有真正的安慰。Phillips 说,她不得不满足于不知道母亲或者父亲或者其他家人是否已经幸存下来。她仍然被她亲眼所见的死亡所困扰着。

消息中的导语也可以被认为是对整个文本的概括,是消息中最主要的内容。但是,该文本在结构上因起伏不平而具有较强的层次感。作为一篇口述报道,它很容易落入按照事情发展的顺序进行报道的俗套,即灾难的到来、获救、在避难所的所见所闻等。但是,该新闻报道几乎可以用跌宕起伏来形容:

• 很多邻居都在"卡特里娜"飓风的到来后,失去了生命,菲利普斯的家人及朋友获救了;获救后,她在船上,看到一具浮在水上的婴儿的尸体,还很完好,菲利普斯却没有办法救起他(她)。

• 在避难所,急救人员拯救了好多人的生命;但是菲利普斯想起她的邻居和邻居的孩子在灾难中失去了生命。

• 灾难的到来,从菲利普斯的家人及朋友面对不断增高的水位,到终于被救护队拉上船,到达临时避难所;虽然她的家人及朋友获救了,她却一直没有她父母以及她父母的同伴的消息。

• 很多人和菲利普斯一样幸存下来了,但是在避难所里的所见所闻是令人悲观的,菲利普斯希望能够尽快和父母取得联系。

这样的叙述方式,打破了时间顺序的平直结构,不断从近点到远点,就像一浪又一浪的波浪,使行文在节奏富有跳跃性,受众的情感亦由此不断起起落落。这就不是简单的倒金字塔了。

3.5万救命钱留给病友

本报讯　记者　陈国忠　前日19时许,在长沙湘雅医院,当白血病患者彭敦辉送走病友欧阳志成回到病房后,看到了欧阳志成留给他的3.5万元现金和两封信。读罢信件,捧着救命钱,彭敦辉顿时泪雨滂沱。

家住浏阳市文家市镇伍神岭村的彭敦辉,1999年高中毕业后苦学食品加工技术,2000年在老家开办了食品加工厂,直到今年1月生意才稍有起色。去年底,他感觉到身体有些不舒服,经医生仔细检查,被确诊为白血病。今年3月,他来到湘雅医院住院治疗。不到半年时间,家里便负债20多万元。而接下来的干细胞移植手术,还需要数十万元费用。

现年29岁,在隆回县山区当中学教师的欧阳志成,前年下半年也不幸患了白血病。今年8月9日,他再次来到湘雅医院治疗,恰好住在彭敦辉邻床。欧阳志成和彭敦辉的身材、脸型非常相像,而且两人都戴着帽子和眼镜。医护人员和病友都说他俩酷似亲兄弟。由于相同的命运和际遇,他俩成了一对无所不谈的好朋友,经常来到楼下散步,相约共同战胜病魔。

前不久,欧阳志成和彭敦辉的骨髓都配上了型,只待完成干细胞移植手术,便有望完全康复。为了筹集这笔手术费用,欧阳志成和年仅23岁的妻子四处奔走,尽管有关部门向他伸出了援助之手,但仍有10多万元不能到位。在这种情况下,欧阳志成决定放弃治疗。而彭敦辉的手术费用也差一大截,由于一时借不到这么多钱,他和家人同样心急如焚。

前日傍晚,欧阳志成不顾医护人员和彭敦辉的强烈反对,执意办理了出院手续。彭敦辉将欧阳志成送到楼梯口后,欧阳志成马上催他回去,说给他留下了一件礼物放在病床旁的抽屉里面。彭敦辉打开抽屉一看,里面是码放得整整齐齐的3.5万元现金,以及分别写给他和医院院长的两封信。在写给院长的信中,欧阳志成表示,他已留下遗嘱,让家人在其去世后将遗体捐赠给医院作解剖研究之用,为攻克白血病尽自己最后的微薄之力。

彭敦辉立即跑下楼,但早已不见了欧阳志成的身影。他马上拨通了欧阳志成的手机。欧阳志成说完"我走了,兄弟保重"几个字后,便匆匆挂断了电话。

读到这里,你可能会有这样的感觉,新闻事件本身很感人,但是在文本结构基本上还是按照"标题——导语——背景——新闻事件——结果"的顺序,与前文的《拖欠农民工工资 中铁三局丢了宁夏市场》一文大同小异。的确,这种定势容易产生一种消极的心理现象,才会导致很多人所认为的中国新闻话语"机械呆板的模式"的印象。但是,再往下读,文本还包括欧阳志成写给彭敦辉的一封信。前文中提到欧阳志成走的时候留了两封信,一封是给院长的,由记者转述了信的内容,另一封信就是写给彭敦辉的信,全部内容附在新闻报道之后,为新闻事件提供更丰富的背景,是新闻话语的重要组成部分,并使新闻话语的主题得到了升华。所以该新闻话语的文本结构已经打破了"标题——导语——背景——新闻事件——结果"的顺序,而又回到了新闻事件的背景中。

以上例子充分表明:其一,新闻话语的文本结构已不再是简单的倒金字塔结构了;其二,虽然与美国普利策新闻奖作品相比,中国新闻奖作品文本结构上的曲折性还略逊色,但也力求在保证准确传达信息的基础上,追求一定的艺术技巧,避免波澜不惊。

二、新闻事实讲究逻辑性

新闻话语在文本结构上若只有形式上的曲折性,还不够;还要求讲究一定的逻辑性,即讲究新闻事实之间的各种联系,例如因果关系、条件关系、主次关系、点面关系等。这些关系都是客观存在的,关键在如何组织新闻事实,才能实现结构的合理性,从而产生令人信服的传播效果。笔者试从新闻要素和新闻背景两方面,阐述新闻话语在新闻事实上、组织上所体现的逻辑性。

1. 新闻要素位置不同

新闻话语的逻辑性首先表现在新闻要素之间的逻辑顺序。每一篇新闻都包含五个新闻要素(即五W):何事(What)、何时(When)、何地(Where)、何人(Who)、为什么(Why)。当然用更高的标准衡量,应该是六个新闻要素,还包含"怎么样(How)"。

但是,这六个新闻要素在新闻话语的逻辑结构中并不具有同等的地位,它们中哪一个新闻要素最重要或最显著,在逻辑顺序中就应当居于最主要的位置,相应的被置于文本中最醒目位置,往往是导语的开头。下面以普利策突发新闻奖作品为例展开论述。

• 突出"何事"的导语

卡特里娜飓风周一以惊人的强暴风袭击了大都市新奥尔良州,其风力远远超过前一代人所遭遇的贝特斯(Betsy)飓风。暴风雨淹没了大部分的城市和 Pontchartrain 湖北岸的 Slidell,随着夜幕的降临,洪水仍将继续漫延。

• 突出"何时"的导语

91岁的时候,Booker Harris 被架在亚麻布的椅子上走完了他的生命。他的身上盖着黄色的被子,他死了,被丢弃在 Ernest N. Morial 的会展中心前。

• 突出"何地"的导语

伯克敦(Bucktown)重要的第17街 Canal levee 的大部分区域与崭新的"飓风证明"老 Hammond 高架桥相连。在卡特里娜飓风的强风暴从北面吹来后,周一上午,第17街 Canal levee 向飓风让步了。飓风的破坏力使 Pontchartrain 湖穿过 Lakeview 一直到城市中部、Carrollton,Gentilly,城市公园和东部和南部更远的邻近区域都成了一片汪洋。

• 突出"何人"的导语

一对结了婚的夫妇和他们16个月大的儿子在一艘独木舟上,他们从新奥尔良州不断上升的洪水中逃了出来。

• 突出"为什么"的导语

为控制卡特里娜飓风引起的突发事故,在新奥尔良州的部分地区,警方力量介入了新奥尔良州部分地区的混乱中,一些警察和消防员居然和打劫者一起洗劫了商店。

• 突出"怎么样"的导语

周一和周二,将整个新奥尔良州所在盆地都淹没了的洪灾,在接下来的几天里只会越来越糟糕,因为卡特里娜飓风带来的雨水,从北岸的河水和激流不断地涌入 Pontchartrain 湖,东风和珍珠河上 17.5 英尺的风浪阻止了水通过 the Rigolets 和 Chef Menteur 通道往外流。

但是,因为导语长度有限,没有人能够忍受过长的导语,所以即使六个新闻要素的重要性依次排列出来,也不可能全都出现在导语中,而是将其中被认为应该突出的新闻要素置于导语中。如中国新闻奖消息作品的导语中,基本没有是涵盖全部六个新闻要素的。

承建宁夏同沿高速公路路基桥涵第四合同段的中铁三局集团有限公司,因严重拖欠农民工工资,闯了"红灯",丢掉了宁夏市场。这一消息在公路建设施工企业中引起强烈反响。(《中铁三局丢了宁夏市场》)(导语中突出了"何人"、"为何"、"何事")

今天 16 时 30 分,共和国总理温家宝专程乘坐火车,来到海拔 4 161 米的玉珠峰站工地,与工人们共度劳动者自己的节日。(《海拔 4 161 米:总理跟我们合影》)(导语中突出了"何时"、"何人"、"何地"、"何事")

前日 19 时许,在长沙湘雅医院,当白血病患者彭敦辉送走病友欧阳志成回到病房后,看到了欧阳志成留给他的 3.5 万元现金和两封信。读罢信件,捧着救命钱,彭敦辉顿时泪雨滂沱。(《3.5 万救命钱留给病友》)(导语中突出了"何时"、"何地"、"何人"、"何事")

从以上两方面说明,导语中往往是最具有新闻价值的新闻要素,它具有一定的取舍,并决定了报道的基调、主题及报道的基本框架。否则,整篇报道将会思路不清,让受众产生不知所云的印象,无法将信息准确传达给受众。

2. 新闻背景穿插合理

新闻话语的逻辑性还表现在大量穿插与主要新闻事件有一定逻辑关系的新闻背景,使新闻话语向纵深发展。从中国新闻奖和普利策新闻奖作品的研读中来看,新闻背景的运用主要有以下两方面特点:

其一,与中国新闻奖作品相比,普利策新闻奖的作品文本一般较长,多由一系列新闻报道组成。一个重要的原因就是这些作品按照一定的逻辑顺序,大量交代新闻背景,包括现实背景和历史背景等,特别是解释性报道、调查性报道等。因此,其新闻话语在深度上远远胜过中国新闻奖作品。

其二,从获奖作品来看,消息、深度报道等相对于通讯或特写来说,新闻事实冲突性较强,因为往往是突发事件或鲜为人知的新闻事实,背景材料的运用有利于受众站在一定的制高点,清晰分辨孰是孰非。而通讯或特写等则需借助于新闻背景,塑造典型的人物形象或烘托新闻事件意义之重大。

中国新闻奖通讯类一等奖作品《神舟六号航天员费俊龙、聂海胜出征记》在文本结构形式上乃是按照时间顺序展开的，但因为穿插了相关背景，所以增强了文本的可读性，并使人物形象显得丰满。

两年前，在同一个地点，我国航天员杨利伟首次从这里走向太空，圆了中华民族的千年"飞天梦"。

……

费俊龙，汉族，江苏昆山人，大学文化，1965年5月出生，1982年入伍，中国航天员大队三级航天员，上校军衔，是中国首批航天员当中级别最高的飞行员——特级飞行员，曾连续安全飞行1 599小时22分，荣立二等功。

聂海胜，汉族，湖北枣阳人，大学文化，1964年9月出生，1983年入伍，中国航天员大队三级航天员，上校军衔。他飞过3个机种，安全飞行1 480小时，被评为一级飞行员，先后两次荣立三等功，是我国首次载人航天飞行首飞梯队成员之一。

两小时前，被确定为执行神舟六号载人航天飞行任务的费俊龙、聂海胜准时起床。面对充满风险的太空之行，两人平静得如同一次普通的"出差"，心跳依然保持着每分钟70次左右。经过7年常人难以想象的艰苦训练，经过一次次近乎苛刻的考核选拔，他们从14名航天员中脱颖而出，代表祖国第二次出征太空。

费俊龙和聂海胜有什么特别之处吗？他们为什么可以成为神六飞船的航天员，而不是别人呢？这部分背景的提供让受众更好地了解两位飞行员。

新闻话语中背景材料与主要内容相比往往多而复杂，若随心所欲地安置，会使整个文本凌乱不堪；且背景材料与新闻事实之间的逻辑性多是一定的，不可随意搭配。如《神舟六号航天员费俊龙、聂海胜出征记》中有这样一段话："天公似乎有意要考验出征者，几天来风和日丽的戈壁滩，此时突然风雪交加，气温骤然下降十几摄氏度。此时，天公好像也特意为英雄壮行——雪停了，风小了。"不能否认，良好的天气情况，有助于更顺利地完成载人航天飞船的飞行任务，而且天气情况也与人们的心情有着密切的关系，具有一定的心理暗示作用。但天气变化是一种自然现象，如此表述给人有"迷信"倾向的印象。这个反例说明，背景材料很讲究合理穿插，没有必要的素材大可以直接删去，若任意搭配，反而会画蛇添足。

三、新闻话语的修辞策略

这一节以"修辞策略"作为标题，顾名思义，主要分析新闻话语的诸多修辞手段。需要补充的是，根据《简明语言学词典》，修辞的手法分为两大类：消极修辞和积极修辞。前者是指："人们在运用语言并对语言进行加工时不使用修辞方式，专注意词语的选择和句式的调整，叫作消极修辞";后者指的是,"人们使用语言时,往往运用一定的技巧,采用各种不同的方式,以便思想感情的表达更加鲜明突出,更加生动活泼,从而增强语言的感染力量。用这样的方法对语言进行加工,便叫做积极修辞"。所以,以语言学的标准,以下内容即关于新闻话语中的积极修辞。

新闻话语主要是为了准确地传达信息,但是为了牢牢地吸引受众,新闻话语传播者也总是千方百计地运用各种积极的修辞手段,以使语言鲜明突出、形象生动。就像俞香顺说的:"现代传媒语言是白话文,追求平淡,但并非是平的没劲、淡的没味。"①所以,积极的修辞在新闻话语中同样具有显赫的地位。

1. 现场及过程的直接描述

新闻话语的主要内容包括人物和事件,两者几乎是唇齿之系。新闻话语中的事件(简称新闻事件)不是一般的事件。新闻事件首先必须是真实存在的,不允许虚构,否则就只能算是文学话语。其次,该新闻事件必须是重要(不一定是重大的)的。

或者是与大多数人的切身利益有关。例如普利策国内报道奖是关于国家安全局的窃听事件,这与大多数的美国人都有关系,不仅关系到国家安全,还涉及个人隐私等。

或者是与著名的人物、地点或者事物相关。如《海拔4 161米:总理跟我们合影》是关于温家宝总理在五·一劳动节那天,来到海拔4 161米的青藏铁路工地,慰问节日期间在一线辛勤工作的建设者,这里的新闻事件是因为有著名的人物。

或者是自然界和社会生活中出现的反常现象。比如《索玛花儿为什么这样红:记优秀共产党员王顺友》一文的新闻人物是一位普通的老百姓,却是目前高度现代化的中国邮政事业中现存为数较少的马班邮路乡邮递员之一。在飞机、磁悬浮火车等交通工具及因特网、手机等通讯手段迅猛发展的今天,依然有人在穷乡僻壤敬业地走着马班邮路,自然是不普通的人,其所做所为就成为不平常的新闻事件。

对新闻事件的报道,很少有记者不对现场及过程进行直接描述。因为在新闻事件现场的受众只是个别的,但是该新闻事件得到最大范围的传播,让足够多的受众获悉该新闻事件。如果不对现场及过程进行描述的话,受众没有办法了解事情的经过,也就无法对新闻事件进行判别,对新闻话语传播者的观点也很难肯定或否定。

在报纸的新闻话语中,现场及过程的描述有两种方式,其一是文字描述,其二是图片表达。文字描述需要调动人的五官,是一种间接的方式;后者相对要直观得多,追求的是视觉冲击力。

(1) 蒙太奇画面

夏衍先生说:"蒙太奇就是摄影机摄录下来的一个个镜头,按照生活逻辑和美学原则,把它们连接起来,继续下去的意思。"②文字记者虽然不能使用多媒体,却可以运用蒙太奇思维,使新闻话语的文本产生"画面感",呈现视觉、听觉等全方位的信息。以《神舟六号航天员费俊

---

① 俞香顺.传媒 语言 社会.新华出版社,2005:232
② 叶同春,邓涛.用镜头见证"高峡出平湖".新闻导刊,2005:48—49

龙、聂海胜出征记》为例,其对现场及过程生动细致的描述,犹如电视画面中的组合镜头。笔者试着以电视画面镜头运用的方式分析其文本:全文一开始便展示出全景,由远及近,然后将近景一一摇出,从航天员费俊龙到聂海胜,再摇到总指挥,最后摇回航天员,并定点在敬军礼的镜头上。接着又将镜头由远拉到近处,插入航天员日常训练的镜头。文中由远及近、由近及远反复拉镜头,很好地表现了航天员出征的画面。

(2) 视觉冲击力

随着读图时代的来临,新闻话语中出现了越来越多的图片形式。图片的直观是文字无法比拟的,它使某一时空处于定格状态,成为新闻话语的有效表达方式。正因为此,中国新闻奖和普利策新闻奖均设有摄影奖及漫画奖。前者强调视觉冲击力,后者则突出强烈的讽刺意义。只是,在报纸新闻话语中,图片更多的还不是主角。为此,将不在这里展开具体分析。

2. 相近而具体的细节刻画

上文已经提到,对现场及过程的描述并不表示对新闻事件的方方面面都进行详细、彻底地报道,而是要突出其中某一方面。为了突出这其中一方面,新闻话语传播者往往会采用各种修辞手段,其中一个重要的手段就是细节描写。

细节不是琐碎的事情,不是细枝末节,它是"新闻作品中描绘人物、事件、社会环境和自然景物的最小组成单位"[①],且是集中表现新闻人物或新闻事件的具有本质意义的特征性细节。就是这最小组成单位,它"作为一种真实的客观的存在……直接诉诸人们的感觉,能够调动起人们的想象和联想的心理能力,从而获得信息的延伸和扩展。"[②]细节刻画犹如电视画面中的特写镜头,让时空在这一时刻定格。

(1) 新闻话语文本中运用细节描写,最直接的作用就是增强文本的可读性

干瘪的语言、缺少细节描写的新闻,自然会缺少吸引力。而生动的细节描写如同乐章中的一个重音符,使文本在节奏上产生跳跃感,吸引受众,使他们对此印象深刻。

例如获普利策解释性报道奖《华盛顿邮报》有关也门民主建设的报道中有一段细节描写:

"让我祝贺你们,因为你们的勇气和远见,开始了这(民主进程)。"她以极大的热忱说道。而事后,她的这种极大的热情,让她痛苦不已。当她停下来,以便她说的话可以被翻译成阿拉伯语的时候,她的脸上出现了一个愉快的、很大的笑。

人们也笑了。

然后他们鼓掌。

该细节描写,表明美国在也门的民主输出一开始进展得很顺利,新闻人物罗宾·马德里对此很满意,而众酋长亦欢迎其来到也门开展这项工作。这段简单的细节描写却交代了这么多内容,并与下文中罗宾·马德里遇到的困境形成鲜明对比。

---

① 李文韬,杨明志.新闻采写·选择的艺术.吉林大学出版社,1992
② 姚里军.中西新闻写作比较.中国广播电视出版社,2001:136

(2) 细节描写能够增强文本的可信性

普利策社论写作奖为波特兰《奥勒冈州人报》的里克·阿提格和多格·巴特斯有关一个精神病院的报道,其中"所有孤独的人们"一文中有一段对依娃去世的那个浴室侧厅的细节描写。

如果依娃的去世是奥勒冈的疏忽的话,医院本身的大而笨重就充分说明了一切。她(依娃)在浴缸里去世的,那个浴缸现在还在那,被弃用的侧厅堆积着霉菌和老鼠屎,这要比一个人所能想象的任何一个闹鬼的房间都让人毛骨悚然。

这一细节描写还原了现场,让受众看到一个"让人毛骨悚然"的房间,增强了新闻的真实性,使人感受到依娃的去世不是偶然的。

(3) 细节描写可以生动地刻画人物形象、塑造人物个性,从而增强新闻话语的思想性

如《海拔4 161米:总理跟我们合影》中的"看到机车上两位司机一直坚守岗位,温总理多次举起右手致意。"温家宝总理五·一劳动节那天特意来到海拔4 161米玉峰站工地,慰问节日期间在一线工作的建设者,并与工人们合影。机车上的司机因为岗位的特殊,没能与总理合影,所以总理才会"多次举起右手致意"。这其实是很小的细节,却让受众看到一位总理对普通司机的关心,塑造了一位平易近人、关爱人民的总理形象。

(4) 细节描写使新闻话语产生感染力,引发情感共鸣

例如《索玛花儿为什么这么红:记优秀共产党员王顺友》也有一段细节描写:

傍晚,就地宿营,在原始森林的一面山坡上,大家燃起篝火,扯成圈儿跳起了舞。他有些羞涩地被拉进了跳舞的人群,一曲未了,竟跳得如醉如痴。"我太高兴了!我太高兴了!"他嘴里不停地说着。"今晚真像做梦,20年里,我在这条路上从没有见过这么多的人!如果天天有这么多人,我愿走到老死,我愿……"忽然,他用手捂住脸,哭了,泪水从黢黑的手指间淌落下来……

这里的细节描写不仅仅是"忽然,他用手捂住脸,哭了,泪水从黢黑的手指间淌落下来……"这一动作细节描写,尽管这是一个生动的细节刻画,而且也应该是前面的直接引语与这一动作相结合。也就是说,细节描写不仅仅是动作的细节描写、景物的细节描写等,还包括语言的细节描写,因为每一位新闻人物都有独特的语言,它是其形象或性格的体现。这里语言细节描写与动作细节描写的结合,流露了王顺友的真实情感,把他作为马班邮路乡邮递员20年来的辛勤淋漓尽致地刻画出来了,受众因这个细节而感动。

3. 引述参与者或目击者的话

学者李希光在《转型中的新闻学》[①]一书中指出:"中国新闻文风的癌症:没有直接引语"。

---

① 李希光.转型中的新闻学.南方日报出版社,2005:411

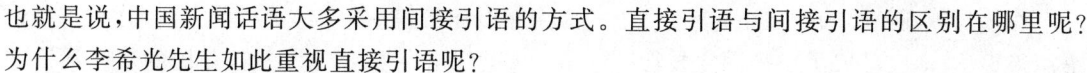

也就是说,中国新闻话语大多采用间接引语的方式。直接引语与间接引语的区别在哪里呢?为什么李希光先生如此重视直接引语呢?

(1) 直接引语的功用

《华盛顿邮报》记者达纳·普瑞斯特所写的《中情局在秘密监狱拘留嫌疑犯》获得了普利策独家报道奖。在这篇长达五千字左右的作品中,直接引语只有六处,与这么长的文本相比,实在不算多。作为一篇揭露黑幕的新闻报道,其消息源为现任或前任的中情局官员或美国政府官员、美国及其他国家的外交官员,文本内容基本上为消息源的口述。如果句式上不厌其烦地使用直接引语,如此长的文本,容易对受众失去吸引力。所以,记者在文中采用了直接引语与间接引语交叉使用的方式,最直接的好处就是避免了单调的平铺直叙,造成参差错落的格局,从而使行文有了跳跃感。

文本中第一次出现直接引语是这样的:"中情局中高层官员在两年前开始提出,这项制度(秘密拘留制度)是无法长期维持的,它转移了中情局唯一的间谍任务",之后引用了"熟悉这个项目但不知道(秘密)监狱位置的原情报局官员"的话,对"无法长期维持"进行证实,即"我们(中央情报局)从来没有坐下来(好好谈谈),达成一个重要的策略",并且中央情报局的确对被秘密关押的人使用了非人道的手法:"你抓到了人,把他们关到不见天日的地方,也不说我们之后会对他们做什么"。直接引用中央情报局原官员的话,确定了消息的来源,增加了新闻话语的可信性。新闻话语最基本的功能就是传递信息,要求这些信息是客观的、准确的、真实的,而不是记者臆断的,所以使用直接引语是很有必要的,文中几处的直接引语都发挥着增加新闻话语可信性的功用。

这些直接引语除了增加新闻话语可信性之外,还具有集中信息、突出观点的功用。因为它们更多的是消息源众多讲话中最重要、最本质意义之所在,所蕴含的信息具有集中性和潜在性的特点。如下面的直接引语,短短一句话,包含的内容却不少。

我记得有人问:我们要对这些人做什么?——中央情报局秘密拘留一些人,却没有一个明确的目的。

我一直说,我们需要一些帮助,哪里有(我们需要的)帮助?——中央情报局秘密拘留的人数很多。

我们不能成为狱卒,我们的任务是找到本·拉登——中央情报局秘密拘留的工作已经转移了其工作重心。

如果将直接引语的前两项功能相结合,还可以发现,这些直接引语虽然来自于消息源,表达了中央情报局、政府官员等的观点,但这些观点同时也正是记者的观点,是与该新闻话语的观点最直接相关的,表达了最重要、最本质的意义。如果这些直接引语的部分是经转述的话,因为记者需对消息源的有关话语进行重新编码,就会影响新闻话语的客观性。所以,直接引语的应用还能巧妙地表达记者观点。对于受众来说,更希望是直接"聆听"到这些有重大意义的话,直接引语的应用也恰好满足了受众这种心理。

在普利策新闻奖的作品中,直接引语的应用相对比较普遍。因为"在西方新闻中,直接引语用得很早,现在已成了一种固定技巧"①。在19世纪末期和20世纪初,美国的新闻话语文本中已经出现了直接引语,美国哥伦比亚学院的《新闻报道与写作》教材中也明确将直接引语作为新闻的重要部分。

(2)我国新闻报道中直接引语的使用

不过,在阅读中国新闻奖作品过程中,笔者发现缺乏直接引语的现象正在发生改变。

海拔4 161米:总理跟我们合影

本报格尔木玉珠峰5月1日17时电 记者毕锋 李晓华 今天16时30分,共和国总理温家宝专程乘坐火车,来到海拔4 161米的玉珠峰站工地,与工人们共度劳动者自己的节日。

今天是第116个五一国际劳动节。14时30分,温总理来到青海格尔木市郊30公里的青藏铁路南山口铺架基地。他健步走下汽车,直奔工人中间,与大家热情握手交谈。工地上,欢呼声、掌声响成一片。

A"来,我们一起合个影。"总理的提议让早已激动的工人师傅们更加欣喜若狂。青工小夏非常兴奋地说:B"真没想到,总理会主动同我们照相,跟做梦一样。"

C"和大家在工地上过节,心里感到非常高兴。"总理对这些长年累月工作在"生命禁区"的辛勤劳动者深情地说:"建设这条世界上海拔最高、难度最大的铁路,非常不容易。""我向大家表示致敬和感谢!"

轨排成品区旁,温总理与70多名劳模合影。站在前排中间的罗发兵、李金城、马新安、程红彬最令人羡慕。他们昨天与总理同在北京人民大会堂出席全国劳动模范和先进工作者表彰大会,今天又和总理在青藏高原相聚。

15时,总理登上一列由两台东风4型高原机车牵引的铁路工作车,沿着尚未运行而被称为"幸福路"的青藏铁路新线,以70公里的时速,穿越戈壁荒滩。90分钟后,列车徐徐停靠在玉珠峰站。

玉珠峰站在全路首次采用数字无线通信网络,是全线25个无人值守车站之一,离格尔木站110公里。

天公作美,这里虽然不像南山口那样阳光明媚,但飘飘洒洒的雪花突然消失了。温总理身穿橘红色羽绒服,和蔼的笑容让大家无拘无束。职工们围在总理身边,用照相机将历史定格在"玉珠峰"站牌前。站台上100多名职工几乎人人都与总理合了影。

看到机车上两位司机一直坚守岗位,温总理多次举起右手致意。16时40分,总理独自走上铁道,背对机车和机车司机。霎时间,快门声响个不停。

在这篇新闻的文本中,有三处用了直接引语,其中B处是对A处总理提议的反应,即意想不到的、激动的或兴奋的情感,而引起这种情感的原因是总理主动提出和工人们照相。所

---

① 姚里军.中西新闻写作比较.中国广播电视出版社,2002:142

以,A处不仅让受众也"直接"听到了总理的话,使消息产生了一定的历史性,更体现了温家宝总理平民总理的形象。这里,一句直接引语就有了"产生一定的历史性"和"刻画人物形象"的功能。C处的第一句直接引语亦有两者兼备的功能。

这是直接引语在消息中比较常有的几种功能。而在通讯(或特写)的文本中,直接引语更多的是用于烘托主题。如《索玛花儿为什么这样红:记优秀共产党员、木里马班路乡邮员王顺友》中的一个例子。

"每次我把报纸和邮件交给乡亲们,他们那种高兴劲就像过年。他们经常热情地留我住宿,留我吃饭,把我当成共产党的大干部。这时,我心里真有一种特别幸福的感觉,觉得自己是一个少不得的人!"这是王顺友最初感受到的乡邮员工作的价值。

白碉乡乡长王德荣曾对他说过这样的话:"你的工作虽然不是惊天动地,但白碉乡离不开你。因为你是我们乡唯一对外的联络员,是党和政府的代表。藏民们有一个月看不见你来,他们就会说:'党和政府不管我们了'。你来了,他们就觉得党和政府一直在关心着他们!"这话让王顺友心里滚烫。

一次,顺友把邮件送到保波乡政府,就在他牵着马掉头的时候,看见乡干部正翻阅着报纸说"西部大开发太好了,这下子木里的发展要加快了!"

4. 用数字说话

新闻话语中出现数字并非是现在才有的事情,西方国家早期报纸的出现就是用来发布船期、货物等相关信息,所以从那个时候起,新闻话语中已经出现了数字。但是,信息化时代,人们利用各种资源和信息的量越来越大,数字相应的成为各种新闻媒体传播信息的主要内容之一。通过研读普利策新闻奖作品和中国新闻奖作品,新闻话语文本中的数字主要有以下类型:

(1) 日期、时间型

新闻话语最讲究时效性,除了第一时间发表新闻文本之外,其还会在文本中采用各种方式,使读者会意到这是第一时间发表的新闻话语。而最直接的表现方式就是表明该新闻是在什么时候采集的或者什么时间发表的,这样新闻话语的文本中必然会出现日期及时间。

此外,因为新闻被喻为"正在发生的历史",只有记录新闻发生的具体时间,历史才会有真实感可言。所以在报道重大的新闻事件时,新闻话语的文本中都会出现新闻事件发生的时间。例如:"昨日,为纪念奥斯维辛集中营解放60周年,世界各国领导人聚集波兰南部,副总统切尼代表美国出席。"

而对于调查性报道,其逻辑十分缜密,特别需要具体的日期和时间作为论据。如普利策调查性报道奖《华盛顿邮报》Susan Schmidt,James V. Grimaldi and R. Jeffrey Smith(苏珊·史密特、杰姆斯·V·格雷马尔蒂和R·杰弗瑞·史密斯)关于说客阿布拉莫夫丑闻的报道中就大量使用了日期、时间型的数字语言。

据税收记录,1998年7月25日前的9个月,伦敦James & Sarch法律公司所付的一百万美元,Buckham和DeLay是莫斯科一家Naftasib石油公司的晚宴客人,在促销文案中被看做国防大臣和内务大臣这样的重要客人。

1997年8月5日至11日,国会议员遇到了Nevskaya,并在Naftasib的总经理Koulakovsky陪同下,到莫斯科到处看了看。

James & Sarch有限公司在2000年5月解散,但是他们之前的合作伙伴说,他们想起在他们的办公室里听到过俄罗斯人的名字。

在一般的新闻话语的文本中都有表示日期、时间的数字语言。因为它表明了"特定时间发生的新闻事件,并由新闻媒体在特定的时间内发表"①。日期、时间型的数字语言已经不局限于以上三种情况,目前许多媒体上大量地出现类似于"历史上的今天"等小栏目。

(2)直接反映型

除日期、时间型的数字语言外,新闻话语的文本中最广泛、最经常用的数字语言就是直接反映型,即利用客观的新闻数字,直观地表现新闻事件的发生、发展及结果。

"3.5万救命钱 留给病友"

"这就是那个20年中行程26万公里——相当于21趟二万五千里长征,绕地球赤道6圈的人吗?"

关于项目的细节仍处于保密之中,熟悉项目的官员说,国家安全局在没有授权的情况下,对美国境内的500个人在任意时间进行了窃听。

由于直接反映型的数字语言在新闻话语的文本中应用得比较广泛,其表现形式亦具有多样性。以下例句源于普利策公共服务新闻奖的《第一承包商说,这是完成工作的唯一办法》一文(下面简称A)和中国新闻奖特等奖作品的《提高自主创新能力 推进经济结构调整》一文(下面简称B)。

自然数表现形式:汉语中自然数多在量词前;在英语中,直接修饰可数名词,而需要去量词相连修饰不可数名词。

A."我们可能说,'我们已经给你一项把10亿腐烂的鸡移走的任务。'我们跟他们商谈价格,"Pogue说,"这时候你要清除城市里50个街区的垃圾。这就是我们在这里所做的。"

---

① 祝培岭.数字新闻.中国广播电视出版社,2002:43

B. 据专家们分析,我国目前每花1元钱引进技术,只用0.07元进行消化吸收,而工业化成长时期的日本、韩国,是花1元钱引进技术,花5到8元钱进行消化吸收和技术创新。

倍数表现形式:与百分比表现形式相似,往往应用在两者的比较中。

A. 换一句话说,一个家伙在一条居住街道上转动着树枝堵塞的山猫可能没立方米垃圾赚很少的1美元,尽管最初的承包商可能赚20倍。

B. 我国主要产品单位产量的能耗、水耗和矿产资源消耗等,目前均大大高于国际先进水平,每万美元GDP的综合能耗比也为全球平均水平的1.8倍。

百分比表现形式(或分数表现形式)

A. Rousselle宣称如果公司将监管工作转交给政府,不必要的费用会大幅度降低,节约30%－40%纳税人的钱。

B. 我国关键技术的自给率较低,特别是航空设备、精密仪器、医疗设备、工程机械等具有战略意义的高技术含量产品,80%以上尚依赖进口;重大装备制造业中,70%的数控机床、76%的石油化工装备、80%以上的集成电路芯片制造装备、100%的光纤制造装备为国外产品所占领。

序数表现形式:可以清晰地认识到对象所处的位置。

A."我希望成为第一承包商",Commander公司的Adam Irvin说。他说他作为第四承包商搬运垃圾,每立方米6美元。"当你处于第四阶层的时候,就只剩下面包屑了。"

B. 改革开放以来的20多年间,我国经济保持快速增长的发展势头,目前经济总量已位居世界第六位,制造业总量已居世界第四位,其中172类产品的产量跃居世界第一。

(3) 图表型

图表,使用点、线、面等来表示相关对象之间数量关系的图形,是一种与文字相比更为直观的表现形式,因为简单的图形往往能够取代大段的文字说明。同时,由于社会越来越重视图形和象征的应用,图表这种视觉性更强的表达方式,可以使受众迅速、快捷地了解调查结果、事物的发展趋势或者内在关系,已被报纸及其他媒体越来越广泛地应用。与上文中直接反映类型相比,图表会根据不同情况分为表格、曲线、条形、柱状、饼图等不同图形,而且会应用到上文中所有四种数字表现形式。

(4) 概数型（或约数型）

除以上三种类型外，新闻话语的文本中还有一种表示大概数量的语言，即不能确切地表达数量，但为了实现一定的修饰作用——特别是程度上的修饰作用，会使用不确定的数字语言。与前三种数字语言相比，概数在科学性上要稍逊一筹。

总的说来，数字语言一般简洁、精练，并能够准确、科学地反映新闻事物或人物的状态、趋势等，所以在新闻的话语中广泛使用。梵·迪克认为，"从专业角度讲……新闻修辞有诸多方面，一个重要方面就是玩弄数字游戏，以提升其有效性"①。

第三节　新闻话语的风格

新闻话语的策略性规则可谓多种多样，因为题材与体裁的不同，以及传播语境的不同，会侧重于其中几种策略性规则。不过，记者运用此策略性规则而不是彼策略性规则，也有主观因素的影响，即记者倾向于使用该策略性规则，从而形成自己的风格。这种风格会自觉不自觉地与记者所在报纸的风格相符，因为"记者从事新闻报道，必须同他所工作的媒体保持价值观念的一致性"②；并且，即使不完全是，也多少代表着一定的新闻话语的风格。

一、事实认知

梵·迪克认为，风格是"说话人的社会特征和说话场合中社会文化的具体特征的显现形式或标志。"③所以，新闻话语的风格不是个人的，它代表着一个社会阶层并能反映整个社会的文化特征。新闻话语的社会认知功能是新闻最重要的功能。丹尼斯·麦奎尔在《大众传播理论》中，把"信息功能，即提供有关世界上的事件和社会情况的信息"置于媒介五大功能的首位④。报纸新闻也不例外。近代报纸诞生初期，新闻的社会功能比较原始，即为了提供船期、货物信息。在现实生活中，每时每刻个人生活圈之外的世界都在不停地发生冲突和变化，个体无法到达每一个现场，亲眼见到或者亲耳听到事件发生的过程。但是，人们却很关心个体之外的世界，唯恐自己落后于个体之外的世界。

因此，人们只能借助于一定的媒介去了解外部的世界。新闻则是一个很好的媒介：因为新闻注重时效性，它在第一时间传播事件的最新情况；因为新闻具有可信性，大多数新闻是客观真实的报道；因为新闻的可接近性，现代科技的发展，迅速地、大批量地复制成为一种可能……这些都使新闻成为人们获取信息的最佳媒介之一。

---

① （荷）梵·迪克.作为话语的新闻.曾庆香译.华夏出版社，2003：73
② 赫普宁.媒体批判：形势复制与话语复制.当代文坛.2006：128－132
③ （荷）梵·迪克.作为话语的新闻.曾庆香译.华夏出版社，2003：74
④ 张威.比较新闻学方法与考证.南方日报出版社，2003：190

而每一篇新闻都要具备六要素,即"何时"、"何地"、"何人"、"何事"、"为什么"、"怎么样"六个新闻要素。这六个新闻要素无不是在传达信息,整个文本都是围绕着这些新闻要素展开,只是某一篇新闻会对其中某一个新闻要素尤其突出。例如:

中国新闻奖一等奖消息《中铁三局丢了宁夏市场》提供的主要信息是:中铁三局集团有限公司,因严重拖欠农民工工资被宁夏交通厅停牌处罚,并取消了其两年内在宁夏公路建设市场的招标资格。

中国新闻奖特等奖评论《提高自主创新 推进经济结构调整》的信息是:目前国内不少行业和企业在核心技术上受制于他人,无法形成长期的竞争力。只有不断提高国内企业自主创新能力,才能推进经济结构的调整和增长方式的转变,才能在全球经济格局中占据战略制高点。

普利策新闻奖《华盛顿邮报》独家报道奖的信息是:中央情报局把恐怖分子嫌疑犯被拘留在美国本土之外的秘密监狱,关于其合法性和道德性的争论在不断增多。

普利策新闻奖《纽约时报》的评论写作奖传达的信息是:苏丹正在上演残忍的种族灭绝行为,而美国政府对此置若罔闻,人们对此缺乏应有的关心。

当这些信息经大众传媒传播之后,人们获得了关于这些新闻事实一定的认知。

这里强调的是"一定的认知"。因为新闻事实是经过新闻记者用文字、图片等媒介符号编码的事实,也就是说是记者建构的事实。尽管记者会采用一定的策略性规则,例如对现场或过程的描述,让受众产生身临其境的感受,最大限度地将信息传达给受众。但是,受众需要对记者提供的符号信息进行解码后才能理解这些信息。然而由于语言、年龄、身份、阶层、文化背景等各方面的差异,受众解构后的事实与记者建构的事实会有一定的出入。

其次,在很多情况下,记者不可能是新闻事件的参与者,而是通过采访新闻事件参与者、目击者以及记录新闻事件发生后现场的情况等,按一定的逻辑顺序,组织已占有的材料,将信息传递给受众。例如,普利策调查报道奖是披露说客阿布拉莫夫的丑闻,有关丑闻信息来源于该组织(The U.S. Family Network)的缴税记录和之前与组织有关联的人(tax records and former associates of the group)。这种情况,记者就不可能完全地占有材料。

除此以外,各个国家新闻话语侧重的内容也不一样。比如,美国普利策新闻奖作品多深度报道,对新闻事件一探究竟,侧重于"为什么"(为什么会发生这样的事,为什么会有这样的结果等等)。如解释性报道关于美国在也门的民主建设,新闻人物Robin Madrid在也门很受部落领袖的欢迎,而后却被认为是一个美国间谍。造成这种落差的种种原因、层层关系,记者均给予清晰阐述;而中国新闻奖作品则缺乏深度报道,因为中国新闻奖侧重于报道(发生了)"何事"。例如消息《中铁三局丢了宁夏市场》报道了"中铁三局集团有限公司,因严重拖欠农民工工资,闯了'红灯',丢掉了宁夏市场"。"为什么"中铁三局——"一个辗转于全国公路建设市场的施工企业"会"闯红灯"?消息中指出"一大批农户增加了收入,不少人因此(宁夏回族自治区交通厅每年都设法安排沿线农民参与公路建设)摆脱了贫困"。增加了多少收入?与贫困时候的差距在哪里?两百万的款项分到每个农民工手中多少钱?这些内容不是没有深入报道,就是语焉不详。"农民工问题"本身是一个很深刻的社会热点、焦点,是大家都关注的社会问题,所以是一个宜作深入报道的好话题。

综上所述,受众通过新闻话语所获得的是对一定事实的认知。现实生活中,获得事实的认知,也意味着一定信息资源的占有。

二、价值观认知

受众希望新闻能够最大限度地提供有关事实的信息,并对该事实作出判断,以实现观望周围的世界,并尽可能地使自身的行动适应周围世界变化。但是受众又不满足于新闻只是信息的载体,特别是当媒体数量激增、受众越来越容易接近获得信息的媒介时,新闻信息繁芜而不易轻易作出评判。受众开始依赖于媒体显性的或隐性的观点,新闻也就不再只是传达信息的媒介了。新闻开始向个性化发展:或者提供独家报道;或者提供独到见解。这两种形式都是实现价值观认知的最有效形式,价值观的认知即意味着对某一种观点认同与否。

1. 提供独家报道

独家报道,顾名思义就是只有一家媒体报道,其他媒体没有的新闻,一般是对鲜为人知的事实的报道。作为独家报道,由于其鲜为人知的信息内容和充满冲突的表现形式,往往更易于使受众产生震惊或感动的情绪反应。

(1)独家报道与揭黑的负面报道

由于"鲜为人知"这个词,最容易让人想到的是揭露黑幕的一类新闻报道。普利策新闻奖中有专门一项是独家报道奖(Beat Reporting)不光是独家报道奖,美国普利策新闻奖的多数作品均为揭露性的负面新闻报道。在2006年的14项新闻类获奖作品中,属于负面新闻报道的有十多项(其中批评报道奖《华盛顿邮报》时尚类报道既有正面报道,也含负面报道),占总数的71.4%。详见表9-2。

表 9-2

普利策新闻奖类别	作　　品	属　性
(公共服务奖)	《太阳先驱报》和《新奥尔良平民报》关于卡特里娜飓风报道	负　面
(突发新闻奖)	《新奥尔良平民报》关于卡特里娜飓风的报道	负　面
(调查性报道奖)	《华盛顿邮报》披露说客阿布拉莫夫的丑闻	负　面
(解释性报道奖)	《华盛顿邮报》有关美国支援也门民主建设的报道	中　性
(独家报道奖)	《华盛顿邮报》有关中情局在美国之外国家设秘密监狱	负　面
(国内报道奖)	《纽约时报》关于国家安全局窃听事件《科普利报系、圣迭哥联盟——论坛报》对众议员兰迪·卡宁汉姆的调查	负　面
(国际报道奖)	《纽约时报》报道中国司法制度演变的情况	负　面
(特写奖)	《洛矶山新闻》《最后的敬礼》	人情味报道
(评论奖)	《纽约时报》批判美国对世界其他地区种族大屠杀的漠不关心	负　面
(批评报道奖)	《华盛顿邮报》时尚类报道	负面和正面

续 表

（社论写作奖）	波特兰《奥勒冈州人报》揭露奥勒冈一个精神病医院的报道	负 面
（社论漫画奖）	《亚特兰大宪法日报》	负 面
（突发新闻摄影奖）	《达拉斯晨报》关于卡特里娜飓风过后新奥尔良的混乱场景及人们的痛苦	负 面
（特写摄影奖）	《洛矶山新闻》《最后的敬礼》	人情味报道

由于普利策新闻奖的影响力，导致很多人认为独家报道就等于是揭露黑幕的负面新闻报道。这种片面的看法，使负面新闻大行其道，犯罪、丑闻、事故及自然灾害等成为关注的重点，以达到使受众瞩目、警醒和震惊的效果。

（2）独家报道也可以产生于正面新闻

以中国新闻奖通讯一等奖作品《这个头，带得好：访"冬暖式大棚菜之父"王乐义》为例，这篇通讯主要报道了冬暖式大棚蔬菜的发明人和推广者带领农民走上致富道路的优秀事迹。该作品中先后出现了五个方面的冲突：

- 王乐义冒着当困难户的风险，建新式大棚；
- 新式大棚建立起来，为推广大棚，王乐义承受了身体的痛苦；
- 王乐义经历心灵的煎熬，即是否是独占技术，还是广泛推广；
- 王乐义的家人从他当了村支书后，就与"好事儿"绝了缘，其中一个女儿想不开，喝农药自尽了；
- 王乐义所在三元朱村富了起来，自己家并没有发财。

这些冲突塑造了王乐义的个人形象，即为农民致富无私忘我的优秀共产党员。所以，用内容深刻，题材广阔，写作手段多样，具有强烈的时代感和震撼力来形容这篇人物通讯并不为过。

与我国通讯相类似的是普利策新闻奖的"特写（Feature Writing）"。美国普利策新闻奖的特写奖作品《最后的敬礼》也是在不断"制造"冲突中，完成最后报道的。

比如，海军陆战队上校必须将士兵的死讯告知其家人，而这死讯则是每一个家庭都不愿接受的；比如海军陆战队上校希望自己能够上战场，却执行着一个心理考验的任务——将战场上的死讯告知士兵的家人；又比如 James J. Cathey 的尸体运抵 Reno 那天，刚好是该市 2005 年一个最大节日的开幕……这些都是冲突。

在《全能记者必备》这本书中，作者认为："细节、数字、统计固然是重要的，但这些还不够，读者真正需要的是——去感受、去分享人类丰富多彩的情感。读者需要的是冲突、刺激、愉悦和绝望。传达这些情感的报道是真正适合读者的新闻报道。"①

中国的通讯或美国的特写，作为新闻的表现形式之一，在正面报道中同样强调冲突，一样可以成为独家报道。

---

① （美）凯利·莱特尔，朱利安·哈里斯，斯坦利·约翰逊.全能记者必备(第七版).宋铁军译.中国人民大学出版社，2005：167

独家新闻报道中的负面新闻报道通过鞭笞腐败、犯罪、不道德或非人道的行为等丑态恶行,让世人警醒;正面新闻报道则通过弘扬社会生活中正直、善良的行为,使世人从善。两者可谓殊途同归,其目的都是为追求一个真善美的世界,且都强烈地体现了新闻话语传播者的价值观。受众的或震惊或感动,即是对新闻话语传播者价值观认知的结果。

2. 发表独到见解

新闻是事实的传播[①]这已经是无可争议的,即新闻必须是客观的、真实的。若记者发表独到见解的话,则会使新闻具有一定的主观倾向性,两者是否是矛盾的呢? 记者又如何发表意见呢?

(1) 选择事实表述观点

不妨从普利策新闻奖评论奖获奖作品《秘密大屠杀》文本入手。

(译文参考)照片不在这页上正常地出现。但是,是我们大家方方正正地看我们的不关心的受害者的时间了。

这些是在成千上万的照片的一秘密的档案中的正好四张照片。并且报告文件在 Darfur 中在进行的种族灭绝。材料被非洲人联合监视器聚集,后者差不多能够在那部分苏丹广泛地旅行唯一的人们。

这种非洲人联合档案分类,但是它被相信如果他们能看见他们的满足的后果,那个美国人将被鼓动的人与我共享。

上面的左边的照片在 1 月 15 日在 Hamada 的村庄中被拿,在一个苏丹人政府支持的民兵之后的权利,janjaweed,进攻它并且杀死 107 个人。其中之一是这个小男孩。我不显示他的较老的兄弟的照片,大约 5 岁,因为兄弟那样严重地曾经被打击,后者在他旁边放置,以至于没有任何东西向左关于他的脸的。同时,依傍两个男孩是他们的母亲的尸体。

照片向右边与当 janjaweed 民兵进攻时,显然不能跑开的一条伤害的腿显示一个人的尸体。

在低的左边是逃离赤脚并且在他被枪杀之前,几乎做它这种灌木的一个人。

最后一个人或者妇女的骨架谁的手腕仍然是境界。进攻者把人的衣服拉下来到膝盖,大概地,这样受害者能在被杀死之前以性方式被滥用。如果受害者是一个人,他有可能被阉割;如果一个妇女,她有可能被抢劫。

更加有千这些照片。他们中的许多人显示对孩子的进攻并且对一份报纸是太极其可怕的。

在档案中的一张扳手照片显示来自女孩被燃烧活的 Suleia 中的的学校的一名青少年的束缚的手。它对苏丹人民兵已经共同到帮伙抢劫青少年女孩并且然后,毁伤或者杀死他们。

另一个照片从她被杀死的地面显示一个年轻女孩的尸体,或许 10 岁,在上的星。仍然另一个展览被阉割的一个人,并且头的射击。

这档案,包括发生地点上的监视器的数十报告,强调当它尝试到非阿拉伯人的清楚的该地

---

① 李文涛,杨明志.新闻采写·选择的艺术.吉林大学出版社,1992:1

第九章 话语：在新闻中说话的艺术

区时，这场屠杀和以苏丹人政府的支持发动。许多照片在苏丹人军队制服掠夺和燃烧非洲人村庄时显示人。我希望非洲人联合将打开其档案公开地正好显示继续在 Darfur 中是什么。

档案也包括从一个 janjaweed 官员的手中抓住的一个非凡的文件显然概述灭绝种族的政策。为上一个八月注明日期，文件要求"所有来自共和国的总统的指示的执行"和指向地区指挥官和安全官员。

"改变 Darfur 的人口统计学并且使它缺乏非洲人部落"，文件敦促。它鼓励"杀害，燃烧村庄和农场，使人们恐怖，从非洲人部落的成员的手中没收财产和从 Darfur 强迫他们。"

值得怀疑的任何文件因为伪造是可能的。但是，非洲人联合相信这个文件是真实的。我也在苏丹上咨询各种各样的专家并且把它与他们中的一些相共享，而共识是它看来似乎是真实的。

肯定对屠杀的没有怀疑，虽然数字是模糊的。70 000 的一个数字有时作为一估计的死亡人数被声明，但是那简单地 U。死亡的 N. 评估在一七月时期中从非暴力的原因。知道在两年的种族灭绝上的整个的死亡率是困难的，部分由于苏丹人政府阻塞 U。来自去 Darfur 和做这样的评估的 N. 组。但是，独立的评估超过 220 000——和数字每月增长大约 10 000。

那么什么能停止这场种族灭绝？在一个水平回答是技术的：对苏丹的制裁，一个禁飞区，苏丹人官员的资产的一种冻结，国际战犯法庭的杀手的告发，由非洲人所作出的一个组努力和压力苏丹的阿拉伯人国家，和西方的金融和后勤的支持的非洲人部队的一种国际力量。

但是，那是狭窄的回答。什么将确实停止这场种族灭绝是愤慨。参议员保罗西蒙，后者在 2003 年死去，在 Rwandan 种族灭绝之后说，"如果众议院和参议院的所有的成员已收到来自回家的人们的 100 封信件说当危机首先发展时，我们不得不做关于卢旺达的某样东西，然后我认为反应将已经是不同的。"

同样这一次是真实的。像 www.darfurgenocide.org 和 www.savedarfur.org 一样的网站试图电镀美国人，但是反应已经是悲惨的。

我为了造成你这些极其可怕的照片抱歉。但是，真实的诲淫不是死亡的婴儿的已出版图画——它是在我们的被动中，这允许这些被屠杀的人们。

在针对 Armenians，犹太人和柬埔寨人的过去的种族灭绝期间，声称我们不充分知道什么继续可能的。总统布什，国会和欧洲人议会已经这一次声明种族灭绝是在进行的。同时，我们有照片。

这一次，我们没有借口。

通过对《The Secret Genocide Archive》(秘密大屠杀)的文本分析我们了解到，该新闻话语主要运用了图片描述、引用或转述消息源的话、用数字说话、细节刻画等，除了说明新闻的真实性与权威性外，就是强调该大屠杀手段残忍、受害者多——这就是该新闻话语突出的一方面，以此呼唤民众及美国政府关注该事件。

虽然这是一篇新闻评论，但是其组成部分除记者直接表达观点的内容外，全部是与事实相关的信息，通过记者运用各种策略性规则而得到重新组织，构建成一个突出或强调某一方面的新闻事实，从而形成了记者的独到见解。新闻评论一般直接提出观点，对一个方面突出或强调往往表现为显性状态;相对来说,消息中记者所呈现的观点往往为隐性状态。

(2)"框架理论"与观点的表述

记者通过运用一定的语言策略性规则,按照一定的逻辑组织这些已有的事实信息,从而实现突出事实某一方面的做法,而这突出的一方面也正是记者的观点。

这就是传播学原理中的"框架理论"。所谓框架,是指一连串的媒介选择与重组的过程,是新闻传播者将原始事件转化为社会事件,考量事件的社会共性、社会意义、社会影响力,进而转化为社会事件。曾庆香等认为,"设定框架,其实就是选择、突显并重组部分事实以再现、建构某一社会事件,并形成认知这一事件的'知识'"①。

新闻框架取决于记者报道新闻时所站的立场、角度和观察点等,而不同的选择和消息源也会改变记者的新闻框架。而这一切都与记者的价值观有密切的联系。所以,记者在一定的框架中所表达的观点,往往反映了记者的价值取向。

独到见解或观点的表达,使新闻话语传达的已不仅仅是关于事实的信息。记者通过突出或强调新闻事实的某一方面,重构新闻事实,实现"提倡"或"反对"的目的。而这种"提倡"或"反对"将引导受众实现对记者所倾向的价值观的认知。

三、新闻话语的社会交往功能

1. 内部社会整合与互动

我们已经了解到,新闻话语能够实现人们对社会的认知,包括事实的认知和价值观的认知。但是,新闻话语的社会功能并不止步于此,新闻话语的传播者还希望人们据社会认知而作出反应:接受之。因为"告知和劝服是新闻话语传播的两个层次,前者要人们理解传播者对某个事件或情境的叙述……期待受者建立与叙述者所预期的一模一样的文本再现情境模式;后者则……期望将隐匿的言语行为获得受者的接受,从而实现报道的价值和意义。"②例如供求信息的流通致力于引导国家市场经济的有效展开,国家或地区的政策性信息为引导当地有关规划或项目的有序进行,教育、娱乐信息等也能发挥其相应的作用。

从中国新闻奖和普利策新闻奖作品来看,关于本国信息的传播中,占了多数的分别是人情味报道和负面报道。详见表(9-3)和表(9-2)。所以,笔者在此将针对人情味报道和负面报道,解析两者在社会内部交往中的可能性。

---

① 曾庆香,黄春平,肖赞军.谁在新闻中说话——论新闻的话语主体.新闻与传播研究(第12卷),2009:2—7

② 黄厚轸.报纸修辞策略的应用.新闻知识,2005:61—63

表 9-3

中国新闻奖特等奖及一等奖作品	属　性
（评论）在全面建设小康社会中充分发挥先锋模范作用——论保持共产党员先进性	正面（政策性）
（评论）提高自主创新能力　推进经济结构调整	正面（政策性）
（消息）中铁三局丢了宁夏市场	负　面（政策性）
（消息）海拔4161米：总理跟我们合影	正面（人情味）
（消息）3.5万救命钱留给病友	正面（人情味）
（评论）让和谐创业的主旋律更雄浑更响亮	正面（人情味）
（评论）警惕"专家观点"成为"利益俘虏"	负　面
（通讯）索玛花儿为什么这样红：记优秀共产党员、木里县马班邮路乡邮员王顺友	正面（人情味）
（通讯）英雄携手飞天——神舟六号航天员费俊龙、聂海胜出征记	正面（人情味）
（通讯）这个头，带得好！	正面（人情味）
（系列）先进性教育的民间期待	正面（人情味）
（系列）走近孟二冬教授	正面（人情味）
（摄影）两党一小步　民族一大步	正面（政策性）
（摄影）警民接力大营救	正面（人情味）
（漫画）指鹿为马	负　面

(1) 人情味新闻报道在社会内部交往中的可能性

人情味新闻报道是指充满了人物情感因素的新闻报道，以唤起受众的某种情感反应。与突发灾难事件、黑幕等负面新闻报道相比，人情味报道在新闻价值上要逊色很多。而且与简洁、直接的新闻话语语言特点相比，人情味报道则充满了戏剧、情感和人性背景等因素。

在中国新闻奖获奖作品中，《海拔4 161米：总理跟我们合影》一文，主要报到中央领导的工作行程。为什么将这篇中央领导的日常工作新闻也列入人情味报道一类中呢？因为与一般的工作新闻不同，消息中不仅有背景（"今天是第116个国际劳动节"）、有现场描写（"工地上，欢呼声、掌声响成一片。"）、有直接引语（"青工小夏非常兴奋地说：'真没想到，总理会主动同我们照相，跟做梦一样。'"）等等丰富的表现形式，而且充满了浓浓的人情味。消息报道了"五·一"那天，温家宝总理千里迢迢从北京赶到海拔4 161米的青藏高原，慰问青藏铁路一线工人，并主动提出与工人们合影。消息中有"来我们一起合个影。"，又有"看到机车上两位司机一直坚守岗位，温总理多次举起右手致意。"等。一言一行都显示出国家总理对普通工人的关心，充满了丰富的情感因素。所以用"山高路远情深亲民爱民为民"作为对该消息的评价并不为过。厦门大学新闻传播系教授朱月昌认为，"这些报道都触动了人们心中一些最原始、最善良的感动,这就是报道中的人情味。"①

这种人情味报道,在我国新闻话语中有一定的历史渊源。1942年,毛泽东的《在延安文艺座谈会上的讲话》中提倡"写光明为主"②。之后,《解放日报》进行改革,将工农兵先进人物事迹的报道、党的政策、党的领导人的讲话作为主要报道内容。到20世纪50—70年代,随着抗美援朝、三年自然灾害、"文化大革命"等历史事件的影响,正面的人情味报道进一步取得了统领地位。而今,由于社会不断开放,过多的人情味报道反而成为"新闻不自由"的一个理由,即以表面的光明掩盖了社会现实中的黑暗面。

(2) 负面报道在社会内部交往中的可能性

与人情味报道大相径庭,负面报道则关注社会的丑恶现象。例如普利策新闻奖作品中的负面报道包括政治丑闻、医疗事故、血腥战争报道、种族屠杀等揭露社会黑暗面的负面性新闻报道。负面报道"往往站在与当局相反的一面来挑剔、批评后者的政策"③,反映和暴露现实社会丑恶的一面,以使公众瞩目、警醒和震惊,试图使"政府官员、公务员、社会各机关和司法系统尽心尽职,履行责任",并推动社会的前进。所以,在美国新闻报道中,政治丑闻影响又最大。自19世纪《纽约太阳报》编辑约翰·伯卡特(John B. Bogart)的"狗咬人不是新闻,人咬狗才是新闻"开始,负面报道经历了越战、水门事件、克林顿性丑闻等数次高峰,至今依然长盛不衰。

但是,过多的负面新闻,以及新闻中过分渲染血腥、暴力等,也使现实生活充满了暴力。美国华盛顿大学一项调查发现,在因暴力罪入狱的男性犯人中,有1/4到1/3的人承认他们在犯罪时曾有意识地模仿影视片中的暴力犯罪手段。④ 所以,有美国学者认为,媒体丧失了应有的伦理道德,"报纸正迅速变成敞开的阴沟,用暴露出来的腐烂'新闻'污染我们的空气,而这些新闻本该流入通向迅速遗忘之海的下水道"。人情味报道和负面新闻报道在内部社会交往中,虽然表现形式并不相同,但两者都参与社会内部的整合和互动,或协调矛盾、或揭露矛盾,以使社会向前发展。

新闻话语的风格(包括形式和内容)具有长期性和稳定性。因为它由一个国家的社会文化影响并决定,而后者是在历史进程中逐渐发展并形成的,所以,在社会内部交往中,新闻话语以其独特的风格(包括侧重于某一方面的内容),而分别在各自的国家中发挥作用。尽管如此,这并不代表新闻话语的风格是不变的,或者说一个社会只需要一种新闻话语表现形式。如果单调地只发出一种声音,就都会产生一定的副作用。随着社会的发展,新闻话语的内容需要相应的变化,以在社会内部交往中,更好地发挥整合和互动作用。

---

① 中国媒体对领导人活动的报道透露浓浓的人情味,www.xinhuanet.com
② "许多小资产积极作家并没有找到过光明,他们的作品就是暴露黑暗,被称为'暴露文学',还有简直是宣扬悲观厌世的。相反,苏联社会主义建设时期的文学,就是以写光明为主。他们也写工作中的缺点,也写反面的人物,但是这种描写只能成为整个光明的陪衬,并不是所谓'一半对一半'。"毛泽东.在延安文艺座谈会上的讲话.毛泽东选集.人民出版社,1966:872—873
③ 张威.比较新闻学方法与考证.南方日报出版社,2003:347
④ 顾耀铭.我看美国媒体.新华出版社,2000:85

2. 跨文化交际

(1) 中国媒体眼中的世界及外国媒体的"妖魔化中国"

"由于自主创新能力薄弱,我国一些行业和企业在国际市场竞争中往往处于不利地位。以汽车制造业为例:尽管我们现在拥有全球最大的汽车市场,但真正具有自主知识产权的汽车品牌,市场占有率却很小,国内一些企业特别是轿车制造厂,几乎成了外国公司的组装厂,国产洋品牌轿车占据着90%以上的市场份额。同时,由于我国汽车企业缺乏自主开发能力,缺少拥有自主知识产权的轿车品牌,目前轿车出口数量只占生产总量的1%左右,无法更为有效地参与国际竞争。"

这段文本引自中国新闻奖特等奖《经济日报》的评论《提高自主创新能力 推进经济结构调整》。从这段文本中除了可以获得关于国内的信息外,还有关于国际社会或者其他国家的一些信息,如:国际竞争、全球汽车市场、外国公司、洋品牌等。《孙子兵法》中最重要的一计为"知己知彼,百战不殆"。作为受众获得信息的主要渠道,新闻话语不可能将信息内容全部集中于国内的信息,其中需要有一定比例的国际信息。从这个文本中可以体会到,其他国家对中国来说是竞争对手。

同样,在美国的新闻话语中,也有美国以外(包括中国)的新闻报道。普利策国际新闻报道奖中有一篇关于中国法制体系的报道。以下是《从民工之死看中国严酷的司法体系》其中两段文本。

中国每年执行死刑的人数比世界上其他国家加起来都要多。据估计,死刑的数量是每年1万多。政府残酷的死刑机器一直是其政治控制和遏制贪污犯罪最残酷的手段。

改革死刑已经成为共产党控制的法律体系最亟须考虑的事情,部分原因是国际社会减少滥用死刑的压力。在共产党管理的法律体系中,如何提高刑法还有很多的争论。

从这两段文本中可以获得的信息是,"中国每年执行死刑的人数比世界上其他国家加起来都要多"、"残酷的死刑是政府维持统治和遏制犯罪及腐败的严酷工具"、"共产党控制的法律体系"等。且先不考虑信息是否客观,因为文中有 By some estimates(据估计)这样的词。从已有的信息中,可以想象到中国应该是"由共产党统治的残忍的国家"。

与其说是"妖魔化中国",笔者更倾向于这是因为刻板印象造成的。有关国际传播的研究中,这两个概念被广泛运用。"妖魔化"说明美国个别新闻话语传播者主观上对中国的敌对情绪,即是个别的、偶然的。事实上,从普利策新闻奖作品以"负面新闻占大多数"这个角度出发可以看出,美国新闻话语传播者并非针对中国而故意进行负面新闻报道。负面新闻报道是美国新闻话语的主要风格特征之一。由此而推,对中国的形象塑造也并非个别新闻话语传播者的主观意愿,其应有更深层的原因。

(2) 刻板的原因

刻板印象这一术语最早由政论家李普曼在《舆论学》中率先提出，即"预先概念"（成见、头脑中已有的形象），对决定个体对人和事的知觉的影响很大。根据心理学家的实验发现，"刻板印象是以一种自动激活扩散的机制运作，即有关某个社会群体或某类事件的一系列品质及行为特征相互连接，而且这些联系会在知觉者无意识或无控制的状态下被相互自动激活。"① 也就是说，新闻话语传播者对中国的这种刻板印象是无目的、无意识的、不可控制的和有效的，但反映了美国社会的主流价值观，符合"风格反映整个社会文化特征"的要求。

美国《纽约时报》上海记者站站长塞思·费森说："当人们谈论媒体在中美关系中的作用时——如果媒体报道略有改善，更负一点儿责任，或更克制一点儿，那么情况会怎么好转——我在这里告诉你们，媒体不会发生变化。"② 因为美国社会的主流价值观不会立刻发生变化。所以，笔者倾向"刻版印象"——而不是媒体的"妖魔化"，造成美国媒体对中国认识的片面化，从而阻碍了中国与美国的正常外交关系。

新闻话语通过不同形象的塑造，实现受众对对象国的认识。这种认识将影响并引导受众实际社会生活，或者以"竞争的态度"，或者以"敌对的态度"，进行跨文化交际。

第四节　作为话语的新闻

一、新闻事实在文本制作中的主导地位

新闻话语的文本在制作过程中，由于个人及报纸风格的影响，会倾向于使用某些语言策略性规则或者侧重于事实的某一方面。受众一般只能根据既定结构所提供的解释框架认识事实，其他的目标、规范、价值和意识形态等等，有可能会被使用到反面的解释中，甚至无法在文本中体现。也就是说，新闻话语是带有一定的片面性和主观性的。但是，这并不是说新闻话语不具有客观性，因为我们忽视了新闻事实在文本制作中的主导地位，新闻事实是构建新闻话语的基础。

1. 新闻话语文本的制作必须符合新闻事实的逻辑层次

从构成新闻事实的六要素来看，何事（What）、何时（When）、何地（Where）、何人（Who）、为什么（Why）、怎么样（How），常常作为重要信息，出现在文本的首要位置。由于题材或体裁

---

① 曾庆香，黄春平，肖赞军. 谁在新闻中说话——论新闻话语主体. 新闻与传播研究（第12卷），2009:2—7

② 美报批评传媒对华报道不负责任. 参考消息 2000-03-03//翟峥. 中美两国在对方主要媒体中的写照. 美国研究，2002:88—109

的差异,新闻要素在文本中的地位不尽相同。例如,消息一般更多地反映何事(What)、何时(When)、何地(Where)、何人(Who)这四个"显性"要素;而解释性报道、评论、通讯等则反映深一层的意义,往往突出为什么(Why)、怎么样(How)这两个"隐性"要素。

从新闻事实的性质和形态影响来看,主要事项、次要事项、背景事项、关系事项、边缘事项等在本文的构建中更能体现事实的逻辑层次。

2. 不管是消息还是评论,均不宜空下结论,而是在提供具体新闻事实的基础上表现新闻话语传播者的价值观

消息一般是以充分地展现事实信息为特征,相对来说,评论因主观性强而容易偏离事实。尽管如此,评论还需要遵守此规律。以中国新闻奖评论特等奖作品《提高自主创新 推动经济结构调整》为例,文中大量举例、数字说明等语言策略性规则的运用,都是为了提供事实信息,以充分说明"提高自主创新、推动经济结构调整"的必要性。

由于缺乏拥有自主知识产权的核心技术和品牌,我们只能依靠大量消耗能源和原材料来发展加工制造业,一些企业不得不充当别人的"组装车间"和"加工基地"。这也在一定程度上加剧了能源、原材料、交通运输等基础行业的供给紧张状况。2003年,我国创造的GDP占世界的4%,却消耗了全世界7.4%的原油、31%的原煤、30%的铁矿石、27%的钢材、25%的氧化铝和40%的水泥。我国主要产品单位产量的能耗、水耗和矿产资源消耗等,目前均大大高于国际先进水平,每万美元GDP的综合能耗比也为全球平均水平的1.8倍。这种低层次、低技术水平、粗放型的经济增长方式,虽通过近些年卓有成效的工作有所转变,但仍对国民经济和社会发展发生着巨大的制约作用,并使之承受着越来越大的生态、环境压力。世界上污染最严重的20个城市中,现有一半以上在中国;受大气污染的影响,我国大约有1亿人每天呼吸不到新鲜空气;根据世界银行的统计,中国的环境危机每年会消耗国内生产总值的8%至12%。

这段文字提供的新闻事实信息有:我国发展加工制造业使能源消耗大,城市环境污染严重等等。这些事实信息的提供是为了说明"拥有自主知识产权的核心技术和品牌"的必要性。

3. 新闻话语中的评价绝不空穴来风

以中国新闻奖一等奖作品系列报道《走进孟二冬教授》为例。"这7年里,只要没有课,孟二冬教授准时早上八点拎个水杯到学校图书馆查阅资料,他成了图书馆的固定读者,每天与馆员一起上下班。"这段话是为了说明孟二冬教授为了著作"付出了大量的心血"。如果没有这段背景的提供,"付出了大量的心血"将不会有说服力。

4. 新闻话语中很少使用第一人称

在新闻话语的文本中,大都采用第三人称的方式进行报道或评论,因为记者作为新闻事实的参与者或目击者只占很小一部分。记者或采访"新闻事实的参与者或目击者",或求助于掌握信息的政府部门、主流团体等,以获取信息,传播新闻话语。一些调查性报道,记者即使参与了调查,在文本中出现的仍是"记者"这个第三人称,因为这种方式可以使新闻事实的报

道显得客观可信,相对于"只缘身在此山中"的第一人称来说,第三人称被认为是跳出"圈外"面对事实。

依据事实逻辑构件的新闻话语,不可避免地受到新闻话语传播者的经验、意识形态等制约,但这种制约和被制约的逻辑并不能构成新闻话语文本的存在基础,因为新闻话语的落脚点还是事实。只有如此,新闻话语的传播者才能不天马行空,形成对其主观性的一种约束。

二、新闻价值在文本制作中的标杆作用

新闻价值是事实之所以成为新闻的诸因素之集合。就新闻话语的传播者而言,新闻价值是衡量和取舍新闻的标准;就传播效果而言,新闻价值是新闻话语经过传播后所产生的社会反应;从受众的角度来看,新闻价值是事实自身含有的满足社会信息需求的要素。

中美两国在不同的历史阶段、不同流派新闻理论的影响下,评判新闻价值的要素有很大的差异,但两者仍具有及时性、接近性、重要性和显著性等共同点。及时性和接近性以量化的时空距离为衡量标准,两国在这方面的差异很小。以接近性为例,包括地域的接近性和心理的接近性。

1. 接近性在中美两国新闻话语中的差异

中国新闻奖作品和普利策新闻奖作品中,涉及国外报道的内容所占比例相当小,说明两者都很重视地域接近性这个新闻价值要素。普利策新闻奖作品中,除国际报道奖是关于中国的报道外,其他的均为国内的报道;即使是解释性报道——关于也门的报道,也是指美国在他国的民主建设活动。"对国际事务关注很少……这也反映出美国受众对国际事务的缺乏兴趣。"同样,在中国新闻奖作品中,只有特等奖评论《提高自主创新能力 推动经济结构调整》中有涉及国外的报道,其目的也是为说明中国现阶段应"提高自主创新能力、推动经济结构调整"的必要性。

而前文中也已经分析到,不管是中国的通讯还是美国的特写,都很重视人情味,即以情感打动人,从而引起共鸣。这种以情动人的表现手法,就是对心理接近性的运用。例如《索玛花儿为什么这样红:记优秀共产党员、木里县马班邮路乡邮员王顺友》、《这个头,带得好!》、《最后的敬礼》(普利策特写奖)都提到了"家庭"这个概念。

扁担挑水两头搁,顾得了一头,顾不了另一头。王顺友对家人的愧疚或许是他一辈子都无法释怀的。

王乐义一年有三四个月在外传技术,回到村里也是忙得团团转,家里的活指望不上他。身为"大棚书记"的妻子,梁文荣却没能亲手种过一个棚,因为乐义没工夫,她一个人忙不过来。

他们一家七人都平安无事,但是飞利浦仍然没有收到她在新奥尔良的母亲或父亲的讯息。他们俩都62岁了,都拒绝疏散。

在过去一年,戴着白手套的40岁海军陆战队上校已经在三个州的家的门前站过,准备传达没有一个家庭想听到的信息。

对受众来说,"家庭"是最能够引起情感共鸣的概念。这是中美两国新闻话语对心理接近性运用的一个显著共同点。

2. 重要性和显著性在中美两国新闻话语中的差异

相对来说,由于国家政治、经济体制、意识形态、文化背景等差异,重要性和显著性在两国的新闻话语中表现各有千秋。

在重要性方面,中国新闻奖作品着眼于国家大事,凡是与国计民生、国富民强和国之安定相关题材成为新闻话语重点关注对象。就显著性而言,我国的新闻话语关注于:正面典型报道,突出新闻人物的道德感召力,如《索玛花儿为什么这样红:记优秀共产党员、木里县马班邮路乡邮员王顺友》;国家经济、社会发展中取得的巨大成就,以体现民族自豪感,如《英雄携手飞天——神舟六号航天员费俊龙、聂海胜出征记》。

而美国普利策新闻奖作品在重要性和显著性方面则侧重于社会问题的揭露,以突出个体生存环境和生存状况。其中公共服务奖、突发新闻奖以及突发新闻摄影奖均是关于卡特利娜飓风的报道,包括灾难给人们带来的痛苦、政府在灾难中的不力,以及由此而暴露出的其他社会问题等。而种族屠杀,精神病人所遭受的非人道行为,国家安全局滥用窃听设备等调查性报道,解释性报道,使个人在社会生存空间中所可能面临的种种问题,被不断挖深、不断放大。

3. 中美两国新闻话语在题材上的差异

由于在重要性和显著性方面侧重点的不同,中美两国新闻话语在题材上则出现了重大差异。前者突出正面报道,重视新闻话语的舆论宣传导向作用;后者则以负面报道为主打,坚持新闻话语的社会环境监测功能。相应的,中国新闻奖"获奖作品题材、内容的'一贯性'标尺使评奖更多地关注作品的选材,而对记者新闻敏感度、新闻洞察力等未予更多地考察"[①]普利策新闻奖侧重考察记者对新闻事件发现能力、调查采访能力和解释分析能力。

虽然,中美两国新闻话语在重要性和显著性上有很大不同,但两者都对整体利益高度重视,即从国家政治、经济体制、意识形态、文化背景出发,满足大多数受众对信息的需求。所以,新闻价值具有一定的历史性和社会性,并不只是意识形态或价值取向的代名词。所以,新闻价值也是新闻传播者个人不能左右的新闻话语传播因素。

三、深刻理解新闻话语

新闻事实和新闻价值共同组成了某一话语之所以为新闻话语而不是其他,这两者也决定了新闻话语不是简单的"好"或"坏"就能定性的,因为新闻事实具有瞬息万变性,新闻价值具

---

① 赵志明.透过文本的新闻价值之观照.新闻知识,2005:5—8

有多样性。

在新闻话语的风格上,中国新闻奖和普利策新闻奖作品会呈现很多不同,例如侧重于运用某一种语言策略性原则。比如普利策新闻奖作品对"直接引语"的运用已达到炉火纯青的境界,而中国新闻奖作品在这方面才刚刚起步;或者倾向于某一类题材的报道。比如,中国新闻奖突出重大意义的政治性题材,而普利策新闻奖则倾向于灾难、阴谋和腐败等。

但不管两者表现出怎么样的差异,它们都共同负担着新闻话语所应该承担的认知、教化和交流等社会功能;并有一个共同的目的——创造良好的社会环境,推动社会的良性运行。负面新闻报道通过鞭笞腐败、犯罪、不道德或非人道的行为等丑态恶行,让世人警醒;正面新闻报道则弘扬社会生活中正直、善良的行为,使世人从善。两者可谓殊途同归,都体现了新闻话语传播者的价值观,并且其目的都是为追求一个真善美的世界。

此外,对于两个国家成千上万媒体的各种新闻话语来说,中国新闻奖作品和普利策新闻奖作品或许只是冰山一角而已。张璀在《差异与沟通》[①]一文中提到,美国媒体在克林顿丑闻案后加深了对"重要性"的政治色彩和集体色彩的理解。因为对克林顿绯闻案的穷追猛打,已经完全忽略了其政治立场、施政方针。同样,SARS之后的中国新闻界也开始重视公共危机的报道,例如在中国政府网上有专门关于近来公共危机事件报道,这种信息渠道越来越流畅的做法,将使中国新闻话语出现更多新的变化。

所以,对新闻话语的研究若总是徘徊在孰优孰劣的研究层面,就已不适用于当今的社会环境。因为科学技术的迅猛发展,使大众传媒亦得到快速发展,并不断渗透我们的日常生活。作为语言系统与社会环境交汇点的新闻话语,必须遵守语言的构成性规则,如普利策新闻奖作品须遵守英文的语法要求,中国新闻奖作品须遵守汉语的语法规则,否则新闻话语根本无法传播;必须符合一定社会的政治、经济和文化等方面的属性。一定社会文化下的新闻话语,也是社会文化的重要组成部分。只有以客观的和发展的眼光,互相取长补短,促进文化上的心理认同,才能使新闻话语更好地建构一个文化上的自我,发挥其社会功能。

---

① 张璀.差异与沟通.视听界,2002;82-84

第十章　节奏：新闻写作是"跳舞的艺术"

新闻写作艺术在某种意义上说是"舞蹈的艺术"。它是讲求跳得好，这就需要高超的写作技巧。

第一节　很少被人注意的写作技巧

谈起新闻写作中的行文节奏，恐怕对此有所研究的人不多。正如美国密苏里新闻学院写作组所撰写的《新闻写作教程》中所说的一样："有一项很重要但很少被人注意的写作技巧，这就是文章的节奏。句子以及词汇给文章带来一定的情调。短句子能使读者振奋、紧张、不停地思索，一连串的长句子则往往造成较为松弛的气氛，使读者变得懒散。"[①]

《新闻写作教程》还指出："优秀的作品具有五个特点：用词准确；清晰；与内容相适应的节奏；用过渡词、句或段落把读者从一个思想引入另一个思想；对读者有感染力。"[②]

一、节奏的概念

所谓节奏，《现代汉语词典》是这样解释的："音乐中交替出现的有规律的强弱、长短的现象"。写新闻报道如同音乐一样也是讲究节奏的。不过这种节奏是由语言构成的，有快慢急缓之分。如果快慢适宜、有张有弛、摇曳生姿、变化多端，自然会形成曲折生动、跌宕起伏的节奏，新闻报道一定会引人入胜的。

华美回家

美联社美国圣迭戈　2002年8月4日电　大熊猫华美憨态可掬的形象已经成了圣迭戈市的标志：T恤衫、广告、电话簿，她的身影随处可见。她是第一只在美国出身并成长到青春期的大熊猫，如今，这个城市要向她说"再见"了。

根据中美两国的协议，华美的父母从1996年起程借给美国，而它们所有的后代在长到3岁时都要送还中国。

---

① 密苏里新闻学院写作组.新闻写作教程.范红译.新华出版社,1986:240
② 密苏里新闻学院写作组.新闻写作教程.范红译.新华出版社,1986:235

华美将在8月21日度过三周岁的生日。中国尚未提出要回华的时间,但估计她将在初秋离开。

华美出生后就一直让追捧她的大熊猫迷们悲痛不已,加利福尼亚州南部的高速公路上出现了一幅幅广告牌,上面画着孤独寂寞的华美在挥动黑色的手掌,旁边写着:"亲爱的,再见了!"自称"华美迷"的一些人聚在一起录制一则向华美道别的电视广告片。

尽管华美的体重只有87.8公斤,但她已经长得跟妈妈白云一样高了。①

这篇只有300多字的消息,居然分了五段,给人的第一感觉是层次分明,段落短而多,我们看到作者因思维跳跃所带来的快速叙事节奏。

在阅读中,你会发现段与段之间跳跃极快,跨度较大。第一段是导语,开门见山地道出了华美这只大熊猫就要回家了,她的形象已成为圣迭戈市的标志了。第二段作者笔锋一转,开始交代华美要回家的背景材料。只用了短短一句话,又跳到了第三段,写华美回家的时间,然后,一个飞快地跳跃,一个大幅度的跨进。第四段跳到了"华美迷"人群身上:悲痛的表情,一幅告别的广告牌,录制一则道别的广告片。最后,又重新快速在第五段中把镜头集中在华美身上,写了她的体重和身高。在300多字的篇幅中,如此大跨度的跳跃,如此快捷的叙述,给读者一个广阔的视野天地。

用这种快节奏的行文叙事,是西方记者的拿手好戏,也是西方记者常见的新闻写作风格,而在我国记者的作品中实属罕见。翻开国内的报纸,经常是黑压压的一片,给人沉重感,给读者也造成一种紧张的气氛,就像你面前坐了个大块头的"胖子"。美联社的这则消息身材苗条,婀娜多姿,眉清目秀,招人喜爱,吸引你不得不读下去。一件事一个段落,一句话一个段落,这是阅读这则消息时的突出之感。全文节奏明快,干脆利落,不拖泥带水,也不繁琐冗长。句与句之间,段与段之间,看似互不相关,实则上下衔接,紧密连贯。读完全文你才发现,大熊猫华美是那么的可爱,她已紧紧抓住了美国"华美迷"的心,成了中美之间友谊的象征。

二、新闻写作要快节奏推进

为什么新闻写作要快节奏推进?新闻报道是最直接的表现社会现实的,社会生活的节奏决定了新闻作品的行文节奏。

1. 要与社会生活节奏相适宜

随着我国社会主义经济建设的步伐加快,社会生活的节奏越来越快,人们的生活节奏也随之加快。有人把新闻报道戏称为"是写给坐在地铁上、公交车上、马桶上的人看的。"

原《人民日报》总编辑范敬宜说过:"快,是新闻的生命。快速反应,是新闻工作者必备的素质。拖拖拉拉,慢慢吞吞,五日一山,十日一水是新闻工作的大忌。"

快,要求新闻记者不仅要快采快写快编,作品的节奏也要快起来,才能合上整个社会快速前进的脚步。

---

① 刘明华,张征.新闻作品选读.中国人民大学出版社,2004:91

翻开报纸,黑压压一片,让读者不知所措。短小精悍,节奏快捷,多段落,短句子,就会让读者很舒服,马上进入阅读状态,在早上上班坐地铁途中非常轻松的接受信息的传递。如下面这则短消息:

阿富汗一货机坠毁

法新社喀布尔 11 月 11 日电 国际安全援助部队说,有 10 名乘客的一架民用货机今天在阿富汗首都喀布尔附近坠毁,造成的受伤人数不详。是否有人死亡马上还不得知。

北约领导的这支维和部队的女发言人说,这架飞机在喀布尔西北 30 公里处坠毁。

她说:"一些人受伤,但受伤程度不详。"

阿富汗警方说,该架飞机已完全摔毁。①

这则 100 多字的短消息文字干净利索,竟分了四段之多。一句话、一个段落都表达一个意思,就像一快块水泥预制构件,拼装起来就是一幢房子。三言两语就说清楚的新闻事实,为什么要用繁琐庞杂的语言"集团军"来表示呢,这样快节奏分段的消息非常适宜在快节奏生活下的读者阅读。"一杯茶,一支烟,一张报纸看半天"的时代已一去不复返了。

当然,新闻报道的行文节奏也不能一味求快,节奏既有快慢急缓之分,该快则快,该慢则慢,又要一切从新闻事实需要、读者需要出发。我们现在强调快节奏行文,主要针对长期以来我国记者写稿时节奏慢而言的。

2. 要与新闻事实相适宜

新闻事实的表现手段(或表现形式),不能背离新闻事实本身,应该急而急,该缓而缓,才能使新闻真实形象的展现在读者面前。

在报道场面激烈、紧张或人物众多、矛盾冲突激烈的事件时,就要采取快节奏行文的方法。不能那边是十万火急的场面,这边却是老牛拖车式的行文慢节奏,否则表现形式和报道内容就会背道而驰。

申奥成功 北京"今夜无人入睡"

中新社北京(2001 年)7 月 14 日 记者夏宇华 烟花腾空,鞭炮声四起——今夜的北京沉浸在欢乐之中,人们用各种方式庆贺北京获得 2008 年的奥运会主办权,度过了一个不眠之夜。

中华世纪坛今晚人如海,歌如潮。来自祖国大陆、香港、台湾的体育明星、歌星、影星和各界群众欢聚一堂,泪水在掌声、欢呼声中尽情地流淌。中国领导人江泽民、李鹏、朱镕基、李瑞环、胡锦涛、尉健行等出现在欢乐的人群中,与人们共同分享胜利的喜悦。

天安门广场成了欢乐的海洋,数十万群众自发的聚集在这里。长长的车流经过广场时发

---

① 参考消息,2005-11-12

出长鸣,但很快就被人群的欢呼声所淹没。数十面代表各高校的旗帜迎风招展,在震耳欲聋的威风锣鼓声中,人们齐声高呼:北京!北京!北京!

国家主席江泽民兴致勃勃地登上天安门城楼向人群挥手致意,并指挥民众同唱《歌唱祖国》。天安门城楼上下万众一心,同声高唱,场面感人至深,那自发的庆祝活动引向了高潮。

曾喊出"振兴中华"的时代最强音的北京大学学生冒雨在学校的露天广场观看申奥投票的现场直播,当国际奥委会萨马兰奇宣布北京获胜时,欢呼声迅即响遍了这所百年学府的每一个角落,无数支手臂丛林般的伸向天空,"我爱中国"、"我爱北京"、"中华腾飞"、"民族复兴"等嘹亮的口号响彻了北京的夜空。

位于北京使馆区三里屯"酒吧街"今晚成了"疯狂"的世界,不同肤色、不同种族的男女老少在同一时刻挥舞着手中的五星红旗同唱《义勇军进行曲》。任手中的啤酒、香槟、彩片随意飞洒,人们用带着点儿可刻意的尖叫声接纳着来自四面八方的善意"攻击"。

中国侨界知名人士聚集在北京华侨大厦关注着莫斯科。当那个历史性的时刻到来时,华侨大厦沸腾了,早已准备好了的中国狮子狂舞起来,人们兴奋得举起中国国旗和奥运五环旗,踩响遍地的欢乐球,营造着中国过节放鞭炮的气氛。①

这是一个狂欢之夜,这是一个不眠之夜,这是一个13亿中国人为之同庆的盛大节日,记者从新闻事实发生的氛围出发,运用了快速流动的叙述方法,把北京狂欢之夜的气氛表现得淋漓尽致。你看,整篇消息如同一个个镜头从我们眼前闪现而过:北京"烟花腾空,鞭炮声四起",导语里还是北京市全景描写;可到了第二段,已经到了中华世纪坛;镜头一摇,又到了天安门广场,人海、车流、旗帜、锣鼓声;在第三段一连串精彩的描写中,我们感到欢庆的气氛;在第四段里,作者把欢庆申奥成功活动推向高潮,江泽民登上天安门城楼指挥民众同唱《歌唱祖国》;紧接着,作者笔锋一转,在第五段、第六段、第七段中,作者又描写了北京大学、"三里屯"酒吧街、华侨大厦中学生、泡吧者、侨界知名人士的庆祝活动。多么快捷的叙述!多么飞快地节奏!

北京申奥成功之夜,是一个激动人心之夜,全北京都沸腾了,所有的中国人都激动了。狂欢的程度达到了白炽化,像一只无形的手,紧紧地揪住受众的心。面对如此欢乐、紧张的场面,如果我们的记者依然无动于衷,采取慢节奏、缓步子,那肯定写不出如此精彩的作品,也不会收到如此令人激动的效果了,也会大大影响这篇新闻消息内在的质量了。

当然,对于一些人物的心理活动、人物之间的对话、悲伤痛苦的气氛、细节的描写等,一般都应当采取缓慢的节奏,细细叙来,娓娓道来,这样才能与新闻事实合拍。而不能不顾新闻事实的需要,一味求快。例如,《今日美国》记者在报道拳击生涯走到尽头的拳王泰森,在一篇《我的人生荒废了》的新闻报道中对泰森做了如下的描述:

麦克·泰森打开一扇小门,小心翼翼地把它的带翅膀的朋友们赶出笼子。几分钟后,上

---

① 刘明华,张征.新闻作品选读.中国人民大学出版社,2004:167

百只鸽子在天空中振翅飞翔,盘旋。

这位前重量级拳王说:"这是继孩子们之后我的第二个最爱,因为它们能给我慰藉。"

快39岁的泰森内心无法平静,堕落的生活方式留给他的是妻离子散,捉襟见肘,名声扫地。他迷惑,他感到屈辱,他无法掩饰自己的不安全感,他对自己在世上的定位感到迷茫——从哪里来,到哪里去,麦克·泰森叱咤风云的一生将会如何完结?

他说:"我从没有幸福的感觉,我想我会孤独的离开人世。我想我就这样走。我这一辈子是孑然一身,我的秘密和我的痛苦只有我自己知道。"

泰森是个粗人,他爱交友,人很风趣,但他很粗俗、蛮横。他经常回忆过去20年虚度的人生。

他说:"我的一生都荒废了——我是一个废人。我只想逃避。我真的觉得我恨丢人。我想尽快完结我的前半生。在这个国家里,我不会有什么好了。我背负着恶名,我无法让我自己超脱。"①

一段叙述,一段泰森的内心独白。在这篇新闻作品的前六段中,记者都采取了这种缓慢流动的慢节奏写法。拳击生涯已走到尽头的泰森内心世界充满了迷惘,这种叙述与引语交叉使用的技巧,尽管节奏缓慢,却使我们看到了一个前世界拳王的内心深处,句句充满感伤,句句揪人心肺。试想,如果换一种快节奏的写法,跳来跳去,来去匆匆,那就不能真实地将泰森本人推到受众面前,使受众无法了解一个真实的、孤独的、充满惆怅的泰森。

3. 要与读者的快速阅读习惯相适应

随着我国社会生活的节奏日益加快,读者阅读习惯也随之有了很大变化,由计划经济时代的"一杯茶,一支烟,一张报纸翻半天"变成匆忙浏览,"时间紧,随手翻,看着哪条是哪条"。为了吸引读者的注意,新闻报道作品要有"首因效应",也就是人们常说的"第一印象",要适应读者的快速阅读。

新闻报道快节奏的行文,以多段体为主要特征,能够在版面上、视角上为读者提供疏密相间的快速阅读的方便。快节奏的行文在文体结构上是多段式,每段只表述一个事实,便于读者阅读,即使偶尔停顿,也不会影响读者重新寻找"接读"之处。

有的新闻学者提出,段落是为了引起读者注意的一种版面语言。多段体在报纸版面上黑白相间,疏密有致,层次分明,使读者的视角非常舒服。版面上黑压压一片,容易引起读者视角疲劳,进而形成阅读疲劳,而多段体可以形成多个兴奋点,让读者有兴趣读完全篇而不至于感到疲劳。

4. 有利于读者快读,有利于记者快写,有利于编辑快编

多段体每一个段落就是一个事实,记者写作时不必为稿件的起承转合而费心劳神,只要集中表现新闻事实本身。编辑编稿时也不必为上下文的衔接而费神,稿件过长可删去几个段落即可。记者快写,编辑就快编,报纸发稿的整个运转系统自然也就快了起来。

---

① 参考消息,2005-06-18

第二节　需要减肥的中国"三段式"新闻

长期以来,中国新闻一个显著的特征就是"啤酒肚"。何谓"啤酒肚"?即"大肚子"病,身体肥硕,身形臃肿。其特征是:五六百字的内容,甚至上千字的内容,只分为两三个自然段,诸多事实拥挤在一个自然段里,你攀着我,我扯着你。读者拿到报纸后,一看黑压压一片,铺天盖地而来,还没看就产生了"视觉疲劳症",看起来更伤神费力,分不清面目,掂不出轻重。前一个意思还未消化,后一个意思又出现在视觉里,越来越多,最后混杂一片,难以留下深刻的印象。

中国人民大学编著的《新闻写作教程》中,有一段话论述及此,非常精辟形象,笔者特摘录于此:"著名记者艾丰有一个很形象的说法,他认为人们在形容大部头难读的文章时,往往用'难啃'这个词。要使新闻报道可读性强,就要把'啃'字变成'咬',变成吃',变成'嚼'。那么新闻报道作品本身就必须比较'碎','碎'才好嚼。短段落、多分段正是为了打'碎'新闻,方便读者的接受和消化。"①

大家可以想一想,这些"大肚子"的"超级胖子"消息长期统治着我国主流报纸的版面,读者怎么会对这类消息感兴趣呢?

下面举一例,来说明中国式的"大肚子"消息到了"减肥"的时候了。

温家宝:我们一定能战胜禽流感

温家宝昨考察人用禽流感意疫苗和药物研制工作,要求严防禽流感向人们传播

据新华社 11 月 17 日电　正当我国防控高致病性禽流感的关键时刻,中共中央政治局常委、国务院总理温家宝 17 日在北京深入科研单位,考察我国人用禽流感疫苗和药物研制工作,温家宝代表党中央、国务院,看望奋战在抗剂禽流感疫情科研第一线的科技工作者,向他们表示亲切的问候和崇高的敬意。

上午 9 时许,温家宝和中共中央政治局委员、国务院副总理吴仪、回良玉等来到北京科兴生物制品有限公司,考察我国人用禽流感疫苗研制的进展情况。

北京科兴生物制品有限公司和中国疾病预防控制中心共同承担国家"十五"重大科技攻关项目人用禽流感疫苗的研制工作。近日已完成疫苗的临床前研究,并向国家有关部门提交了临床研究申请。温家宝一步入科兴公司大厅,就被一条标语所吸引,"我们战胜了 SARS,也一定能战胜禽流感。"科兴公司曾率先研发出 SARS 疫苗,引起世界高度关注。温家宝对随

---

① 刘明华,张征.新闻写作教程.中国人民大学出版社,2002:114

行的科研人员说,这句话非常好,鼓舞人心,鼓舞士气。2003年,我们战胜了SARS疫情。这就启示我们也一定能战胜正在发生的禽流感疫情。温家宝对公司负责人说,疫苗安全问题,老百姓十分关注,绝不可掉以轻心。

随后,温家宝在中共中央委员、总后勤部部长廖锡龙的陪同下,来到军事医学科学院毒药物研究所,考察任用禽流感治疗药物研制工作。当得知这家研究所研制的药物已经取得积极进展时,他感到十分高兴,并对科研人员的辛勤劳动表示衷心感谢!在解放军军事医学科学院,温家宝主持研究座谈会,研究部署防控高致病性禽流感科研攻关工作。他指出,当前,我国禽流感防控形势严峻,各地各部门要高度重视,严防禽流感向人的传播,确保人民群众的健康安全,是整个防治工作的重点。有效做好高致病情流感防控工作,根本要靠科技。要把防控高致病性禽流感的科研攻关作为当前科技工作的重点,放在十分突出的位置,进一步加大工作力度,扎扎实实的认真做好。①

这篇消息虽然分了四段,但仍然掩饰不住它的"大肚子",第三段与第四段都是"大肚子",把许多事实混合在一起。本来一段话就是一个事实,但记者硬要把如此多的事实混合在一起,确实需要"减肥"。其实,温家宝的讲话,是通篇的"亮点",具有很强的新闻价值,尤其对于当前防治禽流感工作,更有着十分重大的意义,但遗憾的是,它被淹没在一大堆材料中,根本凸现不出它应有的价值。

如果按照快节奏的行文要求,短段落、多分段,重新改写一下这篇消息岂不是更好。尽管这条消息在写作上毛病百出,既没有背景,也没有直接引语、细节等,但我们还是按照它原来的文字风格,重新划分段落。如下:

据新华社11月17日电 "有效做好高致病情流感防控工作,根本要靠科技。"这是中共中央政治局常委、国务院总理温家宝17日在北京考察禽流感防控工作时所说的。

正值我国防控高致病性禽流感的关键时刻,温家宝代表党中央、国务院,看望奋战在抗剂禽流感疫情科研第一线的科技工作者。

上午9时许,温家宝和中共中央政治局委员、国务院副总理吴仪、回良玉等来到北京科兴生物制品有限公司,考察我国人用禽流感疫苗研制的进展情况。

北京科兴生物制品有限公司和中国疾病预防控制中心共同承担国家"十五"重大科技攻关项目人用禽流感疫苗的研制工作。近日已完成疫苗的临床前研究,并向国家有关部门提交了临床研究申请。

"我们战胜了SARS,也一定能战胜禽流感。"一步入科兴公司大厅,温家宝就被一条标语所吸引。

据悉,该公司曾率先研发出SARS疫苗,引起世界高度关注。

温家宝对随行的科研人员说:"这句话非常好,鼓舞人心,鼓舞士气。2003年,我们战胜了

---

① 现代快报,2005-11-18

SARS疫情。这就启示我们也一定能战胜正在发生的禽流感疫情。"

温家宝又对公司负责人说，疫苗安全问题，老百姓十分关注，绝不可掉以轻心。

随后，温家宝又来到军事医学科学院毒药物研究所，考察任用禽流感治疗药物研制工作。

在考察中，当得知这家研究所研制的药物已经取得积极进展时，他感到十分高兴，并对科研人员的辛勤劳动表示衷心感谢！

在解放军军事医学科学院，温家宝主持研究座谈会，研究部署防控高致病性禽流感科研攻关工作。

温家宝指出，当前，我国禽流感防控形势严峻，各地各部门要高度重视，严防禽流感向人的传播，确保人民群众的健康安全，是整个防治工作的重点。

他还说："要把防控高致病性禽流感的科研攻关作为当前科技工作的重点，放在十分突出的位置，进一步加大工作力度，扎扎实实的认真做好。"

由于笔者对这篇消息的背景不甚了解，因而无法将原稿打散，重新归纳分段，只能本着一个事实一个段落的原则，对这篇消息重新分段。改写后的消息由原来的4段增加到13段，比起原来的消息，既没了"大肚子"，又增加了可视性，看起来清爽多了。即使是总理的讲话，含有多个事实，也不必硬放在一个段落里。

可见，这类敏感性很强的时政新闻，也是可以加快行文节奏的，关键是我们的记者是否有这方面强烈的意识。

第三节 善于跳跃的西方新闻

与中国的"啤酒肚"三段式新闻相比，西方新闻大多体态轻盈、身材苗条，段落短且多分段，每一段讲一个事实，节奏明快。

一、西方新闻的跳跃式行文法

西方新闻行文的节奏风格十分善于跳跃，即按照新闻事件的内在联系（段落之间的逻辑联系）来行文，减少不必要的过渡性段落和词语。

西方媒介对此非常重视，要求记者使用跳跃式行文法，用短段落和多分段来把事实的内容打散，再用"短段落"跳动的方式重新组织起来。同时要求记者多用简洁明快的短句，少用结构复杂的长句子。《纽约时报》对其记者有一条规定：一句一个意思[①]。40多年前，美联社、合众社等通讯社曾经聘请一批专家，研究如何把新闻写得短些、再短些。这批专家经过研究

---

① 李法宝.新闻写作的艺术与技巧.中山大学出版社，2005：51

后提出一个新闻可读性公式,规定导语不能超过 25 个词,每个词的长度不得超过 1.7 个音节。《美国新闻工作者使用英语指南》一书中也强调,要用短词,不用长词;要用短句,不要用长句;从句子和词语入手,缩短报道的篇幅。①

跳跃式行文法早已在国外和西方新闻界蔚然成风,被记者广泛用于新闻写作之中,在我国新闻界也已初露端倪。写文章要不拘一格,突破一城一池的束缚。本来,求变图新是人们的普遍心态,也是受众的普遍需要。西方新闻界正是掌握了这一基本原理,打破了那种平铺直叙式写新闻的沉闷格局,使报道对象变得活跃起来。西方记者写新闻时一般都运用跳跃式行文,打破时间、空间的限制,一个简短的句子展现一个独立的思想;一个简短的句子描述一个独立的事实;一个简短的句子有时就是一个生动传神的细节;一个简短的句子就是一段背景材料。一个或几个句子便组成一个思想层次的段落,每个段落都相对独立,互相不拈连,互相不扯皮,段落之间极少用过渡词,不是"文连",而是"意到"。

在外在形式上,西方新闻大都是短句子、多段落,阅读式视觉形式——分段与空格。利用段落与段落之间的空白处,省去了衔接、过渡和中介环节,省去了承合转让,留下了空间,产生了跳跃,使得行文节省了笔墨,提高了表达速度,形成了一定的节奏。同时,给受众造成的视觉停顿,产生了接受信息时的感受的差别,形成了鲜明的对比,从而引起了他们的注意,让受众很清晰地理解了新闻事实的每一层含义。

二、西方新闻的跳跃方式

在内在结构上,西方记者更擅长跳跃,他们通常采取的跳跃方式有以下几种:

1. 从一个事实跳到另一个事实

这是西方记者擅长用的一个跳跃式手法。这一段还在叙述这个事实,下一段在不经意间已经跳到另一个截然不同的事实上。二者从表面上看毫不关联,实质上却有着"意"的相连。这是由于记者思维的快速跳跃带来了快速的叙事节奏。

"9·11"——美国人心中永远的痛

美联社纽约 2001 年 12 月 11 日电 在白宫,在外层空间,在工厂,在遍布世界的美国大使馆里,美国人和他们的盟友今天都停下来纪念"9·11"事件发生 3 个月。

美国东部时间上午 8 点 46 分,白宫开始了纪念活动,一阵咚咚鼓声之后奏响了美国国歌。

布什总统说:"在 9 月 11 日遇难的每一个无辜的人对于某个人来说都是世界上最重要的人。每一个生命的消逝都熄灭了一个世界。"

在国会大厦、司法部、运输部和五角大楼等华盛顿其他地方,也举行了纪念活动。

在纽约市,消防人员、警察和建筑工人在世贸中心所在地进行模拟搜寻和清理,作为一次

---

① 程道才.西方新闻写作概论.新华出版社,2004:145

跨宗教祈祷仪式。一个孤独的喇叭手吹出一曲悠缓、悲伤的《星条旗永不落》。[1]

在这则短短的消息里,美联社的记者运用娴熟的跳跃手法,从一个事实跳到另一个事实,纵横驰骋,毫不费力,也丝毫看不出人为的痕迹。导语中讲了外层空间、美国国内、世界各国对"9·11"的纪念活动;第二段就跳到白宫的纪念场面,升旗奏国歌;第三段又跳到布什的讲话上;紧接着,第四段又跳到美国其他地方的纪念活动;最后,第五段跳到世贸废墟的祈祷仪式上,又快速跳跃到一位哀伤、孤独的喇叭手的吹奏上。该消息每一段都是独立的事实,段与段之间并没有过渡段和过渡词,从一个事实轻盈地跳向另一个事实,如灵敏的猴子攀藤跳跃一般。

2. 从全面概括的叙述中跳到具体叙述上

这是西方记者最常见的跳笔写法。先用简洁明快的语言高度概括新闻核心内容,然后再就这一内容展开较为具体详细的介绍。这种跳跃式写法有简有繁,既增强了作品的节奏感,又满足了不同读者的不同需要。

吸烟1支减寿11分钟

德新社伦敦(2000年)12月31日电 今天公布的令人震惊的新统计数据显示,烟民每吸一支烟酒减寿11分钟。

在《每日镜报》上发表的这份报告说,每包烟(含有20支烟)将减寿3小时40分钟,而且烟民每天吸16支烟的话,那他将减寿6年半。

玛丽·肖大夫和布里斯托尔大学的研究人员所作的统计工作以男性烟民为对象,他们都是从17岁就开始吸烟,并一直持续到71岁时去世为止。[2]

显然,这则消息在导语中用的是概括的手法,然后记者由概括跳向具体,在第二段和第三段具体详细地叙述了每包烟的减寿时间和每位烟民的减寿时间,还叙述了研究人员进行调查的对象的具体情况。

这种跳笔法既能使受众一目了然,迅速抓住事实的本质——吸烟有害,又能满足受众详尽了解新闻事实的需要,即作为一位烟民一生中要减寿多少,每吸一包烟具体要减寿多少,这种调查是否科学?是以什么人为调查对象的。

3. 从背景材料跳到新闻主体上

这种写法在西方媒介的新闻作品中比较常见,尤其是科技新闻,有时是一段解释性的背景材料,旋即跳到主体上;有时这种跳跃手法在新闻中多次出现。这种跳笔,非常有利于强化新闻主题,便于读者理解新闻的主旨。

---

[1] 刘明华,张征.新闻作品选读.中国人民大学出版社,2004:92
[2] 刘明华,张征.新闻作品选读.中国人民大学出版社,2004:92

用羊尿化解尾气污染

法新社伦敦6月9日电 英国的一家公交车运营商正在引进用羊尿减少污染的实地测试。

据英国《卫报》报道,英格兰南部温加斯特的公交公司,在一辆公交车上安装一个槽,这个槽向汽车尾气喷洒尿,以减少一氧化氮的排放。

公司总经理安德鲁·戴尔说,这个激进的计划不是胡思乱想。

他说:"这是减少污染的一个新奇的方法,我们觉得这种方法会奏效。"

"不需要担心什么,我们不会要求乘客留下尿样,而且我们也不会常带一只羊在汽车后面。"

取自农场的尿被加工成尿素。尿素中的氨将一氧化氮转化为氮气和水。

自上个月以来,一辆装上了尿槽的公交车已经开始为旅客服务,行使在温加斯特街头。

戴尔说,他没什么可局促不安的。

他说:"我在伯明翰的一个会议上说,羊尿可以成为清洁交通工具的一个关键因素。当时有人笑话我,可是现在这已成为现实。"

他说:"这是最新的环保技术,我们认为它将有助于使我们的城市成为一个更美好的地方。"①

这则300余字的短消息共分为10个自然段,记者将背景材料与新闻事实交替使用。在这里,背景材料是以叙述性文字出现的,而新闻事实在主体中则是以新闻引语的方式出现的。导语无多少特色,开门见山地交代了新闻事实的主旨,即用羊尿减少污染。为了让读者有更深的认识,记者在第二段中就这一事件的起始作了背景交代,由此再跳入新闻事实的报道中。到了第六段,记者又调到背景材料上,对这一环保技术作了背景式的介绍;第七段还是背景材料,交代了这辆环保车自上月开始运行的时间;而后再第八段中又跳回新闻事实的报道中。

值得注意的是,这则消息中的新闻事实大多以直接引语或间接引语形式出现,与背景材料交叉使用,增强了新闻的真实性和可信性。

4. 从表面现象跳到事物本质

此类跳笔方式多用于评述性新闻,对一种社会现象进行报道,然后就现象深入分析事物本质。这种跳笔,有利于读者加深对此新闻的理解,也有利于揭示新闻事实的社会意义。如美国《洛杉矶时报》在2005年7月11日刊出一篇题为《在中国成功的压力》的新闻消息,对中国人尤其是中国青年面临成功压力的社会现象进行报道。

"整个中国社会到处都存在紧张与焦躁的迹象。

---

① 参考消息,2005-06-11

《中国青年报》最近的调查结果显示,66%的年轻人觉得自己压力很大,只有不到1%的人觉得没有什么压力。

孩子们整天忙着上课、做作业,几乎没有时间干其他事情。随着焦虑情绪的日益加重,青少年自杀率不断上升。"①

这种社会现象的本质是什么?记者笔锋一转,进行了深入的剖析,跳到了评述深层次的原因上。

"那么,为何会有如此多的焦虑呢?

专家认为,这个时代为中国青年提供了前所未有的机遇,但同时也给他们带来了前所未有的压力,这种情况在城市里表现得更为突出。中国青年普遍认为,他们生活在一个千载难逢的好时代,如果不好好把握,就会错失良机。

中国人民大学社会学教授周孝正说:'整个社会都比较浮躁,特别是年轻人。胡锦涛主席不久前说,我们一定要谦虚谨慎,戒骄戒躁,这是非常有针对性的。'

几乎世界各地都存在着成功的压力,但专家认为,在中国成功的压力更大,因为中国人认为,中国进入全球经济体系比其他国家晚,因此必须补回失去的时间。在中国看来,在经济上 犯上日本和韩国等富裕邻国可以使其'重新获得'应有的国际地位。

……

中国社会科学院社会学家说:'中国人的浮躁情绪也许在金钱问题上表现得最为明显。'

在许多情况下,中国的独生子女政策意味着年轻人可以拥有更多人的财富。但他们的父母和长辈将所有的希望都寄托在他身上,一心指望他们能够获得成功。"②

应该说,美国《洛杉矶时报》记者的眼光是比较敏锐的,透过现象看本质。在提出中国年轻人成功压力增大的社会现象后,立即跳到实质分析上,从社会、金钱、父母几个方面的压力进行了分析,其分析深刻而又独到,不乏真知灼见。

5. 从正面跳到反面,或从反面跳到正面

对同一新闻事实,总有正反两种不同的看法。从正反两个方面对某一个新闻事实进行深入报道,非常有利于受众从不同方面了解事实,以便作出正确的判断。

"列宁遗体风波"折射俄政治风向

美国《纽约时报》10月5日报道 80年来,他的遗体在红场陵墓接受者公众的瞻仰。许多崇敬他的人说,他在眠。对列宁来说,岁月是无情的。据说,列宁的遗体偶尔会滋生出真菌。如今,那个无法回避的问题又摆在了面前:他的遗体应该迁走吗?

---

① 参考消息,2005-07-20
② 参考消息,2005-07-20

叶利钦在担任总统时无法说服俄罗斯人,将这位苏联缔造者的遗体迁出红场。上周,普京总统的高级助手又重提这个曾让叶利钦遭受挫折的话题,格奥尔基·波尔塔夫琴科说安葬列宁的时候到了。

在有关新俄罗斯究竟如何定位的无休止的争论中,列宁问题起到了测试作用。人们通过讨论这个话题表达自己对国家的看法,从中看到了自己的期望。波尔塔夫琴科的建议再次引发了有关列宁历史地位和陵墓位置的公众辩论,这场辩论折射出俄罗斯社会的状态。

一些人连忙对波尔塔夫琴科的看法表示支持,其中包括著名电影导演、俄罗斯文化紧急会主席尼基塔·米哈尔科夫。他对记者讲:"大量资金被浪费在异教徒的展示上。"他说,列宁本人希望同母亲一起安葬在圣彼得堡。"如果遵循东正教的教义,我们必须满足死者的愿望。"

接着,有人表示反对。俄共领导人久加诺夫猛烈抨击那些支持迁走列宁遗体的人,坚称列宁没有安葬在其他地方的愿望。他还先发制人地抨击了将其他已故苏联领导人遗体从列宁陵墓后面迁走的建议。久加诺夫9月30日在记者招待会上称,那些胆敢将共产党领导人遗体迁走的人"不了解这个国家的历史,将他们的脏手和愚蠢的念头伸向国家的墓地。"

如今,普京的立场成了主要悬念。

普京曾在2001年表示,他不希望因为迁移列宁的遗体而扰乱社会秩序。他说:"这个国家的许多人把自己的生命同列宁的名字联系在一起。埋葬列宁意味着他们的信仰是错误的,他们白活了。"

普京的发言人德米特里·佩斯科夫4日说,总统的立场没有改变。佩斯科夫说:"他并不支持那些主张立即迁移列宁遗体的人。"

但不同派别的政治人士认为,总统是在试探人们的反应。

不论普京如何决定,已有迹象表明,时间可能会最终解决政治家们尚未解决的问题。年青一代俄罗斯人几乎想不起来共产党时代。正要离开红场的23岁的纳塔莎·扎哈洛娃犹犹豫豫地说:"列宁。"她承认自己拿不准刚刚看过的是何人的遗体。"他是共产党人吗?"[①]

列宁遗体是否迁走,这在俄罗斯引起一场风波。《纽约时报》记者围绕这一主题,介绍两种截然相反的观点;一种是波尔塔夫琴科、米哈尔科夫等人主张迁走的观点;一种是俄共领导人久加诺夫反对迁走的观点。记者通过这一正一反的跳笔写法,使受众更加清楚地了解了事实的真相。

6. 从某一时段跳入另一时段,从某一空间跳入另一空间

世间任何新闻事实,都有一个发生、发展、结束的过程,这就是时间性。西方记者在报道事件性新闻时,很善于按照新闻事实的发展的时间段,娓娓道来,这就形成了从某一时段跳入另一时段的写法。这种跳笔方式使得消息层次清晰,结构分明,读者读起来非常省力,对新闻事实的整个过程能很快了解。

---

① 参考消息,2005-10-07

2005年5月11日,一架小飞机误入距白宫只有5公里的区域,导致白宫和国会山内的人员仓皇撤离。美联社记者立即写了一篇《虚惊一场 小飞机引发大恐慌》的新闻,就是采用这种从一个时段跳入另一时段的手法,取得了非常好的效果。

5月11日上午11时28分,联邦航空局雷达发现一架小飞机非法进入了华盛顿上空的安全区域;11时40分,白宫和国会山内的人员组织撤离;11时55分,两架"黑鹰"直升机和两架F1—16战斗机升空拦截。

在这则消息中,记者在时段上连续跳了三次,对这些重要时段所发生的情况进行了详细的描述,让读者对这一事件的整个过程很快有了了解。

除了这种时段跳笔法外,还有一种是空间跳笔法。事实的空间存在性,决定了有时在报道中需从空间的变换角度来审视事实,揭露事实真相。西方记者在描述事实时,喜欢从一个空间跳到另一个空间,将不同环境中的新闻事实展现在读者面前。

太阳帆飞船首飞失败

路透社美国加利福尼亚州萨迪纳6月21日电 人类史上第一艘太阳帆飞船今天在俄罗斯的伊豆潜艇上发射,但地面飞行控制站没有受到来自太阳帆飞船的任何信号,让人怀疑此次发射已经失败。

由私人资助开发的"宇宙一号"是全球第一艘太阳帆飞船。该项目的资助者是美国行星协会希望,"宇宙一号"太阳帆飞船能向世人展示太阳光是人类星际旅行的理想动力。

位于俄罗斯堪察加半岛的移动追踪站——由一名志愿者和一架天线组成——受到的多普勒信号显示了飞船的速度,表明一切正常。但在飞船入轨发动机点火的时候,地面控制站受到的信号突然中断,与飞船失去了联系。

按照预定计划,飞船入轨后,"宇宙一号"应该进入地球上空的轨道飞行。美国星星协会在帕萨迪纳的工作人员试图追踪飞船在太平洋上空和欧洲上空轨道飞行的踪迹,但两个多小时过去了,电台依然没有收到任何信号。

飞船发射半个小时后,位于马绍尔群岛的另一个移动追踪站也无法探测到其飞行轨迹。

位于阿拉斯加、捷克共和国记忆莫斯科郊外的地面追踪站也没有收到飞船的信号。

由于出现上述状况,策划者都认为飞船发射成功的可能性微乎其微。①

这则新闻是按照空间变换来叙述的,在路透社记者笔下,跨越度是非常之大的。全文共分七段,除导语和第二段背景外,从第三段开始,从一个空间跳向另一个空间:先是俄罗斯堪察加半岛的移动追踪站,接着又跳到帕萨迪纳,又跳到马绍尔群岛、捷克、莫斯科郊外的地面追踪站。记者在如此大的空间范围内变换跳跃,目的就是告诉读者,人类史上第一艘太阳帆

---

① 参考消息,2005-06-23

飞船的发射失败是有可靠的依据。

第四节　如何使新闻节奏快起来

综观中外新闻报道中的佳作,新闻行文节奏比较快的不外乎从以下几个方面入手:

一、短段落,多分段

段落是区分内容和层次的手段。使行文节奏快起来的一个主要手段就是多分段,每段都不要长,一个自然段表达一个事实。

加快行文的节奏,固然反映在新闻报道各层次内容之间的内在结构上,但也表现在外在形式上——分段与空格。在新闻稿中,分段是很频繁的,特别在消息中,一个小事实就是一段,一个小意思就是一段。过长的段落会使消息看上去肥胖不堪,过于沉重。同时,长段落也会使读者消化消息内容感到吃力,前一个事实尚未消化,后一个事实又紧紧跟上了。多分段,段落短,就会使读者有时间咀嚼消化、接受新闻事实。另外,分段要注意以下一些原则:

- 一个事实要分一段,如果事实过长,可以化短,大事实化小。
- 新闻中最需要强调的内容或事实中最重要的部分,可单独成段。
- 任务引语要分段,最好以不同人所说的话自成一段,如果过长,可采取直接引语和间接引语交替使用的方法,分为两段或者更多。
- 表述一个场面分一段。如果场面过大,由若干镜头组成,那么每个镜头分一段。
- 一般背景材料要另起一段。在叙述中,如果涉及时间变化、空间转换也要分段。
- 不同观点要分段,不能把两种截然相反、互相对立的观点放到同一段中。

拉夫桑贾尼告诫勿对伊最后通牒

德新社德黑兰11月25日电　伊朗前总统拉夫桑贾尼今天说,伊朗愿意消除围绕其核计划而产生的疑团,但是他告诫不要对伊朗发出"最后通牒"或采取"冒险主义"。

拉夫桑贾尼说:"这些复杂问题需要有时间和耐心才能解决。"

他说他希望"理性"能够战胜"最后通牒和冒险主义"。①

这样一则一百多字的短新闻,通篇是报道伊朗前总统拉夫桑贾尼的讲话,要让我们国内一些记者处理,肯定毫不客气地统统将其归纳为一段。但是德新社的记者将这条一百字左右

---

① 参考消息,2005-11-26

的消息分为三段,且全部用新闻引语的方式表达出来。全篇讲话为拉夫桑贾尼一人所说,但分了三段,而且都用不同的引语方式表达出来。第一自然段导语前半段为间接引语,后半段为混合引语;第二自然段为直接引语,第三自然段为混合引语。在一则短消息中,三种引语方式交替使用,确实不多见,而且也是典型的短段落、多分段表现形式,每一段都表达了一个意思,干净利索,跳跃极快,全篇无一多余废话。这种写作方法的确值得我们国内新闻界同仁们借鉴。

二、断裂式行文法

断裂式行文法亦称间奏法,为西方记者所多用。此种写法的最大特点是行文段落之间可以彼此没有联系,段落之间不必按照时间的顺序或事实的原始过程从头排列,不面面俱到,不平铺直叙,无须注意文字的连贯性和上下文的过度与衔接,着力突出读者最感兴趣的新闻事实,把它们之间用跳跃的方式组织起来。

此种写法要求紧紧围绕表述主题的需要,按照新闻事件的内在联系、逻辑关系,合理区分思想层次,适度分析事实材料,截去一切无关的、次要的部分,采取片断取材、断续组合、自然衔接、小段落、短句子、多分段的行文方式。

对于比较复杂的事实,需要拆借开来,打散开来,按新闻价值分类,而不是按文字的连贯性分类,做成一个个大小不等的"预制构件",重新组合,重新按章。写作时只需按照一定的内在逻辑,把一个个"预制构件"重新组合起来即可。断裂式行文法跳跃快、跨度大、概括力强、层次分明,让事情"动"起来,让人物"活"起来,笔断而意连,形散神不散。

这种写法原本是在散文作品中,特别是诗词作品中常用的方法,它早就被国外新闻记者广泛的运用到新闻写作中。

福特总统遇刺　幸而无恙

合众国际社加利福尼亚州萨克拉门托 9 月 6 日电　记者乔治·弗兰克　晴空万里,阳光灿烂,一位身穿红衣服的矮个妇女站在人群中,等待着福特总统的到来。

欢迎者们大都想握一握福特的手。

那个身穿红衣的女人带着一只手枪。

目击者说,二十七岁的林耐蒂·阿莉斯·弗洛莫——她是令人恐怖的查尔斯·曼森家族中有名的"百灵鸟"——悄悄地站在国会大厦欢迎人群的后面。

"天气多么好啊!"她对人群中一位名叫卡仁·斯科尔顿的十四岁姑娘说。

"她看上去像个吉普赛人,"卡仁事后说。

百灵鸟身穿红色长袍,头戴红色头巾,手中拿着一个很大的红色钱包。这些东西与她的红头发是十分相称的。

在她的前额上留着 1971 年在络斯安赫莱斯审讯中烙下的红十字。在这次审讯中,曼森和他三位女追随者被证明是杀人犯。

百灵鸟——她到加利福尼亚北部的萨克拉门托来是为了寻找已被监禁的41岁的曼森的——耐心地等待着福特。

在她的钱包里,装着一支上满子弹的零点四五厘米口径的自动手枪。

阳光火辣辣的照在地上。欢迎者在九十多度的高温下蠕动着。

不一会儿,人群突然欢动起来。福特走出参议院大厦来到国会大厦的欢迎人群中间。秘密警察包围着他。

他停下来向人们挥手致意。

用绳子拦着的人群拥挤着,欢呼着。

福特把脸转向左侧,伸出手来跟欢迎者握手。

"早安,"他一次又一次的对欢迎者说。

百灵鸟向前移动着。

她从后面向前挤去,把欢迎者抛在了后面。

她距总统只有两英尺远了,警察说这时她把手枪对准了福特。

福特发现了左轮枪。斯科尔顿说:"手枪的亮光在总统脸前移闪。"

他看来"警觉、恐慌,他把身子弯了下去。"一位名叫罗伊·米勒的五十岁的目击者说。

那时刻,便以警察拉里·波恩多夫采取行动大舅总统。他冒着生命危险冲上前去,站在了福特和百灵鸟之间。

他把百灵鸟摔倒在地上,解除了她的武装。

百灵鸟尖叫着:"他不是为你服务的。"

后来,她对警察说:"当心点儿,小伙子,不要惹我生气,我的枪膛里上着子弹呢!"

三五个警察把福特团团围住,簇拥着他离开了人群。

福特的腿本来就不好,再加上人们的拥挤,差点儿倒在地上。然而,他感慨站了起来。

"国界已陷入深渊,"百灵鸟被铐起来的时候,高喊着。"那家伙不是你们的总统。"

后来,当一辆警车来把她拉走的时候,她脸上露出了一丝微笑,看起来很镇定。①

这篇消息主题重大,报道美国总统福特遇刺未遂的全过程。美国国家元首遇刺,这在全球和美国本国都是一件大事,写得不好,消息会显得十分沉闷,让读者感到乏味。但这篇消息在写作上很有特点,就像一篇优美隽秀的散文,读起来很轻松,波澜起伏,错落有致。作者娴熟地运用"断裂行文"的结构,将新闻事实中与表现主题无关、次要的材料全部删去,毫不客气。将难"啃"的大量新闻素材统统打散,重新组合,选出其中与主题有关的、读者感兴趣的材料,组成新闻写作时的"预制构件"。

这篇新闻佳作多层次、多角度地把这些"预制构件"灵活自如地安装在一起,跳跃引文的运用给了作者很大的空间自由,自然段与自然段之间,句子与句子之间,虽然时间、空间、文

---

① 密苏里新闻学院写作组.新闻写作教程.范红译.新华出版社,1986:241

笔、思路都在大幅度跳跃,但文断意不断,一个个相对独立的句子和段落组成了全文。文章没有完全按照新闻事件的时间发展顺序安排材料,而是在时间和空间上频频转换,跳跃前进的,有些地方跨度是很大的。刚刚在导语里交代了红衣女郎,马上在第二段中跳到欢迎者身上;刚刚写到了红衣女郎带有一只手枪,马上又跳到了目击者身上,交代了红衣女郎的来历;刚刚写到了红衣女郎在现场和一位14岁的姑娘对话,笔锋一转,又写了事件发生后,14岁的姑娘回忆说她像个吉普赛人;刚刚写完福特发现了左轮枪,马上又跳到一位五十岁的目击者身上,说福特当时的表情"警觉、恐慌,他把身子弯了下去。"刚刚写完便衣警察救总统的壮举,又马上写到红衣女郎的尖叫。作者就是这样,在时间和空间里,忽而纵向展开,忽而横向展开,超越时空,自由不羁,让人读来觉得曲折生动。

三、加大句与句之间的跨度

在以上几节中,我们着重讨论了段落与段落之间的跨越,以及在文章结构上的跳跃。其实,组成段落最基本的单位是句子,我们绝不能顾大弃小,只重视段与段之间的跳跃,而不重视句与句之间的跳跃。

在许多新闻作品中,行文的快节奏首先表现在句子与句子之间的跳跃,有时在一个自然段里,要跳跃两到三个,甚至更多的层次。例如法新社在一则《沙娃荣耀掀起俄女子网球热》中的导语:

法新社莫斯科9月28日电 魅力四射的美少女玛丽亚·沙拉波娃一跃成为世界第一。激励着俄罗斯新一代少女投身该项运动,她们梦想着能够像沙拉波娃那样在体育和经济上双丰收。①

在这段导语的叙述中,新闻的事实主体发生了变化。第一句讲的是沙拉波娃,第二句讲的是俄罗斯新一代少女,也是句与句之间的跨越,也是事实主体之间的变化和跨越。再如英国《卫报》的一则消息中,这种新闻事实"主体"的变换更为明显。

英国《卫报》9月26日报道 现在10岁的小孩想象的未来是一个高科技的世界,届时将会由机器人教他们上课,他们将会学习名人文化和外星语言。根据今天公布的一份调查报告,100个小孩里面只有一个人认为以后从A地到B地会采取走路的方式;剩下的99个都相信火箭喷射包、磁浮滑板等将成为他们的日常交通工具。②

同样,在这段导语的文字叙述中,新闻事实的主体不知不觉就发生了变化。第一句的主

---

① 参考消息,2005-10-01
② 参考消息,2005-09-28

体是 10 岁的小孩,第二句的主体已经变为调查报告。

句子与句子之间的跨越跳跃,不仅仅表现在新闻事实的主体置换,有时也表现在描述与议论之间的转换和变化。例如:

路透社东京6 月 5 日电 当日本与其邻国围绕二战历史争论得面红耳赤时,批评者经常敦促东京表达诚挚的悔意,赔偿受害者。简言之,就是向德国学习。①

在这段导语文字的叙述中,第一段是对事实的报道,第二句是对事实的评论,由事实跳向议论。在同一则消息中,还有一段文字是通过对比手法进行跨越的。例如:

德国与它的前对手建立了密切的关系,而日本却没能做到这一点。专家说,这在很大程度上应归咎于冷战及其对亚洲造成的持久影响。②

值得一提的是,这段文字叙述中实现了双层跨越跳跃,第一句通过对比手法,从德国跨越到日本。第二句则在第一句事实的基础上,对此进行了点评。在不到六十个字的一个段落里,竟能实现双层跳跃,让人不得不佩服路透社记者娴熟的跳笔技法。

除此之外,还有从新闻事实到新闻背景的变化和跨越,例如:

法新社法国布尔歇6 月 13 日电 第 46 届巴黎航空展今天拉开帷幕。空中客车公司和波印公司为全球航空业霸主地位而展开激烈竞争。③

在这段导语文字的叙述中,第一句是所报道的新闻事实;第二句是对事实进行解释的背景材料。短短一句背景材料,不仅使读者加深了对主题的理解,而且为拉开帷幕的巴黎航展增添了些许"刀光剑影"。

路透社和平桥4 月 7 日电 31 名巴基斯坦克什米尔人今天乘坐巴士欢呼着通过了"和平桥"(位于印度—巴基斯坦实际控制线上),进入了印控克什米尔间的首次巴士服务。④

这是路透社记者报道的弥漫着战争硝烟的克什米尔 6 年来首通巴士的消息导语,第一句是所报道的新闻事实,第二句是对事实的深化解释,即背景材料,实现了从事实到背景之间的跨越。

---

① 参考消息,2005-06-07
② 参考消息,2005-06-07
③ 参考消息,2005-06-14
④ 参考消息,2005-04-08

新闻写作新视角

在新闻通讯的写作中,跳笔使用得更加频繁,更加灵活多变。在一个自然段的引文中,可能会有多层次的跳跃。忽而是纵向的跨越,忽而是横向的跨越;忽而是时间上的跨越,忽而是空间里的跳跃;忽而是一个事实向另一个事实的跳跃,忽而是背景材料跳到新闻事实上;忽而是由概括跳到具体上,忽而由现象跳到一个本质上。请阅读通讯《哭墙前的沉思》中的一个自然段,凡是有跳笔的地方,我们用▲的符号标实出来。

犹太民族是个伟大的民族。它为全人类的生存和发展做出过巨大贡献。▲马克思、爱因斯坦、弗洛伊德、卡夫卡等一大批杰出人物就是这个民族的骄傲。▲但历史有时很不公正,它回报这个民族的是一次又一次的民族奴役和亡国灭种之祸。▲尤其在第二次世界大战期间,在希特勒的屠刀下,有600万犹太人丧生,占当时整个民族人口的1/3以上,成为人类历史上罕见的大屠杀。▲现在,全世界有1400万犹太人,其中美国有600万,以色列有350万。其余450万分散在五大洲几十个国家和地区。▲历史上的苦痛和地域上的分散,不但没有使这个民族分崩离析,反而使它顽强的生存下来,不断加强了它的内聚力。▲从美洲到欧洲,从亚洲到非洲,许多犹太人梦寐以求的是,到圣域耶路撒冷朝拜,到西墙下为民族痛哭一场。▲美国作家劳伦斯.迈耶指出,"对全世界的犹太人来说,没有比西墙更为重要的犹太教的标志了。"▲据以色列旅游部门统计,近年来,来这里朝觐的犹太人每年有50多万。▲在我的相机镜头下出现的是,一队刚入伍的男女新兵,来到大墙前举臂宣誓,▲一群穿黑袍、戴黑帽的犹太教狂热分子在墙角处伤心地哭喊,▲一个头挽发髻的老妪在教孙儿把抄有祷文的一张张小纸片塞进墙缝,▲一对来自北欧的新婚夫妇在把一个插着鲜花的玻璃瓶打碎在地……▲这些举动,据说都有所依据,或是传统的习俗,或是宗教的俗典。▲其含义是什么呢? 不同人有不同的解释。▲《希伯来百科全书》主编耶沙亚胡.莱博维茨教授认为,对西墙的这种"非理性的狂热",是一种"病态感情",是"十足的偶像崇拜思想"发作。▲但陪同我们前来的一位笃信犹太教的美国朋友却说:"这是一种发自内心深处的神圣的思想感情在升华。人们在以不同的方式,倾诉昔日的亡国灭种之恨,抒发今日的求团结、争生存的美好意愿。"①

在这段文字里,记者跳笔之处达16处之多,有的地方时间和空间的跨越非常之大。一个个相对独立的、分散的判断材料组成了一部移动的电影镜头,为读者多层次、多角度地提供了丰富的信息。

---

① 刘明华,张征.新闻作品选读.中国人民大学出版社,2004:570

第十一章　过渡：整合新闻报道的"黏合剂"

第一节　从两篇消息的写作中看"过渡"

美国新闻学者麦尔文·曼切尔在《新闻报道与写作》一书中指出："过渡可以加强新闻报道的逻辑性，但是假如报道本身没有逻辑性，过渡就无能为力了。记者在把自己所要写的消息规划为几大部分以后，再运用过渡的手法。过渡可以把这些大的部分、小的单位和句子连接起来。过渡手法就像灰浆一样，把整篇报道粘合起来，以便从开头顺利地过渡到结尾。"[①]

一、新闻写作中的"过渡"

"过渡"这一词可能对许多新闻工作者而言，是很陌生的一个词。笔者查阅了大量的书面资料和网上资料，极少见到有对新闻写作中有关过渡的论述。尤其在我国的新闻教科书中，更难觅新闻"过渡"的踪迹。但在美国密苏里新闻学院写作组撰写的《新闻写作教程》中，作者将优秀新闻作品的成功之处分析为五个要素，其中第四点为："用过渡词、句或段落把读者从一个思想引入到另一个思想。"[②]

何谓新闻写作中"过渡"？即把新闻导语和新闻主体、新闻主体部分的各项新闻事实连接起来，从而帮助实现从前者向后者过渡的字词、短语、句子或段落。

二、新闻过渡技巧的把握

应该说，"过渡"的技巧是很重要的，它在新闻中起着承上启下、承接转合的桥梁作用，是其他新闻成分或写作技巧无法代替的。

可以这样说，过渡得好，新闻就会显得文意连贯、一以贯之、自然流畅、结构平稳；如若过渡得不好或根本没有过渡，新闻则在句子、段落之间互相平引，毫不关联，上下文之间缺乏衔接，令读者读起来不顺畅，同时也会使新闻作品的感染力受到严重削弱。下面试举两例为证：

---

① （美）麦尔文·曼切尔.新闻报道与写作.艾丰，张争，明安香，邹大毅译.广播出版社，1981：138
② （美）美国密苏里新闻学院.新闻写作教程.范红译.新华出版社，1986：235

1. 缺乏过渡，结构不佳

袁隆平院士荣获"APSA 杰出研究成就奖"（主题）
杂交稻分子育种获重大进展（副题）

本报长沙 11 月 23 日电 在前不久闭幕的 2005 亚太地区种子协会（APSA）上海年会上，领衔中国超级稻育种研究并取得巨大研究成果的袁隆平院士荣获"APSA 杰出研究成就奖"，这是记者日前从国家杂交水稻工程技术研究中心获知的消息。

亚太种子协会（APSA）于 1994 年由联合国粮食和农业组织创立，任务是促进农作物和园艺作物优质种子及种植材料的生产和贸易，秘书处设在泰国曼谷，现拥有 41 个国家和地区的会员，其年会是世界最大的地区性种子业论坛。除亚洲诸国加入外，还吸引了美国、加拿大、阿根廷、荷兰、丹麦、法国、英国、西班牙、南非等欧美和非洲国家会员。

1996 年，农业部为中国超级稻育种计划立项，提出一季稻大面积示范单产 2000 年达到 700 公斤、2005 年达到 800 公斤、2010 年达到 900 公斤的三期发展目标。我国超级稻育种研究在袁隆平领衔下进展顺利，并提前于 2004 年成功实现第二期目标。袁隆平表示，由于自然环境的限制，特别是温度等因素影响，如果按常规方法，要实现大面积亩产 900 公斤目标已不太可能，故超级稻第三期目标成功实现有赖于分子育种研究取得突破。

2004 年，国家杂交水稻工程技术研究中心在袁隆平院士的带领下用 207 作受体导入草基因组 DNA 后成功培育出大穗大粒型优质恢复系 RB207。今年 9 月，湖南省超级稻办公室及湖南省种子管理站组织专家，对国家杂交水稻工程技术研究中心培育的杂交组合"T98A/RB207"及"CD-15/RB207"在隆回县金石桥乡进行的 108 亩和 56 亩生产试验现场评议与测产验收发现：这两个组合生产事业亩产分别达 902.2 公斤和 876.5 公斤，属具有超高产潜力的强优组合。

专家认为，RB207 的育成，标志着实现第二期超级稻产量指标的基础上开展的杂交水稻分子育种研究已取得重大进展。[①]

这是一个典型的由于上下文之间缺乏衔接和过渡，因而造成新闻作品结构不佳的例子。

此稿中共有五个段落，由于缺乏过渡性的词句，让人读后感到段与段之间彼此没有多少关联，它们之间的关系是平行的，而不是有机联系的，结构比较松散。尽管导语中已提出实质性内容，即袁隆平荣获"APSA 杰出研究成就奖"，且全文其余的段落都是围绕这一主题展开，但由于没有明确的过渡词句，让人读来不免仍有突如其来之感，而不是水到渠成。比如说，在第二段背景材料前，起始前应加上一句"恐怕有不少人对亚太种子协会（APSA）比较陌生"，再过渡到背景材料就比较自然了。当然，背景段也嫌冗长了，文字应精练一点为好。第三段的

---

① 光明日报，2005-11-24

起始处应加上"农业部为中国超级稻育种计划主项始于1996"这样的字句,就让人感到有些过渡了。否则,一起笔就写到了9年前,给人感觉来势突兀。第四段起始处应加上"超级稻第三期目标的实现在2004年取得重大进展。"的字句,这样过渡更为合理,读起来也容易理解,比较流畅,否则"1996年""2004年"这样干巴巴的年份,不仅没有过渡阶段,同时也毫无感情,激不起读者阅读新闻的激情。第五段起始处应更具体为好,什么专家?最好有具体单位、具体职称、具体姓名,不要一句"专家认为"就了事了,太笼统,太抽象了。而且,最后一段专家语言应该是一段直接引语,这样不仅生动形象,而且新闻事实的可信度也大大加强了。

2. 巧妙过渡,新闻作品浑然一体

下面,再让我们来看一篇"过渡"运用得比较成功的新闻消息,以便做一些具体探讨。

从广交会到圣诞树下

美国《基督教科学箴言报》12月22日报道 (记者罗伯特发自厦门)康妮·刘的产品是专门作为圣诞节礼品出口到美国而设计的。她经营的是礼品生意。去年,她在厦门的小公司用竹子制作了各种活泼可爱的小动物。今年推出的新造型是各种熠熠发光的动物灯泡,有长颈鹿、驼羊、海豚等。(橱窗式导语——作者注,下同)

刘的故事非常典型,从中可以看出中国企业家是如何将设想变成广交会上的样品,然后再成为西方圣诞节的礼品的。(过渡性段落)

刘为了获得设计灵感而经常周游世界。(过渡性句子)一旦灵感变成蓝图,她就会通过传真将蓝图传回到一个山区村庄。她在那里的代理人便会制作成样品,然后再送往广交会的交易大厅。(新闻事实之一)

刘说:(过渡性短语)"我的才智和学识是我的优势,我的产品将比美国大公司所希望的产品便宜30%,但质量要高出30%。"(直接引语,新闻事实之二)

刘的一个独特做法是将她设计的产品分包给位于安溪县山区的各个村办厂,而不是让沿海地区的大工厂去生产。大多数产品在安溪村办厂生产的成本要比大工厂低。(新闻事实之三)[①]

在这条新闻中,第二段"刘的故事非常典型,从中可以看出中国企业家是如何将设想变成广交会上的样品,然后再成为西方圣诞节的礼品的。"就是一段十分巧妙的过渡段,它把导语中康妮·刘一个人的故事与中国千千万万个企业家紧紧联系起来,很自然地实现了一个转折。即由导语中提出的康妮·刘经营圣诞节礼品出口生意的故事,顺利地过渡到中国其他企业家是如何做出口节日礼品生意这一新闻事实上。自然而然的过渡,而又不露任何人为的痕迹,由此可以看出西方记者运用过渡技巧是非常熟练而又自如的。试想,如果没有这一段过渡段,这条消息的报道面显然比较狭窄。

---

① 参考消息,2005-12-24

第三段一开始,记者又安排了一个过渡性的句子,即:"刘为了获得设计灵感而经常周游世界。"又从中国企业家自然而然地过渡到刘的身上,为与下面刘周游世界搞设计创意的故事联结起来而搭起了一座桥梁。

此外,新闻中"刘说"这个过渡性短语,引出了另一个新的新闻事实,起到把前后两个新闻事实粘合起来的作用。

3. 新闻写作应重视过渡

通过分析两篇在过渡技巧上截然不同的新闻报道,我们可以看出,前一篇新闻由于缺乏过渡性语句段落,句与句之间、段与段之间没有连接,是一种并列、平行的关系,而不是有机地联系整体。而后一篇则不同,整个作品段与段之间、句与句之间都过渡得十分巧妙,过渡段和过渡句、短语虽然运用得不多,但都起到了重要的作用,使作品显得过渡平滑、自然,给人以浑然一体、天衣无缝之感。

由此可见,过渡是我们写好新闻报道的重要写作技巧,绝不能等闲视之,不予重视。但是,这绝不可以说是可以随心所欲地跳跃的。段与段之间、句与句之间应该是错落有致、井然有序的,它们之间有着某种内在的、有机的、实质性的联系。要记住,优秀的新闻作品是一个层次分明、结构严谨的"工宅",何处开户、何处设窗、何处架梁都是有一定讲究的,而不是一堆杂乱无章、松散破碎的废墟。

第二节　新闻作品为何讲究"过渡"

《新闻写作教程》一书中指出:"除了有适当的节奏外,一篇好的作品还要使用过渡性结构把读者自然而然地从一个思想引入到另一个思想。这些过渡性结构使读者意识到作者引导读者时方向是明确的。"[①]

我们在前面讲过,新闻写作要有节奏感,要有跳跃,要有跨越。但是,跳跃不能无序地跳跃,跨越也不能盲目地跨越,要有一个过渡点,即转折点。上一段、上一句与下一段、下一句在转换时,要按照同一个思路往前推移——或以空间转换为思路,或以人物变换为思路。最好不要混为一体,否则,会造成全篇思路混淆,结构出现混乱状态。只有思路一致,全篇才会上下连贯,层次分明,衔接有度,条理清晰,成为一个完整的统一体。

新闻作品为何要讲究"过渡"这一技巧呢?据笔者看来,原因不外乎有三:

一、过渡运用得好,能使新闻报道结构严谨,脉络分明

一篇优秀的新闻报道,主题思想要从头到尾一以贯之,不能中途更换主题,这表现在外在

---

① (美国)美国密苏里新闻学院. 新闻写作教程. 范红译. 新华出版社,1986:243

形式上,应该是结构严谨,脉络分明。

在动手写新闻报道之前,首先要会酝酿主题,然后要会确定结构,考虑段落,然而这只是一个粗线条的轮廓。要把各个段落,句子有机地联系在一起,达到天衣无缝的黏度,才称得上是结构严谨,脉络分明。如何做到天衣无缝?只有靠过渡了。过渡手法多种多样,可以正面过渡,也可以反面过渡。

正面过渡,就是新闻报道按照一定的时间顺序、空间顺序或逻辑顺序来过渡。请看下面的例子:

从结婚礼品看中国社会变迁

俄塔社七海 9 月 29 日电　在"十一"黄金周,不少中国人替自己的钱包发愁。很多人已经接到参加婚礼的邀请。这意味着他们要预备一笔钱作贺礼,这是近年来最普遍的做法。要是在以前,谁能想到送礼品可以如此简单呢?

中国最早的结婚礼品可追溯到两千年前,除各种家什外,送新郎新娘的贺礼中一定要有燕子,因为燕子寓示着忠贞不渝的爱情,南飞的燕子来年开春一定会归来。

新中国成立后崇尚喜事新办,那时最时兴送毛主席像章和语录,新人可能收到几十份这样的礼物,它们都被摆放在新房最显眼的地方,以示对"伟大领袖"的敬意,其他贺礼还有不太贵重的日用品,如毛巾、热水瓶、餐具等,这些物品上面也常常缝制或印有毛主席语录。

从"文革"结束到 20 世纪 90 年代初,结婚礼品开始往更加实用的方向发展,棉被、厨房用具,甚至食品都被用来馈赠新人。最好的礼物莫过于购买服装、布匹或自行车的各种票证,而缝纫机和手表则属于更高档次的"奢侈品"了。作为回礼,宾客会得到一包喜糖——通常是几块水果糖和奶糖。

到了经济蓬勃发展、物质极大丰富的今天,快节奏的生活使人们甚至连选购礼物的时间都没有了。于是,红包便成了送礼时尚。现在,结婚请柬被印在一张红色卡片上,老百姓称之为"红色炸弹",因为收到这样的请柬,就意味着掏腰包的时候到了,在上海,尽人皆知的送礼标准是:朋友或远亲不少于 200 元人民币,近亲不应少于 500 元,礼品价值有时也在千元以上。[①]

这是一篇典型的正面过渡的新闻报道,整体上是按照正常的时间顺序和逻辑顺序进行。消息第一段寻找了一个新闻由头,即"十一"黄金周期间新人要举行婚礼,不少人要送上一笔不菲的礼品。第一段的最后一句是过渡句,即"要是在以前,谁能想到送新人礼品可以如此简单呢?";紧接着,第二段新闻回到了两千多年前送新人的礼品;第三段又到了新中国成立后新人婚礼要送毛主席像章和语录;第四段以此顺推,从"文革"结束到 90 年代;最后一段到现在。

正是由于有了这些过渡性的句子和短语,才使这条新闻报道显得结构严谨、脉络分明、层层推进、条理清晰。从导语中的"十一"跳到两千多年前,从两千多年前跳到四五十年前,从四

---

① 参考消息,2005-10-04

五十年前又跳到十几、二十年前,最后跳到今天,跨度不可谓不大,跳跃不可能不快。但由于过渡句运用得好,整个消息有条不紊,波澜不惊。除了导语的最后一句外,每段开头的第一句都巧妙地发挥了过渡作用。如第二段的"中国最早的结婚礼品可追溯到两千多年前";第三段"新中国成立后崇尚喜事新办";第四段"从'文革'结束到20世纪90年代";第五段"到了经济蓬勃发展,物质极大丰富的今天",都是过渡性的短语和句子,为这篇时间跨度极大的新闻提供了稳定的过渡支点。

反面过渡的手法在新闻作品中也很常见。所谓反面过渡,无非是通过转折构成新闻的起伏跌宕,使作品在起伏不平中增加独特的韵味,从而更富有感染力,更能够吸引读者。例如:

东华门夜市一瞥

美国《基督教科学箴言报》网站11月3日报道 （记者安迪·纳尔逊发自北京）要让美国人喜欢炸蝎子可不容易。这或许会令他想起某些被告知不能接触的东西。但是在北京东华门的夜市上,蝎子、麻雀和蛇等小吃应有尽有。每个摊位上都挂着很亮的灯,整个夜市灯火辉煌。熬着肉汤的大锅里呼呼地冒着热气,摊主们大声叫卖着,努力从逛夜市者的腰包里掏出他们的钱。

对那些不太具有冒险精神的食客来说风味独特的牛肉、鸡肉和羊肉串不啻为他们填饱肚子的最佳选择。之前,他们在北京最著名的商业街王府井大街上的游玩已令他们饥肠辘辘。

逛夜市的不管是外国人、外地游客还是当地人,在逛这条由几十个摊位组成的小吃街时,无一例外都在详细端详摊位上的各种食品。有些人凑近了试图看清卖的到底是些什么东西,然后才决定吃不吃。也有些人径自走向了某摊位,要上一个吃的就很快消失在夜色中。

不知不觉几个小时过去了,人渐渐地少了,摊位上的灯也一个接着一个熄灭了,黑暗又重新笼罩了这里。①

这则消息导语的第一句"要让美国人喜欢炸蝎子可不容易。"第二段的第一句"对那些不太具有冒险精神的食客来说,"均属于反面过渡句。这种换段之间的转折,起到了过渡作用,但不是那种四平八稳、波澜不惊的正面过渡,而是上下起伏、反差鲜明的反面过渡,比那种平淡无味的平铺直叙更能唤起读者的注意,同时也增加了新闻报道语言的感染力,不啻是一道独特的新闻语言风景线。

二、过渡运用得好,可以使新闻报道层次分明,富有节奏感

掌握过渡这种技巧看似容易,实则不易。尤其在新闻写作的实践中,往往容易写出几个互为平行的段落,缺乏过渡。

前面我们讲过,快节奏新闻报道的特征是:多分段,短段落。从一篇消息来讲是这样,从一条导语来讲也是如此。有的记者写导语臃肿肥胖,怎么也短不下来,其实,可以试试把一长

---

① 参考消息,2005-11-05

段导语分为两段,但需要过渡得好,过渡得巧妙。试举一例:

本报讯 在中国学术界与工程界行之多年的院士制度,据调查显示,大多数的知识分子已普遍认为弊大于利。尽管目前勇于揭露弊端的有志之士不在多,但改革呼声日益高涨,甚至部分属于既得利益者的院士也都呼吁取消现行的中国院士制度。中国科学院院士汪品先发起对现行中国院士制度的批判。

这是一则台湾报纸刊载的消息导语,是条典型的"大肚子"导语,体态肥胖。我们可以运用分段的技巧为之"减肥",使之"消肿"。经分段修改后的导语是:

本报讯 昨天,中国科学院院士汪品先发起对现行中国院士制度的批判。

据调查显示,在中国学术界与工程界行之多年的院士制度,大多数的知识分子已普遍认为弊大于利。尽管目前勇于揭露弊端的有志之士不在多,但改革呼声日益高涨,甚至包括汪品先这样属于既得利益者的院士,也都呼吁取消现行的中国院士制度。

两者相比,就会发现分段的导语变得更加简洁了,也更加突出新鲜性了。更为重要的是,分后的第二段是一个过渡段,能够起到承上启下的作用,将导语中的新闻事实顺利平稳地过渡下去。

三、过渡运用得好,可以使新闻报道生动形象,富有感染力

一篇能够打动读者、感染读者的作品,肯定是一篇过渡平稳、条理清晰的作品。很难想象一篇结构松散、支离破碎的作品,会吸引读者的兴趣。请看下面这篇报道:

省钱金点子大赛

美联社惠灵顿 10 月 25 日电 同你的狗一起洗澡,住在帐篷里,没收你丈夫的信用卡……一项寻找新西兰最节约顾客的比赛组织者说,这些都是参赛者想出的亦真亦假的省钱招数。(概述式导语,作者注,下同)

这项比赛是由新西兰一家全国连锁的平价商店举办的,并设置了 3.5 万美元的奖品。(过渡句)比赛要求参赛者提供最好的省钱方法。参赛者提出了各式各样的奇思妙想,从实际可行的到荒唐可笑的都有。(新闻背景材料)

这些点子覆盖了从外貌到人际关系的所有领域,还包括这样的至理名言:"当你走过一家商店时,把你的手一直放在口袋里。"(过渡性段落)

一个愤怒的参赛者建议说(过渡性短语):"不要把钱给你妻子! 不要把钱给你妻子! 不要把钱给你妻子! 切记!!!"

另一个参赛者建议(过渡性短语)搜寻廉价商品的人剪掉自己的头发,并强调外貌上的损害会减少昂贵的社会应酬费用,他还建议(过渡性短语)用大蒜来治疗脸上的小脓包。

有人建议(过渡性短语)希望吃廉价美食的美食家在洗碗机里蒸煮袋装的快餐食品,这样烹调今天的晚餐和清洗前一天的盘子就可以一起完成。

同时,(过渡性短语)还有人建议女性花丈夫钱而把自己的钱存起来,没收丈夫的信用卡,而且要避免嫁给吝啬鬼为妻。

另外一条建议说(过渡性短语):"要嫁给一个富有的老头。"

有关生活方式的建议包括(过渡性短语)"洗澡的时候把狗一起洗了"。而一位充满激情的省钱高手建议说(过渡性短语):"住在帐篷里",或"如果你的微波炉坏了,可以把它当信箱使"。①

这是一则有趣的新闻,读后令人捧腹,忍俊不禁。这则新闻语言诙谐幽默,可读性较强。除此之外,过渡运用得好,是它的一个显著特点。把一条条稀奇古怪、却又不乏激情想象的省钱建议串联在一起,靠的是通篇优秀的过渡性结构。除了第三段为过渡性段落外,其余后面各段开首都运用了过渡性短语进行上下文的衔接。令人称许的是,从第四段到第九段八处建议的过渡语竟无一条雷同,足见作者在写这篇报道时还是下了一番工夫的。从"一个愤怒的参赛者建议说"到"有人建议";从"同时,有人建议"到"一位充满激情的省钱高手建议说",这些过渡语各有特点,使整篇报道呈严密紧凑,融为一体,报道的顺序更富有逻辑性,可供我们借鉴。

第三节　新闻"过渡"的艺术

新闻"过渡"作为一门实践性很强的艺术,是新闻教学和新闻写作中不可或缺的内容。新闻作品过渡性结构的形式很多,下面介绍几种主要的过渡形式。

一、过渡性字词、短语、句子和段落

过渡性的短语、句子和段落,我们在前面所举的例子中已做过大量介绍,在这里就不多述了。而过渡性字词主要由一些简单的字词组成,如"但是"、"然而"、"同时"、"此外"、"还有"、"与此同时"、"尽管如此"等等。这些词也分为几种类型,主要形式如下:

- 代词:他、她、它、这个、那个
- 添加词:又、也、和、最后、还有、另外、再如、因此、所以
- 对比词:但是、然而、尽管、而、另一方面、否则、而且
- 比较词:同样、类似

---

① 参考消息,2005-11-05

- 地点词:挨着、在那边、在这儿、附近、对面
- 时间词:此后、与此同时、然后、当时、一会儿①

二、从新闻导语到新闻主体的过渡段落

大凡一件新闻作品,必须以一贯之,要有连贯性,而不能中途割裂,从头到尾联结紧密,融为一体。段落与段落之间的衔接是最为重要的,彼此之间要有默契,绝不能互相不通气。尤其是新闻导语与新闻主体之间的过渡应是平稳自然,浑然一体,不能有割裂之感,更不能有破碎之感。如果我们把新闻中各段之间的过渡称之为"小过渡"的话,那么,新闻导语与新闻主体之间的过渡则应被称之为"大过渡"。诚然,新闻导语中的事实与主体事实肯定有某种有机联系,但是它们又不是同一个场景、同一个典型事实、同一个细节,它们之间肯定还有相当大的差距,需要有一个过渡性的结构为二者架起一座桥梁。如果导语中所叙述的事实与主体中所叙述的事实关系是平行的,读者的思路就很难从这一段跳入到另一段,从而导致看不到两者之间的联系而中断思路,失去继续阅读下去的兴趣。那么,这篇新闻作品的可读性就要大打折扣了。下面,我们来看看一篇美联社的消息,看看它的导语是如何自然而然过渡到主体段的。

阿根廷汉语人才需求猛增

美联社布宜诺斯艾利斯 11 月 3 日电 一群蓬头垢面、睡眼惺忪的阿根廷学生摇摇晃晃走进教室,直到老师领读"一闪一闪亮晶晶,满天都是小星星"时才慢慢醒过神来——他们在上中文课。(描述式导语,同时也是延缓式导语——作者注,下同。)

这里对大学生、律师和企业家而言就像是幼儿园,学中文会帮助他们找到工作,吸引新客户,做成大生意。(过渡性段落)

从电影节、食品博览会到欣欣向荣的唐人街,中国的语言文化在这座南美城市开出了鲜艳的花朵,人们的兴趣现在不仅限于北京烤鸭和中草药了。(背景材料)

阿根廷总统基什内尔 2004 年 6 月对中国的访问和 5 个月后胡锦涛主席的回访令许多阿根廷人发现,这个长期笼罩着神秘面纱的遥远的国度蕴含着日渐成熟的商机。阿根廷全国统计调查局称,中国是阿根廷的第四大出口国和第三大进口国。前国家经济政策国务秘书、目前执教于哈佛大学的费德里克·史图册内阁说,更多地了解中国文化对于那些想从阿中贸易关系中获益的人来说"极为重要"。(新闻事实之一,文内两处画线处均为过渡性短语)

布宜诺斯艾利斯大学的语言中心教务主任贡萨洛·比利亚鲁埃尔说:"要学习中文,就要让自己重新变成婴孩。"他说,初级班的学生的语调联系听起来就像一群瀛海在牙牙学语。语言中心应学生要求于 2004 年 8 月开设了中文课程。原本估计报名人数不会超过 100 人,结果收到了将近 900 份申请。(新闻事实之二,两处画线处为过渡性短语)②

---

① (美)麦尔文·曼切尔.新闻报道与写作.艾丰,张争,明安香,邹大毅译.广播出版社,1981:138
② 参考消息,2005-11-06

这是一条报道阿根廷人学汉语的新闻，导语蛮有意思，描述了一群阿根廷学生学习汉语的情景。阿根廷人为什么热衷于学汉语呢？相信看了这则消息延缓式导语的读者都会一头雾水。而第二自然段较好地起到了解释、过渡的作用，自然而然地把读者引向了另一个新闻事实——学中文可以帮助他们找到工作，还可以吸引新客户，做成大生意。在这里，第二段起到了衔接、转折、过渡的作用。如果没有这一段消息导语，主体部分就会被割裂开来，就很难形成一个统一体。

三、把两个互不相关的事实或在大的方面相关却是各自独立的两个事实联结起来

有时候，在新闻写作时会遇到这样的问题：即每一段要写一个事实，两个事实又互不相干，没有多少必然联系——或者在宏观方面有些联系，但却是两个各自独立的事实。如何牵线搭桥，把二者互相结合在一起，对许多记者来说，简直就一筹莫展。他们只是像堆积木一样，很生硬的把一件件事实罗列在一起，显得非常笨拙。其实，新闻过渡就是一剂"黏合剂"，可以非常巧妙地把二者黏合在一起，而不露任何人为的痕迹。2005年9月11日，日本首相小泉纯一郎赢得了众议院选举，美联社记者在报道日本的外交走向的新闻中，使用的过渡性段落也很有新意。

美联社东京9月12日电 小泉纯一郎首相在取得众议院选举胜利后承诺进行改革，但有些方面，他很可能不会改变，比如日本与亚洲邻国俄不稳定关系和与美国的紧密关系。

日中关系在今年降至几十年来的最低点，韩国国内的反日情绪依然强烈，解决日本公民在朝鲜遭绑架的努力陷于停滞。

这则新闻在导语中运用了对比手法，但前者是为后者进行铺垫的。小泉纯一郎在国内要进行大刀阔斧的改革，但在外交方面却不会进行改变，开门见山地指出日本与亚洲邻国的不稳定关系和与美国的紧密关系。第二段则着重分析了日本与亚洲邻国的现实关系。在这则消息的下半部分中，美联社记者又用了相当篇幅分析日本对美关系。按道理说，日本与亚洲邻国的关系和对美关系，虽然在大的方面相关联，但却是两个互相独立的事实，其内容不尽相同。为了把两者有机的联系在一起，记者又专门写了一段过渡段。

与此同时，日本加强了与美国的军事合作，包括在阿富汗提供后勤支援，以及不顾与辽宁中普遍存在的保留意见向伊拉克派遣非作战部队。

可以看出，这个过渡段在上述两个新闻事实之间架起了一座桥来，引导着读者在不知不觉中从一个新闻事实走进另外一个新闻事实。在过渡段后，记者又集中笔墨分析了日本对美的外交关系发展趋势。

很明显，首相将继续自己在"9·11"恐怖事件后选择的道路。也就是说，与华盛顿站在一

起符合日本利益。

政治分析家实守太说:"小泉的胜利意味着日本的外交政策比以往任何时候都听命于美国,包括继续在伊拉克驻军,日本将使自己成为美国全球军事战略中不可或缺的一部分。"

四、通过重复某种句型,把句子与句子、段落与段落联系起来

在新闻写作中,有一种特殊的"过渡"手法也经常出现在新闻作品中,即通过重复某种句型,或重复某些词句,来把句子与句子、段落与段落联系起来。用通俗的话说,即在写好一段时,尽量用前一段结束时用过的字词、句子或重复前一段的中心思想。

2002年7月26日新华社播发的关于"库尔斯克"号潜艇沉没原因的新闻,其写作就较好地体现了这种写法。新闻稿件如下:

"库尔斯克"号沉没原因公布

新华社莫斯科7月26日电 俄罗斯总检察院总检察长乌斯季诺夫26日在此间宣布,鱼类装置中易燃物过氧化氢泄露并引发爆炸是"库尔斯克"号核潜艇沉没的原因。

据俄塔社报道,乌斯季诺夫当天向俄罗斯总统普京详细汇报了有关"库尔斯克"号核潜艇沉没原因的调查结果。

普京在听取汇报之后指出,俄总检察院领导的调查工作深入客观。他要求乌斯季诺夫向俄社会公布调查结果。乌斯季诺夫随后在总检察院举行的记者招待会上宣布了上述调查结果。

乌斯季诺夫说,有关调查人员和专家均不怀疑"库尔斯克"号核潜艇上曾发生过鱼类装置爆炸的事实。调查结果显示,2002年8月12日,在巴伦支海参加军事演习的"库尔斯克"号核潜艇上人员在准备发射鱼雷时,由于易燃物质过氧化氢从鱼雷上一个微笑的裂缝泄出,鱼雷装置发生爆炸。……在第一次爆炸发生2分钟后,潜艇内存放的其他鱼雷发生第二次爆炸。

他说,爆炸发生的时候……[①]

新闻中画线的那一部分,后一段或后一句采用了前一段、前一句用过的字词句,形成了一种独特的过渡。这种过渡法方向比较单一,少生枝节,便于读者阅读,也便于上下文自然过渡,不留痕迹。

除了这种重复字词句的过渡手法外,后一段、后一句重复前一段、前一句的中心思想,也不失一种自然过渡的好方法。

中韩在科技领域猛追日本

日本《产经新闻》6月11日报道 日本文部科学省10日向内阁提交的科学技术白皮书指

---

① 刘其中.净语良言.新华出版社,2003:157

出,中国和韩国在科学技术领域正全力以赴追赶日本。近几年来,两国科研人员和科研经费都大幅增加,为此,白皮书强调"围绕知识,国际竞争越来越激烈,今后,我国要进一步提高'科学技术'"。

最近10年,日本的科研经费和科研人员都增加了约20%。但中韩两国的进展也非常明显。韩国提出的目标是"科研经费的增长要超过总预算的增长率",近10年来,科研经费和科研人员分别增加一倍和50%。中国进展更快,科研经费10年里增长4倍。实际上,现在的中国科研经费以纪念馆超过德国上升到世界第3位。科研人员在3年前就已超过日本,跃居世界第二位。

中国把生物工程、航天、信息和能源等作为重点领域,在建设国家级的高新技术园区。前年成功地实现载人航天,中国科学技术的进步对日本构成巨大威胁。

韩国也把生物工程和纳米技术等作为重点领域,并在大力抓英才教育。

关于招揽人才,国际性的选拔人才大战日趋激烈。中国通过对活跃在海外第一线的研究人员投入资金,呼吁优秀人才回国。据说那些回国后被称为"海归"的归国研究人员正成为研究开发的核心力量。

白皮书说,在日本,由于光催化剂、激光加工技术、住宅用太阳能发电和锂电池的高性能化市场得到了开拓和扩大,并且还使成本下降和经济风险降低,国际竞争力也得到了增强。①

这篇新闻在导语中提出中韩两国在科技领域正在追赶日本,具体表现为科研经费、人员的大幅增加,重点领域不断扩大。接着,在第二段中,重复了导语中提出的科研经费和科研人员的增加,并对日中韩进行了具体比较,以说明中韩科研经费激增。第三段和第四段重复了中韩重点领域研究的成功。第五段则对中国科研人员的增加进行了分析。

显然,这种手法使人一般很难觉察出来作者使用了过渡,是颇为高明的。从表面看起来,这则新闻段与段之间的衔接平平,没有什么出彩之处,其实是"意连",所谓"文断意不断,形散神不散"就是这个意思。

---

① 参考消息,2005-06-20

下 编

下 册

第十二章　典型报道：追求新闻专业主义的新生

第一节　典型报道与新闻专业主义

一、典型报道的概念和历史渊源

要明确界定典型报道的概念，我们首先要了解"典型"的含义。希腊文中的"典型"（Tupos），其原意为铸造用的模子，与 Idea（模子、原型）同义，由此派生出 Ideal（理想）之义。典型即最接近理想之型的具体之型。① 一些美学家认为，从辞源学角度看，典型与理想、模范的含义都很接近。在西方文艺理论中，典型和理想两个词常常被互相换用。② 到 18、19 世纪左右，典型作为一种美学概念才开始流行。根据典型即"最接近理想之型的具体之型"的原意，可知典型包含着"完美的模型"之义。

典型报道是我国特有的新闻报道方式，在我国目前的新闻界，关于它的概念仍存在着争议。对此，甘惜分教授、刘建明教授、山西日报研究人员都有不同的表述。在这中间，张威教授的表述比较具有代表性："典型报道是属于特写一类的新闻体裁，既然特写具有新闻性，那典型报道具有新闻性则是不容怀疑的。但是，典型报道的新闻性在当代西方资本主义社会的确不适用。所以，它是社会主义条件下的一种特定的新闻形式，它的实质是社会主义条件下为无产阶级政治服务的新闻特写，这完全可以看做是典型报道定义的精髓。"③

学者一般认为，典型报道的观念起源于 19 世纪初各派社会主义—共产主义的创始人。19 世纪 20—40 年代，他们在创办各类共产主义试验点的同时，在各自的报刊上大量连续地报道这些试验点的经验和做法，典型报道成为社会主义报刊的主要内容之一，然而不过是昙花一现。1917 年俄国十月革命胜利后，列宁认为典型报道是推广共产主义理念的极佳手段。1918 年 3 月，他设想通过示范的力量建立没有商品交换的劳动公社，过渡到共产主义。在其影响下，典型报道盛极一时，成为这一时期苏联报纸的主要内容。

---

① 朱光潜.西方美学史.人民文学出版社，1979：695
② 朱火潜，杨绛.欧美古典作家论现实主义和浪漫主义.中国社会科学出版社，1980：24
③ 张威.典型报道.渊源与命运.新闻与传播研究，2002

我国的典型报道是在毛泽东的鼓励下出现的,有学者据此认为,我国的典型报道思想源于毛泽东思想。其实,理论总有其延续性,空想社会主义者和列宁的典型报道思想对我国的典型报道思想具有很大的影响。

1942年4月30日《解放日报》有关模范劳动英雄吴满有的报道,被公认为是中国的首篇典型报道。在此篇报道前后的延安整风期间,毛泽东曾发表多次讲话,如《反对党八股》、《在延安文艺座谈会上的讲话》,从这些讲话中可以明显地看到对以前典型报道思想的继承。

在继承的基础上,毛泽东根据中国的情况,结合其党报思想作了创新,形成了我国的典型报道。典型报道有一套完整的理论,这一理论是由两个层面构成的:第一层面来源于毛泽东的党报理论,它作为指导方针构成典型报道理论的基础;第二层面是毛泽东的典型思想方法,它作为报道方式的内在规定,构成典型报道理论的主体内容。① 树立典型、带动一般,是毛泽东宣传策略的一个重要内容,这一思想在很大程度上主宰了我国典型报道随后的发展历程。

二、典型报道的发展过程

1. 20世纪40年代兴起

典型报道在我国的出现是在1942年延安《解放日报》改版后。1942年4月30日,《解放日报》一版以醒目的标题连发了几则消息《模范农村劳动英雄吴满有/连年开荒收粮特别多/影响群众积极春耕　不但是种庄稼的模范/还是一个模范公民》,并配发社论:《边区农民向吴满有看齐》。以后又不断推出了关于吴满有的劳动经验、政治觉悟与道德品质的报道,边区开展了向吴满有学习的一系列活动。1942年9月7日,《解放日报》又发表了长篇通讯《人们在谈论赵占魁》,盛赞赵占魁是"中国艰苦奋斗的产业工人的典型"。这两个典型立刻轰动陕甘宁边区和各抗日根据地,各地掀起学习热潮,最终演绎成持续七年之久的劳动竞赛运动,这应算是掀起了中国典型报道的第一个高潮。其后迅速涌现的重要典型包括:赵占魁、刘建章、南泥湾大生产、南区合作社、"狼牙山五壮士"、董存瑞、王克勤等。据统计,仅1943年上半年,《解放日报》上刊登的各条战线上的先进人物就有600多名。②

这一时期,党领导的解放区报刊多次成功地运用典型报道,推动了大生产运动和对敌作战。这个时期的典型报道都是为推动工作,从群众中查访出来并为群众所树立的榜样。新闻工作者扎根基层、调查研究,报道典型的事迹受到了毛泽东的表彰。

2. "文革"前17年辉煌

全国解放后,典型报道在统一思想或统一舆论方面起到了巨大作用。1953年,毛泽东提出要"重视典型报道","……许多材料,都应当公开报道,并发文字广播,三五天一次,方能影响运动的正确进行"。③ 在国民经济恢复的第一个五年计划时期,国家提倡利用典型报道进行大规模的经济宣传,报纸"积极支持工人阶级和农民群众的一切创举,把先进生产单位、先进

---

① 吴延俊,顾建明.典型报道理论与毛泽东新闻思想.新闻大学,2001
② 丁淦林.中国新闻事业史新编.四川人民出版社,1998:310
③ 毛泽东.毛泽东新闻工作文集.新华出版社,1983:176

生产者的典型经验和重要成就推广到整个建设战线上去。"①此时,典型报道已成为报纸上的经常性内容,也成为党报的一大特色和传统。抗美援朝战争中涌现出了上甘岭英雄黄继光、罗盛教等一大批"保家卫国"的典型。随后涌现的孟泰、赵梦桃、郝建秀、向秀丽、安业民、杜凤瑞,以及大庆、大寨、沙石峪等新时代的典型,对新中国成立后的第一代人的影响是巨大的。1963—1966年对雷锋的典型报道,借助领袖题词的荣誉,达到了解放后典型报道的顶点。

这一时期的典型报道形式已成熟,形成了自己的特征,如明确的政治宣传意图,自上而下的宣传方式等。虽然这时候的典型报道威力巨大,但是我们也应该看到,典型报道所具有的痼疾在此时已露端倪。李良荣教授把这些弊端总结为:图解政治——为宣传上的"急功近利",强调典型配合形势,把典型完全当作党的路线和政策的活样板。典型报道不从典型本身实际出发,而从某一政治概念出发来"塑造"先进人物。典型被"政治化"了,除了满嘴豪言壮语外,缺乏个性、缺乏人情味。公式化——所有先进人物都按"刺激——反应"的模式来塑造。开始是"党的号召——人物行动",后来是"毛主席的话——人物行动",活学活用、立竿见影。绝对化——所有先进典型都是通身发光的神仙,好就是一切好,过去好、现在好、将来也好,永远正确。②

3."文革"时期泛滥

"文化大革命"把典型报道推到了极端,在"综合宜少,典型宜多"口号的影响下,典型报道被弄得面目全非。这个时期的典型报道已定型化、完满化、极端化为特征。以"假、大、空"办法塑造"高、大、全"的典型形象;典型人物完全成了不食人间烟火的神仙;典型被主观地赋予整个阶级的全部精神要素,成为整个社会绝对遵从、永远遵从的样板。在"文化大革命"阶段,出现了"小靳庄"、"六厂二校"、"白卷英雄张铁生"、"反潮流的英雄黄帅"等典型报道,它们都是因为某种政治目的推出的。为了政治的需要,典型可以随意塑造。像大寨一会儿是"艰苦奋斗、自力更生的典型",一会儿是阶级斗争的典型,一会儿是"全面专政的典型",一会儿又成了"继续革命的典型"。典型报道的政治宣传功能在"文革"时达到了极致。仅据《山西日报》核查,在1967年到1976年十年间,光是有关大寨、昔阳的报道就发表了760多篇、200多万字。"其数量之多,篇幅之长,地位之显要,版面之突出,文风之可憎,内容之荒唐,影响之恶劣,都堪称'史无前例'。"③

典型报道在这个时期摒弃了新闻的一般规律和党性原则,陷入了绝对化和模式化。正是典型报道的极端形式,打破了人们对它的迷信。自学习毛泽东思想的最高最活的典型——林彪垮台后,人们对典型报道的观念动摇了。以后媒体尽管全力开动宣传机器,然而大庆、大寨的虚夸报道、七字经、六厂二校经验等等典型报道仅仅表面上热闹一阵,实际效果是相反的。

---

① 中共中央关于改革报纸工作的建议.中国新闻年鉴,1982:96
② 李良荣.典型与典型报道.传媒学术网,http://academic.mediachina.net/academic_xsjd_view.jsp? id=4005
③ 丁淦林.中国新闻事业史新编.四川人民出版社,1998:310

4. 20世纪80年代后效果弱化

粉碎"四人帮"以后,新闻界开始拨乱反正,对"文革"期间典型报道的弄虚作假进行反思,进而从学术上重新探讨典型报道的功能、要求以及典型报道面临的新矛盾。在这个基础上,国内媒体在典型人物报道手法上做了第一次改革,"政治典型"的意味逐渐淡化,典型人物的选择比以往更有针对性。常常通过人物解剖社会改革面临的问题,进而回答时代的提问,典型人物的时代特征因而更加突出。同时,媒体开始注重全方位书写典型人物,强调对个性形象和真实情感的描述。媒体在不同时期对重大典型人物张海迪的报道,就体现出这种媒介手法的上升完善过程。作为改革开放后我国媒体推出的第一个重大典型人物,张海迪最初也是以传统道德榜样形象出现在媒体上的。"战胜病痛、自学成才、奉献社会的自强不息的生活强者"一直是张海迪在媒介中的形象写照。但在这种人物的"团体价值"之外,《中国青年报》的《生命的支柱——张海迪之歌》、《南方日报》的《我渴望在青草地上走一走》等报道对张海迪的个性化感受和追求有了更为全面真实的刻画。这些尝试至今仍为新闻界所津津乐道。

在此期间,媒体推出了大量典型人物,如步鑫生、马胜利、关广梅、鲁冠球等企业家典型、陈景润、蒋筑英、罗健夫一类的先进知识分子典型,陈秀云、贝兆汉等爱惜人才、尊重知识分子的典型。和过去相比,这批新典型显得有血有肉,有鲜明个性,尤其是他们身上顽强拼搏、奋勇开拓的精神赢得了世人的赞赏。尽管如此,这一时期,党报媒体仍然是典型人物报道的主角,在有关知识分子和企业家等典型宣传中,自上而下设置议程的典型人物占据主导地位。

但是,比之50、60年代的典型报道,这个时期典型报道的威力下降了不少。过去那种典型人物一呼百应的效果减弱了。1983年9月中旬至11月中旬,在浙江省首次进行的受众调查中,人们对先进典型人物的不同看法表达了对典型报道的态度变化。这项调查表明,对典型报道有47.7%的人表示喜欢;有14.1%的人表示持无所谓的态度;有26.9%的人认为有些典型一好百好,美化神化了人。

5. 新世纪逐渐边缘化

20世纪90年代国内报纸媒体的竞争版图被改写,晚报、都市报等媒体应时勃兴,打破了党报媒体对传媒市场的长期主导。它们在办报理念和报道手法上的创新,也在一定程度上为典型人物报道带来了新鲜气息。这一时期国内媒体在典型人物报道策略上的突破较为显著。媒体基本上摆脱了传统的对"道德圣人"的惯性刻画,而是将典型人物还原为具有丰富个性化特征的现代"自然人"。

20世纪90年代中期媒体塑造的典型已经摆脱了"高大全"的特征,体现出现代人人格中所具有的人的自然本性的东西。这些典型人物形象中,既有传统社会以伦理道德为核心的精神,又有现代社会更多的个人主义和更高的成就需要。这种转变既包涵典型人物作为普通人的"自然本性"的回归,也昭示着媒体在典型形象表达中敢于超越传统,客观记录人的变迁发展。

虽然典型报道的手法有了显著的改进,但其边缘化的趋势却是无法挽回的。这种边缘化首先表现在数量上。根据安岗的统计,1943年上半年在《解放日报》上出现的先进人物就有

600多名。① 到了20世纪90年代,新华社1994年一年"向全国报道的先进人物有24个,平均每月两个。"②而到1996年以后,中央媒体平均一两个月推出一个典型。其次表现在报道的篇幅和版面上。有学者对1979年、1989年、1999年1、2、3月份的报纸进行抽查,结果发现,1979年1月到3月的典型报道常常是大块头的文章,半个版、整版或超过整版的情况很多。到1989年,报纸上各报道篇幅与过去相比都普遍缩小,典型报道的字数也随之下降。到1999年,报纸上甚至出现了几十个字的电讯式典型报道。③ 最后表现在报道的效果上。1994年11月到1995年1月中国人民大学舆论研究所进行的全国报纸读者调查显示,"先进人物和正面典型"没有进入读者很感兴趣之列,而仅为有些兴趣。而据广电总局"宣传党的意志与反映人民呼声"课题组2003年对六个省市的听众观念和29个省市的广电系统以及中央三台的新闻从业人员分别进行抽样调查的结果显示:在回答"您认为新闻宣传最应该减少的报道内容"问题上,"先进典型的报道"不约而同地被排在了第三位,仅仅名列"会议报道"、"党和国家领导人活动的报道"之后,两个领域的受调查者观点非常统一;而在回答"您认为新闻宣传工作必须改进的方面"问题时,"典型宣传"则被新闻工作者排在了所有类项的第一位,听众观众则将其列在第二位——排在"会议报道"之后。更加值得关注的是,在"您认为影响新闻宣传效果的主要因素是什么"问题上,听众和观众则把"报道缺乏可信度"列在了榜首位置。④

三、新闻专业主义概述

1. 新闻专业主义概述

"新闻专业主义"是美国政党报纸解体后在新闻界中发展起来的"公共服务"的理念,它是改良时代行政理性主义和专业中立主义总趋势的一个部分。新闻专业主义的目标是服务于全体人民,而不是某一利益团体。它最突出的特点,是对新闻客观性的信念,相信可以从非党派的、非团体的立场准确报道新闻事实。它的最高理想是传播真实、真相或真理。⑤ 由此可见,专业主义不仅指新闻从业者经过专业训练所获取的专业技能、行为规范和评判标准,还包括一套定义媒介社会功能的信念,一系列规范新闻工作的职业伦理,一种服从政治和经济权力之外的更高权威的精神,以及一种服务公众的自觉态度。因此,新闻专业主义在理论上具有一种理想主义色彩和强烈的道德主义倾向,它是"以专业知识为基础,以服务全体公众为目的,以专业社区自律为手段的社会控制模式。"⑥一般认为,它具有如下四个特点:第一是客观、中立的立场,而非以个人好恶进行选择;第二是真实,细节、整体都真实;第三是独立,新闻媒介的运作应该是完全独立的,不应臣服或接受除行业规范之外的任何权力或权威的控制;第

---

① 安岗.论典型报道.新闻论集//天津人民出版社,1982:50
② 郭超人.喉舌论.新华出版社,1997:317
③ 张威.比较新闻学——方法与考证.南方日报出版社,2003:414
④ 尹薇."典型"为何难成典型.传媒观察,2006(7)
⑤ 郭镇之.舆论监督与西方新闻工作者的专业主义.国际新闻界,1999(5)
⑥ 陆晔,潘忠党.成名的想象:中国社会转型过程中新闻从业者的专业主义话语建构.新闻学研究,2002:71

四是自由,采访自由、出版自由、表达自由和信息获取自由,即"知情权"。①

新闻专业主义是在19世纪末20世纪初提出的,在20世纪30年代成型。专业主义问题的提出,在世纪之交的美国,有着深刻的现实基础。首先,当时的新闻业已日益成为多层化的机构,编辑记者与经营管理人员逐步分开。复杂的经营管理问题,如抢占广告和销售优势、革新机构技术、处理节节升高的投资费用、越来越激烈的劳资矛盾等等,导致了一支管理队伍的产生。这一现象与当时美国企业界的经理人员普遍形成一个阶层的趋势相一致,新闻工作也日益专业化,形成独立的编辑和记者群体。这就具有专业化的基础和前提条件。其次,由于报业的发展,竞争日趋激烈,强烈的赢利要求改变了报纸的内容与外观。为了吸引城市大众,报纸重新拾起人情味故事的法宝,并通过各种促销手段、噱头来增加发行量,以致煽情主义作风泛滥,被受众广为诟病。在批评新闻媒介的煽情主义和商业主义的过程中,批评者提出了不少建议,包括捐赠基金报纸、政府管制等,但都不了了之,没有结果。最后作为一种妥协,专业主义在各种力量的博弈中逐步确立。

在西方国家,尤其是美国,政府与媒体的关系一直是政治生活中的一个焦点,在非常情况下甚至能左右政局的发展。美国政府多年来已经建立了一个包括美国新闻署在内的庞大新闻传播体系。政府离不开媒体,反过来,媒体同样也需要政府,因为政府是政治新闻最重要的消息来源。媒体如果和政府主要领导关系搞得很僵,得不到重要的"独家新闻"或"内部新闻",就难以吸引受众,发行量、收听收视率下降,那是媒体难以承受的。而另一方面,政府如何借助媒体塑造出自己的形象,这是各级政府都面临的问题。凡是成功的政治家,大都是媒体的好朋友,如果他惹怒了媒体的话,那离他的政治生涯的结束也就不远了。在美国,如果新闻界还没有整合好公众的思想,那么任何国会的重大立法、任何国外冒险、任何外交活动、任何重大的社会改革都可能不成功。

表面看来,在这种关系中媒体占有优势,而且美国新闻界奉行客观公正的新闻报道和新闻评论方针,在很大程度上不受政府和政党的直接操控。事实上,美国政府在和平时期虽然没有实施新闻检查的权力,但政府能够运用多种手段对新闻传播的若干环节施以影响,以调节和控制新闻的质量、数量、流向和导向。政府拥有庞大的攻关网络,有效地控制了信息的内容和数量,这个网络成了记者获取政府信息的主要来源。必要的时候,政府还会直接对新闻界施加压力。在尼克松执政期间,政府对新闻界进行了罕有的猛烈抨击。1969年,阿格纽发表演说,声称新闻媒介被自由派的东部名流所控制,思想比较保守的公民的观点没有得到充分报道,他暗示公众应采取措施改变这一局面。此举在公众中掀起了轩然大波,新闻界也受到了强烈震动。随后的相关调查显示,各大电视网的新闻方针发生了有利于政府的变化,因为他们害怕电视台许可证被政府吊销。② 而在战时,政府不仅可以审查媒体,还会利用媒体进行宣传,这在阿富汗战争、伊拉克战争期间表现得再明显不过了。除此之外,体制内的控制也

---

① 刘长乐.凤凰卫视追求专业主义激情历程——在中国传媒大学的演讲.http:PPwww.chuanboxue.netPlist.asp? unid=908

② 童兵.比较新闻传播学.中国人民大学出版社,2002:213

是很明显的。"9·11"事件发生后,《纽约时报》发表题为《对领导的要求》的评论,说布什迟迟不肯返回首都,把自己的安全置于国家安全之上,是一位不负责任的总统。随后,指责总统的记者很快便被老板解雇。在阿富汗战争开始之前,"美国之音"不顾美国国务院的警告在新闻节目中播报了对塔利班领袖奥马尔的采访,结果"美国之音"电台台长及其主管领导——国际广播局局长被撤职。① 显而易见,美国新闻媒介成为受控于政治利益集团的传播工具。

在这样重重调控监管之下,媒体又是如何显得独立的呢?这在很大程度上是由于"客观性准则又非正式地将媒体推向国家的轨道。这在一定程度上是通过客观性在处理新闻媒体和政客之间所起的作用来实现的。政治家和官方人士需要接近媒体的受众,新闻组织需要一个稳定的、合法的政治经济环境和接近高层官员和政治家的有效捷径。反过来,由于遵守这些客观性原则,新闻媒体就保持了自己的稳定性和保证了接近官方信息源而不必牺牲政治独立和中立的公众形象。"②也就是说,专业主义之下的媒体仍担负着社会政治化的责任,但在这个过程中,客观性原则起到了很好的保护作用,塑造了一个独立和中立的媒体形象。

2. 新闻专业主义在我国的发展过程

作为模式和意识形态的"专业主义"不是中国土生土长的,却是学者普遍认同的,我国早在19世纪20年代就有了新闻专业主义的萌芽。《大公报》办报理念中,就包含了许多新闻专业主义的理论因素。它以"社会公器"为定位的独立报纸的实践,开辟了 界对自由职业报刊探求的道路。李金铨认为,"20年代,中国报业已经发展出一套相当成熟的新闻理念,与西方报业追求新闻客观、言论独立的意识相通,其中以天津《大公报》'不党、不私、不卖、不盲'等四大原则为翘楚,实则效法《纽约时报》'无私无惧(without favor,without fear)'的纲领,这正是今天所谓媒介专业主义的基本精神。"③当然随后由于各种社会政治原因,这种专业主义的理念没有进一步发展和传承,但是我们不应该忘记这段历史。

十一届三中全会以后,我国20多年的新闻改革与实践,为新闻业遵循新闻规律、实践新闻专业主义精神创造了一定的条件,也可说是新闻专业主义理念在中国新闻业中得到认同的过程。这一过程是从高扬新闻规律的旗帜开始发轫的。

文革结束后,新闻业界和理论界对"文革"期间的所作所为进行了大反思,否定了在"文革"中曾经极度盛行的"阶级斗争工具"论,恢复了报纸作为新闻纸的本来面目,为以后的新闻改革扫清了道路。19世纪80年代早期,信息概念被引进,导致新闻媒介功能的重新定位:不但要从事宣传,还必须提供信息、知识、提供娱乐等。随后,新闻专业主义的理念开始深入影响我国的新闻事业,其中包括反对"假、大、空",以事实说话;强调贴近生活,提高媒介的服务性;新闻改革的推进,新闻业务的改进,受众本位、新闻本位的回归;传播者素质的提高,反对"有偿新闻",提倡新闻业的职业伦理;呼唤"舆论监督"以及内容采编和媒体经营的分别管理等等。可以说,经过新闻改革,建立新闻专业的信念、伦理和规范,早已成为新闻改革过程中

---

① 侯迎忠,赵志明.西方新闻专业主义初探.当代传播,2003(4)
② 赵月枝.维系民主?西方政治与新闻客观性.清华大学出版社,2005:56
③ 李金铨.香港媒介专业主义与政治过渡.新闻与传播研究,1997(2)

新闻实践的重要内容,新闻工作的"专业主义"已经呼之欲出。

在20世纪80年代初、中期进入大学校门的新闻专业学生,更是直接感受到了西方新闻职业理念的影响。到了20世纪90年代,他们中相当一部分人进入了主流媒体的中层管理部门,其余大多数也是各媒体的业务骨干。通过自己的改革实践及表述,他们把我国的新闻专业主义实践推向了高峰。

1994年中央电视台《焦点访谈》开播时,做出了个性化的定位:"时事追踪报道,新闻背景分析,社会热点透视,大众话题评说"。1996年开办的《新闻调查》栏目定位于:"正在发生的历史,新闻背后的新闻;大时代背景下的新闻故事,一波三折的报道理念。"中央电视台这两个名牌栏目掀起了舆论监督的高潮,随后的观众反应和社会效益证明了其改革实践的成功。而在此前后,其他电视台、报纸所开设的同类节目(专栏)也都针对时弊大胆陈言,比如《中国青年报》的"冰点"专版、《南方周末》的"为民请愿"类报道等等。2001年《人民日报》记者首先揭露广西南丹"7·17"特大矿难,承受了巨大的风险和压力,冲破了想象不到的艰难险阻,堪称党报记者担负正义、公正、责任的典范。这些节目和版面在报道风格和形式上日益"与国际接轨",老百姓也评价"越来越像新闻"。这一变化无疑又是对西方新闻专业主义一种有意或无意的合拍。

但是,无论央视的栏目还是其他报刊,没有一个是对西方媒体的简单"移植",而是借助改革和"舆论监督"等官方的号召,以访谈、交谈、调查等西方新闻常用的表现形式和手段,对新闻报道所作的专业探索。他们追求的是成为事实真相的鉴定者、社会变革的参与者、社会正义的呼吁者以及弱势群体的保护者。这种追求使得他们讨论自己的节目时经常采用"揭秘新闻"的话语,这就与西方专业主义的客观和中立有了很大的区别。

另一方面,中国的舆论监督是在党和政府的支持和影响下进行的暴露和批评,媒介是帮助政府的。江泽民在中共十五大报告中提出:"要发挥舆论监督的作用"。李鹏亦说:"随着改革的深入,我们要按照宪法保证人民更加充分地享受当家做主的权利,包括对政府工作的监督,让他们更多地通过新闻舆论对政府工作中的缺点进行批评,对社会的腐败现象进行揭露……西方有些东西也可以借鉴,如新闻舆论监督。"朱镕基总理多次对《焦点访谈》进行表扬,所有这些都是负面报道得以在中国生存繁衍的基础。一位新闻机构负责人说:"《焦点访谈》、《新闻纵横》、《每月聚集》等热点问题报道今天得以一路风光,是以党和政府把握导向、及时点拨、细心呵护以及成熟的心理垫底的。"①《焦点访谈》编辑孙杰认为,"舆论监督的标准是中央的方针政策和法令……舆论监督的介入,不过是为了帮助各级政府及早发现问题并尽快加以解决……各级政府的目标和舆论监督是一致的。"②

由此可见,中国语境下的专业主义和西方的专业主义有着很大的区别。在中国新闻改革过程中,"专业主义"的理念和实践是媒介角色转换的重要象征资源,具有"解放"的作用;同时,这种专业主义更强调参与、影响。因而,也就给专业主义打上了中国烙印。

---

① 胡占凡.穿行社会问苍生//新闻纵横精粹.中国人民大学出版社,1998:4
② 孙杰.从《焦点访谈》看舆论监督的指向//焦点访谈精粹.中国人民大学出版社,1998

第二节　新闻专业主义对典型报道的影响

传统的典型报道高度模式化,带来了很多负面影响,使得典型人物的影响力锐减。自20世纪80年代起,随着新闻专业主义理念的逐步渗入,新闻工作者意识到了典型报道的问题,对其做了很多改革。虽然典型报道在发表的数量上不及以前,影响力也与以前不可同日而语,但在业务方面有了长足进步。

一、采写技巧的变化

1."高、大、全"模式的不断突破

由于我国一贯坚持以介绍先进人物、经验为主和以正面宣传为主的方针,国内媒体塑造的典型人物的核心内涵在于伦理道德上的崇高,他们的媒介形象具有"高大全"的理想特征,在形象功能上承担着道德熏陶、榜样教育的角色。在典型报道中的先进典型总是毫无瑕疵,一味拔高,典型人物"必须十全十美","经验必须概括一个运动或一个地区",似乎只有这样才能显示典型的先进性、方针政策的正确性和社会制度的优越性。媒体新闻生产中追求终极的道德目标,却忽视了人们对现实生活的个性化追求。这种完美的典型人物曾经产生过很大的影响,但自改革开放以来,随着受众素质的不断提高和信息渠道的多样化,受众对典型报道中那种高大全的脱离生活实际的典型和公式化、概念化的典型人物出现了抵触情绪,"如果对人物的描绘过于绝对化,而公众的素质相对较高,也可能造成相反的舆论。这类作品往往成为一种特殊的舆论客体——公众嘲讽的对象,公众可能警惕地封闭心灵,拒绝这类本文,连同其中包含的正确意义。"[①]新闻从业者对这一问题也有清醒的认识,也在不断地改进典型人物的报道手段,媒介塑造的典型人物形象其实一直是变化着的。

20世纪80年代的典型报道中,典型人物的缺点开始出现,如在郭梅尼、徐家良所写《生命的支柱》一文中,就出现了张海迪曾想过自杀等情节。

20世纪90年代媒介塑造的典型形象已经摆脱了千篇一律的"高大全"模式。在上海媒介塑造的徐虎形象中,已经体现出了一些现代人人格中所具有的人的自然本性的东西。《经济日报》上的一篇报道《走近徐虎》提到:"做了好事还要自己不断贴钱,这在以前雷锋眼中并不稀奇,而在市场经济环境下的徐虎眼中却行不通,因为徐虎首先是个'普通人',要生存,生活有保障,才能为更多的人做好事。"选择这一视角,表现出媒体开始注重个人利益的倾向。1999年"徐虎物业"成立,并以"辛苦我一个,幸福千万家"这一原来被用来形容徐虎的高尚品格的口号,作为其经营理念,徐虎也正式成为该公司的董事长。媒体宣传的人物形象发生了

---

① 陈力丹.舆论学——舆论导向研究.中国广播电视出版社,2005:39

角色转换,从一个为民服务的普通工人到一个商业管理者形象,徐虎这一人物媒介形象开始注重个人利益和自己的功效意识。

到 2000 年以后,媒体中的典型人物已不再强调为别人服务,而是充分肯定了用合法的途径,为自己、为家庭、为亲人奋斗的正当和高尚。如在对洪战辉的宣传中,《郑州晚报》的报道中有一段这样的描绘:

"夜已经很深了,一天的奔波让洪战辉极度的疲惫,骑着骑着,他的眼睛就睁不开了,结果连人带车栽倒在路旁的沟里……等他醒来的时候,自行车压在身上,开水瓶的碎片散落一地。他已经没有了力气推开自行车,身体只有一个感觉——疼痛,无比的疼痛。公路上已经很少有行人,不时的车辆通过后,瞬即又陷入了黑暗,痛苦、委屈、酸楚、绝望全部涌上心头……。'不,我一定要起来,我不能倒在这里,要不我的全家就完了。'他顽强地站了起来,摸索着爬出了水沟……"①

这里洪战辉想的是自己的小家而不是"大家",他不是一个崇高的道德标杆,而是一个努力奋斗、只为生存的普通人。正是洪战辉的这些行为闪现的人性光辉,撼动了中国人的心。

我们国家正处于经济体制转轨时期,受众的价值取向和对现实的心理定势发生了很大变化。从目前看,作为社会学意义上的受众出现了一个基本特点,就是大众很关注自身的利益和个人价值的实现,个人利益已经在人们心理上获得了一定的道德定位,人们更多地趋向于实用主义和功利主义。受众的理念不断变迁,媒体的典型形象传播理念也要持续更新,才能引发受众更强的共鸣。在这样的背景下,再宣传无私奉献的先进典型人物,就显得不可信了。一方面,由于社会环境的改变,产生这种精神的背景也没有了;另一方面,受众也不能接受这样的人物,因为身边看不到这样的人。所以,新时期的典型人物报道也应契合受众心理的变化,更多地展现人物人性化的一面。

2. 从典型事实到原生态的细节

同西方传媒标榜的新闻报道纯客观、不掺杂传媒与传播人意见不同,中国新闻传媒主张既要报道事实,又要传播思想,主张用事实讲话。这在中国的新闻学中,名为"新闻手段",《新闻学大辞典》对此做出这样的解释:"新闻机构用以报道和评论事实、宣传一定的思想和策略的重要形式。其核心是报道事实,用事实说话。它所表达的,常常是一种无形的意见。它能够使受众在获知事实的信息同时,不知不觉地接受报道者的观点和意见,因而具有特殊的潜移默化的力量。"②这段论述在中国具有代表性,有关部门对新闻从业人员也有"寓意见于事实的客观的巧妙的报道之中"的要求。

这一要求在典型报道中当然也是得到了贯彻的。传统的典型报道强调用典型事例来表现人物,结果典型人物往往陷入了模式化,甚至于出现了虚假的典型,极大地影响了典型的公

---

① 卢曙光.大学生带着捡来的妹妹求学 12 年.郑州晚报,2005 - 12 - 06
② 甘惜分.新闻学大辞典.河南人民出版社,1993

信力。而在新时期,随着专业主义理念的不断深入,新闻从业者的叙事方式发生了很大的转变:不再追求事件的超常和典型性,而是重在用真实的细节,来还原典型人物的生活原态。

现在比较成功的典型人物报道,多采用白描的手法,注重细节的刻画和渲染,善于捕捉更具粗糙感与个性特质的人物形象,并保证它潜入生存的原态,展现人物真实的一面。这样,呈现在受众面前的是处于近乎原始状态的人物,是一个活生生的"人物",而不是塑造出来的"人物"。这种叙事不允许记者有心理上的偏向,因为心理偏向会影响记者按照预设场景"塑造"人物,制作出来的产品容易产生固定模式。

细节描写是表现人物个性魅力的"杀手锏"。此外,在写作中,记者也多让被访对象自己讲话,因而使细节更为感人。在关于任长霞的报道中,人们对一些生动的细节描写产生了深刻的印象。

"我娘死我都没有这么伤心,没磕这么多头,没跪这么久。"5月24日上午,在陈秀英家的堂屋门前,陈秀英将任长霞的遗像双手捧在怀里,泪流满面:"我每天都要看看任局长,咋也看不够啊。在灵堂送行那天,我排了两次队,转了两圈,只为多看任局长一眼。"
……

2003年12月18日,是一起重大案件告破的日子。在石坡爻村召开的公捕大会现场,囚车缓缓开动。一个小姑娘抱着一个小孩死命地追赶着囚车。小孩一声声哭喊着"爸爸"、"爸爸"!撕人心肺。小姑娘是犯罪嫌疑人王小伟的侄女,孩子就是他刚满3岁的儿子。因为家里穷,前两年他老婆跟他离婚了,家里还有一个年近古稀的老母亲。听到孩子的叫声,犯罪嫌疑人眼睛紧闭,牙关紧咬,痛苦地将头埋在怀里。见到这个情景,任长霞走过去让民警把犯罪嫌疑人从囚车上押下来,说:"打开手铐,让他们父子再见上一面。"犯罪嫌疑人看到还不懂事的儿子时,露出了人性的一面,抱着儿子号啕大哭。这时,任长霞蹲了下来,用双手轻抚着孩子的脸,从衣兜里摸出100元钱,递给一位邻居说:"给孩子买点吃的,以后孩子有啥困难就去公安局找我,我叫任长霞。"说完扭头就走了。

当时在现场采访的任俊杰回忆说:"当我过一会儿再见到任局长时,发现她在悄悄抹泪。""任姐,你哭了?"她对我说:"咳,孩子真可怜! 女人泪窝浅啊!"

高墙电网,厚门铁窗。5月25日下午,记者在登封市看守所见到了犯罪嫌疑人王小伟。第一次听到任局长遇难的消息,王小伟抱头痛哭:"她可是个好人啊,不该走这么早!"好大一会儿,他抬起头来说:"我对不起母亲,对不起孩子。如果有机会出去,我第一件事就是去坟上看看任局长,给她烧香磕头。"临了,王小伟哽咽着小声问记者:"任局长埋到哪儿啦?"
……

"说实话,姐姐人长得很美,也很爱美。除了警服,还特别喜爱红衣服———红夹克、红毛衣、红衬衫、红围巾。她自己就说,'爱红装又爱武装'。说真的,不管啥衣服,姐姐咋穿都好看。"任长霞的妹妹任丽娟翻看着姐姐的照片,眼里闪着酸楚的泪光。

她的话印证了长霞的美与爱美。记者在任长霞局长办公室的洗面台上发现,她的玉照下也有不少女人化妆用的必需品,一瓶忘记拧盖的化妆品仍散发着淡淡的芳香。①

在这些报道中,我们不仅看到了一个一心为民、尽职尽责的警察形象,同时也看到了一个情感丰富、内心也时时充满矛盾的普通女性形象。尽管平时穿着警服,但她也喜欢时髦服装和化妆品;外表刚强而内心细腻、富于同情心,见到老百姓的冤屈容易落泪;细节描写丰满了人物形象,自有感动人的力量。

3. 直接引语凸现感染力

现在的典型报道中记者对材料的加工痕迹淡化,讲究"自然"。记者开始隐藏自己的话语,更多地让中心人物和与他密切相关或有过接触的人讲话,记者不去更改他们的话语,直接用他们的鲜活语言,让读者根据人们的表白来感受一个人。这样一来,记者的角色定位由创作者变成了真正意义上的记录者,减少了主观的干预。我们可以在大部分文章里看到记者倾向于让人们从人群里走出来畅言。例如在《百姓心中的丰碑——追记公安局长的楷模任长霞》中多处可见声泪俱下的人们对这位好局长的呼唤:

"'任局长是真心为咱百姓办事的官儿。老天爷啊,咋不让我这个老婆子替她去死哩?'满头白发的韩素珍说起任局长老泪纵横。"

……

"'来路短,去路长啊!长霞闺女为我们落下了一身毛病,带上点儿药也好御个风寒,免灾祛病。'老上访户张生林老汉未语泪流,泣不成声。"

……

"2002年深秋的一天,任妈妈到我家来看我,给我带来一双运动鞋和一件粉红色棉袄。她蹲在地上给我穿鞋,见到我的袜子破了一个窟窿,就说,'这咋穿哪,给你点儿钱去买双新的'。我的眼泪刷一下掉了下来,要不是当时旁边站着别人,我真想搂住她亲她一口,叫一声'妈妈'。"②

话语讲述权利的转移避免了记者本人的抒情感慨,这正是当前新闻报道追求客观真实的一个反映。

在描写典型人物时,记者也不再直接对人物做出评价,而是让人物自己表达自己。1998年8月21日《南方周末》以题为《伐木工人的最后一位劳模》,报道了长江洪涝灾害背景下,荣获本年度"全国五一劳动模范"奖章的唐松。作者在报道中引用了唐松的一句话:"这次长江洪水跟我有关系,我破坏得太多了。"唐松没有成为神人,因为外在的客观条件发生了太大的变化。而记者引用了他的这句话,更突出了人物自身的反思。而在江阴华西村的老书记吴仁宝的报道中,许多媒体还全文刊登吴仁宝语录。吴仁宝独特的语言一经报道,确实加深了人

---

① 戴鹏,徐运平.百姓心中的丰碑——追记公安局长的楷模任长霞.人民日报,2004-06-03
② 戴鹏,徐运平.百姓心中的丰碑——追记公安局长的楷模任长霞.人民日报,2004-06-03

们对吴仁宝的认识,如:"有福民享,有难官当"、"家有黄金数吨,一天也只能吃三顿;豪华房子独占鳌头,一人也只占一张床"、"小发展大困难,大发展小困难,不发展最困难"等等。这些特色语言,是华西人民智慧的结晶,也是中国农民智慧的结晶,展现了一个中国农民思想家的独特魅力。

传统的典型报道多在语言中明示自己的态度,表示肯定、赞扬、支持或怀疑和反对。这种态度性话语承载着明确的意图,实质是让受众形成对新闻事实的判断定势。在信息不受干扰,受信者受到大量的同一种话语时,头脑中慢慢留下话语的声音、图景和观点,会达到宣传效果。然而在新时期,这种灌输的方式,不再有以前的效应,受众更愿意通过事实做出自己的判断,让人物自己说话,必然更为客观可信。

二、典型人物媒介形象的变化

1. 人物身份及背景的多元化

我国传统的典型人物的媒介形象大多是传统道德和集体意志的体现,个体意识和个性化特征的表达从一开始就被边缘化。建国后所报道的一些典型人物,如20世纪50年代的黄继光、王崇伦、郝建秀;60年代的雷锋、焦裕禄、王进喜;改革开放以后的张华、蒋筑英、张海迪、徐虎、李素丽、孔繁森等,都有一个特点,即他们绝大多数都是工人、士兵和中低层的官员。这与当时的时代背景是相符合的。在当时,社会组成主体是工农兵,也就是说他们是社会的主体,按照当时的一元社会评价,这样的典型构成是理所当然的。

这种情况在新时期得到了改观,如在央视揭晓"感动中国2003年十大年度人物"、"2002年感动中国十大年度人物"两次的入选名单中,除了琼库恰克乡6大队村党支部书记达吾提·阿西木,以及河南辉县上八里镇回龙村党支书张荣锁这样身处社会基层的好共产党员外,其他入选者或是科学家(如中国工程院院士钟南山,国家最高科技奖获得者黄昆),或是为国为民的杰出律师(日本律师团团长尾山宏,王选),或者是积极从事艾滋病防治和宣传的医生和演员(河南中医学院退休教授高耀洁,著名演员濮存昕),或者是扬名世界,但时刻胸怀祖国的巨星(著名影星成龙,篮球运动员姚明)……他们不再是以前那种简单的工人、士兵等社会阶层,而是极大地丰富了起来。尤为值得注意的是影视明星的出现。成龙是几乎每个中国人都熟悉的名字,也是最不可能和"先进典型"、"感动中国"联系在一起的名字。但是,选择成龙得到了全国人民的认同,也为青少年们树立了一个榜样——不是工夫,而是做人,做一个骄傲的中国人。

中央各大媒体联合推出的"时代先锋"人物的身份也呈现出了多元化的态势。笔者查阅了2006年4月到9月的时代先锋人物,在近30个典型人物中,除了基层党员和干部外,有司法工作者检察官白洁、法官赵家忠,有企业家归墨、陈惠仁,有工程师段永传、胡卫、陈刚毅,有学者杨仁崔、记者许守亚,有街道工作人员沈桂芬、工会主席陈有德,还有外出务工青年郑四来。

他们的事迹之所以能够感动亿万中国人,就在于即使是在崇尚个性、价值取向多元化的现代社会,依然存在着某种共同的价值标准为公众一致认同,比如对体现时代精神的真、善、美的追求,对英雄人物和英雄主义精神的崇拜和向往。另一方面,读者希望从人在事件里的犹豫、彷徨、惊慌、坚毅、自信等等情感表现中寻找到自己的影子,自己行动的参照系,找到自己情感的寄托口、释放口。

2. 评判标准的多元化

我国传统的典型人物最显著的特征在于其"单一性",可以用两句话来概括其总的特征:"他们基本上属于艰苦奋斗、埋头苦干型,属于自我修养的道德完善型。他们在和自然界的斗争中,是奋不顾身的;他们在社会冲突中,往往是克制自己,牺牲自己,所谓'狠斗私心杂念',直到消灭个人的任何欲望,服从既定的社会规范,成为道德上的圣人。"① 这种传统的有着固定程式的典型人物报道,是建立在单线思维的基础上,靠认识简单化、因果明确、舆论一律生存的,与大众传播规则背道而驰。在当前阅听方式已然发生重大变化的传媒竞争时代,新闻从业者已开始突破这种传统思维方式。现在的典型已不再局限于任劳任怨、无私奉献的道德标兵了。

改革开放前的典型人物报道中,强调最多的是奉献、牺牲等词,而新时期的典型报道强调最多的是专业素质、做好本职工作,以及合理的个人利益。也就是说,传统的典型报道多为号召别人做好事、服务社会,而新时期的典型报道则强调做好本职工作、实现个人价值。

一个社会如果只能依靠号召别人做好事来解决各种社会生活问题,那么基本的价值取向就只能在两极选择:或做专门利人的人,或等着别人来为自己服务而毫无愧色。对于许多人来说,做到前者太困难,倒有可能去甘当后者,结果造成价值取向的混乱。而稳定的社会秩序需要公众定位在自己的社会角色上,从本职工作做起。当下,我国普遍存在的舆论惶惑和价值观混乱相当程度上与社会角色的分工被打乱有关,媒介倡导做好本职工作,有利于公众较快地获得一种实在的社会目标和人生信念,从社会角色定位入手使价值取向有序、合理。徐虎、李素丽等人之所以得到公众的赞许,并非他们做出了惊天动地的壮举,而是他们模范地做好了本职工作,表达了舆论对社会风气转变的一种企盼。这样的典型人物将高尚的精神与渺小的工作岗位统一起来,从而肯定了个人的价值。媒介造成一种尊重、表彰小人物的态势,可以产生公众的自我满足感,有利于形成公众的凝聚力。

在主体多元化、经济活动市场化的环境下,不少人已开始转变自己的价值行为方式,去向社会、向市场寻求实现自己价值的新的标志,这也产生了新问题。人们价值取向的多元化和社会需求的多层次性,需要更多类型的典型,而不同类型的典型给同一价值取向的群体而不是全社会的人提供了示范榜样。例如,工人阶级是无产阶级的先锋队和主力军,但是在经济结构调整和社会转型的今天,工人的地位和作用是否有所下降?知识经济时代的到来给工人提出怎样的时代要求?当今时代工人改变自己命运、提高自身素质靠的是什么?许多人都不免会产生这样的疑问。许振超是青岛港的一名普通的码头工人,他没有高学历,却掌握了高技能,他在自己的岗位上解决了许多关键难题,为企业创造了难以估量的经济效益,是大家公认的"技术权威"。他的事例告诉人们,高素质的产业工人是现代制造业和中国经济的重要支

---

① 李良荣.典型与典型报道.四州人民出版社,1998:310

撑力,只要知难而进、刻苦钻研、不断创新,当工人一样有出息。媒体用"知识工人"来给许振超定位,把握了时代发展的方向,具有很强的针对性,因而能得到许多人的认同。

3. 对典型人物的人文关怀

给典型人物以人文关怀,就是把"人"放在被关注的主体位置上,以"人"的价值为取舍标准。具体到新闻报道上,就要关注有代表性而又具体的"个人"的生存、理想、要求、困难等等,并从中发现人性的火花、道德的闪光、理性的因子。尤其是在社会主义市场经济条件下,人的利益日渐多元的情况下,正面报道要想取得预期效果,这一点十分重要。《中国青年报》对一位帮农民工打官司的律师的报道,就不是一味的歌颂,而是直面该律师所面临的困境和质疑,报道中写到:

"每每回忆起在深圳的岁月,周立太就忍不住心痛。'要知道,那些工人当时都是被工厂赶出来的,没钱也没住的地方,是我收留了他们。'

开始,周立太租了一间9平方米的小屋,到后来租了两层楼,里面挤满了没有手的伤残工人。据统计,他前后共收留过200多人,时间最长的居住达500多天。所有的饮食起居,都是周立太付钱。

每天,周立太挤公交车去办案,受尽冷落和白眼。这些他并不在乎,可是一个又一个受过他恩惠的民工,在拿到赔偿后溜之大吉,着实刺伤了他的心。

一个被他收留的民工,甚至把风险代理协议交给了法院和企业。'我和他们签订的风险代理是打赢才收钱。有一次,法院故意判我输,然后把这些民工叫到隔壁的一个法庭,给他们发支票,名为生活补助费,数额就是我起诉的数额。他们就是要看,你周立太收不到钱,还替不替民工维权?'

这让周立太产生了一种被出卖的感觉。他清楚地记得,有关部门请来了电视台,风风光光地拍新闻,而他只能在门外旁观。有关部门准备了车辆,把这些民工直接送往车站码头。一个名叫杨福发的民工,揣着支票,昂首从周立太面前走过,连招呼都不打。

周立太一个人拎着几十份卷宗回到出租屋,大哭一场。'你想想,早上我们还几十个人浩浩荡荡一起去法院,打了十几辆出租车,车钱都是我付的。'

每一次有民工卷款逃跑,周立太都觉得自己就是那个愚蠢的农夫:好心收留冻僵的蛇,反被蛇咬了。'他们是身体上受伤害,我却是心受伤啊!'

……

也有人气愤地指出,周立太是发民工财的黑律师。对此,他反驳,我不是神,也不是雷锋,我是个律师,打官司收钱天经地义。

'前段时间,好多人包括记者,说我对民工不好。我既不是他爹又不是他娘,也不是他爷爷。我是个律师,我的责任就是在法律规定的范围内为他们提供良好的法律帮助,使他们获得法律规定的赔偿。'每说到这些,周立太总是愤愤不平。"[①]

---

① 蒋韡薇.维权的窘境.中国青年报,2005-02-02

这样的报道使得人物的事迹更为可信,也能引起更多地思考。

随着中国社会的发展,中国人的主体意识正逐步增强。关心普通人的命运,关心普通人的生存状态,关心人与人、人与社会、人与自然的关系,已经成为从理论界、艺术界到普通百姓的共识。作为要通过影响人们的情感和思想来达到目的的典型报道,也必须在报道中张扬强烈的人文意识,关心典型作为普通人的情感和作为社会角色的社会关系。否则,受到主体意识排挤的典型报道,功能作用就不可能实现。我们不能提到典型就是父母生病不回,揣起假条上训练场,这样有典型化的嫌疑。中国人自古以来讲究"修身、齐家、治国、平天下",凡事由一己之身推及天下之大,对自己身体一点不爱惜,不是领导工作失职,就是这人个人的思想上有文章;而不爱父母的人,我们很难想象他的爱国爱岗位,反而会让人理解为此人会钻营投机。能让人接受的是,典型人物通过协调,不重要的时候也注意一下自己的身体,父母病了也可以去看一下。这样让人能接受,既合常理又不损典型力量,反而让人觉得更加真实。

典型人物"媒介形象"变迁的意义解说,无论是典型形象由"单一性"走向多元的数量变化,还是典型形象由传统道德形象向更为丰富的现代形象过渡的内涵变迁,都是媒体的典型形象塑造与社会个体的生存状态在较大程度上相吻合的结果。毋庸置疑,只有典型的"媒介形象"能与受众的现实社会认知之间达成一种"人与人"的双向沟通与对接,典型形象传播的有效性才能突显。其实任长霞、刘翔、桂希恩等人的动人之处是足以感动中国的,但这种感动得以有效传递给更多人的关键,是将他们还原到他们真实而全面的生活中去。起步于启蒙,告别了蒙昧,中国人也已经明白了信息只有全面才可信,美德基于人情才值得感动。

三、报道形式的变化

随着专业主义的影响日渐深入,新闻体裁和报道手段发生了很大变化,这一变化也影响了典型报道,使典型报道更易接受。

1. 增加报道的易读性

(1) 篇幅趋短

传统的典型报道多为长篇巨制,一篇面面俱到,经常洋洋洒洒几万字,文章看后就基本了解典型的概貌。但在现代社会,随着新闻要短的呼声,典型报道的篇幅也越来越短。目前的典型报道的篇幅普遍比较短,甚至出现了短消息的典型报道,但更常见的是系列报道。

系列报道是指围绕一个新闻主题,从不同的角度和侧面所进行的多次报道。它是通过把长篇报道分割成篇幅相近、内容均衡、风格相似的几个部分,引起读者阅读的悬念,容易产生极强的认知冲击力。在采用这种报道方式的时候,还可同时采用组合报道的方式。如《扬子晚报》的"好军嫂蔡艳红"系列报道以通讯为主打,配以消息、特写、短评,还引人注目地配发了三篇本报评论员文章;这种组合报道的形式发挥了各种新闻题材的功能,形成了合力,形成了报道的规模和声势,起到了较好的传播效果。

很多报道还强调选择动态性事件,在每天刊登的连续报道中追踪事件最新的发展动态。如《扬子晚报》关于烈士遗孤吉云云的报道,是从吉云云盼望见爸爸的愿望再次落空开始的,随后采用追踪式的连续报道方式,从吉云云的病情发展、她能否实现两个愿望、直到她在社会支持下终于踏上了去云南看爸爸的旅途……①这些报道有悬念、有情节,每天都牵动着读者的心,满足了受众从新闻的角度关心典型的心理需求。

(2) 重视图片的运用

为了应对"读图时代"读者审美趣味的变化,版面美学强调使用现场感和视觉冲击力强、色泽饱满、构图精巧的新闻图片,图片在典型报道中同样发挥了很大作用。

首先,从视觉来看,以图为主使报道的冲击力更强,容易给读者留下较深的第一印象;图文相互呼应和对照,使典型报道更加丰满立体、可感可信;短文也降低了读者的阅读成本,使其可能轻松地通览全篇,从而增强典型报道的传播效果。

其次,版面美而不"费"。就版面而言,图不可或缺,图文争夺空间的情况时有发生,这种矛盾在典型报道和指令性报道任务繁重的党报要闻版尤为突出。安排了以图为主的典型报道或指令性报道,版面就可以不再安排其他图片报道(过多的图片也会使版面杂乱无章,重心不突出)。这既解决了版面没有好图时的尴尬,又能在版面紧张时为其他报道开辟空间,具有很强的实用性。

再次,能提高读者的阅读兴趣。通过图片错落配置有效分割文章区块,使读者能够始终保持相当高的视觉兴奋,从而避免视觉疲劳,提高阅读兴趣。若阅读成为一种愉快的经历,其宣传效果就可能有质的飞跃。如在宣传以身殉职安徽某医院护士长丁艾梅的报道《护士长的最后四天》②中,在近4栏的空间内,除竖标题区外,由上至下依次为3个区块:标准像及人物小传、正文及两张工作照、丁艾梅女儿过生日的图片及说明文字。文字稿依据图片作了整合,使图文实现了"无缝链接"。

其实,纵观这些变化我们可以发现,这些变化都是针对受众心理做出的调整,它的最终目的是让受众能更好地接受典型人物。也就是说,这中间反映出的是传播观念的变化,是由传者本位向受者本位转变的过程。

2. 全方位的立体新闻表达

技术进步,使得传播手段日益丰富,网络媒体的兴起使传播手段得到了极大的飞跃。被称为"第四媒体"的网络,拥有链接、集纳、音视频等功能,较好地弥补了传统媒体的不足,丰富了典型报道的形式,有助于更好地塑造典型人物形象。声音、图像能还原主人公的生活、工作环境,原生态地渲染宣传氛围,增强真情实感,有助于塑造先进典型形象。但报纸只能用文字或静止的图片加以还原,影响感染力;广播、电视也受时段的限制,受众稍听、稍看"即逝"。网络媒体的音频视频功能,既可以把主人公的声音、图像搬到网上,让典型在网上"动"起来,还实现了时间上的长久性,从而增强宣传的感染力。同时,网络新闻专题往往会将相关的报道整理在一起,便于阅读。

不光是网络,传统媒体也在报道中综合运用各种传播方式,如中央电视台《感动中国》。

---

① 冯海清,赵剑波.在动态中把握典型——扬子晚报关于典型人物报道的几点探索.传媒观察,2000(8)

② 人民日报,2006-01-08

典型宣传多是以前发生的事,且报道中以经验总结和深化为主,缺乏动感的画面,因此,电视在宣传典型人物中不具备优势。但是中央电视台做了很多有益的尝试,《东方时空》推出的"东方之子"栏目,采用人物访谈的形式,从小处着眼,凸现个性,产生了很好的社会效应。而随后的《感动中国》栏目更是实现了典型报道的极大突破。

《感动中国》创办于2002年,是中央电视台最重要的品牌节目,也是弘扬主旋律的重要宣传阵地。《感动中国》的新闻表达从类似于人物通讯的短篇放映开始,在短片中展示了所有获奖者最鲜活的特点和最感人的细节,以事实说话,以类文本的形式进行叙述。它帮助观众进一步深入地了解获奖者,让观众从事实中去感动。除了叙述之外,它采用了二度评论的方式,即主持人朗诵推选委员会的推荐词以及评选委员会的颁奖词,表达了社会主流价值观对获奖者的肯定。在颁奖现场,对每个获奖人都有几分钟的现场采访。主持人抓住几个关键性的问题切入采访,让获奖者自己来讲述他们的经历从而更加真实可信、有说服力。现场采访使观众不再停留在听故事的阶段,而是间接地介入采访。主持人所问的正是他们所想的,主持人成为观众与获奖者的桥梁。成功的现场采访使获奖者的形象更加立体丰满。

3. 受众与典型人物的实时交流

网络与生俱来的互动功能,使网络媒体克服了传统媒体存在的单向传播、受众被动接受的问题,让受众参与到宣传本身中来,在参与中接受教育。而"在线访谈"将网络的互动优势发挥到了极致。它采用了MPEG4等技术,可支持多人实时参与网络互动访谈。在访谈中,受众在观看网络视频直播节目的同时,不但可以通过文字进行互动交流,而且可以通过视频等方式与在线观看的其他用户乃至于直播室的主持人、嘉宾进行实时交流,实时参与直播节目。自其问世以来,被各网络媒体充分运用,人民网、新华网等都开设了典型人物网上访谈栏目,极大地增强了典型人物的可信性和影响力,在正面宣传中发挥了很大作用。

(1) 回应受众的质疑

为了塑造一个成功的典型,记者在采写典型人物的过程中,往往会着力挖掘他们身上的闪光点,甚至有意拔高,故意忽略典型人物的缺点。这种手法存在着致命的缺陷:致使受众不再相信媒体,不再相信典型。

在这种情况下,典型人物的"在线访谈"给受众提供了一个质疑求证的机会,在一定程度上满足了受众的需求。纵观网友的提问,提出质疑的占绝大部分,如在全国法院模范人物、北京市海淀区人民法院知识产权庭庭长宋鱼水以及她的同事马秀荣做客强国论坛的访谈中,在嘉宾回答了的18个问题中,有13个问题就存在明显的质疑,有些问题还相当尖锐。网友的疑问一般集中在以下几个方面:对报道中的事实质疑,对先进人物动机的质疑,对现行制度缺陷的质疑。如在上述访谈中,就有这样的对话:

"(网友)["六十岁的派出所所长"]:法官,你理解的公正难道就是原被告双方都接受吗?是不是笑话?

[马秀荣]:当然不是,法官裁判案件不是以求得当事人满意为目标,法官的职责在于还法律以本来面目。但是,当前的现实是老百姓对法律对法院、法官不信任,因此法官的工作首要

的职责恐怕就是要建立起当事人对法院的信任。这可能就是我们说的让原被告都服气。实际上这只是司法公正追求一个阶段上所提的一个说法,比较现实也相对比较可行,但它绝不是司法的价值追求。如果没有参加实际工作,我也会和您一样认为这是一个可笑的问题,但是当我面对那么多纷繁的案件,各种类型的当事人对社会的抱怨的时候,我知道在每个具体案件里面,尽可能地让当事人信任我,信任我所处理的结果就很难得了。"

在访谈的过程中,典型人物对这些问题一一解答,有助于纠正报道中的片面提法,澄清受众的疑问。另一方面,这些问题的出发点是质疑,其目的不是歌颂,而是通过证伪的过程去揭示它、考验它。这样一个证伪的思维过程,无疑增加了节目的说服力和亲切感,使得我们的典型人物更为真实可信。

(2) 增加典型人物的接近性

这种实时交流给受众提供了一个了解典型人物日常生活的机会。受众在接受典型人物的过程中,首先是从自己的生活经历、个人感情和语言习惯来切入,在认知层面、情感态度层面产生共鸣,然后再引起行动层面的影响。受众首先希望典型人物是一个普通人,同时做出了一些不普通的事,这样的典型人物才是可以模仿的榜样。所以,在面对典型时,人们更愿意了解他们的日常生活,以从中找到和个人经验相契合的人和事,产生共鸣。

在线访谈的过程中,典型人物的个性和情感得以直接展示,更具说服力。在访谈中受众看到的是平等的交流,这种交流不同于宣传和教育,它是生活化的,更易为受众接受并进而产生共鸣。如在援藏高工陈刚毅的在线访谈①中,出现了如下对话:

"(网友)[乐业]:你去西藏,怎样看待名利、职称、待遇?

[陈刚毅]:我先回答这位网友职称问题,现在早就是高级工程师了,职称对我去不去西藏没有影响。

第二'待遇'我这几年去西藏,我的待遇跟我单位同级别的人相比起来还要低。……我是这样认为的,说实在话,在内地如果要承担这么大的项目可能要等很多年才可能轮到我的头上,我就是想证明我自己有没有这个能力,这对我来说是一个很好的机会。哪怕我收入少一点,但是我认为值。

第三'名利',人在生死关头走了一遭,我对名、对利看得非常淡,……可能以前我会计较,但是人病了以后确实就对这些东西'无所谓'了。"

陈刚毅的回答朴实、简洁,真实可信,我们看到的是一个普通人的心里话,它契合受众的语言习惯和思维习惯,自然更容易被接受。但在这里有个问题应该注意,就是在访谈的过程中,典型人物应该用一种轻松自然的状态来和受众进行真诚的交流,如果一味的注意维护高大形象,教育群众,则会产生"飞去来器效应",造成相反的效果。

---

① 援藏高工陈刚毅谈"一个平民英雄的刚毅人生". 人民网, http://xf.people.com.cn/GB/42463.html

(3) 扩大正面舆论的影响

实时交流强大的互动功能,使其克服了传统媒体存在的单向传播、受众被动接受的问题,网友的提问、留言和评论形成了热点话题。在传播者的正确引导下,与良好的社会风气相适应的社会舆论、群体氛围在这些话题的讨论中会逐渐占据主导地位,往往使人感到一种无形的压力,从而产生从众行为。这样就形成正面舆论公开疾呼而负面舆论越发沉默的螺旋式过程,于是正面舆论更为强大,即传播学所讲的"沉默的螺旋"效应。这种互动的功能,在典型宣传中的作用更得到了良好体现。典型人物的这种实时交流让受众参与到典型宣传中来,在参与中接受教育,最终形成强势舆论。

在中科院院士、哈尔滨工业大学教授马祖光的宣传中,在线访谈就发挥了很好的引导作用。马祖光的事迹见报以后,人民网、新华网、中青网分别邀请马祖光的生前同事或学生,就马祖光的先进事迹与网民进行在线访谈。在访谈开始前,论坛版主提前发帖,引导话题、征集问题,收到良好效果。新华网在线访谈高峰时,在线人数达11215万人,近10万人次的网民参与了此次访谈,直到访谈结束,还有许多网友就马祖光事迹发表感言。① 在访谈阶段有网友对事迹的真实性提出质疑,但这些质疑在嘉宾的回答中都得到了解答。在随后的网友留言中,几乎是一边倒的赞扬和崇敬,偶有负面意见,也会有网友自发对其进行批评。

这些评论和留言,也许只是一种公众形式主义的公开意见,不一定是发自内心的真实意见。但是,随着时间的推移、媒介的引导及公开意见的相互影响,"最初的公开服从可能启动自我说服过程,最后导致说服信息的内化"。②

第三节 新闻专业主义给典型报道带来新思路

由以上的分析可以看出,典型报道的变化其实是专业主义的影响日益深入的过程,典型人物的多元化、受众意识的日益觉醒、更多强调客观真实等等,都有浓重的专业主义色彩。社会转型必然伴随着媒体社会角色的转型,而我国媒体的转型过程正好与全球化及西方新闻理念扩张的过程相重合,因而具有更多的西方色彩。但是,由于制度惯性等原因,我国的新闻事业并没有完全接受西方的意识形态。遵循着这个过程及专业主义的特征,我们可以给典型报道描绘出一幅未来的可能远景。

一、典型报道——式微不代表消失

作为正面报道最高表现形式的典型报道,是社会主义政治的产物。在中国革命的各个历

---

① 胡舜文.让典型在网络中生辉——中央重点新闻网站参与马祖光宣传的实践.新闻界,2004(5)
② 龚文庠.说服学——攻心的学问.东方出版社,1994:178

史过程中,这种特殊的报道形式起到了独特的发动群众、建设祖国、规范社会道德、巩固政权、成为阶级斗争的有力工具的作用。随着多元时代的到来,典型报道趋于走低,其优势逐渐让位于调查性报道、热点报道等。不过,典型报道在中国远没有全面撤退,它只是失去了在新闻报道中的统领地位。

首先,在中国典型报道并不仅仅是一种孤立的新闻样式,它更是一个标本,兼具政治意味和时代印记。它体现着传统价值观的继承和一种政治文化的延续,反映着民族文化心理结构的特征与变化。具有中国特色的典型报道,所代表的正是中华民族源远流长的教化传统。中国古代政治的特征之一,便是将伦理教化作为政治统治的手段,要求人民克己宽恕,以此来缓和社会矛盾,减少政治成本。中国文学高度强调教化功能,文以载道,美善合一;史学以"寓褒贬、别善恶"、"惩恶扬善"为宗旨;教育以德育居首,智育次之。这种教化尤其重视道德教育和德性培养,注重气节和操守。因此,从传统上而言,典型报道有其生存的土壤。

其次,中国的新闻从业者具有和西方不同的历史渊源。当代中国的新闻从业者仍然保留着传统知识分子的底色,具有积极的启蒙意识和社会使命感。也就是说,在目前的社会转型中他们"绝对不是单纯的旁观者",而是类似"希腊歌剧中的合唱班,恐惧而又着迷地注视着舞台中间结局已定的人与神的搏斗。……他们常常表现出惊人的智慧,已经看出这种特殊剧目的潜在方向,明白了这决不是那种可以让置身于场外的人平安无事的戏"。① 这样一种精神状态使得他们始终怀着巨大的热情,试图诠释个人对这个国家、对这个社会应该担当的责任,回答转型期的群体性惶惑,解读人与人之间应该有的情感。而树立一个清晰感人的榜样,无疑是最贴切可行的方案。因此,典型报道也是新闻从业者实现其社会理想的一个方式。这种知识分子的启蒙意识和社会责任在《感动中国》中得到了集中的体现。我们在网上、报纸上以及中央电视台自己的宣传资料中,在很多地方可以找到《感动中国》的评选标准,基本上可以归纳为:无论他们的身份、背景、经历有多么的不同,在过去的一年里,他们的所作所为却感动了公众,感动了中国。他们或者用自己的力量推动中国社会的进步和发展,诠释着一个人对这个国家、对这个社会应该担当的责任,以坚强的民族精神挺起国人的民族脊梁;或者用自己的故事,解读人与人之间应该有着的情感,带给人们感人至深的心灵冲击。《感动中国》其实已经不单单是一期节目了,它已然成为一个时期、一个阶段、一种民族精神的高度凝聚,一段难忘历史的精彩浓缩,媒体的价值标准已经融入到整个民族的价值标准之中了。正因为如此,《感动中国》的编导才会说:"《感动中国》已经不再是节目的感人至深了,而是一个民族承先启后的内在精神、一种居安思危的忧患力量在打动着人们。"

再次,中国社会在向现代化转型过程中,尽管其价值系统的内涵发生了巨大的变化,但仍然具有统一的价值趋向,而且从社会各方面来看都有重构、修正、维护它的共同要求。同时,正是由于社会转型给人们带来了难以承受的心理焦虑和信仰迷失,使人们更需要一种体现时代特征的精神力量的指引。依此也可以解释,对孔繁森、李素丽、徐虎以及抗洪英雄群体的报道获得惊人的社会反响,不仅仅是社会公众对曾一度沉寂的典型报道给予的热烈响应,更证

---

① 史景迁.天安门:知识分子与中国革命.袁霞译.中央编译出版社,1998:5

明当代中国并不排斥召唤崇高精神的回归,变化中的中国社会更需要凝聚人心的时代典型。

最后,中国的新闻专业主义并不是简单照搬西方的新闻思想,而是形成了自身的特点,跨国媒体集团所期待的所谓"从党派主义到专业主义"的"美国式"转型也未在中国出现。信奉新闻专业主义的西方记者试图把自己与所处的政治、社会和文化语境剥离开来,做到与社会现实的"疏离",而中国新闻专业主义的规定性则始终强调参与性,在始终坚持社会效益第一的原则下,涵盖这些方面的内容:以公共利益为中心;专业的操作和行为准则;客观、真实、准确、及时、公正的报道手法;强烈的社会责任感等。也就是说,正在形成中的中国的新闻专业主义是有着党派主义特色的专业主义,它并没有从根本上削弱媒体承担政治教化功能的正当性,只不过让这种功能的实现变得更为隐晦。所以,作为政治教化的重要手段之一的典型报道也不会彻底消失。

但是,专业主义的兴起,将在很大程度上改变典型报道的形态。首先,典型报道的数量将回归常态,不会再占据很大篇幅,以前的盛况将不会再出现。毕竟经过专业主义的洗礼,我们对媒体的功能有了更为全面地认识,提供新闻信息才是媒体的首要功能。其次,传播方式将由说教灌输式向平等交流式转变,受众为本的传播理念将得到更进一步的贯彻执行。最后,传播手段从革命时期和计划经济时期旗帜鲜明的以鼓动煽情为主,转向和平时期和市场经济时期心平气和的以攻心动情见长。后文笔者将就典型报道可能的发展趋势作更详细地论述。

二、典型报道的发展趋势

1. 变说教为感动

传统的典型报道对受众进行自上而下的单面灌输的传播方式,违背了新闻报道和受众之间的互动规律。那些饱蘸政治感情的典型报道,富于政治说教色彩,总是仙人指路般地告诉受众怎样做,人生应当怎样度过,却不尊重受众的选择,否定了读者的主体意识、平等协商和参与民主决策的权力。而经过媒体洗礼的受众更愿意被一种自然而客观的叙述所感动,而且仅止于感动。感动之余是不是痛下决心向榜样学习了,则不是媒体应该关注的内容。

使"感动"一词响彻中国大地的《感动中国》栏目,就是以感动为宗旨,取得了传统典型报道无法比拟的传播效果。该节目以人格精神为重点,形成了自己的独特风格。整个节目忽略了人物的身份、背景,以当选者的人格精神为展示的重点,但每一年的人物精神又有一个和社会契合的主题。这种精神的表达都是通过事实来进行的,这样抽象的精神就被具象化了,更易为受众所接受。

《感动中国》的总制片人梁建增说过这样一段话:"2002年的《感动》让我们无法忘记那些无畏前行、努力抗争的人们,而2003年的《感动》则见证了一个国家一个民族同舟共济的奋斗历史,2004年的《感动》在表述刚刚过去的一年时,它一定会展示这个社会刚刚发生的显著变化,体现出'以人为本'的时代特色。"这种新型的典型人物报道形态,重视人物在精神上的影响力,某一类影响力内又包含着特征丰富的社会个体,大大拓展了典型人物多元化形象的概念。

所以,对于中国,或者是中国人来说,这些人物所象征的符号,要远远超出了他们自身。

这样一来,那些感动了中国的人就变成了一个个符号,刘姝威是知识分子良知的象征,钟南山成了抗击"非典"的一个符号,而杨立伟是飞天梦想的代表……我们这个民族经历的历史,早已经习惯于脸谱化的形象认知,所以受众能很容易地提炼并接受这些人物符号。而且,由于这是他们的自我认知,这些人物就产生了传统典型人物所没有的影响力。

2. 变宣传价值为新闻价值

典型报道要有新闻性。这是新时期社会发展特点的要求,也是典型报道要遵循新闻规律的要求。社会变迁时期,讯息性本文的需要量将急剧增大,受众需要能有效解除困惑的信息。若要引导舆论,媒介首先要满足他们认识环境、确立观念、自我寻因的要求。新闻叙事不同于文学作品的叙事,它讲求真实、客观、公正,目的在于向受众传递一种权威性的、不容置疑的信息,最大限度地建立起自己的公信力与影响力,满足受众的知情权与求知欲。用新闻的手法在某一社会层面提供不同的典型形象,可为人们提供一种行为参照,乃至情感诉求的渠道。

(1) 典型人物应从新闻事件当事人中选择

对于选择什么样的人接受采访,新闻学者喻国明的一番话是对新闻专业主义较好的注脚:"之所以选他不选另一个人,不是因为他建立了丰功伟绩,是因为他能够回答我们的主干读者心中的问题。他在发展当中,他在社会存在当中,他对某种问题当中的问题,以他的经历,以他的资质,有这方面的可能、智慧和经历去回答。"①而我们的典型人物要能回答问题,就要从新闻事件中选择。这是因为公众的议程往往受最近时间内接受的媒介信息的影响较大,媒介信息的流动性决定了公众对这类信息的选择和记忆的特点:展示性,即不断对未来信息的期待。如果只是当舆论出现明显偏差以后,才以集中的说服运动的形式进行引导,则容易落入形式主义的窠臼,在很大程度上影响了传播效果。

《感动中国》就是以新闻人物为核心,突显了时代的鲜明特色。它以一年为时间单位,撷取全中国最有代表性的新闻事件和人物进行报道。从 SARS 来袭、新疆地震、衡阳大火、"神六"上天等等这些重大事件中评选出来的"感动中国"的人物,更能刻画和展现历史瞬间。同时,每个人物都是我们身边的人,都和新闻事件联系在一起,他们的事迹不是包装出来的,媒体只是把它们实实在在地摆在观众面前,让事实说话,让观众从事实中去领略和感受那种崇高的精神。这就具有更加震撼人心的力量。注重人本意识,挖掘人的因素,在报道所有新闻都从个人或群体入手,以具体的人的遭遇、境况以及在事件中受到的影响等导入或直接揭示主题,这种报道手法是西方媒体的一个传统。在这里,我们可以明显地看到这种传统的影响。

(2) 提供事实而非观点

长期以来,我们的新闻媒体都是以宣传为主要任务,这对新闻理念产生了深刻的影响。陈力丹教授曾直言,"新闻是发现的艺术,但我们却把它变成了证明的艺术,在狭窄的政治功利范围内掂量它。""这种思维方式是要求记者把宣传党的方针政策作为唯一使命而带来的结果。长此以往,我们不少记者虽然有多年的新闻工龄,实际上除了证实中心工作外,不知道什

---

① 邓艳玲.新闻专业主义语境下的人物报道的操作——反思与对策:当前主流媒体人物报道需要把握的几个问题.湘南学院学报,2005:12

么是新闻。"①也就是说,在我们的新闻工作中,往往是先有观点,然后再找事实以证实该观点,这种思维方式在典型报道中表现得尤为突出。传统的典型报道多采用第三人称全知视角来进行新闻叙事,这种叙事手法中公开的评论(也叫公开的叙述者)是叙述声音最为直接、最常用的表现方式。而目前,零度叙事的手法在典型报道中的应用日渐普遍。新闻作为一种有阶级属性、由富有情感的人所制造出的上层建筑,倾向性的流露恐怕在所难免。真实的事实陈述,对社会化对象的影响远比理论阐述更为有效。所以,最稳当的方法不是靠评论,也不是靠捏造事实,是靠事实的选录。如果一个媒体经常靠捏造的事实影响人民,而这种捏造又经常被人民发现,那么,这家媒体的价值和可信度就会扫地以尽,以后即使是传播真实的信息,也难为人民所信任。

典型报道要说服受众,首先要建立严密的逻辑。如果说服逻辑没有建立在公众已有的信念、态度的基础上,那么也许论证的前提与结论是正确的,但是受众却不能接受,或者由于某种外在的压力而仅在口头上重复。原因如龚文庠所说:"说服论证前提与结论的正确与否取决于被说服者是否能接受,而不是取决于结论是否正确。"从说服策略考虑,有时需要将某种较高的精神境界降低到公众能够接受的层次,过高的道德要求口号一旦变成时髦语言,往往异化为对原意的讽刺。同时,受众如果对宣传的内容产生了抵触情绪,他就会贬损信息来源,即通过否定消息来源的可靠性,来类推说服信息的毫无用处。因为一般人都会认为,对毫无威信可言的宣传者表现出的敌意,并不会引起他们的难受和不和谐感。

在此基础上,报道中应该突出新闻事实,媒介说服的逻辑应该在无意中发挥作用,而不是摆出一幅硬要改变他人的架势。如果媒体遵循事实的逻辑,以讲故事的方式娓娓道来,将对象引入情景,使其在无意之中接受故事蕴含的道理,并融入对象既有的价值体系之中,就很容易产生效果。在日后的社会生活中,在个体的社会适应中,故事的逻辑也会使对象举一反三,触类旁通,从而按照大众媒介明示或暗示的方向行动。比如通过"人物榜单"表达典型人物的媒介形象,因其真实可感知的戏剧化故事和源自重大新闻事件的"事件—人物"路线而产生显赫的注意效果。

所以,新世纪的典型人物形象传播必须和新闻事件紧密结合,反映社会在特定阶段的矛盾冲突。由于这种矛盾冲突的冰释过程聚焦着广大受众的关注,因而具有较好的传播效果。

3. 变图解政治为平民策略

从总体文本特征看,相对于以往由社会精英和主流人群主导的报道内容,典型人物报道的一个重大变化是平民化策略的实施。而这种平民化报道策略,作为当前典型人物报道新生成的内在理念,则是对传统正面报道议程方式和内容表达的革新。

在我国,典型报道的主要目的是树立供人们学习的榜样,因此典型报道基本上是正面的先进人物、单位或事件。典型报道密切配合党的各项工作,直接为当时的政治路线、工作任务服务,"典型引路"成为最流行也最有效的工作方法。当典型报道发展到极致的时候,就变成了完全图解政治,这种与政治的密切联系和主观随意性令人从怀疑到抵触。我们在前面的分

---

① 陈力丹.深度报道的钥匙——记者的新思维//陈力丹自选集.复旦大学出版社,2004:180,182

析中指出,专业主义没有使我国的新闻媒体彻底脱离党派主义的色彩,但是它毕竟改变了传媒的视角,也就是媒体开始从平民的角度来审视政治。所以,典型人物的报道中,也会越来越强调平民视角。

(1) 关注普通人的命运

一个先进的人物、单位或事件要作为典型来报道,必须具备一个条件:社会的探索能够在他们身上找到答案。这就是典型的时代感,就是典型的魅力所在。当今的时代是一个价值观多元、社会心理多变的时代,由于一时无法掌握未来,生存的本能恐惧和洞察未来的恐惧引起的舆论困惑,比任何时候都突出。从这个角度讲,典型报道如果能够站在时代的高度,回答人们在现实生活中的心理困惑,就能够紧紧抓住受众的心。

在典型报道中,怎样才能将其提炼和表现出来呢?马克思说过,问题就是时代的口号,是它表现自己精神状态的最实际的呼声。每个时代总有属于它自己的问题,科学地认识、准确地把握、正确地解决这些问题,就能把我们的社会不断推向前进。任何时代,人们的心中都有一根弦,如果我们的典型报道拨动了这根时代之弦,回答了大家共同关心的问题,就能引起社会强烈的共鸣。这根时代之弦,是社会的热点,党委政府的工作重点,同样也是党报主流媒体的关注点。

在我国,首先提出"关注普通人"的理念的是李大同。他领衔的《冰点》栏目,推出了《北京最后的粪桶》、《五叔五婶》等一大批关注普通人的报道,使该栏目连续多年成为《中国青年报》最受读者欢迎的栏目。李大同在总结栏目的时候,特意提到了这段话:"马克思关于人民新闻的一段论述:他生活在人民当中,他真诚地与人民共患难、同甘苦、齐爱憎。他把它在希望与忧患之中从生活那里倾听到的东西公开的报道出来。"①其平民思想可见一斑。

而随后的"感动中国"也把目光对准了普通人。它在人物选择上的创新,就在于把目光更多地投向普通人的生活空间,关注现代化进程中人自身的命运和价值。这些人是和受众一样的普通人,有一样的困惑,一样的思考。受众能够被感动,首先是因为他们能够理解,而后他们亦能够达至,这样就有可能由感动而行动。"从哲学意义上说,它体现了传媒触角富有意义的、深层次的探索;倡导关注人自身命运与价值的人文关怀,着眼于培养人们开拓进取的人生态度、庄严崇高的社会责任感、健康开放的精神风貌。"②

(2) 增加报道的人情味

"人情味"英文原为 human interest,如果按字面直译就是人类兴趣或通人情的趣味,它侧重于表现新闻中与人性相关的内容,同普通人的思想情感紧密相连,人文意蕴较为浓厚。就是要求传播者关注新闻中的"人",努力发掘蕴藏在人物、事件中同人的情感、趣味密切相关的各种要素,并巧妙地将它放大、突现出来。新闻主要来源于现实生活中的人及其活动,而人都是有七情六欲的活生生的人;同时,新闻报道都是由人采写的,所以在新闻中表现人的情感与趣味,是非常自然和顺理成章的事情。"新闻因人而生动",忽略人的因素,远离人的情感,缺

---

① 李大同.冰点故事.广西师范大学出版社,2005
② 丁智擎.典型报道 前景无限.新闻知识,2004(1)

少人情味的新闻,就很难写得生动,当然也就难以吸引人。而新闻报道都是写给人看的,没有吸引力的报道,必然少有读者问津。

典型人物也是平凡的人,甚至也是有缺点的人。当他们通过媒体出现在受众面前时,受众希望看到的是有血有肉、真实可信的形象。因此对于媒体来说,最重要的就是用一颗平常心去报道,抽掉标本化的东西,还原人物的真实面貌。在写作中要强调个性色彩,关注报道对象的独特个性,而且特别留意其作为普通人的一面,捕捉能反映人物性格特点的情节细节、音容笑貌、言谈举止乃至内心情感,再用与众不同的方式表达出来,尽量让读者看到的是"这一个"个性鲜明、情感真实的活生生的人。例如9·11之后,《时代周刊》将纽约市市长朱利安尼评选为年度封面人物,理由是"在恐惧面前,他以极大的勇气带领市民走出了黑暗并重建家园"。而具体的文章,却同时将一个暴躁、刚愎自用、婚姻不幸、治理城市屡遭挫折的朱利安尼呈现于读者面前。一个有脆弱,也有失败,甚至也有阴暗面的英雄,大家觉得亲近,因为那往往也就是自己,所以"他做到了,我也能做到"。放弃追求完美,识别自身的道德阴影,从而使自己拥有一个真实、完整和健康的人格,这样的结果同样有可能积极向上。最重要的是,它杜绝了虚假和不真实。

4. 变精英话语为公众话语

与传统的典型人物报道由政治议程和媒介议程塑造典型形象决然不同的是,无论是当前新颖的典型人物报道样式(比如"人物榜单"形象生成),还是扎根社会底层的低姿态的、平民化的典型选择策略,都是对传统议程方式的颠覆。在典型人物逐渐多元化的时代,典型人物报道的新闻生产过程发生了很大的变化,以往完全由媒体和政治合力主导的政治话语时代,已经逐渐过渡到具有广泛社会心理认同的典型人物报道的公众话语时代,受众自主议程成为媒体不能忽视的环节,随着网络自主表达渠道的延伸,这种趋势将更加明显。

在《感动中国》人物的评选过程中,央视就以"感动联盟"为载体,采取了"央视主办、媒体联动、群众参与"的运作模式,主动与全国各地、各媒体合作,充分利用各种网络、报纸等媒体的优势,广泛发动群众参与,加强评选的权威性和广泛性,扩大了社会影响力。据统计,在2004年度人物的评选中,仅2005年元月的15天内,通过各种方式参与《感动中国》投票的人数就达90多万。

目前,传播手段的发展,使得庞大的受众群体被分解了,传统的受众正被分解成为一个一个极具主体意识的、具有自我选择能力的信息接受者。如何让受众"接触"到我们的典型报道已经提上了桌面,要解决的已不只是可读性与接近性的问题。而央视采用动感联盟的方式,通过各大媒体及网络的互动,使得评选的过程变成了一场群众运动,万众瞩目、深入人心,在节目播出之前,受众已经形成了收视期待。另一方面,广泛的读者网上投票参与、阵容庞大的专家评定组、候选人与网友进行在线交流等新型的形象表达方式和渠道,让典型人物注入了公众集体认同的元素,在一定程度上反映了公众的主动意愿。

第十三章 节庆报道:岁岁年年花不同

在我国,节庆纪念历来受到人们的重视。除了春节、端午、中秋等传统节日外,一些具有重要意义的大事庆典也常常成为举国欢庆的日子。它们是中华民族传统文化的组成部分,也是人民政治和社会生活的重要内容。丰富多彩的节庆活动给人们增添了生活的乐趣,也让人们有机会在某个时间的节点回顾历史、展望未来。

对于新闻媒体来说,节庆纪念通常都是无法绕开的选题,节庆报道已经作为一种独特的报道样式为人关注与探索。同一般的新闻报道相比,节庆报道具有一些比较明显的特点,而且这些特点决定了它常常成为媒体的"必争之地"。

一是固定的时间段落。节庆报道通常安排在节庆或重大纪念日前后。这就使得媒体很难在报道时机上做文章,而在同一时间推出报道无疑就将酿成没有硝烟的新闻大战。

二是明确的舆论导向。节庆报道一般都有一致的宣传主题,有媒体就将它的主旋律总结为"四个颂","即唱响祖国颂、中国共产党颂、社会主义颂、改革开放颂"。因此,媒体的"声音"很容易被消解在众口一词的"集体赞歌"之中。

三是统一的报道组合。节庆报道主要分为两大块:一是中央、省市组织安排的大会和节庆活动,新华社、人民日报播发的重大典型和重要社论;二是由报社围绕节庆主题自行组织安排的报道。这样一来,如果媒体形态趋同、报道资源接近,那么同质竞争、同城竞争之下的雷同策划便屡见不鲜了。

本章在分析以往节庆报道存在弊端的基础上,选取《中国经营报》的"改革开放30年大型报道"为研究对象,分析其中值得借鉴的创新模式,找出媒介节庆报道的新视角。

第一节 传统节庆报道中僵化的写作思路和方式

改革开放以来,节庆报道的次数越来越多,分量也越来越重。节庆报道已经成为新闻媒体逢时必备的一道"大菜",不少已形成模式和走向规范。春节、五一、七一、八一、十一每年一次,纪念改革开放每逢五年、十年必要进行一次成就报道。对于很多新闻工作者来说,节庆报道是再熟悉不过的题材。

可是,审视一段时期以来节庆报道走过的道路,不难发现其中一些报道确实存在着明显的问题和不足。僵化的报道思路,甚至违背新闻规律的一些做法,正严重束缚着这一报道样式的发展,直接影响到报道的质量和传播的效果。

一、选题重复,角度单一,常把"旧闻"当"新闻"

节庆报道的新闻资源有着明显的共享性,选题重复率很高,不同媒体之间经常有雷同的选题。在1999年庆祝新中国成立50周年的节庆报道中,《北京日报》的专栏《海外人士看中国》,同《人民日报》的《外国人看中国》完全"撞车",①而其他一些地方性媒体如《襄樊日报》也推出了《外国人眼里的襄樊》②等较为接近的报道,虽然角度并不完全相同,但是这种以"外国人"视角为出发点的选题方案却是如出一辙。

不仅是不同的媒体,有时候一家媒体自己重复自己的情况也十分明显。例如《人民日报》的五·一节报道,就被形象地比喻为"三件套",即"社论+中华全国总工会座谈会或表彰消息+先进职工事迹"③。即使是出于规范和稳定性的考虑,年复一年也难免给人乏味之感。

另外,回顾历史是节庆报道不可或缺的报道内容,但也成为陈旧选题的重灾区。多年的宣传报道已经让一些基本历史事件变得家喻户晓,有些内容甚至写进了教科书。可是,一些节庆报道却仍旧死守这些旧新闻,"春天的故事"不仅要在春天讲,还要在每一个国庆节、每一个改革开放纪念日里讲,直讲到读者不爱看、不愿看了;"抗日老英雄"每个新年露次脸,每个抗战胜利纪念日"想当年",直到成了荧屏熟面孔。

回顾历史是为了更好地关照现实,可如果一味沉湎在历史的叙述中,忽视对新鲜的报道内容的开掘,则有可能影响报道的现实意义。特别是对于一些相对年轻的受众群,如果节庆报道的素材距离他们的兴趣较远,就很难勾起其阅读欲望。以80后、90后的受众特点为例,相对于怀念历史,他们更多的兴趣是在对未来图景的勾画,试问翻炒旧闻的做法如何吸引这些年轻人呢?

对于读者来说,这种信息的雷同和重复往往是损害阅读兴趣甚至造成逆反心理的一个根源,不能不引起警惕。

二、宏大叙事,内容空洞,"大文章"里唱高调

节庆报道,涉及的往往都是比较重大的主题。在报道中,宏大叙事是有必要的。所谓宏大叙事,一般表现为客体的时空跨度大,对大范围(地区、行业乃至全国、全球)较长时间内所发生的某类变动进行综合反映。这种报道手法能够营造气势,便于做全景式的描绘、显示发展的趋势。例如"XX工业50年巨变"、"改革给XX带来了新变化"等等着重成就的节庆报道里,宏大叙事就很常用。

可是,一些节庆报道单一地使用宏大叙事,总是从全局的、整体的角度切入,通篇找不到

---

① 蔡雯. 试论重要节庆的新闻资源开发——对五家报纸国庆报道的实证研究与思考. 新闻大学,2002(4)
② 陈心安,李万赋. 变中出新. 中国记者,1999(9)
③ 周庆. 此间文章最耐看——《人民日报》节庆报道览要. 中国记者,1999(9)

一个具体的人、一件具体的事,缺少细节、没有情感,这就极易导致内容的空洞无物。例如谈到某个城市的建设成就,一些报道就成了"重大工程巡礼"、"今昔数据对比",这些内容固然可以量化地反映成就,可是工程和数据都很难生动,这就使得报道变得"冷冰冰",要用这种手法烘托节庆氛围恐怕是南辕北辙。

而在一些报道的写作过程中,有些记者习惯性地使用数字、引用领导讲话,看似很精确、很权威,可是无论是"增长了50%"还是"提高了生活水平",都很难表现成就的具体面貌。而且,这些报道通常都是从官方角度和工作角度展开的,所以有人将它形容成"工作报告",显示了其与读者的贴近性较弱。

不仅如此,这些动辄拉开架式做起的"大文章"也容易唱起高调,把"新闻"做成政治说教味很浓的"宣传稿"。例如报道的内容是某个社区的先进事迹,可记者在文章中动不动就使用"建设和谐社会"、"树立科学发展观"这些政治术语,非但不能体现报道的思想性,还可能因为这种痕迹过重的故意拉高破坏了报道的真情实感,让人读来觉得虚假。

三、理性不足,流于肤浅,"欢天喜地"难深刻

新闻报道的理性体现在客观、平衡和深度等诸多方面。可是,有些节庆报道无论在报道内容上还是报道的表现手法上都显得理性不足。例如节庆报道的正面宣传集中在对政治、经济意义上的开掘,却对人文意义视而不见,使得报道有失偏颇。在人物报道里,我们常发现记者把人物成功归结在政策好、制度好,而对人物本身的性格及其奋斗历程轻描淡写,这样的确能够突出前者的巨大作用,可是这种对关键事实的回避却可能造成新闻失实。还有一些报道中,记者的主观介入过多,可以看到记者是带着很深厚的感情进行报道的,可是用言论代替事实的做法却同样有违报道的客观性原则。

而报道深度的缺失更是理性不足的重要表现。对一些成就的描述、历史的回顾,有些记者采访不深入,对历史的挖掘深度不足,导致报道停留在表面,流于对陈年旧事的述说和数据的罗列。导致读者只看得到眼前一派欢天喜地,却看不到成功的经验总结、时代发展的规律把握,知其然,而不知其所以然,很难被启发进行更深入的思考。

而媒体本身的"不思考"更是一种节庆报道的"癌症"。为了烘托喜庆热闹的氛围,媒体不遗余力地抒情、议论,但其中有多少是发他人之所未发呢?有些空话、套话几乎适用于每一篇节庆报道。"放之四海而皆准"的评论固然可以保证正确的舆论导向,可是如此一来,媒体的"旗帜和灵魂"却失掉了色彩,媒体自身的价值观更无从体现了。

第二节 《中国经营报》"改革开放30年"报道创新表现

如前文所述,在过去的一些节庆报道中存在着一些明显的问题与不足。但是,媒体对节

庆报道的改进与创新却从没有停下脚步,一些有益的探索和尝试也常常能够让报道充满新意。

2008年,当我们迎来了"改革开放30周年"的纪念活动时,以此为主题的节庆报道也纷纷成为媒体的"重头戏"、"压轴大戏",而创新已然成为新闻竞争的有力武器。本节选取的《中国经营报》"改革开放30年大型报道"正是这样一组新意十足的节庆报道。

自1985年创刊至今,《中国经营报》已有24年历史,是第一批面向市场的财经类报纸中的一家,目前在综合类财经报纸中有较大的影响力。它立足于服务企业管理者和商务人群,秉承"重要、有用、深入、可读"的新闻理念,致力于打造"财经资讯管家"的报纸形象。

经过精心策划,2008年12月8日和15日,《中国经营报》连续两期刊登"改革开放30年大型报道"《30年记忆·都城演义》。

一、集中版面强势推出,从版面设计到标题制作,着力营造磅礴之感

气势磅礴是这次报道带给读者最直接的观感,从报道规模、版面设计乃至每一篇报道的标题,无不透露着《中国经营报》在营造声势上的良苦用心。

1. 报道规模之大超出一般

在前期采访中,报社以4人策划组领衔,派出了24名骨干记者组成的记者团队,可谓阵容强大;报道内容则包含了30个代表性城市,跨越各城市30年的历史,每版主稿平均3 000至4 000字,报道总文字量超过15万字;在版面安排上《30年记忆·都城演义》分为上下篇,每篇16个整版(T1—T16版)连版刊发,占据一期报纸40%的版面。

2. 采用不同以往的整体化版面设计

和常规新闻版面不同,《30年记忆·都城演义》的版面编排自成一体:头版做封面化处理,绿豆色做底色,白色报头,红色大写字母"T"表示特别报道,再用一张素描化照片填充3/4版面为目录和刊首语做底,显得庄重沉静、简洁大气。而之后的15个版面则使用统一的视觉符号:顶部放置"标签式"提要,左上角使用图片"一串飞扬而起的照片"。此外,为了和头版前后呼应,15版中的图片边框也着绿豆色,显示了设计的整体感。

3. 标题力求响亮醒目

《30年记忆·都城演义》是本次报道的总标题。所谓"都城演义",就是叙说城市的故事,可是把"城市"换作"都城"、"故事"换作"演义",从气势上、意味上都更上一层楼。再看各版稿件的标题,亦不逊色。例如《上海:汽车创世纪》、《成都:时代的回声与远望》、《北京:超越奥运》等等,在这些标题里,"创世纪"、"时代"、"超越"都是读来很响亮的"大词",在它们的统领下,即使不细读每篇稿件的内容,也能给人留下气势磅礴的印象。

二、创新应用"编年体",巧借史传体例,联系历史与现实

在本次报道的开篇之作《30年30城·镜像如炬》中,张翼作为作者,同时也是报道的策划者之一,谈到了报道的整体思路:"'编年'以记事,'演义'以叙事。我们大胆运用'编年体',以

时间为经,以人物为纬来刊载城市事件"。

众所周知,"编年体"是一种史传体例。而在《30年记忆·都城演义》中,这种体例被借用成为一种报道的组合方式。除去两版封面,报道的正文部分有30个版面,每一个版讲述一个城市,用年代的交替即时间顺序来串联这一座座城市,使整个报道的思路统一在一个时间逻辑之下,显得有章可循、脉络清晰,也加强了报道的整体感。而这种"编年体"的最直接表现,就是在每版版头使用的统一的"标签式"提要。以深圳版为例,它的标签为:

"城市记忆:深圳

年份典藏:1979年

1979年3月,中共中央和广东省决定将宝安县改为深圳市,受广东省和惠阳地区双重领导……深圳及以东莞为代表的珠江三角城市带可谓中国经济的发动机。"

统一样式的标签是一种形式的创新,而"编年体"的用意显然还有"依傍史传"的目的。新闻和史传,都有真实记录和再现的功能,但是新闻易碎、历史永存。以史传的形式来做节庆报道,让"庆祝"、"纪念"上升为对历史的思考,这就大大加深了报道的厚重感。这种在形式上的匠心独运,把历史和现实巧妙地联系了起来。

三、精选城市作为报道对象,注重理性思考,从矛盾和争议中开掘历史深度

城市化浪潮是改革开放30年的一个显著特征,城市这样一个区域实体,其多样化、复杂性正可表明经济不同行为和意志的有机融合,不同的城市个性、不同的发展道路,以及城市之间的竞争与合作,是这30年历史的一个缩影。《30年记忆·都城演义》选择城市作为报道对象,让历史的回顾有了一个切实的落脚点。但是,30年里值得一说的城市有很多,报道只从中挑选了30个。在这30个选题中,可以看出,报道有意回避了对成就的歌颂,而是选择了从矛盾和争议出发。例如,《春天的故事:深圳逐梦》的重点是新移民的艰难、企业北迁的困局;《天津:归来的繁华》思考天津自身定位的迷惑与摇摆;《沈阳新生》回顾的是"慕马大案";《苏州的三个十年》担忧着"苏南模式"的终结;《大同"翻新"绿色的追逐》展示的是产业结构变化中的阵痛……报道选取的30个城市都是改革开放进程中"改革色彩"很浓的城市。在它们摸着石头过河的30年里,成就固然喜人,但也必然存在着诸多的矛盾和争议,而后者又恰恰是改革开放最有价值的经验与探索。本次报道的着眼点显示了《中国经营报》的独到眼光。

不仅如此,整次报道中还有不少颇具价值的评论文章,体现了这次报道对理性思考的关注。如《中国改革的地理特征》一文,揭示了中国改革自东向西、自南向北的独特规律,但同时也思考这种规律带来的利与弊;《西安是个"肉夹馍"》、《"拿来主义"》、《矛盾的城市》等文,则或叙或议地展示西安、晋江、成都等独特的城市性格,思考城市的发展方向。

四、立足"城市事件＋人物命运"二元视角,演义化铺排宏大叙事

改革开放体现在经济、政治、文化等宏观领域翻天覆地的变化中,但同样也体现在作为个体的人的命运变迁中。统揽这次报道,不难看出所有的报道都遵循着"城市事件＋人物命运"的二元视角,用个人历史反映宏大进程,充满了现实的生命力。

《苏州的三个十年》一稿里,常德盛以几台缝纫机起家,成长为突破10亿元的本土企业家的故事,反映了苏南模式下乡镇企业的发展道路;《长春"进化论":车轮驱动30年》则用一汽集团职工冯云翔从大学毕业一直到退休的经历,讲述长春标志性的符号一汽集团的30年历程;《汕头无语 失落的黄金十年》中,程诤30年的"生意经"代表了一大批汕头人短视的经济行为对城市发展产生的负面影响……在这些稿件里,城市事件都是主线,而个人的故事则像一根引线将前者串联起来。因此,它们既立意宏大,又见微知著,报道的层次显得更丰富、内涵也更深刻。

而"人物命运"的视角切入,对报道的语言特色也产生了重大的影响。一种被策划人称为"演义化"的表达贯穿在所有报道中,而所谓"演义化",集中体现在富于美感的报道语言上。

"1978年的春节,苏州迎来了罕见的一场大雪,温度瞬时下降了10度,一向习惯于江南暖日的苏州人多少有点不适应。而此时,一场重大的变革也正在这个异常寒冷的冬天开始了","刘毅洪原以为自己会做一辈子教师,但到了1984年,珠海市和刘毅洪一起来到了历史的三岔口,深圳之所以是深圳,珠海之所以是珠海都是从这一年开始的"。

以上两段文字分别摘自报道《苏州的三个十年》和《珠海"燃情":"跃进"中的理想主义》。可以看出,无论是对环境的描写还是人物、城市际遇的讲述,报道语言都是"娓娓道来",不吝惜对细节的、情感的描绘,读来似乎可感、可触,让原本容易空洞的宏大叙事得以影像化、形象化铺排。

第三节 对创新节庆报道的启示

无论是从整体的设计思路,还是报道的具体呈现来看,《中国经营报》"改革开放30年大型报道"所进行的一些尝试都颇具新意。伴随着媒体日益增强的"策划意识"、"精品意识",以及受众口味的不断提高,创新节庆报道既成为一种现实的要求,也成为更新新闻理念的一次契机。"他山之石,可以攻玉",从《中国经营报》的实践中,一些对今后创新节庆报道有益的启示值得总结。

一、抓住规模效应,注重新闻包装,创造有意味的表现形式

在注意力经济时代,节庆报道要吸引更多的读者,需要在报道规模和包装形式上下工夫。《中国经营报》"改革开放30年"大型报道占据了32个整版版面,形成了较大的规模和声势,给读者留下了强烈的印象。报道规模大,一方面更容易吸引读者阅读报道,一方面也有助于营造节日的喜庆氛围。同时,还有利于安排丰富的内容,把文章做透。在今后的节庆报道中,我们可以有意识地强化报道规模。例如在前期采访时集中优势的报道力量,推出报道时使用超规格的版面空间,在报道时机上也选择"密集轰炸法",争取在短时间内吸引读者的注意力。

新闻包装是吸引读者的另一切入口。《中国经营报》创造的"编年体",独特的版面视觉设计以及标题制作都是对新闻内容所做的形式上的加工。俗话说,"人靠衣服马靠鞍",节庆报道也应该通过外在表现形式来展现新意。例如在报道中加入一些"新概念"、"新提法",多一些个性化的表达和提炼,就容易给读者留下深刻印象。而视觉设计在节庆报道中的重要地位不言而喻,如果巧加心思作出不同以往的编排,就能很大程度上加强报道的传播效果。

总之,无论是规模效应还是新闻包装,节庆报道都应该追求一种"意味"。对读者来说,这种"意味"就是一种阅读体验,或隆重、或喜庆、或冷静,是可以被感知的。

但是,在强化报道规模时媒体应量力而行,做切实可行的策划。同时,还应注意不能把规模大等同于简单重复、随意堆砌,而是要循着一定的章法,做全方位、多角度的立体式报道。在新闻包装时,也不能落入形式主义的圈套,毕竟,形式求新是为了更好地为内容服务。如果不对报道对象进行深入的研究,不在内容素材上下工夫,再好的标题、再美的版面设计都不能掩盖内容与思想的孱弱,一切有创意的形式都会被消解。

二、细分宏大主题,寻找有新意的新闻切入口,让报道内容别开生面

清华大学新闻与传播学院院长范敬宜曾经说过,写新闻就要善于"寻找最带有共性的话题,最能引起共鸣的角度,最能动情的切入口"[①],对于节庆报道来说,这一要求同样适用。节庆报道的报道内容要突破以往,就必须找到有新意的切入口。

《中国经营报》在"改革开放30年"的主题之下,选择"城市"作为切入口,用一系列城市事件铺展30年的历史画卷。并且在城市事件的选择中,又把重点落在了矛盾和争议上,让报道内容有别于其他媒体,显得别开生面。

节庆报道的内容包容量一般都很大,多属于围绕某一主题和主要活动展开报道。这就为新闻策划留下了较大的活动空间,新闻报道完全可以将主题进行分解,将内容进行细分。因为每年的基本主题是不变的,即在宏观层面是相同的,只有细分才能找出区别点来。如果不讲其细分化、具体化,只有宏观层面事物是很难弄出新意的。以《中国经营报》的实践为例,从"改革开放的主体"细分出"城市",从"城市事件"细分出"矛盾与争议",一步步让报道的切入

---

① 刘守华.以开放的思维创新都市报重大主题报道.传媒观察,2008(12):5

口变小,报道也容易做得更深入。

当然,除了细分主题,还可以运用诸如逆向思维等方法找到新鲜的切入点。但必须注意的是,报道内容不能为了"新奇"、"有噱头"而不做核实,这样可能导致新闻失实。媒体应当加强把关,将真实性作为衡量新闻的第一准则。

三、报道视角多元化,关注人物的命运,表现新闻事实的故事性

拓宽节庆报道的报道领域,可以从不同的视角入手,其中对人物命运的关注有助于提高新闻事实的故事性。

《中国经营报》"改革开放30年大型报道"使用了"城市事件+人物命运"的二元视角,前者是大的、官方的、经济层面的视角,后者是小的、民间的、人文层面的视角,二者的结合让报道既有了宏观统照,又有了微观切入。在节庆报道里,也可以综合各种视角,例如"精英学者+普通百姓"、"国外+国内"等等。视角的多元化能够帮助读者了解事实的复杂性、看到事物的联系,从而获得更真实、更全面的信息。

而在所有的视角中,人物命运、个人历史是最能够体现故事性的一种视角。喜欢听故事是人的天性,新闻报道如果具有故事性自然吸引读者。节庆活动是人的活动,节庆纪念的是人的历史,在节庆报道素材里必然能够发现许多人的故事。对人的关注,既是一种报道策略,也是一份人文关怀。同时,这种故事性也客观上影响了报道语言的选择,可以尝试适当的诗意化的表达,注重对真实可感的细节的描写,这可以很大程度上提高节庆报道的可读性。

但是,无论选择什么报道视角,都应当从报道的具体要求出发。例如一些叙述成就的报道就不能仅从平民视角出发,官方视角反而显得更加权威与准确。

四、重视理性思考,善于把握规律,挖掘历史的深度

节庆报道的新意还可以通过理性思考的方式加以开掘,报道所透露的新思想、新观念、新规律是报道最具价值的创新点。

《中国经营报》"改革开放30年大型报道"从矛盾和争议中探索城市发展的方向,思考改革开放的地理特征,提出了不少新的思考角度,显示了报道对历史开掘的程度之深。

新闻媒体是第一手资讯的提供者,也是理性和建设性的思想阵地。黑格尔曾经说过:美是理念的感性体现。节庆报道的周期性决定了它本身具有这种反思功能,如果报道时不做理性的思考,它就失去了历史的纵深感,不能揭示产生变化的内外规律,也无法昭示事件发展的方向。反之,从独特的视角观察历史,用观点来征服受众,既可以使报道有新意,还能提高报道的思想高度。在具体的操作中,使用的也不一定非得是高瞻远瞩的大言论,一些颇具新意的小言论也可以被整合在节庆报道中,比如记者的采访手记等等,都有它的思考价值。有时候,一个新的观点可以起到统领整个节庆报道的作用,用理性的力量使报道的面貌焕然一新。

但是,在展示这种理性思考时不能为了追求轰动效果去"反读历史",进行错误的舆论导向。创新是为了提高舆论引导水平和效果。在对待历史问题上,应该严格按照党的有关决定、决议和结论,同中央口径一致,避免杂音。

五、结论

　　节庆活动是我国人民政治和社会生活的重要组成部分,节庆报道也成为我国新闻构成的特色之一。但是在长期的新闻实践中,一些节庆报道存在着选题重复、内容空洞、缺少理性等不足,而媒体的竞争和受众的需求变化,也都在要求着对这一报道样式的创新。在 2008 年媒体隆重纪念改革开放 30 年之际,出现了一批做出创新改革的节庆报道。在这些报道身上体现的一些创新思路与操作范式值得借鉴,例如对报道规模的强化、颇具新意的切入口、对人物命运的关注以及理性思考的呈现等。为了今后更好地进行节庆报道,媒体应当加强对这些创新理念健儿操作方式的总结,并且在此基础上作出更有意义的探索。

第十四章　经济新闻:深度与通俗并存

本章以《南方周末》经济新闻为研究对象,来分析经济新闻报道。其原因是:一方面不少专业的财经媒体研究者众多,无甚新意,故选择综合类媒体的经济新闻;其次,《南方周末》的经济新闻很有特色,对于综合类媒体的经济新闻、专业财经媒体都具有很强的借鉴意义。

第一节　经济新闻的概述

一、经济新闻的定义

经济活动是人类社会最基本的活动,每一个社会成员都生活在经济之中。从个体到集体,整个社会都十分关心经济,重视经济。而传播经济知识,帮助人们将零星、个别的经济体验整合提升为理性的东西,则要数经济新闻最为有效。这就是近年来经济新闻越来越被公众关注的现实背景。

什么是经济新闻呢?对经济新闻的内涵到底应该如何界定?由于审视的角度不同,说法也就各种各样。例如:

"经济新闻是报道人类一切经济活动的新闻,或以经济活动为主要内容的新闻。经济活动包括经济建设、经济改革、经济生活等。"[①]

"经济新闻就是对受众欲知而未知的,经济事实最新状态和发展趋向及时、公开传播的非指令性经济信息。"[②]

"经济新闻就是人类社会最新经济关系、经济活动和最新自然经济现象的新闻。它以报道经济关系、经济活动、经济现象为内容,以区别于政治新闻、体育新闻、文化新闻等专业新闻。"[③]

也有人从"新闻是新近发生事实的报道"的传统定义出发,引申出"新近发生的经济事实的报道,便是经济新闻"。即:"在生产、流通、分配、交换这个循环往复过程中所形成的物质运

[①] 仇学英.热点经济新闻采访技巧.新华出版社,1998:29
[②] 程道才,严三九.经济新闻写作概述.中国广播电视出版社,2001:2
[③] 张颂甲.经济新闻写作浅说.经济日报出版社,1991:5

动……就有可能构成经济新闻。"[1]"经济新闻是通过大众媒介传播具有社会经济认知价值的新近事实信息。"[2]

此外,还有人认为经济新闻是关于社会生产方式新近发生的事实的报道,是反映、服务和引导社会经济活动和人民群众经济生活的新闻。

所有这些,都从新闻是"事实"、"信息"的角度阐述了经济新闻的本源与本质属性,以及所包含的内容,并强调了这些内容的新颖性和知晓价值,因而对经济新闻的发现与传播,都起到了积极作用。但这些定义也有缺陷,它们虽说清了经济新闻来源于"经济事实",反映了"经济事实",却只是"事实"的表面,尚未触及"事实"的本质。因而这样的报道,只能是被动的,甚至只能是机械的反映而不是能动的反映,不利于引导经济信息的传播者提高经济新闻的采制质量。此外,这样宽泛的定义,也不利于以此为起点,去进一步研究经济新闻,更充分地发挥经济新闻在经济改革和经济建设中的作用。

此外,在今天的信息爆炸时代,各种各样的信息可能将受众淹没,正如太多的选择可能是无从选择,受众面对这么多的信息可能会无从选择,不知何去何从。因此,在今天向受众传播基本事实可能已经不能满足受众的需求。经济新闻需要帮助受众介入其选择和决策中去,而不能离开受众去空谈经济新闻。

所谓经济新闻,就是要报道、解析并且预测经济活动,为受众的选择和决策提供帮助。此处定义中的"经济活动"不仅包括已经发生和正在发生的经济活动,也包括潜在的、可能发生的经济活动;经济活动不仅包括经济活动中发生的经济现象和经济事件,也包括经济生活中涉及的人。

它着眼于帮助受众进行"选择"与"决策",不仅使经济报道具有思想高度,更具有针对性和贴近性,启发更多的人思考,而且对记者和传媒提出了更高的要求。经济新闻不应该是"照镜子",而必须对纷纭复杂的种种经济现象进行深入细致的分析和解剖,抓住其本质,阐释其客观规律,预测其发展趋势。

二、经济新闻的特点

经济新闻作为新闻的一个重要分支,由于与经济工作、经济生活密切相关,所以除具备新闻的时新性、公开性、真实性等共性特征外,还具有鲜明的个性特点。

1. 经济新闻具有一定的"开放性"[3]

经济全球化的本质就是市场一体化,国际、国内、区域市场一体化。没有哪一个国家、地区可以置之度外。因此,当代经济新闻报道也应是适应经济全球化的趋势,冲破地域的藩篱,融入世界经济大潮中去的开放性报道。

经济全球化是人类历史发展到今天的一种大趋势,是一种客观的历史现象。它是由资本

---

[1] 刘笑盈.经济学与经济新闻报道.中国传媒大学出版社,2006:19
[2] 王庆华.经济新闻采访与写作.中国广播电视出版社,2003:14
[3] 程道才,严三九.经济新闻写作概述.中国广播电视出版社,2001:17

主义经济在全球范围内的扩张,更确切地说是由市场经济在全世界的扩张,辅以先进技术为支撑,特别是以网络为基础的信息技术,而引发的在全球范围内实现最有效配置和组合各种经济要素的一种变革。此外,从经济发展来看,全球性的经济结构在20世纪六七十年代经历过一次大调整后,将于21世纪初期再来一次大调整。这次调整的趋势主要表现为,一是现代高新技术产业在发达国家进一步迅速发展;二是制造业更大规模的从发达国家转移到发展中国家。在这种条件下,中国需要了解世界,同时也要让世界了解中国,这就对经济新闻报道的开放性提出了要求。

所谓开放性报道就是要具有广阔的空间视野、悠长的时间视野,从全球角度、全国角度、历史的角度、未来的角度来反映和认识经济事件。

2. 经济新闻具有较强的专业性

经济新闻报道是一种专业性很强的报道。在对经济领域发生的情况进行报道时,往往要涉及一些业务性问题。而经济述评等深度报道,不仅要求介绍较丰富的专业知识,还须具有一定的理论色彩。因为在许多经济观察的背后,往往是一系列的经济政策问题和经济理论问题。比如,经济评论《回答紧缩银根是否过度了》,就涉及金融学、经济学以及国家金融政策等多方面的知识。如果记者缺乏这些知识,就无法构筑这样一篇谈金融操作、市场状况及其发展的文章。

但是应当指出,经济新闻不同于经济工作总结,也不同于专门的学术论文。它不像需要详尽展示经济工作的全过程,也不要求把业务问题说得很深。其着眼点在于,通过经济业务问题,来揭示其所具有的新闻价值,给受众以政策方面的引导或思想方面的启迪。也就是说,在业务性与新闻性这对矛盾中,新闻性是矛盾的主要方面,业务性服务于新闻性。

3. 经济新闻具有较强的服务性

在市场经济条件下,受众获取经济新闻的目的,不仅是对某个经济事实的知晓,而且更注重于经济新闻传递的信息对自身所产生的价值。受众对经济新闻的服务性需求可能是经济新闻产生和存在的最重要的原因之一,如果按照功能主义的说法,经济新闻应是服务于受众经济信息需求的新闻。虽然这种说法有失偏颇,但仍然体现了经济新闻的服务性特点。

但也要注意的是,经济新闻的服务性不只限于经济事实的传播,受众也不会仅仅满足于知晓基本的经济事实,受众还会对经济新闻提出更高的要求。鉴于基本经济事实的局限性和客观相对性,当前作为客观真实的基本经济事实,在未来某个时刻来看可能是错误的,或值得商榷的。所以传播经济事实并不能满足受众的需求,经济新闻应当尽可能地接近于经济规律,从经济规律的角度来报道和阐释经济新闻,回答和解释经济生活中的各种问题,以指导受众的选择和决策。

4. 经济新闻具有较强的政策性

许多经济新闻,旨在配合党和政府一个时期内的经济政策进行解释和宣传,其内容本身带有很强的政策性。一些报道经济工作动态、经济战线新人新事的经济新闻,虽然不直接阐明政策条文,但也渗透着政策精神,具体体现着政策。因此,吃透国家、政府的经济政策,正确地反映经济政策,是经济新闻写作的一项重要要求。

此外,高水平的经济新闻还善于从与群众生活密切相关的经济现象入手,以辨证科学的分析、通俗化的语言来透视现象,揭示本质,预测其发展趋向,帮助人们认清形势,明确方向。比如对当前中国股市的分析与报道,对国家应对西方金融危机影响采取的金融政策的分析,可以有效地帮助人们洞察国家的金融市场动态,满足人们在经济工作中的更高需求。

5. 经济新闻具有一定的"保密性"[①]

经济新闻的保密性和开放性特征并不矛盾。开放性主要指报道经济新闻的角度和视野,重视经济新闻的质量,而保密性主要涉及某些经济信息能否作为经济新闻报道,以及报道的时机掌握。此外,开放也并不代表无所保留,保密也并不表示不开放。因此经济新闻的开放性和保密性都是为了主体的经济利益,都是主体经济利益的延伸。比如某些经济新闻由于直接关系到国家进出口计划、新技术新工艺,不到一定的时候不宜报道。因此,经济新闻必须注意保密,注意做到内外有别,重大问题在报道前一定要请示有关主管部门。此外,经济新闻涉及特定主体的商业机密时一定要注意分寸,防止泄露和侵害特定主体的商业机密。只有当特定主体的商业机密违反法律法规,违反或侵害公众利益时,经济新闻才有可能报道此类的非法的商业机密,但也要掌握分寸,防止侵权。

正是由于经济新闻具有相对保密性,所以媒介从业人员在决定报与不报,何时报道,从什么角度报道时,都要格外慎重和警惕。

三、经济新闻的分类

经济新闻的分类多种多样,按照不同的标准,可分为不同的种类。"按报道领域划分,可分为工业新闻、农业新闻、财贸新闻;按报道内容划分,则分为政策性新闻、信息性新闻、人物性新闻和自然现象性新闻。"[②]还有一种不太严格的分法,将经济新闻分为"政经、财经、产经"。

本节采用胡润峰在《财经新闻报道与写作》的分法,将经济新闻分为四种类型:第一是政经类,任何国内国际重大政治事件背后,都可能存在某种经济动因,而且可能会对世界和中国的经济产生直接或间接的影响,例如"9·11"事件。第二是财经类,这是媒体关注的重点;第三是产经类;第四是社会经济类,简称社经类。

1. 政经新闻

政经新闻无人给出过清晰的定义,《瞭望东方周刊》曾经有一句口号:"以政治眼光看经济,以经济眼光看政治",这句话对政经新闻做出了简练的独到的概括。对经济的政治性解读,对政治的经济性解读,说到了政经新闻的精髓。其实政治和经济本来就是同属于一个"权力场"中的。在马克思那里政治和经济是分属于两个不同领域的,且这两个领域是有着相互联系和影响的。到了布尔迪厄那里,他关系性地进行思考,将政治和经济囊括入一个"权力场"中去。所以说,有时不能离开政治去谈经济,有时也不能离开经济去谈政治,这也许可以

---

① 程道才,严三九.经济新闻写作概述.中国广播电视出版社,2001:30
② 程道才,严三九.经济新闻写作概述.中国广播电视出版社,2001:30

解释政经新闻存在的理由。

此外,《瞭望东方周刊》曾对政经新闻做过如下区别性说明:"其一,关注政府与市场的关系。探讨政府在经济活动中所起作用的边界;其二,关注公众利益。就是说,不是纯粹从经济角度出发,当经济活动与经济现象涉及公众利益的时候就关注;在效率和公平上,倾向于关注公平;在财富创造与分配上,更关注分配。"

2. 财经新闻

财经新闻就是重点关注资本市场、金融市场以及与投资相关的要素市场,并用金融资本市场的视角来报道这些经济生活的新闻。财经新闻要从"利益"角度报道、解剖经济事件与现象,为提升受众利益服务。西方财经新闻聚焦于资本市场,是有其原因的。在欧美发达经济体里,经济总量中80%属于服务业,而其中金融业又占据主导地位,金融、资本市场对社会经济生活的影响无处不在。最集中的体现就是每个市场主体的利益创造、分配、转移等几乎离不开金融、资本市场。而在中国,金融、资本市场在经济生活中的作用还有限,还没成为经济状况的晴雨表,中国的金融、资本市场还处在起步阶段。但随着中国金融、资本市场的逐步发展和壮大,其配置资源的功能将日益发挥,财经新闻也将会日益重要。

3. 产经新闻

产经新闻主要报道一些重要和热门的产业及其中的重要公司,例如汽车、家电、IT、房地产、电信等产业以及这些产业中的重要公司。在过去,产经新闻主要关注国民经济的农业、工业、服务业等行业。关注比较粗略,对这些部门分得不细,常对这些行业做一些粗略的报道,对其中的企业关注比较少,就算有关注也常常是奉命宣传制造典型。而今天,产经新闻报道越来越细,特别是对一些重要的产业,越来越关注这些产业中的一些龙头公司。

4. 社经新闻

社经新闻在更广阔的背景上兼收并蓄,既具备了社会新闻的某些特征,又蕴藏着经济新闻的丰富内涵,可以说是经济新闻同社会新闻有机结合、互相渗透、交叉、融合的衍生体,兼经济新闻和社会新闻两家之长,比社会新闻更有深度更有思想,比经济新闻更社会化一点。社经新闻往往是一些重大的有关社会福祉的题材,既关系到经济发展,又关系到社会安定、民生福利。举个例子——《农民工社保难题有望解决》、《环保主义者的节日》,这两篇来自《南方周末》经济版的文章就是社经新闻的典型,既关经济发展、又关社会安定。

第二节 《南方周末》经济新闻的气质——平衡的观察家

一、为什么说《南方周末》是有气质的

《南方周末》在中国报人和读者眼中可能不是一份普通的报纸,它是有气质的,有灵魂的。

为什么说一张报纸有灵魂呢？伊尼斯认为媒介是有偏向的，是有时间偏向和空间偏向的。他认为莎草纸比羊皮纸有空间的偏向，羊皮纸比莎草纸更具有时间偏向。《南方周末》这些年的新闻活动，其所传播的内容和意义也是有时间偏向和空间偏向的，这也符合《南方周末》"百万大报，百年大报"的追求。再来看看二十年来《南方周末》办报理念的变迁，既彰显时代的沧桑变迁，也彰显了其追求。

1984年，"融知识性、趣味性于一炉"；

1991年，"激浊扬清，注重文采"；

1992年，"大雅大俗，雅俗共赏"；

1993年，"反映社会，服务改革，激浊扬清，贴近生活"；

1996—1999年，"关注民生，彰显爱心，维护正义，坚守良知"，"正义、爱心、良知"；

2000年，"深入成就深度"；

2002年至今，"记录时代进程"，"在这里读懂中国"。

从这些办报理念，我们看到一个不断进步的大报，看到一个媒介所传播的意义偏向：早期偏向空间，后期空间和时间偏向并重。此外，《南方周末》上的文章所传达的意义也是具有偏向的。有的文章能流传一时，传播范围很广，有的文章却能流传一世，甚至数世。我认为这种意义的偏向，特别是意义的时间偏向是近似于灵魂的不朽，或近似于精神的长存，所以说《南方周末》也是有灵魂的，有气质的。

《南方周末》前主编向熹认为，"中国未来报业市场将分化为以地缘纽带团结读者的城市类报纸，以业缘关系团结读者的专业类报纸，和以精神缘纽带团结读者的严肃类报纸，这将共同构成未来中国报纸的三大阵营，《南方周末》将致力于做成一份以精神缘纽带团结读者的严肃类报纸"。从这也能看出《南方周末》自身对精神、对气质的追求。

此外，从反面来看，从读者和记者对《南方周末》的人事以及编辑风格的变动的反应来看，也可以从中看出读者对《南方周末》的期待，以及对其过往精神和气质的依恋和认同。网络上就有很多网友因为《南方周末》2001年的风格转型而号召抵制《南方周末》。当时新任主编向熹上任后，通过多方面探讨和调查研究，以向熹为代表的《南方周末》新领导层做出了这样的转型决定：《南方周末》将从先期发展的"愤青"、"激情"类的报道范式，转向成熟期的客观、理性、包容、建设性，立志把新《南方周末》打造成类似《纽约时报》地位的中国最优秀的严肃周报。具体的操作途径是：减少社会报道数量，加强时政报道尤其是"大时政"的分量，在保持民间姿态的基础上更多地从宏观上关注国计民生，高屋建瓴地分析国内外大事，多提出建设性意见，力图构造"观点领袖"的形象，形成主流话语，建构一张权威、严肃周报。这些遭到部分网友的抵制，认为其已散失了"批判性"，引用一位网友的话，"建议抵制南方周末——鉴于某些媒体政治上的阳痿和在大是大非面前隔岸观火，甚至冷嘲热讽，建议全体网民予以抵制"。这句话针对的就是《南方周末》2002年向客观、理性、包容、建设性严肃大报的风格转型，讽刺其"隔岸观火"，失去以往的那种"批判"精神，或者说失去了以往的"揭黑"精神。在此引用网友的发言，并非是为了证明《南方周末》的转型遭到了读者的激烈抵制，也无法证明，因为并为未取得足够的证据——一些网友的过激言论还不足以证明。在此只是想从反面证明受众和

《南方周末》之间的精神缘纽带,《南方周末》在受众心目中的精神象征。

二、《南方周末》经济新闻的气质——平衡的观察家

1. 观察家——记录和深思

为什么说《南方周末》的经济新闻具有观察家的气质呢?《南方周末》现在的经济板块登得比较多的是观察,观察在此不是一个正式的分类,只是一个报道的形式。然而不仅如此,更重要的是这种观察中体现出来的对时代进程的记录和深度的思考。所以说《南方周末》经济新闻具有观察家的气质。作为观察家,它既是时代进程的记录者,也是深思者。不仅要观察经济活动的变化,记录其进程,还要深思其变迁的前因后果,以提醒和警戒世人。

(1) 时代进程的记录者

当前《南方周末》的办报理念是"在这里读懂中国"。从这个口号里,也可以看到一些《南方周末》经济新闻的理念,两者之间可以说是一脉相承的。正如《南方周末》经济部总监马克所说,"中国正在经历一场人类历史上前所未有的、规模最大的制度变迁和经济崛起。我们的记者就要原汁原味地记录其中的一幅幅经典的画面"。这句话高度体现了《南方周末》经济新闻的记录者气质。

从最近几年的报道可以看出,《南方周末》的经济新闻几乎参与记录了中国的大部分的重大经济事件和活动。从中央取消农业税、国企改革、金融改革、社会主义新农村建设、通货膨胀、环保、反垄断、股市动荡等重大经济政策和宏观经济现象,它都及时进行了记录,发表了大量的文章:《2006:后农业税时代的来临》、《国资委出新招——国有大型企业管理层持股解禁》、《私人银行:芝麻为谁开门》、《陈平:产权不是银行改革的主要问题》、《中国农村第二次变革拉开序幕》、《农民工社保难题有望解决》、《中国股市再现"井喷"》、《胡祖六、宋国青解释通货膨胀》、《央行接连出招,欲破通胀难题》、《环保主义者的节日》、《气候谈判:中国为发展权而战》等。

此外,《南方周末》对房地产、能源、汽车、家电、航空、等各产业动向,也进行了详细的记录,发表了大量的文章:《"鸡肋""大炮":"地产总理"任志强》、《囤地不息,涨价不止》、《太阳能催生新首富,追赶者挤爆产业》、《"种石油",亦或种粮食》、《中国自主核电谋求突围》、《钱积惠:为中国核电事业请命》、《平板电视重蹈手机覆辙》、《大飞机中国造决策始末》、《飞机和油谈判》。

以上这些文章所涉及的领域很多都是关乎国计民生的,和时代息息相关的,在其中都能看到《南方周末》经济新闻的介入,这体现了《南方周末》经济新闻的记录者角色。

(2) 深思者

笛卡儿的"我思故我在"其实是说主体因为思考而存在,这种存在是一种通过内思而达到的外在,或说这种存在是一种从他者角度看来的存在,而不是主体自我感觉的存在。因为主体在思考时可能已经忘记了自身的存在,把自身投入思考中去,把自身化为思考,近似于佛家的"无我相",这种思是理性之思。主体因思考而存在,若主体不思考还存在吗?还是存在的。换个角度理解这句话,可以这样说:存在的意义在于思考。主体存在的意义在于思考,这里的

主体通常是指人,但这也可以扩展到具有思考可能的存在范围内,那就可以这样说"存在的意义在于思考",但这并不是说存在的全部意义在于思考,而是对有思考可能的存在而言,存在的意义之一在于思考。对于媒体而言,也可以这样说,媒体存在的意义之一在于思考。故对于《南方周末》的经济新闻而言,其存在的意义之一亦在于思考。

《南方周末》经济新闻稿子通常篇幅较长,有的多达近万字,如果只描述一个经济现象或经济事件,通常两三千字就足够了。《南方周末》经济新闻通常不会只描述一个经济现象,还会做一些思考性的东西,会有一些自己独特的观点,经常以综述或观察的形式来表达自己的一些观点和思想。正如《南方周末》经济部总监马克的话来说"互联网发达以后,信息越来越泛滥,思想越来越稀缺,而综述是思想的载体,这正是它的价值……写综述同样有三层境界,第一层是被材料或采访对象牵着鼻子走,写出来的文章是外部信息的原始堆砌;第二层是有了自己的思路,能够用自己的观点驾驭材料了,但观点没有什么出人意料之处;第三层是于寻常中见不凡,你的材料别人都看到过,但你却能在此基础上给出让人眼前一亮的解读,提出让人茅塞顿开的观点。现在媒体上刊登的综述,大部分是第一层,《南方周末》的综述比较多地达到了第二层。"①从这段话可以看出《南方周末》经济新闻对观点的重视,要求有自己的观点,而这种观点多来自于思考,不思考何来观点呢。笔者节选了几篇《南方周末》的经济新闻,以佐其证。

"在国内众多高校身陷巨债危机之时,汕头大学却无债一身轻。这所大学不仅每年公布自己的财务年报,还拒绝银行贷款的诱惑和扩招的压力。同为公办高校,他们为何作出不一样的选择……汕大能够坚持部向银行贷款的真正原因在于,它建立了一套与其他高校完全不同的办学体制。在很多关键时刻,真正有决策权的校董事会、规范的制度以及国际化的管理团队,发挥了至关重要的作用,控制住了盲目投资以及扩大办学规模的欲望……相对于扩招的不热心,董事会更愿意把注意力放在内部的教育改革上,为避免中国其他高校的弊病,他们试图用国际化的方式来管理这所大学。自 1999 年以来,国内高校先处于规模扩张的亢奋中,然后又陷于债务危机的苦恼中,另一方面,与之相关的问题也随之出现,教育质量低下,学生素质下降,学术风气浮躁"。②

这篇文章是从一点来看一个面,这种看是从反向看的,或者说是通过点与面的比较来反思这个面的,通过汕头大学这个点来对整个高等教育的现状进行透视,并作比较,以反思高等教育的问题。

"从 1980 年代末开始,中国 2 800 多个古镇就不断经历着'迁旧建新'、旅游开发的考验。这些曾因贫穷而幸存的古镇徘徊在得失之间。它们失去的,不仅是那些古建筑,还有那些古

---

① 准记者培训教程,104
② 南方周末,2007-04-12

老的生活状态……在中国,保护下来的古镇大部分地失去原有的韵味。周庄就是一个典型的开发过度的例子……让人大失所望的古镇有三种类型:一是古镇失去了淳朴的民风;二是古镇的商业无节制地发展;三是在古镇上建造不少假古董"。①

这篇文章就是对古镇旅游现状的反思,观点很独到,可谓是一针见血,这些都需要记者的深刻思考。

作为时代的观察家,《南方周末》经济新闻既记录时代进程,又思考着这些关乎国计民生的经济活动。作为观察家,它并不是袖手旁观,其记录和深思都在影响今天的中国。

2. 双维的平衡

《南方周末》经济新闻不仅具有平衡的价值观,其在《南方周末》的整个版面中也扮演着平衡者的角色。平衡的价值观并不是为了达到各方的妥协而做出的妥协,而是忠于新闻事实。

(1) 平衡的价值观

对《南方周末》经济新闻来说,平衡的价值观主要指报道新闻时保持冷静、中立和克制,不作价值预设与价值判断,在整个报道形式上是观点均衡并且富于建设性的。《南方周末》记者李梁曾经说过,"我不认为报道弱势群体比报道跨国公司更具有道德优越性,更不认为做前一类报道比做后一类报道会让心里更踏实"。当然这句话并不是说不关注弱势群体,而是一视同仁地报道。

其实,这种平衡的价值观的核心是忠于新闻事实本身,追求客观报道,不偏不倚。这种平衡的价值观通常会对报道的题材产生影响,不仅要报道政府的经济政策,企业的经济活动和经济现象,也要报道农村建设。《南方周末》经济新闻通常分为政经、财经、产经,有时还会有观点、特稿之类的。按常理经济新闻多涉及经济政策、企业行为、经济现象及人物等,涉及工农等弱势群体较少。但《南方周末》经济新闻不是这样的,它不仅报道经济政策、企业行为、经济现象以及人物等,也关注农民、工人、残疾人、老人等弱势群体,特别是三农问题。这种报道题材的平衡就可见《南方周末》经济新闻平衡的价值观。

此外,在报道经济政策时,它不仅是解读经济政策,还关注其对民生的影响,提出建议。如这样一篇文章《十年轮回重归公益:北京公交真的姓公了》②。这篇文章是对北京市新公交政策的解读,读者可从中感觉到浓浓的人文关怀。关注公众利益,这就是平衡价值观的很好的体现。在报道企业行为和经济现象时,《南方周末》也会关注涉及的弱势群体,为他们疾呼,监督企业。例如在一组能源问题的报道中,《榆林:"中国科威特"的成长烦恼》、《江南煤都期待涅槃》、《辽远:百年煤城艰难转身》,这组文章主要是关注产煤地的民生问题,和通常的能源报道不一样,它关注民生,也体现了平衡的价值观。

(2) 平衡的版面

《南方周末》在创办之初是一份娱乐型的周报,直到1992年12月才正式出版经济版。当

---

① 南方周末,2006-05-11
② 南方周末,2007-10-11

时经济版叫"经济与人",创办经济与人的作用可以引用《南方周末》前主编游雁凌的话来概括:"经济版的创办,对淡化《南方周末》的文化娱乐性质,强化《南方周末》对社会、现实特别是经济领域的参与功能,对推动《南方周末》后来的报纸改革,都起到了一定的潜移默化和示范的作用"。当时创办经济版对淡化《南方周末》的文学化、娱乐化,增强新闻性,对版面起到了巨大平衡作用,也为后来《南方周末》走向严肃、理性、深度的大报起到了奠基作用,对后来摸索的起到示范作用。

经济版的这种平衡作用在今天仍然存在。当前《南方周末》通常分为五个板块——时政、新闻、经济、文化、评论。在当前的这五个板块中,经济板块仍然起到了巨大的平衡作用。当前《南方周末》主要有A、B、C、D四叠,经济版一般在C叠,A叠为时政版,B叠为新闻版,D叠为文化版和评论版。从这种版面的排序——将经济版放在中间,也许能看出《南方周末》内部对经济版的某种期待。从一头一尾来看,其A叠为时政版,D叠为文化版和评论版,时政版易于政治味过浓,政治精英和政治事件过多,而文化版易于娱乐化或学术化,评论版更是易失之于偏,这一头一尾都易失之于偏,而经济新闻貌似客观真实中性无偏,故经济版可调和一头一尾的这种偏颇。

第三节 《南方周末》经济新闻的业务特色

《南方周末》经济新闻特别注重深度的报道,虽然经济新闻受自身特点的影响——往往受数字、专业术语等等的限制比较多,它却在种种限制中追求灵活自由的形式,正如歌德所说"伟大的艺术就是在限制中表达自由"。深度的报道不仅指新闻事实的深入挖掘,还包括新闻价值的深度挖掘。

一、新闻事实的深入挖掘

叙事、背景、观点并重,是《南方周末》经济新闻深入挖掘新闻事实的突出特点。

1. 叙事

叙事具有独特的魅力。叙事对于经济新闻来说,除能向读者传播信息和知识外,还可使文本更加通俗易懂,降低经济新闻的晦涩难懂,在经济新闻的专业性与通俗性之间取得平衡。还能拉近与读者的距离,可改变读者存在的时间和空间的感觉,仿佛将读者带入叙事文本的空间中去,将读者带回到事件发生的时间和空间中去,给读者身临其境的感觉。

对于经济新闻来说,叙事是一种以故事化叙述展现经济动向的新闻表达方式。这种方式讲究用形象的事实说话,尽可能地寻找事件中蕴含的戏剧性或含有幽默感的情节和细节,并建立多维的故事叙述视角,使读者在对经济新闻事件的阅读中了解其中的经济价值,进而影响自己的经济选择。叙事的一个重要作用在于降低了阅读的难度,把一大批边缘读者纳入,而这类读者往往又是广告投放的潜在客户。因此,对于提升发行量是很有帮助的。

《南方周末》经济新闻非常重视叙事,可以说叙事是《南方周末》经济新闻最有魅力、最具特色的特征。一方面,《南方周末》可以通过叙事来深入挖掘新闻事实,进行深度的报道。另一方面,它可以通过叙事来达到通俗化、社会化的目的,平衡经济新闻的专业性特点,使普通大众都能看得懂《南方周末》经济新闻,并且增强经济新闻的趣味性、戏剧性。

中国人寿"营销精英"骗保1 500万调查

2007年10月16日被刑拘后,刘晓曼在湖南宜章县的"知名度"更高了。

自称48岁的刘晓曼,一度是中国人寿保险公司湖南宜章公司支公司的'业务明星',已在公司服务10年。2006年,她拿到了中国人寿湖南分公司个人业绩的第四名,还担任着宜章支公司营销部经理、精英队长。县里的人喜欢这个能说会道的女人——她经常以帅哥、靓女的称呼,讨得他们的欢心。

"冲突发生在10月15日,一个十字路口,刘晓曼被一个姓肖的人拦住了"。一位知情者说。肖是刘晓曼的客户,在她那里买了"国寿鸿鑫两全"保险,10月18日即将到期。此前,肖曾数次找到刘晓曼商量到期兑付的事,但都被刘晓曼拒绝。被拦后,刘晓曼仍然表示"没钱",发生争执的双方被警察带到了派出所。

尽管这位精英业务员当场摆平了事情,但"刘晓曼骗保"的消息,开始在县城传播。她的一位罗姓客户听到传言后,确认自己的保单为伪造。16日下午,宜章警方在中国人寿宜章支公司,将刘晓曼带走。

由刘晓曼操作的骗保大案,露出了冰山一角——在中国人寿宜章县支公司,被骗者拿着各种"保单"、"保费收据"、"收条"要求退保。但他们被告知:所持的都是"假货",公司无法退钱。

一幕幕悲惨的场面出现了。受骗者中,老年人、失业工人、占了多数那些购买保险的钱,是他们多年的积蓄,甚至包括买断工龄、车祸赔偿、看病吃药的钱。面对调查此案的南方周末记者,一些人痛哭不止。

这一百多名受害者购买的,全是"国寿鸿鑫两全保险(分红型)"。这是一个确实存在的险种,2003年开始销售。中国人寿官方网站显示:投保"国寿鸿鑫"险后,每3年可以获得保险金额的9%的返还收入;每年还会根据上一会计年度保险业务的经营状况获得分红……。

但到了刘晓曼口中,"国寿鸿鑫"的内容已经完全改变。

44岁的尹凤凰是一名下岗工人。2007年5月,她将自己买断工龄的钱和平生积蓄共计34.5万元,全部购买了"国寿鸿鑫"。"刘晓曼告诉我,'国寿鸿鑫'是公司最好的险种,资金全部投资于三峡工程、奥运工程等项目。"尹凤凰说,"如果投保,除了每年可以参加公司分红外,交钱时就可以拿到10%的返还。"

另一位受害保户也称:刘晓曼答应当场给他8%回报。南方周末记者从数十名受害人处证实,他们得到的许愿与尹凤凰等人基本相同,只是当场返还的钱从5%到15%不等,期限也有3个月、6个月、1年之分。

为了应对保户们索取保单的要求,刘晓曼又编造了一段说辞。受害人李恪重总计被骗84

万,刘晓曼给他的都是复印投保单。"刘晓曼对我说,保单原件要存档。"李恪重回忆道,"采用复印的保单可以免交税费,省下来的钱可以返还给你们。"由于和刘晓曼比较熟,加上复印件上盖着公司印章,李恪重打消了疑虑。

除了复印件,刘晓曼还使用过"阴阳保单"。一位曹姓受骗者给了刘晓曼7万元,刘称"一年后连本带利给你10万元。"据办案人员调查,刘晓曼只向公司缴了一万元,换回保单和保费收据,然后自己在单据上加了一个"0",1万变成了10万。

而在收到客户们的现金后,通常应开具公司的收据。但在多数情况下,刘晓曼给客户们的都是一张"收条"。出于对这位明星业务员的信任,很多客户并未发现其中的疑点。中国人寿宜章支公司给予刘晓曼的信任,助长了她的底气——这家公司曾多次为刘晓曼组织面向客户的业务推介会,公司经理廖兴武亲自出面,称所有投保业务可以全权委托刘晓曼……。

从人们的反应来看,刘晓曼是一位十分敬业的诈骗者。

……

刘晓曼只有初中文化,但她的乖巧尽人皆知——她很会有人套近乎,见到女的都是靓姐、美女,男的则一律是帅哥。"同行们都知道刘晓曼经常买鞋子、买水果给客户,大家都佩服她心思细密。"平安保险公司的一位业务员说。

被骗八十多万的李恪重和刘晓曼是初中同学,据他说,刘晓曼56岁左右,不炒股,不打牌,不买码,看不出他有挥霍钱财的地方,只是喜欢跳舞。曹凤云证实了李恪重的说法——她和刘晓曼就是跳舞认识的朋友,平时以姐妹相称……。①

首先,从上面这文章可以看出,这篇经济新闻的文字非常通俗易懂,叙事简洁,对于一个没有多少经济常识的读者也是可以读懂的,可以看到叙事在解决经济新闻通俗化方面的巨大作用。此外,开头的导语交代了基本事实"刘晓曼骗保1500万元",后面就是逐步展开刘晓曼的欺骗链条——自圆其说的"故事"、业务明星的光环、高额返还的诱惑和毫无效力的凭据。借他人之口叙述了一个保险精英如何工于心计,利用各种手段骗取保费,欺上瞒下的故事。到这里,读者也许会得出一个结论——刘晓曼就是这个案子的罪魁祸首,事情已经基本水落石出了。

通过上面的举例可以看到叙事对《南方周末》经济新闻的重大影响,既深入地挖掘了新闻事实,又实现了经济新闻的通俗化。

对于《南方周末》的经济新闻来说,叙事通常用两种方法,一种是人的叙事;另一种是隐人的叙事。对于《南方周末》经济新闻来说,人的叙事通常是指讲代表性人物的故事,以人带事,而不是写成人物报道。当然《南方周末》经济新闻也有人物性报道,但通常比较少,隐人的叙事对于《南方周末》经济新闻来说,通常是对经济现象的观察性文章,往往找不到人,或无需找人也可以写的文章,这样的文章在《南方周末》经济新闻上也很多。

---

① 南方周末,2007-11-29

(1) 以人带事

以人带事主要是讲代表性人物的故事，而不是人物报道。这种以人带事，通过讲代表性的人物的故事，挖掘事件中的核心人物，挖掘其身上所具有的戏剧性和冲突性，挖掘其与其他人物、事件或制度的冲突。

做个粗略的统计，在2006年和2007年《南方周末》中各随机抽取一个月的经济新闻，来做统计，这样的文章在《南方周末》经济新闻上大概占到55%。

银行理财：成长中的烦恼

同在北京最热闹繁华的西单地区推销银行理财产品的小王和小李，心情却各不相同。

小王是中信银行北京西单支行的理财经理，成天乐呵呵。3月份以来，他手里的三类理财产品销售形势都不错，短期内便抢购一空。虽然销售现场不如去年火爆，但他也还能轻松的完成任务。

小李中国银行中银大厦支行的一位理财经理，他的心情就比小王沉重多了。来咨询理财服务的客户不像以前那么蜂拥而至，成功率也不如以前高。

4月3日，银监会正式发布了47号文《关于进一步规范商业银行个人理财业务有关问题的通知》后，中国银行马上做出了规定：任何来办理理财服务的客户都必须首先进行风险测试，测试完了根据得分推荐相应的理财产品。而小李手里能推荐的有两大类产品：人民币理财和外币理财产品。每一类产品背后都注明了收益率，但是在销售时小李按要求必然要加上"收益率不是固定的啊"、"我们不能保证"之类的话，客户一听小李这么说，犹豫和退却的旧多了。

小王把自己的工作顺利归功于，银行在合适的时间推出了几类颇具灵活性的产品。

……

"47号文发布以来，不同银行的理财产品表现出明显的分化趋势。"中国社会科学院金融研究所理财产品中心副主任袁增霆对南方周末记者说……

过去一年各银行大干快上，银行理财产品市场呈暴发性增长，但到了2008年一季度，这个市场经受了自成长以来最为严峻的考验。

……

整个市场在今年一季度遭遇严峻考验的原因主要来自两方面。一方面，大多数理财产品的收益支付都是基于看涨基础资产，但是，最近一段时间，境内外一些在主要资产价格或走淡或大幅下跌。这在客观上使得部分产品的到期收益为零，或尚未到期的评估收益为零，甚至出现了负收益。另一方面，由于银行理财产品未能创造先前声称的高收益，使得投资者对产品运作的质疑和投诉增多。

……

记者在中国银行中银大夏支行采访的时候，遇到了前来买理财产品的张女士。

张女士原本想到北京农商行购买一款名叫"金凤凰"理财的新股申购优先收益型人民币理财产品。不过，她到那里才发现这种预期年华收益率6.22%的理财产品早就买完了。中国银行理财产品可算非常丰富……她还抱怨说产品太多，搞得她眼花缭乱。在中国银行，必须存款30万以上、成为其VIP客户后,才能有一对一的理财经理提供个性化的服务,像她这样的普通客户就只能在营业厅内瞎逛,从理财经理那里得到简单的一些咨询。

……

中资银行整体理财产品的投资价值明显优于外资银行产品。而在中资银行内部,股份制银行与农村信用社的理财产品要明显优于国外控股银行。

……

银行理财成为中小银行特别着力发展的业务。一些银行甚至不惜为理财产品设定更高的收益率来吸引客户。①

从上面这篇文章看,为描述银行理财产品分化的现状,记者找了两个在不同银行的从业人员,从他们的心情、工作业绩来表现银行理财产品的市场分化。至于分化的原因则通过社科院金融研究所理财产品中心副主任袁增霆来表述。对理财产品的一些问题,又通过一个购买者张女士之经历来反映,这篇文章就是典型的以人带事。

（2）隐人的叙事

对于《南方周末》经济新闻来说,隐人的叙事通常是对一些经济现象的描述和观察性文章,根据已有的一些资料进行分析,往往在找不到人或无需找人的情况下使用。这样的文章写起来难度非常大,往往需要找到有冲突的事件,如果事件的冲突足够强的话,读者是能容忍这种见事不见人的文章的,前提是叙事一定要有韵味。如果是弱冲突事件,也要从弱冲突中找出相对强的冲突,然后再把这个冲突放大。所以,对这种人的叙事,塑造事件的冲突是非常重要的。如果找不到冲突,去写隐人的叙事可能会非常地枯燥乏味。

做个粗略的统计,在2006年和2007年《南方周末》中各随机抽取一个月作样本,这样的文章在《南方周末》经济新闻上大概占到35%。

汝州之惑——一个违规亿元项目和一个中部欠发达城市的发展逻辑

《诗经》反复吟唱的汝河流淌千年,见证华夏文明的发源与繁华,看过兵马嘶鸣民生凋敝,也看过重新奋起的希冀与热望。现今,它的身畔,沉默是今晚的鑫源丰。

9月23日夜,汝河之畔的河南汝州市汝南工业区,占地千余亩的鑫源丰工厂里只有黑暗和沉寂,和着秋虫呦呦。几排错综相连的巍峨设备脚下,一台有些锈迹的翻斗车呆举着大半斗石块,像一只伸向半空的手。

两个月前被暗访的副省长怒斥之后,这个未批先建、赶了一年工的项目就此戛然而止。

不久,河南省两次上报国家发改委,在按中央要求进行的地方亿元以上新开工项目清查中,宣布停建两批共37个项目。鑫源丰赫然列于名单之首,此时它距建成投产仅一周。

已投资3亿的这项工程是汝州有史以来最大的项目,一旦投产,每年上交当地利税将超过此前这个县级市的全部进账。

---

① 南方周末,2008-05-15

……

但令当地人耿耿于怀的是,偏偏在利润最为暴涨的氧化铝上,汝州却落了空……。

同样耿耿于怀的,还有几百里外的河南神火集团。

……

一个有铝土矿,一个缺氧化铝,新联盟迅速形成。然而,它们的结晶却因为国家产业政策之故迟迟无法落地。

……

一出"狸猫换太子"由此上演。

在2005年初设立之时,鑫源丰名为神火化工有限公司,由神火集团及其两个子公司出资2 000万成立,前者占股99%。

国家发布产业政策不到一个月,神火化工更名鑫源丰,经营范围变为"4A沸石的生产与销售";所属行业从铝冶炼业变为"化学试剂和助剂制造"……

氧化铝就此变成了化学试剂生产,前者需严格审批,而后者只需自动登记……。

赛跑逻辑

如同一个注脚,鑫源丰正和各地数以万计的新项目一道全力跟时间赛跑……。

没过多久,平顶山市环保局发现了这个项目违规,立即叫停。3个月后再次检查,看到的是鑫源丰正加紧施工。

眼看平顶山环保局无能为力,两周内省、国家两级环保局相继出手。省环保局向鑫源丰下达停建通知,并致函当地政府,要求监督落实。而国家环保总局派出调查组直下汝州,认定该项目"违法事实清楚,性质恶劣"。

只要跑赢时间,就能得到生存,这是邻县一个活生生的例子……。

7月18日,刚刚分管环保两个月的河南省副省长张大卫带领大批媒体突然造访,当场怒斥汝州环保局长"养猫不抓耗子",并且敲山震虎———"谁给你们的胆量,简直胡闹!"

工地上的喧哗戛然而止,只有汝河不动声色,安静如常。

省里的哲学

……

于是,今年夏天,河南宣布在关掉92个小矿之后进一步整合铝业,明确将全省现有资源——93个探矿权——向中铝、三门峡东方希望、三门峡开曼、新安铝电四家集中。而三门峡义翔、平顶山汇源化工、登封中美这三家则在与前述四家或者其他电解铝企业整合后,允许按现有规模生产。

这意味着包括后备资源在内的河南全省的铝土矿悉数分尽。附带的条件是,这些企业2002年以来新增氧化铝产能必须全部供应省内电解铝企业。

除了中铝之外,其他企业大多都为这两年河南招商引资或是地方兴建的项目,他们之中有的早年就拿到批文只是一直因为资金问题未能建成,有的是先生孩子但后来终于补上了户口。

鑫源丰没有能跻身省重点扶持的企业之列,就像过热行业里许多地方企业不在国家倾力扶持的重点企业之列一样。

　　汝州的悲剧由此生焉。然而,谁能预言,这一个尚未完结的悲剧之后,还会有多少正在发生或者即将发生的疼痛?①

　　这篇文章是典型的去人的叙事。文章中几乎看不到人,但是依然有很强的冲突性、故事性,叙述了汝州地方政府、河南省政府、中央宏观调控政策之间的多重矛盾,充满了张力。文章把时间拉得很长,从宋朝起一直到现在,紧接着"汝河之畔的河南汝州市汝南工业区,占地千余亩的鑫源丰工厂里只有黑暗和沉寂,和着秋虫呦呦。几排错综相连的巍峨设备脚下,一台有些锈迹的翻斗车呆举着大半斗石块,像一只伸向半空的手",用这段话说明鑫源丰的停建非常有画面感,能够有立刻把读者带到现场的感觉。后面接着说明了汝州市政府为何违规建设鑫源丰——利用地方丰富的资源发展工业以及相关的财税动机。然后就是河南省政府的"叫停",这种河南省政府的"叫停"貌似合乎中央的宏观调控政策,然而这背后却是河南省政府更大的违反中央观调控政策的项目。这种"叫停"是在做表面文章,是做个中央政府看的,是为了保全河南省更大的违规项目,可以说是"弃卒保帅"。所以汝州的鑫源丰虽然是违规项目,但文章最后对其还是充满了同情的,称其为"悲剧",主要是同情其地方政府和人民所要求的发展权。这篇去人的叙事也能写得有声有色,主要是其复杂的、充满张力的冲突性,所以冲突性对于去人的叙事是非常重要的。

　　2. 注重背景材料的使用,均匀地使用背景材料
　　(1) 经济新闻背景的重要性
　　新闻背景即事件产生的历史环境、客观条件以及它与周围事物的联系。经济新闻的背景的运用,对于经济新闻的真实和深度,都有巨大的辅助作用。经济就是交易,交易是在双方或多方之间进行的,所以在经济系统中的各要素,在此时彼时之间,或此地彼地之间往往是具有某种联系的,要实现经济新闻的真实和深度就要关注这些联系,研究这些联系,以更加趋近于经济新闻事实的本质。如果经济新闻报道仅仅对某一变量进行孤立地描述,忽略那些联系,往往只能实现局部的真实,不能趋近于事实本质,真实和深度可能就无从谈起。

　　此外,经济新闻的背景,由于它与具体经济事件的密切相关性,常常能够凸显经济事件的新闻价值和意义,为读者提供更多资料性信息,增加新闻的知识性、专业性、趣味性和可读性。更为重要的是,把经济事件、人物放到时代背景中去,也有利于从宏观着眼,大尺度观察,得出有远见的观点。背景也常常同新闻事实一道,共同为"观点"的阐明提供依据。

　　(2)《南方周末》经济新闻中背景资料的运用
　　《南方周末》经济新闻也非常重视背景的运用。正如《南方周末》经济版块的记者夏英所说,"在新闻报道中要加强说服力,很重要的一点就是必须把你要报道的事件、人物始终放在一个个大大小小的坐标系里。通过纵向和横向的比较,使读者对报道的事件和人物有清晰的

---
① 南方周末,2006-10-12

认识。另外,这样可以使报道具有纵深感和延展感,从而充满厚度和趣味。"①此处的"必须把你要报道的事件、人物始终放在一个个大大小小的坐标系里,通过纵向和横向的比较"即是要把事件、人物放在时间、空间背景中去,也即放在时代背景中去,可见《南方周末》经济新闻内部采编人员对背景的重视。

那么,《南方周末》经济新闻是如何使用背景材料的呢?《南方周末》经济部总监马克也曾说过:"找到典型人后,把他放在时代背景下。通常写的人都是30岁以上的人,他之所以成为你的写作对象,一定是他最近碰到了一些事,这些事通常有若干年的轨迹,这个事件段就是背景。你要写的是新发生的事,你得把背景穿插进去。在背景的使用上,我发现记者常犯的错语就是把大段地使用背景,比如说前两段说一个事,后三段就哗啦啦全是背景,那坏了,你一定会把读者赶走。那我们要怎么样找人,怎么样把他放在时代背景下呢……你要把这些背景和最新的事实结合起来,把背景打散了撒到叙述中去,像炒菜时撒盐一样,有意识地去营造喜剧性和冲突性。"②从这段话也可以看出《南方周末》经济新闻很重视背景材料,然而不只是重视,还对背景材料的使用有一定的要求,那就是要结合事实、均匀地使用背景材料,而不是堆积背景材料。下面来看篇文章。

东莞家具业:御寒有术③

"谁说现在是'寒冬'呢。"赵家尧打开空调,一股冷气吹了过来,桌上那本名为《升级》的书角微微颤了一下。

赵家尧是城市之窗家具集团的副董事长,这是一家注册地在香港,而大本营在"家具之都"——东莞市厚街镇的企业。当人们普遍认为"中国制造"跌入低谷时,赵家尧却不以为然。

……

历史上,东莞以编莞草而得名,用莞草编织草席,使东莞人在过去的艰难岁月,找到了一条谋生的出路,也编出了难得的家具经济。在家具界,流传着"全国家具看广东,广东家具看东莞"的说法。

……

但与所有的中国制造的一样,家具制造属于劳动力密集型行业。稍微特殊一点的是,家具业对经济景气更为敏感——它高度依赖房地产市场的繁荣。

海关总署最近公布的数据显示,1至9月中国传统大宗商品出口大幅度回落,其中家具出口回落3.5个百分点。

冬天正在来临。

过去的一年里,赵家尧时时常听到家具企业倒闭、老板跑路的新闻。但他的城市之窗却"逆市上扬",在过去的两年里,每年出口增幅保持在30%以上,今年1至6月,出口额同比增

---

① 邓科.南方周末——后天.南方日报出版社,2006:129
② 蔡军剑,张晋升.准记者培训教程——南方周末采编精英演讲录.南方日报出版社,2007:97
③ 南方周末,2008-10-30

长126%。

……

在过去两年里,城市之窗兼并了吴家家具制造公司——这些同行要么活不下去了,要么半死不活。被兼并之后,又都起死回生。

……

赵和徐能够不介意寒冬,有一个最重要的原因:他们主做的还是国内市场。当外部欲求开始明显衰退时,国内市场成了中国制造的救命稻草。中国家具协会发布的数据显示,内销市场已经连续多年保持15％以上的增长,年销量突破了4 000亿元人民币,但国内市场高度分散,市场份额超过1％的企业寥寥无几。

……

亚洲最大、世界第二大家具巨头台升集团(台资),1992年就在东莞投资建厂,产品长期以来是全部出口,今年年初,其董事长郭山辉发现"势头不对",遂下决心开拓内地市场。

9月,台升宣布退出新品牌,正式进军内地市场。①

……

上面节选出来的文字多是穿插使用的背景材料。首先介绍了东莞的历史背景——历史上,东莞以编莞草而得名……也编出了难得的家具经济。然后介绍了当前的家具业和房地产市场的联系,以及当前中国的整体出口现状。这些都属于背景知识。"稍微特殊一点的是,家具业对经济景气更为敏感——它高度依赖房地产市场的繁荣……海关总署最近公布的数据显示,1至9月中国传统大宗商品出口大幅度回落,其中家具出口回落3.5个百分点"。紧接着又介绍城市之窗过去两年的成长背景,"在过去两年里,城市之窗兼并了吴家家具制造公司——这些同行要么活不下去了,要么半死不活。被兼并之后,又都起死回生"。最后又穿插国内家具业市场最近几年的行情——中国家具协会发布的数据显示,内销市场已经连续多年保持15％以上的增长,年销量突破了4 000亿元人民币,但国内市场高度分散,市场份额超过1％的企业寥寥无几。

当然并不是《南方周末》经济新闻的所有稿件都是穿插使用背景材料的,有一些也是堆积背景材料的,但使用背景材料的文章大多是穿插使用的。

3. 重视观点

新闻事实和背景是对经济现状的一种描述;而观点是对描述的思考,是对经济现状一种判断,是对经济未来富有建设性的意见表达。新闻事实和背景就像是经济新闻的血肉,而观点就像是经济新闻的骨骼,骨骼支撑起血肉,血肉让骨骼丰满有韵味,故观点对于经济新闻来说是其骨骼,统领着新闻事实和背景。如果经济新闻只是堆积事实和背景材料,就失去了其服务性、专业性的特点,也不能满足读者的要求。观点对于经济新闻的深度是非常重要的。对于深度的报道来说,要能见之所以未见,发人之所未发,在寻常中见不凡,趋近于本质事实,

---

① 南方周末,2008-10-30

而观点恰是实现深度报道的重要形式之一。此外,观点不但向高端读者提供了信息资讯服务,而且提供了意见咨询服务,这体现了专业才华。观点既包括对过去和现在的分析、判断、看法和思考,也包括对未来的预见、预测。

《南方周末》经济新闻是非常重视观点的。《南方周末》经济部总监马克曾说,"综述德三重境界,一是看作者对材料梳理得清晰度和扼要度,二是看作者以观点驾驭材料的圆润度,三是看作者自己的判断力高下,首先要有自己的观点,其次要有高质量的观点。……《南方周末》的综述比较多的达到了第二层。"①这段话虽然是对《南方周末》经济新闻综述的一些看法,然而《南方周末》经济新闻多综述,经常使用综述的形式,故这段话也可见整个《南方周末》经济新闻对观点是很重视的。

《南方周末》经济新闻的文章,大部分都会有一些观点。本文随机抽取《南方周末》2008年6月15日和2008年5月15日的经济版来看一下。2008年6月15日的《南方周末》经济版的全部文章,几乎每篇文章都有一些观点:《电信重组,暗流涌动》——跟三年半前的那次高官轮换一样,资本市场表达了对国有控股上市公司治理结构的强烈不满……新电信和新联通在未来的日子里会联合起来对抗新移动,以彻底解决新联通的劣势地位,成为新移动真正的竞争对手。……一旦3G市场启动,已经获得了TD牌照的中国移动仍然会要求获得WCDMA牌照,而且获得的可能性极大。(列出的一个是关于现在的判断,另外两个是关于未来的预测观点。)《灾后金融:需求比从前更迫切》——呆账核销并不意味着一笔勾销,银行仍有追索权,灾区人们的还款压力并未根本消除……在核销债权的同时,商品房产权人对相关使用权力可能需要放弃。……由于缺少《个人破产法》,这个问题在推行过程中成为无法可依的盲点。《抢救病险水库》——在农村税费改革后,中央及各级政府命令取消了农村劳动积累工和义务工,这导致地方在劳务配套方面就产生了很大的困境,更重要的是一些病险水库又在一些经济欠发达地区,这更加剧了地方配套资金的苦难……虽然每年国家投入的病险水库维修资金很多,但是面太大,同时由于投资体制存在问题,有些配套是劳力和物资配套,导致很多是"撒胡椒面"。《灾区重建是一场持久战》——这是一场持久战,需要整个社会更广泛更长期地加入到灾后重建中去,不一定捐钱捐物,一条好的建议,都是重要的。《通信通道是怎样被打通的》——通信技术的发展念使得人们越来越依赖光缆传输,但是在抗击自然灾害面前高科技能力有限,应该保留一定的无线电台以及短波传输等传统信息传播手段。《低能源价格政策:我们在补贴谁?》——无论是通过能源国企亏损还是对能源国企的财政补贴,都是全民埋单。问题是,低能源价格补贴的是富人和国外消费者。《假画泛滥,造假卖假责任难究——为什么打假画这么难打》——假书画泛滥成灾与腐败有关。随着国家反腐力度的加大,行贿送钱的形式已流于庸俗,有些人便改换手法,这就为假书画提供了更大的市场需求。

再来看一下《南方周末》2008年5月15日的经济版上面的文章,看一下其观点:《西南水电告急》——相比更大范围的西南水电,其面对的不仅仅是地面灾害,更多的是如何进行防治,如何调整中国的水坝建设思路。《地震对于股市影响有限》——地震使股市出现了小幅波

---

① 蔡军剑,张晋升.准记者培训教程——南方周末采编精英演讲录.南方日报出版社,2007:104

动,水泥和制药等行业上市公司股价上涨,而保险行业股票下跌,但总的说来地震对股市的影响有限,地震带来的最大潜在经济风险可能在于进一步推高物价。《反对经济城市化战略》——我国反对通过鼓励农民进城买房或者建贫民区来推进积极的城市化战略,而主张一种农民可以进城又可以返乡、城乡互动的稳健的城市化战略,稳健的城市化战略的核心不是人为地阻止农民进城,而是切切不要人为地制造农民进城的积极条件。《噪声凶猛》——迅速城市化的中国正在迎接噪音污染的爆发,而法规的滞后、城市规划的无序和住宅建设的低质量又让该问题加倍严重。《油价解谜》——名义价格上,我国成品油价格与美国相当,远低于其他发达国家,而从石油石化行业提供成品油税前价格来看,我国油价其实与大部分发达国家相当;就成品油消费占国民财富的比重来看,我国的消费者负担过重,不过,从成品油消费者当前的实际综合负担来看,与大多数发达国家接近。《如何对付石油危机》——投机者对原油期货交易合同的大量购买实际上已经有效地创造了一种额外的石油需求,从而抬高了在未来真正石油交易中石油的价格,正如对真实石油到货合同的额外需求也抬高了现货市场中的石油价格。美国商品期货交易委员会的一个关键任务就是确保期货市场价格反映的供需规则,而不受操纵或过度投机。《最重要的是控制风险》——在市场动荡难定、前景不明的情况下,最重要的是控制风险,保住自己的胜利果实。

二、新闻价值的深度挖掘

1. 对新闻价值的重新解读——"营销"

通常来说新闻价值就是事实本身所包含的、引起社会各种人共同兴趣的素质。新闻价值是选择和衡量新闻事实的客观标准,是事实本身足以构成新闻的特殊素质的总和,而这种特殊素质要能引起各种人的共同兴趣。故新闻价值也是凝聚在新闻事实中的社会需求,是新闻之所以存在的依据之一。新闻价值联系着新闻事实和社会需求。

新闻价值五个素质要素通常的说法是——时新性、重要性、接近性、显著性、趣味性。然而不仅如此,还包含其他的要素。时新性指事件是新近发生的而不是众所周知的;重要性指事件与当前社会生活、受众切身利益密切相关,能引起他们的关心;接近性包括地理上的接近、心理上的接近、文化上的接近;显著性指不同寻常的人或不同寻常的事;趣味性指富有人情味和生活情趣。其实新闻价值的这几个要素都是在"营销"新闻,使之更接近读者的需要,更能引起读者的注意和兴趣,更易于被读者接受,故可以说是"营销"新闻产品。新闻价值是引起社会各种人共同兴趣的素质,是凝聚在新闻事实中的社会需求。那么对新闻价值的深度挖掘,就是要让新闻事实尽可能地引起人们的注意。这就像是营销商品一样,尽可能地让新闻产品引起人们的关注和兴趣,满足人们的需要,引起人们的"购买欲"。

2. 深入挖掘新闻价值的方式

《南方周末》经济新闻注重新闻价值的深度挖掘。除了通常的在文字表述上对新闻文字规范的坚守(如简洁、直接、有力等)(以挖掘以上几个要素),《南方周末》经济新闻对新闻价值的深度挖掘最特别的手段就是新闻事件的组合报道。这种组合报道主要有两种方式,一种是横向的组合报道,一种是纵向的组合报道。

为什么说组合报道能引起受众的兴趣和关注,能深度挖掘新闻价值呢?这就像是经济学上的规模效益,可能吸引受众更多的眼球。打个比方,一个穿着军装的人放在人群中可能会被湮没,你可能根本不会关注。假如一群穿着军装的人放在人群中,可能就会吸引你的眼球。你可能就会觉得好奇,会问怎么有这么多穿着军装的人。这就接近于组合报道对于深度挖掘新闻价值的效果。

(1) 横向的组合报道

横向的组合报道就是在同一期上就一个主题做一个组合报道。这个组合报道可以是一个一个角度的相关报道,也可以是多种角度的相关报道;可以正面的,可以是反面的,也可以是亦正亦反的;既可以是一个立场的相关报道,也可以反映各种立场的报道。这种组合报道可以是多种文体的配合,新闻配上评论、专访等等,层次分明,可深入挖掘新闻新闻价值。这种组合报道通常以专题或系列报道的形式出现。来看个横向组合报道的例子,2007年股市大热,《南方周末》经济新闻2007年5月24日就股市作了一个专题报道——《鏖战4000点》、《父女股民》、《股市泡沫谁之过》、《泡沫:日本之借鉴》、《八年中国股市 两次泡沫之争》。这五篇文章占据了当期经济版版面的一半还多,从股指、股民、国外经验等多角度进行了报道,这就是典型的组合报道。2008年6月5日《南方周末》经济新闻对地震的系列报道——《灾后金融:需求比从前更迫切》、《抢救病险水库》、《灾区重建是一场持久战》、《重建时所有人努力的成果》、《印尼重建》、《通信通道是怎样被打通的》。这几篇文章从地震后的金融需求、灾区重建、国外重建经验、灾区通信、灾区水库安全等多角度对地震灾害进行组合报道,这种报道比单一的报道更有新闻价值,更能吸引受众。

(2) 纵向的组合报道

纵向的组合报道就是在前后多期报纸上就某一主题进行的一系列报道,通常也以专题报道或系列报道的形式出现。这样的报道前后相继,可以吸引读者的更多关注。来看看2006年一个关于并购的连续报道。《南方周末》2006年7月27日经济版做了一个《国美吞并永乐内幕》的报道,下一期也就是2006年经济版有一篇报道——《黄光裕要做家电零售业的秦始皇》,2006年8月17日又继以《国美、苏宁决战紫禁之巅》、《挥别永乐,大中待价而沽》。这几篇报道就是一个纵向组合报道,前后三期关于一个主题,不仅深入地挖掘了新闻事实,更是深度挖掘了新闻价值,有一个"组合包装"的效应。再来举个例子,《南方周末》2007年8月连续两期做了一个专题——保卫人民币。其中,8月9日有三篇文章——《人民币升值正当其时》、《人民币不必大调整》、《火山口上的外汇储备》,8月16日有四篇文章——《通胀之症》、《驯服猪市》、《"天下厨房"的涨价烦恼》、《"汇率虚无论"是肤浅的认识》。这个报道有点特殊,是横向组合和纵向组合的结合使用,很有气势,能吸引读者的眼球。再来看看《南方周末》2006年7月的关于徐工收购的纵向组合报道。7月13日有《徐工改制,低价者得?》、《向文波:我收购徐工是为了国家利益》,7月27日有《商务部牵头听证,徐工三天连遇数十问》、《系列国企并购案引发广泛争论——国企贱卖:有没有衡量的尺子》、《六部委出售谨慎,"限外令"言过其实》。这样的纵向组合报道可以就一个主题进行延伸,延伸出新的相关问题,引起广泛的社会关注,设置议程的效果非常好。

三、自由灵活地使用图片

虽然经济新闻具有自身的专业性特点,往往与钱、数字、专业术语联系紧密,经常使用数字、专业术语,对行文有一定的限制,然而《南方周末》经济新闻并没有被这种限制束缚住,而是在这种限制中张扬着自由。

《南方周末》经济新闻非常重视图片的使用。《南方周末》经济部总监马克曾强调过,"增加图片,图片是越多越好,新闻图片也是越多越好"。[①]《南方周末》经济新闻几乎每篇文章都会配有一张图片。

《南方周末》经济新闻使用的图片分为两种类型,一种是纪实型的图片,一种是虚构型的图片。纪实型的图片通常是来源于现实生活中,纪录现实生活中的人、物、场景等的图片;而虚构型的图片通常是来自虚构的创作,《南方周末》经济新闻最常使用的虚构型的图片就是漫画。

1. 纪实型的图片

纪实型的图片通常能对文章起辅助说明和证明的作用,增强新闻的形象性和真实感,给读者一种临场感,增强新闻对读者的感染力。比如描述一个受伤的人,千言万语可能不如一张照片说得更清楚,更有说服力;再比如描述一个坍塌的大桥,一张图片往往比语言描述更有效,传达的信息也更真实,更有现场感。纪实型的图片有的比较具体,展现细节,传达的信息比较具体直接,跟文章的关系也更直接;有的图片比较泛化抽象,展现大场景或大背景,传达的信息比较微妙,跟文章的关系比较间接(如图14-1)。

图 14-1

诸如汇丰这样的外资银行正在放下身段,走入社区。前面这句话是对图片的注释,这张图片是给2007年4月12日经济版《外资银行:我们真的来了》这篇文章配的图片。这张图片传达的信息就比较具体细腻,直接把一家外资银行的营业厅摆在读者面前,给读者一个直观的印象。

[①] 蔡军剑,张晋升.准记者培训教程——南方周末采编精英讲演录.南方日报出版社,2007:113

图 14-2

"富庶的昆山实行了全国最高的全民医保标准"。前面这句话是图 14-2 的注解。该图片是给 2007 年 4 月 12 日《南方周末》经济版的文章《另一种苏南模式：全民医保》配的图片。这张图片是昆山的远景，跟文章的主题——医保关系比较间接，也没传达多少关于医保的信息。

2. 虚构型的图片

《南方周末》经济新闻使用的虚构型的图片通常是漫画。《南方周末》经济新闻非常喜欢使用漫画，几乎每期都会有漫画。漫画能增强经济新闻的趣味性、通俗性，给读者带来很大的娱乐感，使经济新闻"软化"。此外，有的漫画能起到描述和反映现实，反讽和讽刺现实的作用，这种讽刺漫画使用得还很多；有的漫画还能针对现实表达和强化观点，给读者深刻的印象。漫画通常也很有幽默感，可拉近与读者的距离（如图 14-3）。

图 14-3

"保障农民分享权益是多赢前提"。前面这句话是图14-3的注脚。文章的标题是《沉睡的资本开始醒来——重庆土地试验:从农地入股到农村土地交易所》,发表在《南方周末》2008年9月4日C14版上。该图描述了农民面前立了一块告示牌"非公莫入",农民对此感到迷惑不解,用手指着自己仿佛在问这牌是立给我的吗,农民说俺家也得立块牌"非农莫入"。该图传达的观点非常清楚,农民被告知土地流转,非公有莫入,而农民却要说非农莫来抢占其合法权益,也就是要保护农民权益的意思,传达了农民的心声。该图传达的观点非常清楚直接,且让人印象深刻。

两房这一对难兄难弟最终被美国政府接管

图 14-4

图14-4来于《南方周末》2008年9月11日C19版,配的文章是《政府高调接管"两房"次贷危机步入高潮》。该图描述了在硝烟弥漫的战场上,一个美国大兵叫"美国财政部",用担架拉着两个多处受伤缠着绷带的士兵,正在迈开步子迎着硝烟大步前进,面色凝重。这两个士兵一个叫房利美,一个叫房地美,房利美好像瞎了一只眼睛,腿上还有个大洞,房地美好像闭起了眼睛,也许是晕了过去,半死不活的。该图鲜明地传达了一个事实——美国财政部接管了"两房",还讽刺了房利美和房地美,把房利美和房地美描述成千疮百孔,半死不活,还瞎了眼睛。画面上的硝烟四起好像是战火正酣,是暗示了次贷危机正步入高潮。这是一幅优秀的讽刺漫画,既反映了现实,又给现实以巨大的反讽和讽刺,能给读者留下深刻的印象。

四、克服数字的化约倾向

1. 数字具有化约的倾向

由于经济活动的自身特点经常与数字连在一起,所以经济新闻也经常要与数字打交道。也许有人会说数据更有说服力,然而事实并非想象的那么简单,也不是几个数字就能说清楚的。在经济新闻中,数字具有一种对事实的化约倾向,倾向于表达结果,重要的是结果。但数字告诉的通常是一个赤裸裸的结果,却得不到任何事件的原因、过程、影响,在数字中通常也看不到人。当然并不是说数字不能表达过程,然而数字表达的并不是真正的结果,而是结果的表征,在数字中很难看到意义。如果经济新闻的数字用得太多,就会使文章枯燥无味,味同嚼蜡,现实经济活动并不像几个数字那么简单。若使用过多的数字,就是对现实的化约,蒙蔽了很多信息。所以,数字易把复杂的事物简单化,这是其最大的特点。因此经济新闻对数字的使用一定要注意其简单化倾向。

2. 克服数字的缺陷

当然数字也并非一无是处。如果对数字利用得当的话,也可以起到直观、间接的描述事实、表达或证明观点等作用,省去有些用文字表达可能带来的啰唆复杂。

（1）行文时尽量少用数字

《南方周末》经济新闻对数字的使用是非常灵活的,尽量克服其局限性,并且利用其优点。《南方周末》经济新闻在行文时尽量少用数字,多用文字表达。《南方周末》经济版的文章,通常情况下每千字中数字不会超过二十个,也就是不超过2%。

（2）对数字作单独形象化的处理

对需要使用较多数字的地方,《南方周末》经济新闻尽量对数字作形象化的处理,使数字形象易懂,不那么抽象复杂。那么《南方周末》经济新闻对较多的数字是如何作形象化处理的呢？通常是把这些数字单独抽出来作形象化处理,制作成饼状图、柱状图或者表格。因为如果把这些数字混在文章中,不仅会使文章数字过多,枯燥乏味,而且会湮没这些数字所传达的信息,与其这样不如另作处理。来看图14-5数字处理饼状图。

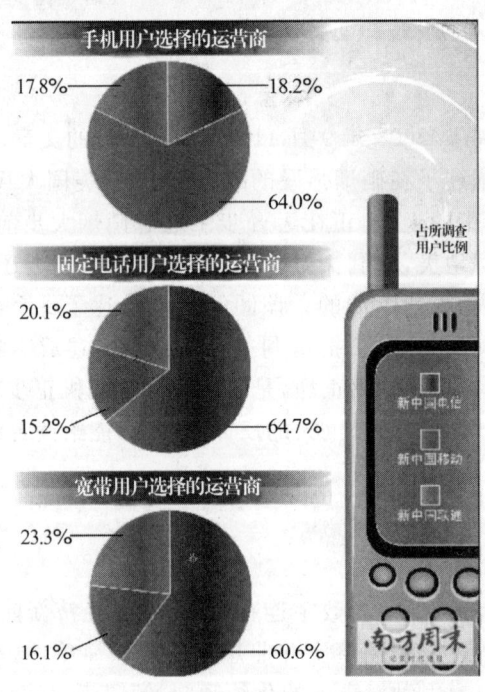

图14-5

这幅饼状图来自《南方周末》2008年6月5日C13版,与图搭配的文章是《电信重组,暗流涌动》,这幅的数据来自网易对七千多名用户的网上调查显示,新移动和新电信在用户心中的优势地位。这幅用数据传达的信息非常直观易懂、简洁明了,直接表示了新移动在手机用户领域、新电信在宽带和固定电话领域的优势,也表达了新电信、新移动、新联通在手机、固定电话、宽带领域的市场份额。如用文字表达这么多数据,以及多方关系,则会非常复杂枯燥,一时很难弄清楚各方的市场地位。

表14-1

中石化整合四家子公司一览							
子公司	总股东	流通股	停牌前收盘价	团购价	溢价幅度	涉及资金	中石化持股比率
齐鲁石化	19.5亿股	3.5亿股	8.08元	10.18元/股	24.45%	35.63%	82.05%
扬子石化	23.3亿股	3.5亿股	11.05元	13.95元/股	26.24%	48.825亿	84.98%
中原油气	8.75亿股	2.55亿股	10.71元	12.12元/股	13.17%	30.91亿	70.85%
石油大明	3.64亿股	2.658亿股	8.81元	10.30元/股	16.91	27.38亿	26.33%

这个表格来自2006年3月2日《南方周末》经济版,配的文章是《中石化回购子公司:出价多少算合理》。这个表格把中石化四家子公司的情况,作了一个简单说明,比在文章中描述这些数据更易于理解,且便于比较。

图14-6

这个柱状图来自2008年10月30日《南方周末》C15版。配的文章是《农行股改　银行改革收官之战》。这个柱状图形象地说明了农行的几个关键数据,以及国有四大商业银行的几个关键数据,并作了对比,非常形象简单、直观易懂,若用文字表述则费时费力,说不清楚。

以上三种图形是《南方周末》经济新闻对数字形象化处理的主要手段,利用了数字可把复杂的东西简单化的特点。

此外,《南方周末》经济新闻对数字的真实性也非常谨慎。由于经济新闻采用的数字多来自外部,其真实性通常很难确证,所以《南方周末》经济新闻有时采用数字会对其作一个分析判断,判断其真实性和可靠性,而不会盲目地使用外部数字。何以见得?《南方周末》前经济部记者李甬曾在《经济不景气是否会持续》那篇文章里,用那年有闰月的论据把官方公布的上半年 GDP 数字减去了 1‰。减去官方公布的 GDP 数据是很有勇气,也很审慎的。可见《南方周末》经济新闻对数字的审慎,对采用的外部数字会有自己的分析判断,不盲信外部数字。

第四节 《南方周末》经济新闻的启示和问题

一、《南方周末》经济新闻的一些启示

《南方周末》经济新闻不仅解决了经济新闻的深度问题,也解决了经济新闻的通俗易懂问题;此外顺应读图时代的需求,采用了大量的图片;同时,对于数字的使用,也可以做到具体形象,化繁为简。这些对于同业媒体具有很强借鉴意义。

1. 在经济新闻中,深度和通俗易懂是可以并存的

国内很多的财经类媒体往往在深度上下工夫。深度够了,可是太深了,很多人看不了,即使能看得懂的也会觉得枯燥无味,味同嚼蜡,不愿多作流连。在这些财经媒体中,深度和通俗易懂好像是势不两立的天敌,有你没我。这是一种很简单的线性思维,或者说是被经济新闻的通常习性束缚住了。其实深度和通俗易懂是两种性质不同的特质,深度就是接近于事实的本质或核心,接近于事实的本真,是带有根本目的性质的,因为真实是新闻的本质属性;而通俗易懂是一种表达新闻的方式或手段,服务于传播的目的。故深度的报道也可以通俗易懂,通俗易懂的报道也可以很有深度。

但如何实现经济新闻的深度和通俗易懂的并存?叙事是一种很重要的方法,既可以通俗易懂,又可以深度;背景材料的使用对于经济新闻的深度和通俗易懂也很有补益。此外,图片的使用也可以再现事实,并且表达得清楚明了。

2. 数字的使用并不是经济新闻的负担,而是重要的利器

在前面第三章中我们提到数字有一种化约的倾向,在数字中很难看到人、事和意义,如果在行文中过多使用会导致文本破碎、枯燥乏味。然而经济新闻与数字关系比较紧密,很多时候是不得不用,故有人会把数字的使用当作经济新闻的一种负担。

但《南方周末》经济新闻对数字的使用作出了突破性的处理。它在行文中尽量少使用数字,并将其限制在一定的程度之内,以避免文本破碎、枯燥乏味,克服数字的化约倾向;然而数字的这种化约倾向也可以把复杂的东西简单化,《南方周末》经济新闻对于需要数字比较多的

地方,往往把数字拿出来作单独的处理,对这些数字作形象化、具体化的处理,把这些数字制作成柱状图、饼状图或表格,以清晰明了,简约易懂。因此,《南方周末》经济新闻成功克服了数字的缺陷,并把这种缺陷转化为优点加以利用。

故数字的使用并不是经济新闻的负担,而是重要的利器,可以把复杂的事物表达得简单明了易懂,并且其缺点通过特定的手法也是可以克服的,变劣势为优势。这些关键在于如何使用,正所谓事在人为。故国内的财经媒体可以借鉴《南方周末》经济新闻对数字的使用手法。这就像是在限制中实现自由,是一种表达的艺术。

以上这两个方面是《南方周末》经济新闻比较有启发性的地方,笔者认为对国内的财经媒体很有借鉴意义。

二、《南方周末》经济新闻的一些问题

1. 信息量比较小、时效性比较差

《南方周末》经济新闻在信息量、时效性方面比专业性的财经媒体要差一些。它一期一般六七篇文章,且一周才出一期,往往不能完全满足经济领域专业人士的需要。这是由它是一份综合性的周报决定的:其版面和采编队伍限制了其信息量,周报性质限制了其时效性。虽然《南方周末》经济新闻也采取了一些措施,比如增加了一些短消息,然而这些并不能克服的其信息量小、时效性差的问题。《南方周末》是希望通过深度来弥补这些不足的。然而,并不能完全弥补。在经济领域,信息的及时性是非常重要的,它关系到巨大的利益,一条信息提前一天可能是价值连城,能带来巨额财富,晚一天得到可能是损失惨重,甚至破产收场。这就是时效性对经济新闻的重要性。《华尔街日报》是几乎各界精英每天必读的报纸,一方面与其新闻质量有关系,另一方面也与它是日报有关,其经济新闻的时效性在纸质媒体是比较好的。如果它是一份周报,能成为各界精英每天必读的报纸吗?可能是不会的,其重要性可能会降低的。

那如何解决《南方周末》经济新闻的信息量、时效性方面的问题呢?

首先应该增加经济新闻的采编人员。扩大经济新闻采编人员的队伍,适当地增加一些经济新闻采编人员,以多采写经济新闻的稿件,这个是增加经济新闻信息量的源头。其次,要适当增加经济新闻的版面。

对于经济新闻时效性方面的问题,由于《南方周末》是周报,解决起来比较困难,并且《南方周末》经济新闻也不是靠时效性取胜的,而是靠深度取胜。但《南方周末》也可以作适当的改进的。比如《21世纪经济报道》原来也是每周一期的,后来增加了期数,《南方周末》也可以每周发行两期或三期,甚至四期都可以。

上述几项增加信息量、改进时效性方面的措施,必然导致《南方周末》运营成本的上升,涉及的问题比较复杂,这就需要靠增加大量的广告或报纸提价来解决。这是一个重大的战略问题,在此不再多作讨论。

2. 强烈的精英心态

《南方周末》经济新闻具有一种很强的精英心态。为什么这么说呢?《南方周末》记者李

梁曾说过,"在《南方周末》内部,有两种心态……一种是精英心态……一种是草根心态"。而为什么《南方周末》经济新闻偏是精英心态而不是草根心态呢?《南方周末》经济新闻的稿件来源就是这种精英心态的最好证明。《南方周末》经济新闻的稿件有内部采写的,还有外部供给的。其内部采写的稿件的采访对象中的政府官员、专家或业界精英明显多于普通百姓,其外部供给的稿件多来自各种专家学者,比如大学教授、研究所专家等等。可见其信息来源多来自于各界精英,特别是知识界精英。当然此处的精英心态并不是指它为精英阶层的利益代言人,也不是指它忽略公众利益、弱势群体的利益,所以并不与第二章的平衡的价值观矛盾,而是指其自恋,自视甚高,自以为"我们是大报记者,是新闻业内的佼佼者;我们是文化人,是知识精英,有思想有见解,急于向社会发言,用我们的见解引导社会中沉默的大多数",仿佛是上帝附身,高高在上,有指点江山引导众生的使命。

可是凭什么去引导沉默的大多数呢?有资格吗?是因为精英能把握住经济生活的真理吗?经济生活的真理存在吗?生活是各种偶然的交织穿插成的现实,同样经济生活也是各种偶然的交织,而偶然是人能把握的吗?数学上的概率论是把握不了偶然的,是对偶然的妥协、迁就,所以建构除了数学期望、方差等概念,来把偶然拉平成均量、常量。精英也是把握不住偶然的,故其也无从把握经济生活的真理。此外,精英本身就是一种偶然的存在。让一种偶然去把握另一种偶然更是荒诞。故那些经济学的专家无论说得怎样滔滔不绝条条是道,经济危机、股市震荡、企业破产还不是一如既往的来势汹汹?故《南方周末》经济新闻这种精英心态是一种虚火,无存在之基础,是其本身能力所达不到的。那么它为什么还要扛着虚火这面大旗呢?也许目的就是追求利润。《南方周末》经济新闻的从无到有,都是在追求利润,或实现形式本身的延续。

《南方周末》经济新闻这种精英心态在中国的环境下是其不堪承受之重负。它自以为是知识精英,要去揭露真相,它要去代表真理,不能代表真理至少也要做个真理的表亲,所以《南方周末》经常有大规模的人事变动,经常出现高层被一窝端的现象。也就是说《南方周末》经济新闻本身不能承受其精英的灵魂,首先是其能力达不到要求,其次也是社会环境所不允许的。

第十五章 故事化新闻:像说故事一样说新闻

第一节 新闻中有故事吗

新闻中有故事吗?答案是肯定的。读者阅读欲望的满足,一般是分两步走的,第一步接受某个新闻事实,第二步再设法消化、理解这个新闻事实。

虽然仅有新闻事实便可满足读者第一个欲望,但若想满足读者的第二步要求,必须要加强故事性。只有跌宕起伏、引人入胜的新闻故事,才会引起读者兴趣,进而对这个新闻报道事实加深理解。所以,我们可以这样认为,新闻是新近发生的事实报道,"故事"当然是事实,但"故事"又比事实更高一层,故事化新闻更具新闻性、传播性、可读性和形象性。

记得有一位新闻学者说过这样一段话,记者写新闻就好比妈妈给孩子讲故事,一个有经验的母亲知道的故事不仅能够引起孩子的兴趣,而且还能使孩子在不知不觉中接受启蒙教育。

一、让人味同嚼蜡的概念化新闻

1. 让人味同嚼蜡的概念化新闻

在我们的现实生活中,不少新闻媒介的新闻作品枯燥乏味,苍白无力,缺少受众,缺乏竞争力,广告上不去,发行量年年下滑。尤其是一些自诩为"主流媒体"的媒介在竞争中屡处下风,处于"边缘化"的地步,大有被淘汰出局之趋势。

为什么我们不少新闻作品对于受众没有吸引力,媒介尽管也在体制上动了一些"手术",但让这些媒介的老总(台长)颇为头痛的是,阅读率、收视率仍然是一股劲地狂跌。其实,原因很简单,报纸也好,广播、电视也罢,你办台是给受众看的、听的,你的报纸版面上、广播频率中、电视屏幕上充满了味同嚼蜡的概念化新闻,充斥着长篇一律的苍白语言,机械地重复着抽象的观点与论点,怎么会吸引受众呢,又怎么会有感染力呢?

美国密苏里新闻学院写作组集体撰写的《新闻写作教程》指出,优秀作品的要素之一是对读者有感染力。感染力是什么?该书详细阐述道:"当你领着你的读者经历你的作品所描写的那些场面的时候,你就像驾驶着汽车载着读者们一会儿急速下坡,一会儿又爬上肯塔基州绿树环抱、坎坷不平的丘陵地带。你可以报道说汽车轧死了一只臭鼬鼠,使人嗅到令人作呕的腥臭味。这里写一个词,那里写一个短语,你就可以使读者听到飞机掠过屋顶上空的声响,嗅到正在燃烧着的汽车轮胎的恶臭味,或者使读者感到拳击家的手套正在摩擦自己的皮肤。人有五种感官——视觉、听觉、嗅觉、味觉和触觉,好作品至少要对其中一种或几种产生感染力。"① 看看这本书中的描写吧,我们不少媒介的新闻作品连合格的标准都达不到,更谈不上能够对读者感官产生感染力了。

美国发生枪击事件 4死2伤

美国圣路易斯市18日发生一起严重枪击事件,一名男子先开枪打死妻子,然后前往他曾工作的公司,在打死两名女子后饮弹自尽。事件中另有2名女子受伤。

当地警方说,这名男子使用一支半自动手枪先将与其感情不和的妻子开枪打死,然后来到了自己曾工作过的一家外卖公司,在那里分别打死和打伤两名妇女后自杀身亡。

警长莫里斯·布朗说,死者中一人是外卖公司的老板,另外一人是老板女儿。两名受伤妇女已被送往医院。

外卖公司职员说,行凶男子此前已被公司开除。②

这是一则典型的社会新闻,叙述文字简洁,也基本交代事实,但很难给读者留下深刻的印象,更谈不上有什么感染力了。

按道理讲,这则新闻的事实本身刺激性强,惊险性高,充满戏剧性,应该是一篇非常吸引受众眼球的新闻报道。问题就出在这篇新闻报道没有多少故事性,或者说,没有将其中的故事开掘出来。它通篇充满了概念化的信息,该展开之处没有展开,该省略之处也没有省略,没有重点,没有起伏,没有故事,自然对受众产生不了什么吸引力。

从这条新闻来看,其写作是符合要求的,也是基本规范的,但为什么没有给受众留下深刻的印象呢?这就对新闻报道提出了更高层次的要求,记者在采访中必须要获取更多的感性化、细节化、现场化的材料,从中挖掘出故事来,再在文字写作上下工夫,像写故事一样写新闻。因此,在叙述新闻事实时,不要以为交代了时间、地点、人物、事件、原因、结果就大功告成了,实际上,这是写新闻的最基本的要求。作为一名专业记者,应该对自己有更高的要求,在新闻事实六要素的基础上,写出一个曲折动人、跌宕起伏、文字优美流畅的新闻故事来。

2. 新闻报道概念化的原因

为什么许多新闻报道写的味同嚼蜡?是什么原因导致了新闻缺乏故事情节?归纳起来,不外乎有以下几方面的原因,也是新闻报道概念化的通病。

记者在采访时缺乏发现故事的眼力,采访比较粗放,三言两语,了解了事实梗概立马走人。然而,往往富于戏剧性的故事情节,有时就隐藏于片言只语或某个细节之中。在采访中记者首先要有新闻敏感性,善于从采访对象只言片语中挖掘出故事来。在交谈中,记者一旦

---

① (美)密苏里新闻学院写作组.新闻写作教程.范红译.新华出版社,1986:245
② 新华日报,2006-04-20

发现故事的线索,要穷追不放,千万不能半途而废。

在采访中不注意观察事件发生的现场。要注意观察现场中的一草一木、一花一鸟,注意捕捉现场气氛和细节性的事实。同时,也要细致观察采访对象的一言一行、一举一动。

在写作中不善于抓住具有动感的事实因素。一个新闻事实,蕴含在其中发展的、变化的因素,是最为宝贵的资源。要抓住关键因素做文章,使新闻报道"动"起来,"活"起来。

不善于叙述富于戏剧性的故事,不善于采用各种手段来细致入微地展现事件中的情节和细节。例如通过采用对话、描写、场景设置等,来显现事件中隐含的能让人产生兴奋感、富有戏剧性的故事,特别要善于寻找事件中蕴含的戏剧性或含有幽默感的情节和细节。

不善于以人的视角写故事。新闻主角是人,新闻故事也是通过人的故事传递新闻信息。人物构思的巧妙,可以通过人物的命运来吸引读者。

叙述语言概念化、抽象化,呆板干瘪,毫无个性化色彩,缺乏细腻色彩,过于粗线条化,不善于运用讲故事的方法和技巧。

二、让人过目不忘的故事化新闻

与概念化新闻相反,有一种类型的新闻叫故事化新闻,它给读者呈现的是一个情节曲折、生动感人的故事,以讲故事的方式给读者带来与众不同的感受。

故事化新闻以讲故事而取胜,有人物悲欢离合、大起大落的命运,紧紧抓住受众的心;有曲折起伏、引人入胜的情节,紧紧吸引着受众的眼球;有通俗易懂、富有文采的语言,使受众感到亲切、平和,欲罢不能,爱不释手。

传递信息的新闻报道,是我们最为熟悉的新闻报道形式,何事、何时、何地、何人、何因、何果。而故事化新闻则在我们眼前展现出一片全新的天地:带有悬念的开头,富有戏剧性的情节,幽默诙谐的语言,让人过目不忘,记忆犹新。

传递信息和讲故事是有明显区别的,传递信息更多的是叙述,而讲故事则是描写;传递信息要求语言简练干净,说明六个要素即可,而讲故事则不同,更多地需要一个有始有终的完整过程,中间要有对话,有人物,有环境,有事件,有情节,有细节,有背景。

是入侵者,还是和平使者?
——约旦御马在以色列

他不请自来。昂首长嘶:"我来了!"

以色列埃拉特市海滨数百名泳客看见他游过亚喀巴湾踏上属于以色列的海滩。有人惊叫:"危险!"于是大家四散奔逃——对于汽车炸弹,人们谈虎色变,谁知道这不速之客携带了什么东西?

此刻是4月9日下午3时半,10分钟后,一队身穿防弹马甲、荷枪实弹的以色列特种警察包围了现场,他们如临大敌,排成搜索队形,一步一步小心翼翼地靠近了这个"危险目标"。而他对这一切要么毫无觉察,要么故意置之不理,只是津津有味地吃马路边的青草。

爆炸物处理专家们大吃一惊：他的鞍辔上有约旦王室御马厩的印记，编号是A—0015。尽管如此，他们还是对这个不速之客进行了彻底的搜查，马鞍、马镫等统统拆开，不过没有发现任何危险品。

"我搜查过上千名涉嫌恐怖活动的阿拉伯人，检查过几百辆可能装有炸弹的汽车，而检查马却是第一次。"45岁的炸弹处理专家艾琳·奈坦亚胡对记者说。这是一匹阿拉伯纯种公马，雄伟高大，毛色油亮。奈坦亚胡说："尽管只是一匹马，我们也不能掉以轻心——毕竟，亚喀巴湾只有几百米宽，而且我们曾经抓住过几十名游泳过来的非法入境者。"

对于眼下这个"非人类非法入境者"该怎么办？埃拉特市官方兽医对它进行检疫，随后移交给市警察局。警察局层层向上面请示，以色列国家警察总局命令：出于"人道主义"，给这个"非人类非法入境者"以良好待遇，并尽快通知失主认领。9日晚9时，这个"非人类非法入境者"在6名武装警察护送下，乘坐经过严格消毒的牲畜运输车来到了埃拉特以北20公里处——古里安农场。

今天，来自约旦的消息说，王家御马厩两天前走失了一匹马。这恰好是侯赛因国王的兄弟哈桑王储的宠物，掌牧官正在为他的走失焦虑万分。

尽管约以仍处于战争状态，但双方一直存在着非正式接触，通过第三方进行的接触更为频繁，约旦方面曾经遣返过几名偷偷来到约旦古城佩特拉参观的以色列少年；对于误入以色列的约旦公民，以色列方面也是悄悄放人了事。此外，约以都参加了美国发起的中东和谈。

"他们（以官方）当然不会让这马儿自个儿游过亚喀巴湾返回约旦。"负责照料这匹约旦御马的荣娜·阿塔维夫人说："有两座桥联结西岸和约旦，唯一的办法是通过其中的一座把这马儿送回去。""这马儿是个入侵者。"阿塔维夫人说。不过，此言一出，她就改了口："不，也许他是个和平使者。"

这是美联社记者大卫·史密斯撰写的一篇新闻。按理说，这件事情不大，情节也简单，若要按着常规的新闻写作来说，可以写成如下这样一篇短小的新闻：

4月9日，约旦王室马厩走失了一匹阿拉伯纯种马，后来在以色列出现，被以色列警方收留。据悉，这匹马是自己游过亚喀巴湾的。目前，它在以色列受到了良好的待遇。以色列警方说，他们打算把这匹御马送还失主。

只用不到一百个字，就可以把这篇告知信息式的新闻写好，传递的信息也很简单：约旦一匹御马丢失，被以色列捡到了准备送还。然而，在大卫·史密斯的笔下，这个消息却成了一篇绘声绘色、生动形象的故事化新闻，篇幅也扩充到800余字。

大卫·史密斯是个高明的记者，非常擅长于撰写故事化报道。首先，大卫将这匹御马进行了拟人化的处理。新闻一开始，就给了御马一个特写镜头，把它定格在受众的视角中，"他不请自来。昂首长嘶：'我来了！'"接着，大卫运用了一个悬念式的开头，这也是故事化新闻惯用的开头手法之一。是一匹普通的马？还是一匹"马体炸弹"？充满悬念的新闻开头像一只无形的手,紧紧揪住了受众的心,受众们的心也随着大卫的描写陡然紧张起来。

第三段是一段过渡段,大卫用他那蘸满了文学色彩的笔触描写了现场,使现场气氛一步步趋向高潮,"他们如临大敌,排成搜索队形,一步一步小心翼翼地靠近了这个'危险目标'。"以色列警察对付一匹马这般如临大敌,这般戒备森严,不禁令人哑然失笑。此时,我们在这里获得的不再是干巴巴的平面材料,而是一系列现场场景画面的组合,让我们分享对付"马体炸弹"惊险而又刺激的经历,满足我们的好奇心,并不断追问:后来怎么样?

这是故事化新闻所要达到的效果。一匹马儿游过亚喀巴湾,游客四散奔逃,警察旋即包围了这个"危险目标"。这个富有戏剧性情节的开头一下子就抓住了读者的"眼球",调动了读者脑海中的兴奋点和关联点。

结果是轻松的,"没有发现任何危险品",这也使读者紧绷的神经松弛下来。但是,另一个"兴奋点"又燃起了读者阅读的欲望。这匹马是"御马","身份"高贵,血统纯正,如何处理这匹"御马",正是读者所关切的。大卫·史密斯巧妙地交代了一段以约两国当时处于战争状态,但都有和解的愿望。接着以色列国家警察局表示交还失主。最后,作者通过阿塔维夫人的直接点明了主题:这匹马是个"和平使者"。

一件不大的事情,被这位美联社记者描写得栩栩如生,使人如临其境,如闻其声,如睹其物。在这篇故事化新闻的背后,是记者付出的汗水和努力,是记者高人一等的采写故事的能力,是记者敏锐地发现力。当大卫·史密斯闻讯后,立即驾车从特拉维夫赶到以色列南部埃拉特,采访了事件的目击者、警察、农场饲养员等,写出了一篇趣味盎然、寓意生动的故事化新闻,从一匹马的故事中反映了当时的中东形势。

三、受众最爱听故事

1. 新闻里要有故事

在社会中,每个人都有自己的故事,每一天都会发生这样或那样的新闻故事。新闻工作者的职责就是给受众讲故事,而且更重要的是去寻找故事,发现故事。新闻一定要让受众愿意读,新闻里一定要有故事。

美国《哥伦比亚新闻学评论》组织了一次调查,将来自美国的18家报社的76位30岁以下的年轻记者分成几个小组,讨论了"年轻人想读什么样的报纸以及为什么会读报纸"的话题,并且描述了他们心目中报纸和新闻。

每日新闻网站的财经记者米特拉说:"叙述性新闻学把读者带入到故事中去。我们应该把关于中东的报道写的身临其境,就像小说一样,让你读起来欲罢不能。"《城市之页报》的编辑玛丽莎说:"我们小组最喜欢的文章都详尽地描述一个地方或场景。作者与一个乐队、一位政治家、一名警察混得越熟,他对他们的描写就越真切;他的经历越是刻骨铭心,记录下来就越是令人难忘。"一些小组建议,篇幅较长的、叙述性的文章可以连载。[①]

美国的这项调查告诉我们,受众喜欢故事化的新闻报道,尤其是年轻人的阅读口味发生

---

① 周岩.美国年轻记者心目中的理想报纸.新闻记者,2003(2)

了很大的改变。他们喜欢阅读有情节、有场景、生动有趣的故事化报道,希望记者通过生动传神的描写,把读者带入新闻发生的现场去感受。

今天,电子媒体、网络媒体如果还继续抱着过去写新闻的老套套,势必被边缘化,很难在日益激烈的市场竞争中有一席之地。因此,写故事化新闻并不是一个单纯的写作技巧的问题,而是事关报纸的生存、对读者的感情问题。媒介应站在这个高度来认识问题,故事化新闻报道的写法与研究才能在中国媒介普遍推广开来。

受众为什么喜欢听故事?美联社特写新闻部主任德西瓦尔的回答是最好的答案。他说,"以说故事的方式向人们提供的信息更容易被理解和记忆。因为这种方式让人放松,让人觉得有趣。以这种方式整合过的新闻素材将更有效的吸引读者。因为读者看到的不再是干巴巴的事实罗列,而是真实的生活。"[1]

2.《中国青年报》的《冰点》专栏魅力之所在

从《中国青年报》的《冰点》新闻专栏的崛起轨迹中,我们可以清晰地看到受众是多么喜欢故事化新闻。

(1) 写故事是《冰点》专栏的成功之道

1995年1月6日,《中国青年报》推出《冰点》新闻,它成为读者最为认可的新闻专栏。何谓"冰点"?即既不是那些社会上炒翻天的"热点",也不是官方和百姓普遍关注的"焦点",而是那些被社会遗忘在角落里的普通人的生存状态和命运,相对热点和焦点而言,是冰点。《冰点》从问世至今,共发了540篇新闻通讯(至2005年3月30日)。可以说,每一篇都是一个娓娓动人的故事,每一篇都感动了成千上万的读者的心灵。

《冰点》的开山之作是《北京最后的粪桶》,它报道了当年插队北大荒的几个北京老知青背粪桶的故事。这些小人物的命运,有没有人去关注?这篇新闻在刊发时连编辑也没多大把握。结果,几个北京老知青背粪桶的感人故事走进了千万读者的心田,读者反应之强烈出乎所有人的意料,电话一个接一个打进编辑部,不少读者是哭着倾诉他们的感受……《冰点》就这样一炮打响了,不靠明星搔首弄姿的绯闻故事,也不靠大款一掷千金的奢侈故事,而是靠一个个在社会角落里、在社会最低层普通人命运的故事打动了千千万万人的心。接着,《当代祥子》、《不合时宜的人》、《乔安山的故事》、《李高令其人》、《五叔五婶》、《大堂琴师》等一个个普通人物向读者走来,也把精彩的故事带进千家万户。

1995年末,《中国青年报》举行了一个大规模的调查,结果抽样统计显示,每2.6个读者中,就有一个选了《冰点》栏目,选票高居"我最喜欢的专版"首位。1996年,《冰点》又被新闻界专家全票评定为"中央主要新闻媒介名栏目",成为与中央电视台"焦点访谈"、《南方周末》的"时政纵横"齐名的三大栏目之一。

一个普通的新闻专栏,既不是"热点",又不是"焦点",为什么就获得了意料不到的成功?有人说它定位好,有人说它报道了普通人的命运,都有道理,可是不少人就忽视了恰恰是最重要的一点,那就是故事的魅力。

---

[1] (美)杰里·施瓦兹.如何成为顶级记者.曹俊译.中央编译出版社,2003:157

(2)《冰点》专栏为何如此受欢迎

从传播学的角度来解读,根据传播学"使用与满足"理论,受众的媒介接触是基于自己的需求对媒介内容进行选择的活动。这种选择具有某种"能动性",受众需求对传播效果有一定的制约作用。① 根据这一理论,《冰点》新闻为读者提供了一个情感的需要、定位的需要。通过《冰点》的坐标,使读者更准确地找到了社会中的"我"。而这一切,是通过故事这种形式走入读者的心灵深处,唤起他们情感的共鸣。

从心理学的角度来看,读者有新奇心理、接近心理、求知心理、对比心理等,《冰点》新闻故事以其反常的、普通人的特点,迎合了读者的心理。凡是第一次出现的、罕见的、反常的或突然发生的、强烈变化的事物,人们容易感兴趣,产生好奇。在《冰点》的几百篇新闻报道中,居于首次报道的、罕见的题材为数不少,如第一次报道知青返城后的生活状态,第一次发出对中学语文教学的质疑,第一次报道雷锋战友的故事等等。凡是和读者心理上接近的新闻,读者则更为关注,更感兴趣。在《冰点》新闻里,那些普通人的命运,恰恰与读者的接近心理十分吻合。无论是小到回城知青的生活命运、下岗女工的重新就业、孩子的学校教育,还是大到长江的环保、教学的改革,无不与普通读者的生活密切相关。这种接近心理,注定它必然获得读者的热爱。

从理论的高度来看,故事正是具有传播学理论的读者需求一说,心理学理论的新奇性、接近性、对比性等,所以受到读者的欢迎。从这一点上来讲,读者最爱听故事,《冰点》新闻之所以受到全国数百万读者的喜爱,也就不足为奇了。

清华大学李希光教授在其《新闻学核心》中指出:"新闻学的根基和核心是一门讲故事的艺术与学问。"《冰点》新闻的实践也深刻说明了这一点。在繁华的北京城背粪桶的回城知青、独臂走南沙一心维护中国主权的王桓杰教授、背着心灵重负终生助人的乔安山、百折不挠名人的邓伟、在湘西大山里为5元钱学费苦苦挣扎的陈长将、桥下人家下岗女工杨子、星级大酒店的大堂琴师、军旅里的普通一兵……数百个普普通通的故事,数百个再普通不过的普通人的面庞,感染着千千万万读者,打动着千千万万读者。

第二节 故事化新闻报道探讨

一、故事化新闻的起源和发展

关于故事化新闻起源的说法不一。比较有代表性的一是暨南大学薛国林先生,他认为故事化新闻报道最早起源于法国,19世纪法国的杂闻写作是故事化新闻的源头。薛国林先生归纳了四点理由来阐述:19世纪法国的杂闻取材于社会新闻中那些离奇古怪的事件;杂闻往往

---

① 郭庆光.传播学教程.中国人民大学出版社,2001:184

经过加工创作而成,与文学较接近;主观性成分多;最先关注事件的戏剧性,而不是对事件的理解和思考。①

林晖先生则对这一观点提出了不同见解,他认为,在新闻媒体诞生之初,故事写作是新闻中常见的模式,当时人们并不明确知道新闻写作和一般小说、散文、议论文有什么区别。在信息报道特别是倒金字塔结构成为消息报道经典模式之前,新闻写作中很多借鉴的是小说的故事结构,散文的俗事笔法、史论的议事笔调。②

真正故事化新闻报道的发展,是在20世纪50年代至60年代美国新新闻主义理论的提出。新新闻主义理论主张将新闻报道与文学创作联姻,主张用文学创作的方法来写新闻。这一理论问世不久,就在美国受到了越来越多的记者和作家的欢迎,新新闻主义作品大量涌现,故事化报道、纪实文学的浪潮席卷美国文坛。

新新闻主义理论的倡导者认为,传统的新闻写作过于强调客观性,写作手段过于单调,写法十分呆板,不利于反映客观事物的主观感觉。传统的写作模式结构单一,表现手法死板,不利于受众接受和理解。

新新闻主义在新闻写作方法上的特点是:大量运用小说、自传体文学作品的表现手法进行创作,力求把新闻报道写得形象生动、栩栩如生;注意:运用戏剧性的情节,使新闻报道跌宕起伏;采取多场景、多画面巧妙组合的结构方法来安排与组织材料;不是纯客观地报道新闻事实,而是尽量突出记者和新闻人物的观点;采用合成法,将生活中诸多人物的特点结合在一起;大量采用独白、直白等手法,带有明显的虚构成分。

新新闻主义理论有其积极的意义,是对传统的报道方式的一次否定和革命,对故事化新闻报道有着巨大的推动意义。但它也存在一些明显的缺陷,如为了追求写作技巧,过多地加入主观因素,采取合成人物的方法。这都严重地违背了新闻真实性原则,这种写作技巧并未被美国新闻界主流承认,其作品大多发表在杂志和书籍上。报纸主编对这种写作方法非常反感,新新闻主义理论及其写作方法也逐渐陷入低谷。

进入20世纪90年代,随着媒介市场化的浪潮席卷世界,媒介之间的竞争日趋激烈。追求新闻作品的可读性和对读者的吸引力再次成为媒介锁定的目标,故事化新闻报道再度兴起,成为媒介的选择和读者的最爱,甚至连一向严肃的财经类媒体也开始模仿《华尔街日报》的写法,以故事开头,以故事取胜,追求趣味性和形象化。

二、国内故事化新闻的兴起

1. 国内故事化新闻的起源及学者观点

在国内新闻写作学教材中,新闻故事的写作形式早就有之。这种新闻故事与故事化新闻报道有所不同,它是以故事形式对新闻人物、新闻事件进行报道,又被人们称之为"小通讯",具有篇幅短小、故事性强、真实性等特点,起源于20世纪30年代的"延安时期",也有人将它

---

① 薛国林.当代新闻写作.暨南大学出版社,2005:332
② 林晖.新闻报道新教程.复旦大学出版社,2005:190

视为中国故事化新闻的雏形。

任何一种写作形式的出现、兴起必然有一个过程,必然以理论为先导。故事化新闻的兴起也不例外,也经历了一个漫长的理论探讨期。早在1963年,新华社原社长穆青说:"现在,有的同志在尝试着用散文的笔法写新闻,我个人赞成这种尝试。我觉得,从广义上说,新闻即是散文的一种。因为新闻无非是告诉读者发生了什么事,这件事有什么意义,散文中的叙事文不也是如此吗?既然叙事文可以这样写,也可以那样写,为什么新闻就只能按照死板的公式去套呢?我看只要事实能交代清楚明白,在写作上可以突破老一套公式,不一定非得第一段写导语、第二段写背景、第三段写⋯⋯可以百花齐放,大胆创造。"①穆青其后又几次批评了中国新闻写作形式不活的问题。1982年,他说:"我们在新闻的报道上,在新闻写作的创新上,在新闻理论的研究上,缺乏突出的建树。"②穆青同志多次尖锐的批评,极力倡导散文化笔法,是非常切中当时新闻界要害的。令人遗憾的事,这并没有引起整个新闻界的重视,没有在全国新闻界将散文化写法推广开来,甚至引来了一些批评声。

进入21世纪,国内许多学者大力倡导故事化新闻写作,新闻媒介在新闻实践中也尝试着故事化新闻的写作。其中最为有名的是清华大学教授李希光。他提出,找新闻就是找故事。"无论新闻事件的大小,无论新闻事件是严肃沉重的内容或是轻松活泼的话题,记者通过回答'故事在哪里'这个问题的调查思考和采访写作过程,本身就是一种高超的智力活动过程。"③2003年,李希光又提出:"新闻记者的核心任务是做好邮递员,准确无误地传递信息。但是,传递新闻信息的新闻报道仅仅是完成了记者的一半工作,另一半工作是在这篇报道里讲一个能渗入读者或听众灵魂的好故事。"④李希光还说:"优秀的新闻作品听起来都是好听的故事。讲故事新闻学是用新闻中的故事抓住受众。讲故事的新闻学是一种突出描述艺术的写作风格,强调文字描述对感官的刺激。这是一种超越倒金字塔,要求记者像语言艺术巨匠那样,用感觉化、视觉化的文字报道新闻并发掘这个故事对读者生活的意义。"⑤

华东师范大学的刘志宣先生说:"你要让他把整篇新闻读下去,无论是长是短,都得爱不释卷地读下去,那么,你写的东西务必能引人入胜。技巧在这里是必要的——加强故事性,这无疑是吸引读者的灵丹妙药。"⑥

华中科技大学孙发友先生说:"注重到现场去捕捉事件的戏剧性的细节,充分注意细节的可视性与可感性。""从现场写起:讲个'故事'受众听。"⑦

值得一提的是,林晖先生在其新作《新闻报道新教程》中将新闻报道分为三种范式,即信息范式、故事范式、意义范式。他在书中指出:"新闻不是只有一种写法,新闻也不尽是干巴巴

---

① 穆青.新闻散论.新华出版社,1996:93
② 穆青.新闻散论.新华出版社,1996:93
③ 李希光.新闻核心学.南方日报出版社,2002:68
④ 李希光.畸变的媒体.复旦大学出版社,2003:70
⑤ 李希光.畸变的媒体.复旦大学出版社,2003:86
⑥ 刘志宣.新闻写作技艺:新思维·新方法.复旦大学出版社,2005:86
⑦ 孙发友.新闻报道写作通论.人民出版社,2005,343

的信息,新闻一样可以写成跌宕起伏的故事。"①

薛国平先生专门对消息故事化的现象进行了研究,他指出:"最近几年由于故事化报道的实践与理论倡导,消息报道中故事化现象也越来越明显,主要表现在如下几个方面:第一,注重事件情节的描述;第二,注重文字的图片;第三,注重新闻事件中人物的描写。这三种变化,使消息报的可读性、可视性大大增强,也使新闻业务研究中的理论内涵不断丰富和扩大。"

如此多的专家学者在故事化报道方面提出自己的见解,无疑对我国故事化新闻报道的写作起到推波助澜的作用,加之新闻媒介在新闻实践中大胆而出新的尝试,如《冰点》新闻10年来走过的历程,我们可以预见,我国新闻艺苑的一枝奇葩——故事化新闻,肯定会在不久的将来争奇斗艳,大放异彩。

2. 迅猛发展的 20 多年

我国故事化新闻报道发展最为迅猛的是最近 20 多年。20 世纪 80 年代,报告文学、大特写在当时风靡一时,为故事化新闻的开山鼻祖。这些报告文学和大特写将写实性与写意性、新闻性与故事性集于一身,蕴含着强烈的社会价值,激发了受众的阅读兴趣。徐迟的《哥德巴赫猜想》、理由的《扬眉剑出鞘》、黄宗英的《大雁情》、陶斯亮的《一峰终于发出的信》等等都是当时风行一时、非常抢手的新闻佳作。

尔后,大特写的出现使报告文学走向了疲软,大特写以社会热点为主要内容,在新闻报道的领域大展身手。它最初起源于 1998 年的上海《青年报》生活周刊,是副刊滋生的一种"海派"文化。接着,《新民晚报》、《解放日报》上都出现了"大特写",盛极一时,受到读者的欢迎。很快,"大特写"由上海蔓延到北京、广东等全国的纸质媒介上,成为 80 年代我国新闻领域的一支生力军。这种"大特写"以故事化报道见长,也使故事化报道逐步走向成熟。尤其是 1987 年《中国青年报》刊登的《红色的警告》、《黑色的咏叹》、《绿色的悲哀》达到了故事化新闻的巅峰阶段。《中国青年报》的"三色"报道以故事化思维脉络叙述了事件的前因后果,并对这场灾难进行了深刻的反思,"三色"报道震撼了亿万读者的心。

随后,又出现了现场短新闻、深度报道等故事化形式,以描述的手法展示出现场情景,以故事化的手法展现戏剧性的情节,为故事化报道的不断发展助力。

3. 21 世纪的故事化报道

进入 21 世纪,媒体竞争日趋加剧,掀起了一轮又一轮的广告大战和发行大战。为了求生存图发展,媒体的报道方式也发生了巨大变化,故事化报道深受广大受众喜爱,自然也被推到前台,开始进入一个繁荣时期。《中国青年报》的《冰点》新闻的成功就证明了这一点。既不是"热点",又不是"焦点";既不是"名人",又不是"大款";既不是"秘闻",又不是"情话",《冰点》新闻为什么就获得了成功?我看有两点:一是故事的魅力,拨动着亿万读者的心弦;二是普通人不普通的命运,深深地吸引了亿万读者。就连一向严谨、甚至有点古板的财经类报道也开始热衷于故事化新闻的写作,一向晦涩难懂的经济新闻也出现了文学化的笔调。

---

① 林晖.新闻报道新教程.复旦大学出版社,2005:189

杨元庆的全球雄心

这是一次缺乏预期的会面,每人指望杨元庆在一个小时的谈话节目中能够说出足够的精彩句子,这个年轻人甚至比我想象的还要拘谨。6月10日下午4时,他准时出现在联想大厦一间没有窗口、不无压抑的会议室内,他从不将记者领进自己的办公室。这是一栋由玻璃和钢材构成的大楼,充满了高科技公司的简约风格,就像一位员工所说的:"它复制了硅谷的模式。"造价3亿元的联想大厦是上地科技园最为昂贵的建筑,它姿态鲜明的显示了联想集团在中国信息产业中的地位。

但杨元庆却从不在语言上显示出与联想集团的业绩相匹配的鲜明姿态。他领导着亚太地区最大的PC制造商,他是IBM、HP、东芝、戴尔这样的世界领导者在中国相形见绌,仅仅38岁的年龄是这一切更富有传奇色彩,它很容易被视为中国新一代商业领袖的代言人,他不仅肩负着缔造中国第一代世界级企业的重任,他还是中国步入信息社会的主要推动者,超过三分之一的中国个人电脑用户选择了联想。

我打量着眼前的这个年轻人,穿着咖啡色衬衫,即在蓝色带子上的身份卡塞在口袋里,他的面孔比38岁更年轻,甚至可以说有一点英俊。但是,他缺乏你期待中的领导一家资产200亿元公司的领袖气质。他不是昂首阔步地走到你面前,也没有爽朗的笑声和有力的握手,更没有旁若无人的傲慢。他的亲和力弥补了这种缺失,他认真地坐在你对面、认真地看着你,并努力的倾听。①

第三节 华尔街日报体:小故事,大主题

美国《华尔街日报》是一张报道财经为主的新闻纸。《华尔街日报》的记者常用"小故事,大主题"的方式,来描写复杂纷繁、艰涩难懂的财经新闻,久而久之,形成了一种独特的新闻写作方式——华尔街日报体。这种轻松的写作方式受到了记者们的喜爱,继而随之走向世界财经类媒体。我国财经类媒介时下也普遍采用这一写作文体:在开头先讲个故事,然后把眼前熟悉的事实引向深奥的新闻主体。

一、华尔街日报体

创办于1889年的《华尔街日报》与华尔街一样有名,大大小小的投资者把它当作金融市场的"圣经"。② 有人甚至将华尔街日报称为"世界政治的风向标、世界经济的多棱镜、世界金

---

① 经济观察报,2003-06-30
②② 唐润华.傲视财富.南方日报出版社,2002:83-85

融的指南针和世界股市的晴雨表"。②每天早上,500万最富有、最有影响力的美国人,起床后的第一件事就是看《华尔街日报》。

这份由美国道·琼斯公司出版的财经专业类大报为什么好评如潮呢?应该说,这与它独到的写作文体是分不开的。道·琼斯公司董事长巴纳尔·基尔戈尔于1941年上台后不久,发动和领导了华尔街日报历史上一次里程碑式的改革。在此之前,《华尔街日报》内容平淡死板,写作风格机械单调。基尔戈尔大胆求变,开创了散文式的故事化写作风格,《华尔街日报》也由一份证券专业报转变为以金融为主的综合性全国报纸。

所谓的华尔街日报体,即在报道非事件性新闻时,常常在开头讲一个轶事或小故事。这个开头的轶事或小故事与新闻报道的主题密切相关,然后经过过渡段落,层层推进,就像剥笋般逐步地把要交代的新闻大主题和盘托出,进入新闻主体部分,叙写完毕以后又回到开头的事例(或人物、场景、细节),有时也用总结、悬念等方式结尾。

这种写法有利于从小处着手,向大处开掘,引导读者从个别到一般,从感性到理性的了解新闻事实,颇受读者欢迎。

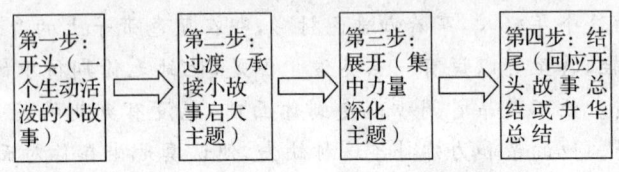

图15-1 "华尔街日报体"结构示意图

下面,我们用《华尔街日报》2005年3月7日的一篇新闻为例,来具体说明华尔街日报体写作步骤。

中国要求美国配合打击文物走私

二十年来,Lily Li不断将古董从中国内地运往香港荷里活道的店铺里,跟司法部门打交道对他来说早就是家常便饭。因涉嫌走私,他在大陆先后七次被执法机构逮捕,2003年大的大部分时间都在狱中度过。但这位在曼哈顿拥有一家画廊的艺术品商人从未考虑换个职业。

不过,"从未考虑过"前面应该加上一个限制词:直到最近。Lily Li说:如果美国政府应中国的要求实施新的文物保护条例,"那么我只能关门了"。

法律监管日益严格起来,让Lily Li等交易中国艺术品的商人遇到了越来越多的麻烦。他们交易的物品从陶瓷、青铜器到宫廷瓷器,应有尽有。去年5月,中国正式向美国政府提出,要求他们严格限制所有的年代超过100年的中国古董流入美国,这等于是将所有值钱的古董一网打尽。

据估计,美国至少会部分同意这项要求,这将给火爆的中国古董市场到来沉重一击。

……

最近,他在正常的预算之外又增加了50万美元用于进货,这段时间采购的物品有唐三彩陶马,一对形似怪兽的"土地爷"和一只1 400年前的骆驼塑像。理查德说:"如果美国的新规定开始生效,我的古董生意也就要关门。"

这篇新闻富有典型的华尔街日报体风格,主题是中国要求美国配合打击文物走私,两国之间,这个主题可够大的。然而新闻的开头却是 Lily Li 走私的小故事。第三自然段开始过渡,从小故事过渡到打击文物走私的大主题上来,并深入下去,分析了美国政府可能的态度,这一段较长,有所删节。最后又自然而然地回到开头 Lly Lii 所说的"如果美国政府应中国的要求实施新的文物保护条例,'那么我只能关门了'"。

二、华尔街日报体带来的财经报道写作方法

20 世纪 40 年代,《华尔街日报》打造出全球财经报业故事化报道的独一无二的写法,创造出长盛不衰的奇迹,至今还为各国财经类媒体、财经类记者所沿用。那么,它的写作手法,究竟有什么特点呢?我们粗略的将它概括如下:

1. 变静为动 追求新闻中的"为什么"

基尔戈尔对《华尔街日报》进行了大刀阔斧的改革,推出了一系列的改革措施,其核心可以归为两点:一是读者定位的转型,一是内容定位的转型。在内容定位转型中,《华尔街日报》成功地将其报道领域由单纯的金融证券拓展到以金融为主的大财经领域,甚至非商业领域。

一般来说,一家报纸总是把最具时效性、分量最重的新闻展示在头版,而 20 世纪 40 年代前的《华尔街日报》却反其道而行之。在改革中,基尔戈尔认为,头版必须具有强大的吸引力才能吸引人们再花三四十分钟看整份报纸。达到这一目的,除了多上当日新闻外,基尔戈尔在头版专门辟出一块"策略园地",专门刊登可读性强、具有故事性的解释性新闻和深度新闻。"而一般报纸头版上刊登的新闻多是一些没有内涵的'骨架',往往忽视了'5W'中的'为什么'(WHY)'——而这正是读者所关心的。因此,《华尔街日报》决定头版的第一栏和第六栏不再刊登'骨架'新闻,而刊登揭示新闻故事背后的原因及其对商业的影响的深度报道。"① 何谓"骨架"新闻? 就是那些令人生厌的概念化新闻。何谓"深度报道"? 用通俗的话说,就是以今日之事态,核对昨日至背景,从而说出明天的意义。

《华尔街日报》自 20 世纪 40 年代改革以来,深度报道已风行世界,成为读者最为喜爱的阅读对象。今天,在西方主流报刊,深度报道的比例甚至超过了 50%,以取代纯信息式报道成为主体。华尔街日报体不单纯是讲故事,而且是通过故事把新闻事实的环境联系起来,把报道的重点从事实本身,转向产生了事实的前因后果、来龙去脉,从"何因"主导转向"为什么"。

---

① 唐润华.傲视财富.南方日报出版社,2002:149

倪奶奶家的故事
——中国扩大内需克服亚洲金融危机影响

克雷格·史密斯

在秋收后显得坑坑洼洼的田野上，在一些茅屋草舍之间，用白瓷砖装饰的新建住房在阳光照耀下闪闪发光，他们就像在亚洲衰退期产生的忧郁气氛中出现的一盏盏显示经济活力的信号灯。

这些新房中的几间房屋，就是73岁的老农倪奶奶的儿子们盖的。她的儿子在300英里以外的上海打工。

他们的确得到了他们希望得到的东西。现在，无为的各家各户都有了彩电和新的家具等设备，这些都是用他们的孩子们在中国的一些大城市打工赚来的钱添置的。

这就是目前中国经济增长的状况：一户又一户，一村又一村，一省又一省，都是如此。而且还将以相当快的速度发展下去，甚至是在其他亚洲国家经济出现萎缩，或者呆滞的情况下继续发展。按照目前的发展速度，中国的经济（和市场）到2001年将扩大200%。到那时，其他亚洲国家（充其量）可能也不会比他们现在的经济状况好多少。

当然，中国的经济中充满危险，从外国投资下降到资本外流和日益恶化的通货紧缩。但是，这个共产党国家已经使这种期望落空：即中国将向席卷它的邻国的那种经济动荡低头。

的确，当你从最低处认真地看中国经济时就会发现，它任何时候都不会屈服。这在很大程度上要感谢它的老式的、由中央指定和政府控制的经济，特别在支出方面；还有中国的9亿农民的潜力，他们可以填补由于中国商品出口市场萎缩所造成的萧条。

暂且就称它为斯大林时期时的凯恩斯主义吧。为了促进经济增长，北京正在做著名的经济学家约翰·凯恩斯本来建议采取的做法：近乎疯狂地加大支出。

中国首先是从城市开始，在那里加大开支是最明显的：在北京，镁光灯照亮了正在筑路的工人们，他们通宵达旦都在施工。上海也在加大投资，建设一个个新机场和地下铁道，很快还将开工兴建一个庞大的垃圾处理厂、一个国际展览中心和一个科学公园。

这种趋势还深入到绝大多数人民生活的农村。在城市中投资的一些钱就落入像倪奶奶儿子这样一些人的口袋里。在这股投资热潮中，她的儿子就在由政府投资建设的一些项目的工地上搅拌水泥，粉刷墙壁。

安徽省计划部门的一位副主任说："这就像美国的罗斯福时代。"他指的是20世纪30年代时，美国政府的一些投资热潮帮助美国人从大萧条中摆脱出来。

但是，这也有点像苏联的斯大林时代，当时的共产党国家所依靠的是对经济所有的方面都实行高度的中央控制。中国的经济计划者已恢复了物价控制，严格了对货币的限制，放慢了对国有企业私有化的步伐，并使银行重新回到服务于国家的货币机器的地位。

这些措施倒不是从改革进程中后退了。但却使人们记住，中国并没有放弃在这个世界上人口最多的国家实行最行之有效的控制经济的机制。

西方经济学家怀疑这次中央控制是否能够行得通，但结果证明是可行的。

北京并不按照其他人提供的榜样去做,中国人的货币只能是用于旅游和贸易是可以兑换,资本要想流出中国不是一件容易的事。政府已经警惕的向全世界关闭了窗户。在出现高增长率的那些天气好的日子里,这些窗户本来都是敞开着的。

它有充足的资源做到这一点。由于有了家庭储蓄在国家银行的6 000亿美元存款,政府只需任意调换一下各种单据就可以提供大笔支出。今年兴建的许多道路、桥梁、防洪大坝、和堤坝,都是由北京出售给国家银行的一笔120亿美元的特别债券资助的,又有1 440亿美元的外汇储备,这就减少了像亚洲其他国家发生的那种经济崩溃的危机的可能性。

鉴于这种情况,这种庞大的经济有机会设法从内部促进经济增长。为了理解这一过程,可以想想倪奶奶第五个儿子的例子,他在上海一个投资7 200万美元的新会议中心工地干活。他计划用20万元(合2.4万美元)在他的家乡建一栋有四间房屋的新住宅。

所以,中国是在玩一场充满信心的游戏。如果政府可以使倪先生手下的打工者都有活干,他就能画出它的20万元。他和他一样的数以百万计的人们将会在相当大的程度上刺激国内支出,足以取代政府(在筹集资金方面)的作用,并保持经济增长。

到目前为止这项战略还在执行之中。10月份的零售额比去年同期增长了7.6%,无为的许多家庭今年都购买了电视机。①

这篇刊登在1998年11月24日《华尔街日报》上的新闻,是篇典型的华尔街日报体,也是篇典型的深度报道。1998年,一场金融风暴席卷亚洲,不少东亚国家受到重创,中国却"风景这边独好",在亚洲金融风暴中巍然屹立。为什么中国顶住了这场金融风暴?许多人心存疑虑,渴望了解真实情况。这篇新闻就回答了这个问题:由于中国政府的宏观调控,由于中国政府的刺激内需,由于中国政府的货币、物价管理政策,由于中国居民家庭的高储蓄率,由于中国良好的外汇储备,所以减少了向亚洲其他国家的发生的经济崩溃的可能性。中国成功地度过了难关,战胜了金融风暴,拒绝了金融风暴登陆。

2. 由浅入深,寓大道理于小故事之中

"华尔街日报认为,大多数人,其中自然包括从事经济活动的人,都喜欢看故事,这就是为什么荷马(古希腊诗人)、马克·吐温等人的作品能历久弥新的道理。他们的成功在于用简单有趣的故事,传达复杂抽象的概念。财经新闻是所有新闻中最复杂、最抽象的。用散文诗的文字风格,以讲故事的形式着力写好财经事件的原因及影响,读者一定会乐意阅读。"②

众所周知,华尔街日报体最大的一个外在特征,即讲一个故事。华尔街日报早期负责人巴伦要求,采编人员必须在财经新闻的采写中坚持七项原则,其中第六项就是说一个故事。

西方新闻界把新闻分为硬新闻和软新闻。所谓软新闻,一般指富有人情味或知识性、趣味性的新闻,而所谓硬新闻则指关系到国计民生及人们切身利益的新闻。一般而言,软新闻的故事是为了讲故事而讲故事,而硬新闻中选择故事性报道不是为了讲故事,而是让重大的

---

① 参考消息,1998-12-07
② 唐润华.傲视财富.南方日报出版社,2002:143

题材融于故事之中,从而使枯燥抽象的新闻报道更加通俗易懂。财经新闻属于硬新闻范畴,一向被人们认为严肃有余,活泼不足,喜欢板着面孔说话。华尔街日报体的"小故事,大主题"的表现形式,让古板的财经新闻走出了困境。

《华尔街日报》有一句闻名于世的写作箴言:"一千万人的死亡只是一项统计数字,而一个人的死亡却是一场悲剧。"对绝大多数受众而言,环保问题、货币问题、失业率、国防预算、国际冲突、知识产权保护、业界贸易等等,只是一些复杂难懂而又与自己无关的问题。但如果我们换个思路,换个写法,如果从某个与报道主题相关的最为典型的故事、场景、细节、人物入手,就等于抓住了最富情感冲击力的关键之处,再辅以细腻的"白描",显然效果会大不一样。

比如,写失业率不要从宏观、抽象、枯燥的数字或材料入手,而要集中描写一个失业工人全家的生活窘境的故事入手,再谈失业率问题以及它可能引起的社会冲突和社会后果。受众就有可能在一种情景化、具体化的状态中随报道者进入相应的主题,实现从情感到理智的多重交流。

通过讲故事来报道财经新闻是因为故事带有"轻松"、"娱乐"的特点,按照弗洛伊德本我"微乐原则"的观点,故事正好迎合了人们的这种倾向。

就像上面我们提到的华尔街日报体《倪奶奶家的故事》一样,报道在一开始就引入了倪奶奶的故事,说倪奶奶的新居,谈倪奶奶的儿子。当然,讲倪奶奶的故事并不是这篇报道的主旨。但是,如果在新闻一开始,就从中国政府为克服亚洲金融危机的影响,扩大支出以拉动内需保证国家发展讲起,那么这篇新闻的开局就会显得十分沉闷。要记住,《华尔街日报》的读者遍布世界,主要是美国人,可能很难理解发生在中国的事情。从倪奶奶的故事入手就不同了,一个普通的中国农村老奶奶,其亲切平和一下子就让美国读者记住了。随着新闻的延伸,倪奶奶的故事和文中的主题逐渐融为一体,中国政府为克服亚洲金融危机带来的影响,加大基础建设投资,给倪奶奶儿子这样的农村剩余劳动力带来了机遇。这样,对于很多不熟悉中国情况的国外读者来说,这样写更容易为大家所理解。

《21世纪经济报道》是一张财经类的专业报纸,在国内颇有知名度,也是中国为数不多的财经类专业报纸中,颇受读者喜爱的一张报纸。它的写作风格类似于华尔街日报体,不少晦涩难懂的财经类新闻,都是由一个场景或一个故事开头的。刊于2006年4月19日一版的新闻《从"选修课"到"必修课"》就是这样一片典型的华尔街日报体。

该报道主要讲的是中国知识产权人才的缺失问题。一方面是学校大量地培养知识产权的人才,一方面是知识产权人才的流失,个中原因何在?关键在于很多企业知识产权意识淡薄,未设置与知识产权相关的岗位或部门。另外,知识产权专业的毕业生知识结构不够全面,欠缺实务操作训练,因此难以适应社会实际需要。这样一个重大的、严肃的主题,新闻的开头却是由一个人物切入的。

19年后,很多人仍然记得那个京城的9月,在人大校园里快意行走的全无瑕。

在那个盛行"学好数理化,走遍天下都不怕"的年代,全无瑕有理由相信,她的张扬,不仅来自一身让人惊艳的小丑装扮,更缘于她选择的全新身份——中国第一批自己培养的知识产权专业人才,她是班里的四十五分之一。

1987年,全无瑕从吉林工业大学汽车管理专业毕业,毫无顾虑的考入了刚刚开设的人大法律系知识产权法第二学士学位班。

"我们是'母机'下的蛋。"全无瑕戏称。"人大知识产权教学研究中心起到了中国知识产权教育'工作母机'的作用。"全无瑕的班主任,现任中心主任刘青田骄傲地指出,1987年的全无瑕和第二学士学位班一起,开启了中国知识产权人才的培养机制。

就在"母机"启动前的五年间,中国加入了世界知识产权组织,成为他的第90个成员国;随后《商标法》和《专利法》相继颁布——这被视为中国知识产权制度建立的开始。

继人大之后,知识产权专业在北京大学、上海大学等20多所高校迅速兴起。据北京大学知识产权学院教授陈美章统计,全国高校毕业的知识产权人才至今已有约3 000多人。其中,本科1 000多人,第二学士学位学生约1 000人,硕士数百人,博士数十人。

19年后,全无瑕,还有更多从"工作母机"毕业的人,却早已远离了知识产权领域,"同学中,从事真正和知识产权相关职业的不到一半了。"

三、华尔街日报体被其他媒体广为采用

由于华尔街日报体写法生动活泼,常常以优美流畅式的散文笔法来报道枯燥乏味的财经事件,深受广大读者的喜爱,也普遍受到全球媒介的仿效和采用。

1. 美国《财富》杂志

闻名全球的美国《财富》杂志被视为英语写作的范本,它就是用讲故事的方法来写经济新闻报道,并加进强烈的人情味。"《财富》杂志从创办之初,就非常重视写作技巧和写作风格。在时代公司的历史文献中曾记载着当时对《财富》杂志的定义,其中有:它将以最引人入胜的文字撰写,完全以事实为依据,深入浅出地报道商界所关心的主题,它将以技巧的方式探讨商业道德的立场。"[①]它用讲故事的方法来写财经报道,《财富》杂志对写作技巧和写作风格的重视,使之成为英语世界写作最优雅的杂志之一。

一本杂志的封面就是这本杂志的窗口。除了它的外观精美豪华以外,封面特写新闻的标题也非常富有故事化色彩。当你拿到一本《财富》杂志时,还没翻内页,就会被它的封面所吸引。该刊的封面故事在封面非常醒目,重点突出,给人以深刻的印象。它突出而又鲜明地反映出当今世界经济的脉搏以及发展趋势。

我们看一看该刊1996年至2001年的一些封面特写文章的标题,就可对这一特点有清楚的认识:"'遂心如意的数字化定制经济'、'硅谷的心脏'、'电子化公司'、'让股东发财的有效战略'、'迈克尔·戴尔彻底改变了计算机世界'、'英特尔先生来到了中国'、'亚洲小虎为何远没有长大?'、'亚洲俊杰在何处攻读工商管理硕士?'、'美国最受赞赏的公司'、'1998年最酷的公司'、'在网络上成功的九个途径'、'网络股票规则'、'互联网的爱迪生'、'迅速扩张的秘

[①] 唐润华.傲视财富.南方日报出版社,2002:184

诀'、'在网络上推销自己'、'2001年投资者指南'、'亚洲的电脑年轻人能否再次升起'、'亚洲的最新出口'。"①

2. 美联社

世界著名的通讯社美联社,也把故事化新闻报道的写作作为自己记者的"必修课"之一。在其《美联社新闻报道手册——如何成为顶级记者》中的第十五章,冠以"新闻报道与讲故事"的标题,要求记者以讲故事的方式向人们提供信息。

《美联社新闻报道手册——如何成为顶级记者》指出:"记者们往往将自己的工作说成写故事,但美联社新闻特写部主任布鲁斯·德西尔瓦却不这么认为。他说:'他们将新闻报道称为故事,但事实上,这些文章在六七岁孩子的眼里,根本不能算是故事。'在德西尔瓦坎来,故事指的是童话、小说和一些民间流传的文学。新闻与他们之间最大的不同之处在于,新闻报道是真实的。"②

看来,德席瓦尔是一位严厉的部门主任,在他的眼里,"讲故事实际上是一种很特别的报道形式。"不能随随便便将一个新闻事实称为故事。在德西尔瓦看来,六七岁孩子都不爱听的,不能算作故事。德西尔瓦认为,一个成功的故事化新闻要有四点作为支撑:一是主角,二是难题,三是过程,四是结局。"没有以上四点:主角、难题、过程和结局,要想成功的叙述一个事件时不可能的。"③"如果你把新闻报道看作故事,而不只是通讯稿,那么你可以找到很多可写的东西。在报纸上刊登的新闻大多只是事件的结局部分,而不是全部。对于诸如大选、审判、企业破产之类的事件,我们往往只报道结果。事实上,这些事件的背后还有许多更加精彩的内容。所以我们说,人们首先看到结局,然后才会发掘出一个完整的故事。"④

为什么要采用故事形式呢?《美联社新闻报道手册——如何成为顶级记者》指出,"研究显示,以说故事的方式向人们提供的信息更容易被理解和记忆。因为这种方式让人放松,让人觉得有趣。以这种方式整合过的新闻素材更加有效地吸引读者。因为读者看到的不再是干巴巴的事实罗列,而是真实的生活。"

故事也可以用来解释一件事情。当人们对某些事情感到困惑的时候,你用故事来帮助他们揭开疑惑。就像这样,"你不理解,是吗?那好,让我给你说个故事吧……""实际上,讲故事就是通过举例帮助人们进行理解。"⑤

现在,不仅仅通讯社、报纸等媒介在采用华尔街日报体进行报道,而且电视广播等电子媒介也在借鉴和应用故事化报道的文体,来报道政治、财经、体育等各类报道。当然,电视不同于报刊等平面媒体,它以视觉形象见长,追求可看性和趣味性,同样,也得有情节、有故事、有人物才能吸引观众。因而,讲故事也成为当今电视等电子媒介的一种新的选择,把故事范式引入电视报道是一种成功的探索。

---

① 唐润华.傲视财富.南方日报出版社,2002:179
②③④⑤(美)杰里·施瓦茨.美联社新闻报道手册——如何成为顶级记者.曹俊,王蕊译.中央编译出版社,2003:156-157

3. CBS 的《60 分钟》节目

美国哥伦比亚广播公司(CBS)的《60 分钟》节目在全球闻名遐迩,该节目以调查性深度报道为主,被社会学家们称为"是美国社会的一面镜子"。《60 分钟》节目之所以成为美国历史最长的收视率最高的 10 个节目之一,其主要原因是用好的方法讲一个好的故事。他们有一个不成文的公式:即节目观=好的故事观。《60 分钟》对新闻的理解是:从未听说过的故事。好故事的标准是:晚上播出的节目是人们第二天早上的话题。栏目制作人最希望听到的是第二天早上有人说:"看'60 分钟'了吗?我从未听说过那个故事。"

《60 分钟》节目有一条很重要的原则:选会讲故事的人讲好故事。用《60 分钟》制作人丹·休伊特的一句话来说,即找到比你会讲故事的主角,让他或她替你讲故事。① 节目制片人不是讲故事的主角,主角要从实际生活中去找,节目制片人要帮他或她讲好故事。有了好的故事,"怎么讲"变成了核心问题。《60 分钟》节目强调的是:必须要有一个吸引人的开头,要把最为精彩的东西放在最前面。什么是最精彩的?那就是:或富有戏剧性的情节,或充满疑问的悬念。《60 分钟》的原则就是让故事的开头充满力量吸引多人眼球,让观众看了第一个镜头后有兴趣再看第二个镜头②。

按照通常的电视表叙方式,在拍摄某人开始吸毒、最后戒毒、戒毒成功的著名摇滚歌星时,记者会讲记者与受访者在海滩上并肩走过的镜头作为开场。接下来,依次讲述歌星如何长大成名、吸毒、痛失幼子,最后又幡然悔悟,还帮助吸毒者戒毒。但《60 分钟》老道的制片人将它按照 60 分钟节目的思维进行了改编。开头是:摇滚歌星对着镜头,动情地诉说自己第一次试毒后的癫狂迷离,倒在大街上不省人事的经历,这样的节目给观众的感觉大变。③

第四节 故事化新闻写作技巧

一、用戏剧性的情节来编制故事

真正的故事表现在那种富有戏剧性的情节上,比如意外、巧合、误会、邂逅等。它们曲折生动,引人入胜,会激发读者的阅读兴趣,增强新闻报道的可读性。

曾经获得过普利策新闻奖的美国记者弗兰克林说:"用故事化手法写新闻,就是采用对话、描写、场景设置等,细致入微地展现事件中的情节和细节,实现事件中的隐含的能够让人产生兴奋感、富有戏剧性的故事。"

在采访和写作中,记者应善于挖掘新闻故事中富有戏剧性的情节,并用优美的文笔来编织故事。当然,我们在这里所说的"编织",并不像文学创作一样,靠虚构和想象来编织故事,

---

①②③ 王卫庭.讲故事创造《60 分钟》36 年辉煌.传媒观察,2005(2)

而是要靠事实来编织故事。

《美联社新闻报道手册——如何成为顶级记者》一书中讲了这样一个写故事报道的故事：①美国佐治亚州小城蒂夫顿有一天发生了一件事，52岁的理发师卡多娜在停车时忘了拉手刹，车顺着斜坡划入池塘中，车上有她4岁的小外孙。随着卡多娜的呼救声，先后有9人跳入冰冷的水中抢救关在车中的小孩，上演了一出众人救孩子的英雄壮举。蒂夫顿的一家报纸将营救4岁小莱恩的事件写了一篇新闻报道，并传给美联社亚特兰大分社。分社负责人认为这片新闻报道不够有力，缺少故事，缺少戏剧性的情节，他们决定重新采访，并将这一任务交给了年轻的女记者切尔西·J·卡特，让她写一篇富有戏剧性的故事化报道。令人意味深长的是，当卡特接受任务去采访时，《美联社新闻报道手册——如何成为顶级记者》一书描写了一个细节，在她走出大门的时候，费茨亨利还在背后大喊："记住！要用讲故事的形式，我要故事！"②

卡特先后采访了卡多娜和莱恩，还采访几位救人者。卡特采访得很细，一遍又一遍地让他们讲当时救人的情节，卡特则从中找到故事，致使这些救人者都有些烦了。事后，卡特回忆了当时采访的经过：

"当美国人绘声绘色的说起自己的表现是，整个事情才真正显得惊心动魄。他们还彼此打断对方的叙述，补充了许多很有价值的细节。"③

"直到整个事件被重复了三四遍之后，他们终于说出了我一直在期盼的细节：颜色、触觉、味道，等等"

卡特在这里所讲的细节，包括颜色、触觉、味道等，实质上就是富有戏剧性的情节。由于采访时挖掘较深，卡特顺利写出了新闻《17分钟：一次成功的营救》，引起了人们的关注和社会新闻。她也由一个实习生到被美联社正式录用，并被美联社评为年度最佳年轻记者。下面，让我们来看看这篇新闻中富有戏剧性情节的几个片断：

在一个池塘里，一辆车正在缓慢地下沉，车里捆着4岁的莱恩。在冰冷的水中，一名男子游到车后窗，用力地想要砸碎玻璃……。

和莱恩一样，那些想要救他的人自己也遇到了麻烦：一名女子脸朝下伏在水面上；另一名男子已将沉到水里，毫无知觉；一名警察正在努利地拨水，想要浮出水面……

莱恩紧紧抓住了坐椅的靠背。他的手指早就被冻得毫无血色。

这时，水已经快淹到小男孩莱恩的脖子了。

这是这篇新闻的开头第一段，简直如同一部精彩紧凑的悬念大片，第一段就抓住了读者

---

①②③ （美）杰里·施瓦茨.美联社新闻报道手册——如何成为顶级记者.曹俊，王蕊译.中央编译出版社，2003：160-172

的心:一辆车正在池塘中下沉,而水已经快淹到小男孩莱恩的脖子了。怎么办?小男孩是死是活?小男孩还有没有救?读者们被这个富有戏剧性的悬念情节调动起来,一下子就紧张起来,心也到嗓子眼了。显然,记者把新闻事实中最紧张、最有刺激性的一幕放到了第一段。

迪克·麦克兰,32岁,贝尔克百货商店的经理,听到呼救声后,也立即向池塘跑去。

在水池边,他看见一个穿着白衣服的女子拿着一把锤子正要往车子扔去。在水里的范登急得大叫:"不!不要扔!喂!你(麦克兰),你把锤子拿给我。"麦克兰此时已经脱掉了运动外套,但他来不及脱掉他的皮鞋、领带、衬衫和裤子。

他一头扎进了水里,冰冷的水让他感到全身麻痹。

游到一半的时候,麦克兰想:"天哪!也许来不及了。"

范登朝着他大喊:"快点!快点!"

那辆尼桑的车头茨胡斯已经完全抹进了水里。水已经淹到了小莱恩的胸部,并且还在不断上升。

眼看就要到了,麦克兰用尽全身力气把锤子向范登地出去,范登一个侧身,把锤子一把抓了过来。

范登把锤子高高举起,用尽全身的力气重重地砸在车窗上。玻璃碎了。①

这是《17分钟:一次成功的营救》中的一段,真实地再现了众人在救小莱恩的一个镜头。所谓富有戏剧性的情节不仅仅只是意外、巧合、误会等等,明白清晰的叙事,生动活泼的描写,人物简洁精彩的对话,事情的经过也应该是其中一部分,我们要从中找出事件中蕴含的戏剧性或含有幽默感的情节和细节。这一段把救人的过程描写得栩栩如生,通过精彩的对话、生动的描写,将当时现场救孩子的紧张气氛烘托出来。

限于篇幅,在这里不可能将美联社这篇精彩的数千字的新闻报道全部刊录于此。然而,从头至尾,此文通篇就是一个精彩的故事,紧紧地吸引着我,使人欲罢不忍。我想,如果我们的新闻都像《17分钟:一次成功的营救》一样,又何愁没有读者呢?又何愁没有市场呢?令人遗憾的是,我们干巴巴、冷冰冰的新闻报道太多了。如同美联社特写新闻部主任布鲁斯·德西尔瓦所说的那样:"如果你把新闻看作故事,而不只是通讯稿,那么你可以找到许多可写的东西。在报纸上刊登的新闻大多只是事件的结局部分,而不是全部。对于诸如大选、审判、企业破产之累的事件,我们往往只报道结果。事实上,这些事件的背后还有许多更加精彩的内容。所以我们说,人们首先看到结局,然后才会发掘出一个完整的故事。"②

---

① (美)杰里·施瓦茨.美联社新闻报道手册——如何成为顶级记者.曹俊,王蕊译.中央编译出版社,2003:160-172.

② (美)杰里·施瓦茨.美联社新闻报道手册——如何成为顶级记者.曹俊,王蕊译.译者中央编译出版社,2003:156-157.

二、以人的视角写故事

认识构成新闻的主体,故事性新闻更不能没有人,人是故事性新闻中的主角。文学是人学,新闻是事学,新闻写作自然是写事,但事件都因人而发生的。透过表面现象看本质,新闻说到底是报道人在社会生活中的各种表现,人与自然、社会、人与人之间的各种关系的变化。因此,在写新闻时,要抓住这个活跃的主观因素来写,新闻就会有故事。

接近性越高,受众对这一信息的关注程度就越高。实践证明,人和人的故事对受众来说,往往具有最高心理上的接近性。打个比方说,一场强震发生在荒无人烟的高山峡谷之中,除极少数专业人士关注外,绝大多数人不会关心的。相反,这场强震若发生在人口稠密的城市,造成无数人的伤亡,那么,大家的关注程度会达到最高点。

因此,新闻报道中只要有了活生生、有血有肉的人,有了他们的动作、语言、行为、表情,尤其是有对他们感情和生活状况细节的挖掘,就一定会有故事,也一定会打动受众的心。以人的视角写故事,必须要入木三分地刻画人物性格。德席尔瓦说:"你不能光说他很聪明,他很滑稽……你必须向读者描述他的言行,因为这样才能展示一个人的性格。"他还说:"人物性格是通过他的日常行为和对话表现出来的。这里所说的'对话'不是指他在接受采访时说的那些话。因为人们在接受采访时总是将自己真正一面掩盖起来,真正的对话是指在日常生活中人与人之间的谈话。"[①]

中国农民"省不下什么钱"

法新社安徽省中军楼村2月27日电 杜重安今年51岁,他觉得自己在中国农民中算是混得不错的。

他攒下3万元钱帮大儿子结了婚,家里买了摩托车、电视机、电冰箱和洗衣机,这些都是全家人引以为豪的财产,另外还有拖拉机和弹棉花机。

"我爹连自行车都买不起,我现在却有了摩托车,等我儿子到了我这个岁数肯定会有汽车,"他坐在自家简陋的砖瓦房门前说。

但日子也并没有好到哪儿去。

杜重安在种地之余还会弹棉花、修电器,收入是5年前的两倍。然而,凭着一万元的年收入,他和妻子不敢有丝毫挥霍,他们连本省有名的黄山都没去过。

"等我们两口子老了以后就只能靠儿子们养活了,没有了他们,我们一旦生病的话会上医院的钱都没有。我们没有任何积蓄。"

中国的农民占全国总人口的大约60%,假如不提高这部分人的收入,中国就难以维持10年接近两位数的经济增长率。

中国致力于减少对政府投资和出口的依赖而更多地依靠国内消费来促进经济增长,但假

---

① (美)杰里·施瓦茨.美联社新闻报道手册——如何成为顶级记者.曹俊,王蕊译.中央编译出版社,2003:160-157

如大部分人口没有钱花在生活必需品之外的东西上,这个目标就不可能实现。

农民收入在逐步提高,但幅度不够大,他们依然捉襟见肘。

"农业税取消了,但灌溉费用提高了,其他东西的价格也在涨,"杜重安说。

由于添置了各种新的电器,如今他们家需要交的电费也增加了。

年轻人(比如杜重安的儿子)到很远的城里去打工,每月挣500元到1 000元不等,靠这点钱在物价高昂的城市里根本无法立足。他们所希望的就是攒够了钱回到乡下,或者到附近的小镇上做生意。

为了谋生,夫妻天各一方,父母子女难得相见的现象十分普遍。

"等我儿媳生了孩子以后就会把孩子留给我们照看,她自己进城去跟我儿子一样打工,"杜重安说,"他们每年只能回来一次。"

世界银行在每月公布的报告中预言,尽管中国做出了努力,但农民的收入近年不会有很大变化。

世界银行的报告说称,中国计划扩大社会支出,尤其是基础教育和医保制度方面的支出,这大概是提高生活水平的最佳方案。

"这些措施既能改善农村人口的收教育程度和健康状况,又能使各家各户自由支配的收入增加,预防性储蓄减少。"报告说。

为了省钱,杜重安的妻子至今在烧煤或柴的砖灶上做饭,而不愿改用花费较高的天然气灶。

"除了买点水果外,我们只吃自己种、自己养的东西——米、蔬菜、猪肉、鸡和鸡蛋,"杜重安说。①

法新社这篇新闻是报道中国农民生活现状的,但他自始至终却围绕着一个人——杜重安来写的,有人物的语言,有人物的动作,有人物的情感。诚然,这篇新闻富有典型的华尔街日报体写作风格,从一个小故事开始:杜重安家庭生活的小故事。但它并没有像通常的华尔街日报体一样,由小故事很快过渡到了事实,但人物故事贯穿始终,其脉络清晰可见。中国农民生活的现状,在杜重安这个人物身上体现得一清二楚,一滴水折射出太阳的光芒。

由此可见,反映中国农民生存现状这个大主题,靠一篇千字左右的新闻是很难说清楚的。但通过一个人物的故事与宏观的描写交叉进行,情况显然不一样了,应该说,这则新闻写得非常成功。试想,如果这则新闻没有编织一个人物故事,而是单纯地报道中国农民生活现状,那肯定没有什么曲折,显得过于平实,语言也会苍白无力。然而,从与这个新闻事实有关的某个人物故事写起,情况就大不一样了,因为人物有性格、有命运,中间就会有情节、有故事。写了人,或者说从人写起,就会产生故事化的效果。与改革开放前相比,杜重安一家的生活有了巨大的变化。但他还有忧虑,家里收入还不够多,小儿子结婚的钱还攒得不够,他和老伴的养老问题、看病问题等等。这就是中国农民的生存现状,也是中国农民现状的真实写照。通过杜重安一家的生活,使原本缺乏活力的新闻事实的记叙变得生动有趣起来。

① 参考消息,2006-02-28

从这则新闻中也可以看出来,人和人的生活,是最能够引起受众关注的对象。受众分布在社会的各个角落,有不同的层次和不同的要求,但有一点是共同的:即对人的生存状态的关心。正如英国记者鲍勃·希契科克所说:"读者对人比对事件本身更为关心,对人们在干什么比对人们在说什么更为关心。"①

"感人心者莫先乎情。"新闻报道要生动感人,首先要抓住新闻事件中人的活动,特别是富有人情味的故事,即带有强烈情感色彩的人物的言谈举止。

三、场景和细节是写好故事的两个环节

1. 场景

德席尔瓦说:"没有场景描写,故事就没法讲。"《美联社新闻报道手册——如何成为顶级记者》一书中写道:"就好像没有场景,就没法拍电影一样,环境描写能够烘托气氛,帮助读者理解文章中人物的性格和行事的动机,环境能在很大程度上影响人们的行为方式。一个好的环境描写包括了视觉感受、听觉感受、嗅觉感受和触角赶上四个部分。"

场景描写是刻画人物故事的一个重要环节,只有真实地再现新闻人物所处的场景,才能把人物的故事展现出来,才能把人物描写得栩栩如生。

如果没有场景的描写,我们就很难把握住人物的行为动作,也很难把握住人物的个性和情感。场景的描写要力求细致,因为人物的表现和性格往往是透过场景体现出来的。只有细腻地将你所看到的、听到的、闻到的、摸到的全部描写出来,才能够准确无误、形象生动地将人物性格描写出来。

还是让我们以前面那则新闻《17分钟:一次成功的营救》为例:

在停车场的后面,有一个大约40英尺长的斜坡,面对着一个长约150米,有足球场那么宽的蓄水池。

卡多纳的车是一辆1990年款的尼桑车。这辆车的自动变速箱出了一点问题,每次当档位放在停车档上时,齿轮就会卡死。所以,卡多纳习惯于在停车的时候不挂停车档,而是直接拉上手刹。然而,偏偏就在这一次,她忘了拉手刹。

就在卡多纳想打开后车门把莱恩抱出来的时,车突然向前滑动,冲下了斜坡,一头扎进了蓄水池。

"外婆!外婆!外婆!",莱恩在车里害怕得大叫,他伸长了脖子想要再看一眼他的外婆,但他已经看不到了。②

这是莱恩落水前的一个描写,没有这个场景的生动描写,就不会有后面众人救小孩的场

---

① 沈苏儒.对外报道业务基础.今日中国出版社,1992:81
② (美)杰里·施瓦茨.美联社新闻报道手册——如何成为顶级记者.曹俊,王蕊译.中央编译出版社,2003:161

面。场景再现了事件的突发性。在短短几分钟里,车子扎进了蓄水池,小莱恩危在旦夕,一下子就把紧张气氛调动起来了。同时,形象、逼真的场景描写,也调动了读者想要看下去的欲望。此外,这个场景的描写是非常具体的,使读者如临其境,如闻其声,如睹其物。

伊拉克前总统萨达姆被审,是引起全球受众高度关注的重大新闻事件,萨达姆出庭时场景如何,是许多人所关心的,请看美联社记者在新闻《萨达姆庭审高叫"打倒布什"》中开头几段的现场描写,其描写的具体程度如同电影的镜头:

美联社巴格达 2 月 13 日电 萨达姆·侯赛因今天被迫出席对他的最新一次庭审。他看上去十分憔悴,身着长袍,而不是常穿的那身干净利落的套装,嘴里喊着"打倒布什"的口号。萨达姆的最主要同案被告巴尔赞·易卜拉欣在被警卫强行带进法庭时被警卫发生了冲撞。

在今天的庭审开始时,萨达姆是自己走进法庭的,但他看起来非常疲倦,而且立即与法官唇枪舌剑地辩论起来。他还不停地喊着反对美国总统布什的口号。

在坐下之前,萨达姆一边挥动着他伸出的一根手指,一边大喊:"打倒叛徒!打倒布什!伊拉克万岁!"他手里拿着一本《古兰经》,身着传统的阿拉伯长袍,外面还穿了一件黑色大衣,与前几次出庭时所穿的剪裁合体的黑色套装成鲜明对照。①

……

衣着、手势、口号、面容……场景中透露着细节,细节中交叉着场景,一个桀骜不驯的萨达姆形象跃然纸上,将读者带进了萨达姆庭审的现场,活灵活现地再现了萨达姆庭审时的情景,这就是场景和细节的力量。

2. 细节

美联社撰稿人卡蓬认为,记者应把自己想象为电视纪录片的制作人。设想镜头全景拍摄了异国情调的豪华住宅后又定格在一件茅草屋上。不需任何文字,制作人通过镜头所展示的一切已表达了许多。记者也可以通过对细节内容的灵巧运用,表达到同样的效果。②

细节描写是刻画人物故事的另一个重要环节。细节是金,一个细节的力量往往胜过千言万语。故事性新闻报道的魅力往往体现在细节上。一则新闻,其中的宏观高论、粗线条的描写读者可能不久便会淡忘,而其中闪光的细节则会令人永志难忘。

早在 1945 年 9 月 3 日,美国《纽约先驱论坛报》记者霍默·比加特写了一篇《日本签字投降》,作品荣获普利策新闻奖,堪称新闻名篇。虽然 60 年过去了,这篇佳作中对于细节和场景的描写依然是那样细腻形象、入木三分,一切都好像是发生在昨天:

日本签字投降

今天上午 9 时 05 分,日本外相重光葵在无条件投降书上签字。日本终于为它在珍珠港

---

① 参考消息,2006 - 02 - 14
② (美)杰里·施瓦茨. 美联社新闻报道手册——如何成为顶级记者. 曹俊,王蕊译. 中央编译出版社,2003:49

投下的赌注付出了代价,失去了其世界强国的地位。

重光葵步履蹒跚,拖着木质假腿走到铺着粗呢台布的桌子旁,桌子上放着投降文件,等着他签字。如果人们不是对日军战俘营中的暴行记忆犹新的话,也许会不由自主地同情重光葵。

他把全身重量都压在手杖上,好不容易才坐下来。他把手杖靠在桌子旁,然而,在他签字的时候,这手杖倒在甲板上。

道格拉斯·麦克阿瑟将军致词后,做了一个手势让重光葵签字。他们两人没有说一句话。

麦克阿瑟代表对日作战的国家签字受降,乔约森·温赖特中将和珀西瓦尔中将在他两旁肃立。温赖特中将和珀西瓦尔中将在他两旁肃立。温赖特中将在科雷吉多尔岛失守后被俘,长时期的战俘生活,把他折磨得憔悴不堪。珀西瓦尔中将在大战中另一个不幸的日子放弃了新加坡,向日军投降。

两位中将在场,使人们不由得想起,1942年上半年,我国处于几乎无可挽回的失败的边缘。

日本代表团由11人组成,他们衣着整洁,表情悲哀。重光葵身穿早礼服大衣和带条纹的裤子,头戴丝质高帽,双手戴着黄色手套。在"密苏里"号军舰上,参加整个仪式的任何一方都是没有同日本人打招呼,唯一的例外是日本外相的助手,有人同他打招呼,是因为要告诉他在哪里是放日本请求无条件投降的文件。

当重光葵爬到右舷梯的顶端,登上"密苏里"号甲板时,脱掉了他的高帽子。①

这则新闻中最为精彩的就是一连串的细节描写,令人叹为观止。对日本外相重光葵在签字过程中的描写,没有什么"狼狈不堪"、"虚弱之极"、"一瘸一拐"等形容词,而是通过木质假腿、手杖等一系列细节入木三分地刻画出重光葵虚弱的本质。如"重光葵步履蹒跚,拖着木质假腿";"他把全身重量都压在手杖上,好不容易才坐下来";"在他签字的时候,这手杖倒在甲板上";"脱掉了他的高帽子"。新闻中以人为主角,当出现人物的时候,不要过多铺垫细节,只要准确地抓取关键时刻人物所表现出来的一两个有意义的动作即可。通过重光葵"传神"的动作,展示这个人物刹那间的心理状态。"步履蹒跚"、"拖着"、"压在"、"好不容易才坐下来"、"这手杖倒在甲板上"等细节惟妙惟肖地刻画出重光葵此时此刻不无沮丧的心情。作品对日本代表团没有过多的描写,只是十个字,"他们衣着整洁,表情悲哀"。这里也不需要过多的描写,十字足矣,将日本代表团的外表、神态及心理状态淋漓尽致地表现出来。

战胜国将军麦克阿瑟此时必定春风得意,颐指气使。记者通过麦克阿瑟将军"做了一个手势要重光葵签字。他们两人没说一句话。"的细节描写,将这位将军春风得意的倨傲神态表现得十分逼真。签字现场场景,没有用什么"庄严肃穆"之类的词句,而是通过几个细节将现场气氛烘托出来:"麦克阿瑟代表对日作战的国家签字受降,乔纳森.温赖特中将和铂西瓦尔中将在他的两旁肃立。参加整个仪式的任何一方都没有同日本人打招呼。"可以看得出,此时无声胜有声,现场沉闷中还隐隐透出一股杀气,从而反映出各国代表对日本军国主义的痛恨

---

① 刘海贵.新闻传播精品导读(外国卷).复旦大学出版社,2005:132

之情。

　　一个历史性的场景，一则简短的消息，一个生动形象的故事，一串精彩绝伦的细节，让人不得不佩服西方记者高超的写作技巧。

　　新闻报道由于篇幅所限，一般不可能像文学作品那样洋洋洒洒地描写细节，故而要求记者善于在采访中捕捉最有特色的细节。同时要注意，选择细节不能盲目进行，应为突出主题服务，选择最能凝聚新闻信息量的事实，以强化主题思想。新闻中的细节，并非随手拈来的那些鸡毛蒜皮的材料堆砌而成，而是那些既能说明主题又有特色和人情味的细节。不论现场的一情一景、一草一木，还是新闻人物的一颦一笑、一举一动，都应和新闻主题有密切的关系。否则，就应毫不手软地删去，宁可不用，也不能画蛇添足。新闻细节在采访中捕捉时应"贪婪"，写作时应"吝啬"，细节描写应惜墨，而不宜泼墨。

　　1945年8月15日，日本投降，延安军民聚会庆祝，《解放日报》对此进行了报道。记者在描写万众欢腾的场面时，描写了这样一个经典的细节，读后令人难忘，堪称细节经典：

　　一个卖瓜果的小贩欢喜地跳起来，把筐子里的桃梨一枚一枚抛向空抛掷，高呼"不要钱的胜利果，请大家自由吃呀！"群众报以热烈的掌声。①

　　这一富有特色的细节，生动地体现了延安军民在欢庆胜利时欣喜若狂的心情，突出了延安军民聚会庆祝日本投降的主题，它生动、简洁，胜过千言万语的大段描写。镶嵌在新闻中的细节可以在导语、主体部分，甚至任何一个段落。记住，有细节永远比没有强。

---

　　① 刘明华,张征.新闻作品选读.中国人民大学出版社,2004:179

第十六章 数字:一把锋利的双刃剑

看到这个题目,有的新闻记者会不以为然,当了十几年的新闻记者,写了几千篇新闻稿件,每天都在和数字打交道,难道不会运用数字?其实不然,运用数字不仅要讲究准确和完整,还要讲究一个"巧"字,要学会艺术地运用数字写新闻。

第一节 新闻离不开数字

数字是很重要的新闻事实材料。新闻报道离不开数字,翻开每天的报纸,几乎所有的新闻中都或多或少的有一些数字。经济新闻恐怕是和数字打交道比较多的一个种类。但是,运用数字不仅仅是经济新闻的"专利权",时政新闻、科技新闻、灾祸新闻、会议新闻、体育新闻等各个类型的报道都会接触到数字,都少不了数字。在新闻报道中数字简直是无孔不入。因此,研究如何学会运用数字和艺术地再现数字,是一个非常重要的问题。下面,让我们来看看各类新闻中数字的运用情况:

一、时政新闻

德国《法兰克福报》在 2005 年 9 月 15 日刊出一篇题为《中国越发展 美国越紧张》的报道,报道以翔实的材料对美国某些人鼓吹的所谓"中国威胁论"予以驳斥,其中有一段用数字进行了反驳:

中国有 13 亿人口,是美国的四倍。尽管中国拥有 250 万人的世界上规模最大的军队,但其军费开支仅为美国的 1/10。美国人为何会害怕受到中国的攻击仍然难以解释,连中国人都不指望不久能在军事上能赶超美国。据中国军方统计,两军间的差距在今后几十年内甚至仍将扩大。

这篇新闻的这一段驳斥很有力量,可谓掷地有声,但是如果离开数字,就不会有如此强的说服力了。

二、灾难新闻

2005 年 10 月 8 日,南亚发生了一场大地震,印度和巴基斯坦死亡人数达到 4 万多人。美国《纽约时报》及时报道了印度灾民艰难的处境,该报记者在一篇题为《地震后帐篷短缺和伤口感染的阴云笼罩灾区》的新闻报道中有这样几段成功地运用了数字:

印度政府说,这次7.6级的大地震将3.2万间房屋夷为平地。地震发生时约有1 300人丧生,但是在地震之后还会有多少人由于受伤或条件恶劣而死亡,现在还不得而知。

印控克什米尔地区政府今天说仍需3 000多顶帐篷,对已经发放到灾区的帐篷现在众说纷纭,估计在4 000到6 000顶之间。

地震后南亚灾民的状况如何?印度到底有多少人伤亡?需要什么样的帮助?具体数字是多少?这是全球各地人们的关注和疑问,这条新闻在不长的两段文字中,运用了五到六个数字,清楚地回答了这些问题。如果没有这些数字支撑,我们就很难想象印度在地震后的伤亡情况和需要帮助的具体情况。

三、科技新闻

法新社记者在《2005年科学奇趣一览》的新闻报道中,报道了一位"数字奇人"。

法国兰斯24岁的学生亚历克西·勒迈尔创造了一项世界纪录,完全凭借心算计算出一个200位数的13次方根。这项壮举指在公证人的监督之下完成的,共耗时48分51秒。

5个数字就将亚历克西·勒迈尔创造的新的世界纪录非常清晰地表达出来了。

四、体育新闻

虽然说体育新闻以描写见长,但同样也离不开数字,请看新华社记者在《火箭击败勇士》的新闻报道是如何运用数字的。

昨天,主场作战的火箭队以91∶88击败勇士,在主场取得四连胜,这是他们本赛季最长的主场连胜纪录。

姚明本场表现出色,拿下22分、21个篮板,当选本场比赛最佳球员。霍华德得到了22分,顶替麦蒂先发出场的博甘斯表现不俗,得到了13分和5个篮板,海德也得到11分,火箭共有六人得分上双。理查德森则为勇士队拿下39分和8个篮板。

当然,这条新闻中的这两段数字运用得过多了,这里面有个适度的问题。没数字说明不了问题,相反,数字太多会使新闻显得枯燥乏味,需要写作者处理好这个问题。如这一段文字中的数字可分散到全文各处去写,集中到一块就给人以数字堆砌之感。

五、经济新闻

有人将经济新闻称为数字新闻,这显然是不正确的,但是,经济新闻肯定离不开数字。路透社记者在报道《中国修正 GDP 数据》的新闻中,运用了不少数字,但给人的感觉并不枯燥乏味,恐怕这也是路透社记者的过人之处:

路透社北京 12 月 20 日电 中国的经济规模要比以前人们认为的大六分之一,因为这个国家的首次全国经济普查显示,服务业和私营企业的业绩以前少报了。

再根据 2004 年经济规模列出的世界经济排行榜上,中国超过了意大利,从第七位跃居第六位。

国家统计局今天在宣布普查结果时说,据该局现在估计,中国 2004 年的国民生产总值(GDP)达到 15.99 万亿元,比以前估计的增加了 16.8%。

在修改的统计数字中,93% 处在服务业。

经济学家们说,此次经济普查的一个直接结果是,中国经济看上去"比较正常":投资与 GDP 之比下降,消费与 GDP 之比提高到更加接近到其他东亚国家的水平。

……

当然,我们还可以举出更多类别的新闻例子,如刑事犯罪新闻、社会新闻、司法新闻、讣闻新闻等等,里面肯定都会有不少数字。

通过以上主要五类新闻可以看出,新闻离不开数字,数字已成为新闻报道的一部分,关键是如何处理好枯燥乏味的数字,使它变得亲切可信,使新闻"活"起来。

第二节 数字的两面性

数字在新闻报道中有一种特殊作用,有时它是一种量的表示,有时它给人以质的形象,有时用在一定场合还蕴含着丰富的哲理。同时,它又是一个毫无感情的符号,用得不好也会给人以单调、枯燥、繁冗的感觉。因此,有人说,数字是一柄双刃剑,用得好,可以使新闻须眉毕现,神采飞扬;用得不好,可以使新闻面目全非,甚至毁掉新闻的生命。下面,让我们来看看两篇不同的新闻。

一、巧用数字、新闻报道锦上添花

世贸香港会议数字趣闻

香港《信报》12 月 14 日报道 世界贸易组织第 6 次部长级会议是多哈回合谈判的重要组成部分,也是香港回归后举办的最大规模国际会议。以下是有关这次会议的一些数字与事实。

一心一意办好会议

香港特区政府为了举办好这次会议,拨款2.5亿元筹备会议。为保证会议顺利及安全召开,特区政府还派人到多国学习保安经验。

200多名非政府组织(NGO)代表与世贸会议首次在"同一屋檐下"

有不同诉求的200多名非政府组织代表在世贸会议期间,与来自世贸组织的149个成员的代表同在香港会展中心举行各自活动。

3 000多名记全球记者捕捉会议新闻

全球主要通讯社及各类媒体3 000多名记者,日夜轮班报道会议最新发展。

会场设置四重关卡

会议场地会展中心周围20多条公共交通路线改道,附近的湾仔渡轮暂停服务;会战旁的几家银行及附近学校均停业停课,从会展外走廊新安装的铁栏算起,要通过四重关卡才能进入新闻中心。

5 000多名代表与会

世贸组织149个成员共派出5 800多名代表参加会议,仅部长级代表就有300多位。

6名"水鬼"入海探安全

警方飞虎队的"水鬼队"(水上攻击队)人员从12月12日起在会展中心海面布防,驾驶橡皮快艇频繁巡逻,每隔数小时便潜入水底"搜查",以便及时排除可疑物。

700多名特区政府公务员"借调"会议

为了做好大会接待服务工作,特区政府除招募400多名志愿者外,更借调700多名政府公务员到大会服务。

八方支援

香港主办今次会议得到企业界大力支持,会议代表团团长专用车、新闻中心的电脑等设备、贵宾礼品及所有工作人员服装等,均有不同公司赞助。

9 000多名大会警察负责大会安全

香港警察特抽调三分之一警力,即约9 000名警察维持世贸组织会议的保安。

特警佩带装备超过10件

会场周围执勤的特警腰上挂的、防弹衣口袋内的设备不下10件。除手枪、警棍、军刀、头盔及防毒面具外,最让人感兴趣的是他们随身携带的为对付肇事者而准备的胡椒粉。①

　　这次会议是香港回归祖国后举办的规模最大的国际会议,香港特区政府予以高度重视,为办好这次会议投入大量人才和物力。新闻媒介在新闻报道中应如何体现这次盛况空前、规模宏大的会议呢?如何体现特区政府在安保上所做的工作呢?聪颖的香港《信报》记者巧妙地利用十个数字写成了一篇新闻报道,令人拍案叫绝。从1到10,一连串妙趣横生的数字,有机地构成了一篇新闻。这看似记者信手拈来,实则记者匠心独运,颇费了一番工夫。我们可以想想,这篇新闻如果没有运用这种奇特的数字形式组成,那这些内容肯定是比较枯燥乏味的。由此可见,数字用得好,用得巧,是会为新闻事实锦上添花的。

二、数字简单堆砌,新闻报道枯燥乏味

全国水力资源复查成果填补空白
水力资源理论蕴藏量居世界首位

　　本报北京11月25日电　记者从今天在北京召开的全国水力资源复查成果发布会上获悉,历时四年多的全国水力资源复查工作已圆满完成。复查成果显示,我国水利资源理论蕴藏量、技术可开发量、经济可开发量及意见和在建开发量均居世界首位。据介绍,这次复查增加了水力资源可开发量的统计,填补了我国水利资源普查的空白。

　　复查成果显示,我国大陆水利资源理论蕴藏量在1万千瓦以上的河流共3 886条,水利资源理论蕴藏量为60 829亿千瓦时,平均功率为69 440万千瓦;技术可开发装机容量54 164万千瓦,年发电量24 740亿千瓦时;经济可开发装机容量40 180万千瓦,年发电量17 534亿千瓦时。截至2004年底,已开发装机容量约1亿千瓦时,年发电量3 310亿千瓦时。

　　全国水力资源复查工作领导小组副组长李菊根介绍,我国水力资源具有很鲜明的特征:一、水力资源在各地域分布上极不平衡,总体来看,西部多、东部少,水力资源相对集中在西南地区。二、大多数河流年内、年际径流量分布不均,丰、库季节流量相差较大,需要建设调节性能好的水库,对径流进行调节。三、水利资源集中于大江大河,有利于集中开发和规模外送。本次复查结果为我国制定能源政策和编制能源发展规划提供了可靠证据。全国水力资源技术可开发量最丰富的三省(区)的排序为四川、西藏、云南。全国江河水力资源技术可开发量排序前三位为:长江流域、雅鲁藏布江流域、黄河流域。②

　　应该说,对于我们这个缺水的国家来说,这是一条很有新闻价值的新闻报道。和上一条新闻一样,它也是来自会议的报道,也是需要用数字说明的新闻。然而,相形之下,泾渭分明。

---

① 参考消息,2005-12-20
② 光明晚报,2005-11-26

前一条写得精巧,后一条写得粗糙,完全是数字的堆砌。其实,在后一条新闻报道中,提供的几组数字中打头的数字从 1 到 6 均有,完全可以进行有序的排列。当然,笔者的本意并不是非要仿照第一条消息的写法,只是要作者开动脑筋,认真研究,找出有规律性的东西,而不照抄照搬会议文件,这样才能写出新意来。

从两条对比的新闻中也可以看出,数字经过艺术化的处理就会出新,读者阅读后会有新鲜感。反之,一大堆数字机械而又呆板地排列在一起,只会让读者感到沉闷。

第三节 如何根治"数字堆砌病"

在新闻写作中,如何艺术地运用数字,根治"堆砌数字病"?这的确是摆在新闻记者面前的一道难题。

有人把数字比喻为跳荡的音符,有人把数字比喻为幽谷深山中淙淙的流水,能够给人以审美的感觉和艺术的情趣。确实,生活是绚丽多彩的,作为反映美好生活的数字也应该是婀娜多姿的。只要我们善于总结,善于开拓,善于挖掘,善于创新,数字也可以完全流淌出美妙动人的艺术魅力。下面,我们介绍几种精选巧用数字的方法:

一、直接对比,揭示本质

有对比才能出新闻,才能产生美感,才会有鉴别,才能显示出事物的变化,才能揭示事物的本质,让受众能够加深对新闻报道主题的理解。

在中国新闻史上,成功地运用数字对比法的佳作不在少数。让我们来看看新华社记者徐耀、于有海运用对比法发表的一篇"数字新闻"。

翻阅统计公报深深感到

今朝一日不寻常

据新华社 3 月 10 日电 记者徐耀中、于有海 如果说一滴水可以反映太阳的光辉的话,那么一天的时间也往往能够展示出历史的跨度。翻阅刚发表的 1984 年国民经济和社会发展的统计公报。对照新中国发展的史料,就不难看清一个事理:岁月的时光无二样,今朝一日不寻常。

- 去年一日产钢 11 万 8 千吨,等于新中国成立那年 274 天的产量。
- 去年一日产原油 31 万 3 千吨,接近 1949 年和 1950 年产量的总和。
- 去年一日产煤炭 211 万吨,为 1949 年产量的 23 倍。
- 去年一日产呢绒近 48 万米,比 1949 年一个月的产量还要多。

- 去年一日产自行车 738 千辆,超出 1949 年全部产量的四倍半。
- 我国经济活动一日的价值,在党的十一届三中全会以来变得格外引人注目。
- 电视机的日产量,1978 年不过 1 400 余部,去年跃升到 2 万 7 千多部。
- 化学纤维的日产量,在 1978 年前的二十几年中只达到 779 吨多一点,最近六年猛升到 1 990 吨。

历史在前进,"一寸光阴一寸金",如今有了新的含义。要是把一寸光阴比作一日的话,那么人么可以看出,今朝一日远不止一寸金,大概可能说是一寸光阴百丈金了吧。①

这不仅是一篇"数字新闻",也是一篇"成就新闻"。当过新闻记者的人都晓得,在新闻单位最令人挠头的就是成就稿,因为人人写、经常写,成就稿要想出新那可真是不容易。但这篇"成就新闻"在写作上相当成功,秘诀之一就在于非常巧妙地运用了数字。它用 1984 年一日的数字和 35 年前一年或更多的时间相比,给受众造成了一种强烈的对比效果,使"死"数字变"活"了,使没有生命力的数字变成了一个个充满活力的数字,从而使受众受到感染。试想,如果没有对比,只是机械地把 1984 年经济和社会发展数字罗列堆砌在一起,没有参照系,没有对比点,那就不可能有如此强烈的对比效果了。

1. 纵比法

即用过去的数字和现在的数字直接对比,产生强烈的反差。如上面《今朝一日不寻常》的消息中,作者将 1984 年一日的钢产量、原油产量、煤炭产量、呢绒产量、自行车产量与 35 年前的 1949 年进行了直接对比,如今一日的产量等于或超过 1949 年全年的产量,造成强烈的反差效果,从而给读者的心灵造成震撼。

2. 横比法

即用同类事物中相同性质的数字进行直接对比。如:

印度热浪导致近二百人死亡

法新社印度布巴内什瓦尔 6 月 19 日电 印度气象局报告说,印度热浪导致的死亡人数今天已达 183 人。

有关官员说,自从 6 月初热浪袭击印度以来,死亡人数现在已累计达到 183 人,其中印度东部比哈尔的死亡人数今天就已经上升到 21 人。在北方邦炎热的平原和东边的西孟加拉邦至少约 39 人和 37 人死于这场热浪。

奥里萨邦的税务部长曼莫汉·沙漠说,奥里萨邦已经有 75 人死亡。

西孟加拉邦的布鲁利亚今天最高温度达 51.1 摄氏度,成为印度最炎热的地区,据报道已经有数百人因中暑感到不适。

新德里今天温度高达 44 摄氏度,在拥挤的中产阶级居住区缺水现象越来越严重,高温时

---

① 工人日报,1985-03-11

的街道几乎空无一人。

昨天印度很多地方的温度都超过50摄氏度,尤其是奥里萨邦和西孟加拉邦。①

法新社这篇消息中有两处运用了横比法。在该文的第二、第三自然段中,记者将印度东部比哈尔的死亡人数与北方邦、西孟加拉邦、奥里萨邦的死亡人数进行了对比,死亡人数一个比一个高,给读者一个震撼心魄的印象:热浪猛于虎。在消息第四、第五、第六自然段中,记者又将布鲁利亚、新德里及其他一些地方的温度进行了对比,最高的已达到51.1摄氏度。温度如此之高,简直令人难以想象。可以说,这条消息也是一条典型的"数字新闻",非常成功地运用了横比手法,用数字将印度之热的程度和热浪造成的恶劣而又可怕的后果告诉了读者。

二、量的折合,变抽象为形象

所谓量的折合,就是把一个事物的量用另一个事物的量来表示,把抽象的无形数字折合为形象的有形概念,从而避免新闻因数字出现而产生的单调、乏味感,缩小数字与读者心理上的差距。新华社记者曾于1994年写过一篇很有名的"数字新闻",其中几段运用了量的折合法,我们不妨摘录如下。

中国一日:数字与希望

海外游客形容今天的中国是"站在脚手架上的国家":每天,中国城镇新增住宅73万平方米;农村新增住宅1 156万平方米。每天,中国各种交通运输工具要运送旅客1 800万人次,相当于瑞典、芬兰、挪威和冰岛四国人口的总和;今年夏季,中国仅仅是铁路就承运旅客2亿多人次。

平均一天,中国有600多万册杂志出版,邮寄函件1 500多万件;平均一天,中国要发行报纸5 000多万份,而这需要400辆中型货运汽车方能装载。

……

中国一直是世界上人口最多的国家,全国人口现已达11.7亿人。如今,每天仍有近6万人出生,一年就将新增1 600万人,比澳大利亚的总人口还要多。②

这篇消息的作者将中国每天运送旅客的量折合为瑞典、芬兰、挪威、冰岛四国人口总和;将中国一天出版的杂志、邮寄的函件、发行的报纸折合为400辆中型货运洗车的装载量;将中国每年新增人口的数量折合为一个澳大利亚。看看,这些概念要比直接说旅客数量、报刊数量、人口数量要形象得多,给读者的印象是具体可感,而不是抽象笼统了。

在20世纪九十年代一家报纸刊过一篇关于计划生育的稿件,里面有一串对我国人口数字量的折合,相当有趣。

---

① 参考消息,2005-06-21
② 刘明华,张征.新闻作品选读.中国人民大学出版社,2004:254

我国 12 亿人口手拉手可以绕地球 48 圈,建国后净增人口总数,相当于 3 个美国、6 个日本。目前,我国每分钟出生人口相当于一个排,每小时相当于一个团。每天相当于一个集团军。

这里的 48 圈、3 个美国、6 个日本、排、团、集团军等人数,要比直接说净增人口多少,每分钟、每小时、每天生多少,要形象生动活泼得多。

三、虚拟数字,产生夸张效果

一般来说,在新闻写作中必须坚持数字的准确性,绝不能夸张乱用,否则,就会造成新闻报道失真。但是在特殊的情况下,新闻中所用的数字并不是实数,而是虚拟的数字,是一个抽象的概括,让读者产生丰富的想象,从而发出惊叹。一般来说,这种虚拟数字不能不分场合乱用,必须有条件地限制运用。比如说形容一种非常壮观的场面,古人在文学创作中运用虚拟数字是高手,如李太白的"飞流直泻三千尺,疑是银河落九天""两岸猿声啼不住,轻舟已过万重山"杜工部的"窗含西岭千秋雪,门泊东吴万里船";柳宗元的"千山鸟飞绝,万径人踪灭"陆放翁的"三万里河东入海,五千仞岳上摩天"等,这里所用的"三千尺"、"落九天"、"万重山"、"千秋雪"、"万里船"、"千山"、"万径"、"三万里"、"五千仞"都是虚拟数字,运用的是夸张手段,展现了祖国大好河山磅礴恢宏的气势。这里指的是文学创作可以运用夸张的手段,那么在新闻写作中,究竟可不可以运用虚拟数字呢?我们的回答是:在一定特殊的条件下,是可以运用的。毛泽东同志在他的许多新闻名篇中成功地运用了虚拟数字,堪称典范之作。如毛泽东同志在《我三十万大军胜利南渡长江》的新闻报道中有这样一段:

"长江风平浪静,我军万船齐放,直取对岸,不到 24 小时,30 万人民解放军已突破敌阵,占领南岸广大地区,"①

毛泽东同志在《人民解放军百万大军横渡长江》的新闻报道中开头写道:

"新华社长江前线 1949 年 4 月 22 日电 人民解放军百万大军,从一千余华里的战线上,冲破敌阵,横渡长江。"②

毛泽东同志在《南京国民党反动政府宣告灭亡》一文中写道:

"新华社北平 1949 年 4 月 24 日 6 时电 在人民解放军百万大军的反击下,千余里国民党长江防线全部崩溃,国民党反动政府已于昨日宣告灭亡。"③

---

①②③ 程天敏,杨兰瑛.中外新闻选.暨南大学出版社,1992:38

④ 程天敏,杨兰瑛.中外新闻选.暨南大学出版社,1992:320

⑤ 程天敏,杨兰瑛.中外新闻选.暨南大学出版社,1992:86

毛泽东同志在这里所用的"万船"、"百万大军"都不是实指,是概括之语,用来表示众多之意。也正是在这种特殊的条件下,毛泽东同志恰到好处地运用了这些虚拟数字,创造出了一个百万雄师过大江的壮观场面,给读者留下了深刻的印象。另外,在一些新闻佳作中,也不乏运用虚拟数字的成功之作。如《延安庆祝日寇无条件投降》中:

《解放日报》延安 8 月 16 日特讯　中国人民艰苦奋斗,忍受牺牲,坚持了八年抗战,最后胜利的日子终于到来了!昨日上午日皇宣布无条件投降的消息传开后,全市轰动,万人欢腾,街上张灯结彩,国旗飘扬,各处黑板报都用了大字报道消息。④

这里所用的"万人欢腾"便是虚指的,表示人很多,并无精确统计。下面,请看美联社记者在《北京的龙穿上了冰鞋》一文中所用的虚拟数字:

美联社北京 1980 年 1 月 13 日电　今天,星期日,北京的龙年穿上了冰鞋。成千上万的观众聚集在过去曾经是帝王行乐的场所冬宫湖四周,欣赏在溜冰场上用这种方式庆祝北京严冬的灯节。⑤

文中所用的"成千上万"也是虚指,形容人数极多。

四、适当解说,加深印象

在使用数字时,对新闻中使用的数字作一番有趣的解说,便会使数字在新闻中妙趣横生,加深读者的印象。新华社记者在《拉萨出现罕见双日环气象奇观》的消息第三自然段中,成功地运用了数字解说法。

记者看到,内环的直径有约 20 个太阳大小,从太阳边缘往外,整个内环区内呈锅底般的墨黑色,衬托得圆心处的太阳分外耀目;而外环的直径则有 40 个太阳大小。环区内色彩为深蓝色。这两个圆环形成了一项巨大的"帽子",几乎笼罩了整个拉萨城区。①

拉萨出现双日环气象奇观,那么,双日环有多大?这是读者所关心的,作者对此进行了解说:内环直径有 20 个太阳大小。外环直径有 40 个太阳大小,通过通俗的、口语般的解说,使一篇"科技新闻"变得浅显易懂。还有一家报纸报道了乐山大佛,文中对几个数字的解说,更是别出心裁:

这尊大佛有三十多层大楼高,耳朵里可容纳四人在里面叠罗汉,脚背上可停放五辆解放

---

① 刘明华,张征.新闻作品选读.中国人民大学出版社,2004:168

牌卡车,脚的大拇指加上能摆一桌酒席。①

看看,枯燥乏味的数字变活了,变得栩栩如生了,通俗、有趣、易记,人人看了都明白。如果只是报道大佛高多少米,头长多少米,宽多少米……肯定对读者没有吸引力。

五、以大化小,便于理解

我们在日常生活中,常用的数字一般都比较小,对那些庞大的数字往往缺乏感性认识,畏而远之。为了便于读者理解,我们一般在新闻写作中应尽可能把大数化成具体单位或人的小数。这样不仅好记易懂,而且还可以帮助读者了解到某个数字在全局中的具体意义。请看香港《南华早报》的新闻报道《中国应更有效的利用外汇》中的一段文字:

如果中国把它的外汇储备分发给它 8 800 万最贫穷的公民,那么每人将会得到相当于 78 年中每年 625 元的收入。

这个令人吃惊的统计数字表明中国在短短的两年之内是如何既成功又失败地积累世界上仅次于日本的第二大数额的外汇储备的。到今年 9 月底,不包括黄金在内的外汇储备达到 5 745 亿元,是 2000 年底的三倍多,2001 年的两倍多。②

《南华早报》这篇消息第一段是一个典型的将数字以大化小法。到 2004 年 9 月底,我国外汇储备已达 5 745 亿元,这是个天文数字,一般人很难理解。但记者巧妙将这笔庞大的数字化小,"分摊"在 8 800 万最贫困的公民身上,数额还很大。记者层层剥皮,又将数字化小了一步,将这笔数额不小的钞票除以 78 年,结果是每人 625 元,使读者过目不忘。一家报纸法国一条报道海湾战争的消息,消息中写道:

如果海湾战争打上三个月,那将使美国本土财政年度的国防预算增加 860 亿美元,如果只打一个月,也将增加 280 亿美元。

这里所说的 860 亿美元和 280 亿美元,一般读者肯定缺乏感性认识,都不会也不可能记住,如果换成"一日耗资 10 亿美元"或"一小时耗资 400 多万美元",相信读者就好理解多了。

六、巧用修辞,化数字为画面

悬念、比喻、联想等修辞手段,使新闻写作中巧用数字不可缺少的表现手法。有篇新闻报道,标题是"4=5",读者一看标题就会产生疑问,4 就是 4,怎么会等于 5 呢? 这就给读者一个悬念,吸引读者读正文以解开心头的疑团。读者读下去,才恍然大悟,谜底是这样的:某厂火

---

① 宋兆宽.新闻采访研究.中国广播电视出版社,2002:231
② 参考消息,2004-12-03

柴质量不好,5盒火柴中有107只磷头脱落,除去废品,5盒火柴只能发挥4盒火柴的效益。由此可见,一个数字造成的巨大悬念,不仅吸引了读者的"眼球",而且幽默辛辣地讽刺了劣质产品。

数字属于"逻辑思维"的范畴,如果运用类比法,则变成了"形象思维"。这样,生动的形象就会取而代之,让读者为之眼前一亮。美联社发过一则消息《盖茨的钞票有多长》,文中写道:

盖茨每秒赚57.62美元,月收入达1.49亿美元,全换算成1美元的钞票,长度是地球和月球距离的13倍。盖茨的总资产322.99亿美元。

读过这段文字,枯燥乏味的数字变成了形象可观的画面。读者不难想象,全球第一富翁比尔·盖茨的钞票有多少?用1美元钞票的长度计算,是月球与地球之间距离的13倍,从而发出惊叹:不得了,比尔·盖茨的钱太多了,真是富可敌国。这种形象感正是来源于类比法的运用。比喻也可以将无形的、乏味的数字变为形象的、直观的画面。一位外国记者在报道越南河内物价上涨的消息中写道:

"煤矿工人抱怨说,挖一吨煤挣的钱才够买一只老母鸡。"

物价上涨,涨了多少,是个无形的数字,如果用百分比表示出来,肯定不会给人留下什么印象。而一吨煤与一只老母鸡的比价悬殊,这一对比让人一眼就可以看出越南物价上涨的程度。

参考文献

[1]（美）布莱恩·布鲁克斯.新闻写作教程.范红译.新华出版社,1986

[2]（美）麦尔文·曼切尔.新闻报道与写作.艾丰,张争,明安香,邹大毅译.广播出版社,1981

[3]（美）卡罗尔·里奇.新闻写作与报道训练教程.钟新译.中国人民大学出版社,2004

[4]（美）沃尔特·福克斯.新闻写作——报刊记者指南.李彬译.新华出版社,1999

[5]（美）杰里·施瓦茨.美联社新闻报道手册——如何成为顶级记者.曹俊,王蕊译.中央编译出版社,2003

[6]（美）谢丽尔·吉布斯,汤姆·瓦霍沃.新闻采写教程.姚清江,刘擎熙译.新华出版社,2004

[7]（美）基思·伍兹.2001美国最佳新闻作品集.李隽琼译.新华出版社,2003

[8]（美）沃尔特·李普曼,詹姆斯·赖斯顿.新闻与正义.展江译.海南出版社,1998

[9] 李天道.普利策新闻奖名篇快读.四川文艺出版社,2005

[10] 李希光.畸变的媒体.复旦大学出版社,2004

[11] 张昆.国家形象传播.复旦大学出版社,2005

[12] 薛中军.中美新闻传媒比较.复旦大学出版社,2005

[13] 顾潜.中西方新闻传播：冲突·交融·共存.复旦大学出版社,2003

[14] 唐润华.傲视财富.南方日报出版社,2002

[15] 张威.比较新闻学方法与考证.南方日报出版社,2003

[16] 刘其中.诤语良言——与青年记者谈新闻写作.新华出版社,2003

[17] 宋兆宽.新闻采写研究.中国广播电视出版社,2002

[18] 程道才.西方新闻写作概论.新华出版社,2004

[19] 刘明华,张征.新闻写作教程.中国人民大学出版社,2002

[20] 高钢.新闻写作精要.首都经济贸易大学出版社,2005

[21] 孙发有.新闻报道写作通论.人民出版社,2005

[22] 李法宝.新闻写作的艺术与技巧.中山大学出版社,2005

[23] 姚里军.中西新闻写作比较.中国广播电视出版社,2002

[24] 刘志宣.新闻写作技艺：新思维·新方法.复旦大学出版社,2005

[25] 林晖.新闻报道新教程.复旦大学出版社,2005

[26] 薛国林.当代新闻写作.暨南大学出版社,2005
[27] 周立方.金玉良言:新闻写作弊病剖析.新华出版社,2001
[28] 王金星.新闻写作学.四川大学出版社,2004
[29] 胡端宁.新闻写作学.新华出版社,2002
[30] 胡志平.新闻写作创新智慧.新华出版社,2003
[31] 周胜林.当代新闻写作.复旦大学出版社,2005
[32] 宋春阳.实用新闻写作概论.复旦大学出版社,2005
[33] 黄炜.新闻采访与写作.上海大学出版社,2005
[34] 康文久.实用新闻写作.新华出版社,2002
[35] 程天敏,杨兰瑛.中外新闻选.暨南大学出版社,1992
[36] 刘明华,张征.新闻作品选读.中国人民大学出版社,2004
[37] 刘保全,彭朝丞.消息范文评析.新华出版社,2001
[38] 樊凡,时统宇.经济新闻范文评析.新华出版社,2001
[39] 丁柏铨,胡素华.通讯范文评析.新华出版社,2001
[40] 严九.中国新闻精品导读.浙江大学出版社,2005
[41] 刘海贵.新闻传播精品导读(新闻消息卷).复旦大学出版社,2004
[42] 刘海贵.新闻传播精品导读(广播电视卷).复旦大学出版社,2004
[43] 刘海贵.新闻传播精品导读(外国名篇卷).复旦大学出版社,2005
[44] 辜晓进.走进美国大报.南方日报出版社,2002
[45] 韩明谟.中国社会与现代化.中国社会出版社,1998
[46] 朱光潜.西方美学史.人民文学出版社,1979
[47] 甘惜分.新闻学大辞典.河南人民出版社,1993
[48] 刘建明.现代新闻理论.民族出版社,1999
[49] 冯印谱.新闻标题制作100招.南方日报出版社,2006
[50] 李彬.传播学引论.新华出版社,2003
[51] 邵培仁.传播学.北京高等教育出版社,2000
[52] 刘路.新闻标题论.中国社会科学出版社,2002
[53] 季水河.新闻美学.新华出版社,2001
[54] 彭兆丞.新闻标题学.人民日报出版社,1996
[55] 彭朝丞,王秀芬.标题的制作艺术.新华出版社,2005
[56] 杨明森.报纸的美学魅力.中国劳动出版社,1992
[57] 张志君,徐建华.新闻标题的艺术.语文出版社,1998
[58] 李文韬,杨明志.新闻采写.选择的艺术.吉林大学出版社,1992
[59] 祝培岭.数字新闻.中国广播电视出版社,2002
[60] 张威.比较新闻学方法与考证.南方日报出版社,2003
[61] 顾耀铭.我看美国媒体.新华出版社,2000

[62] 童兵.比较新闻传播学.中国人民大学出版社,2002
[63] 童兵.中西新闻比较论纲.新华出版社,1998
[64] 陆小华.重大主题报道对策.新华出版社,2000
[65] 陈作平.新闻报道新思路.中国广播电视出版社,2000
[66] 李良荣.新闻学概论.复旦大学出版社,第二版,2005
[67] 李希光.转型中的新闻学.南方日报出版社,2005

后　记

本书在撰写过程中,适逢新闻传播学研究大发展之际,新闻传播学著作、教材大量推陈出新,如同雨后春笋般地涌现。有不少创新之作,令本人从中获益匪浅,在此向撰写期间参考的所有论著作者、译者表示诚挚的谢意。

在本书完成之际,我要对南京大学丁柏铨教授在百忙中拨冗审阅全书,并欣然作序,深表谢忱。尤其令我感动的是,丁柏铨教授是全国新闻学界享有盛誉的知名人物,日理万机,对于我这样一个半途步入学界、无名之辈的要求,没有任何推诿之意。并用了一个多月的时间,细细审读全书,提出许多富有建设性的宝贵意见,这种热忱的态度和严谨的学术精神使我感动、催我奋进。

本书的出版得到了南京师范大学原副校长、三江学院副院长笪佐领先生的大力支持,在此表示由衷的敬意。

在本书的写作过程中,我的研究生朱剑虹、吴琼、胡静雅、崔锦榕、张树林等做了很多的工作,对他们付出的辛勤努力表示真诚的感谢。

本书的撰写和出版,得到了学院领导和同事们的支持,得到了南京师范大学出版社的支持,得到了亲人的支持,在这里一并表示深深的谢意。

受本人学识和视野所限,书中谬误在所难免,恳请广大读者不吝赐教,祈盼能与各位朋友共同进步。

作　者
2010 年 12 月于金陵